새로운 도서,
다양한 자료
동양북스
홈페이지에서
만나보세요!

www.dongyangbooks.com
m.dongyangbooks.com

KB161581

홈페이지 도서 자료실에서 학습자료 및 MP3 무료 다운로드

 PC

❶ 홈페이지 접속 후 **도서 자료실** 클릭
❷ **하단 검색 창에 검색어 입력**
❸ MP3, 정답과 해설, 부가자료 등 첨부파일 다운로드

* 원하는 자료가 없는 경우 '요청하기' 클릭!

 **MOBILE**

* 반드시 '인터넷, Safari, Chrome' App을 이용하여 홈페이지에 접속해주세요. (네이버, 다음 App 이용 시 첨부파일의 확장자명이 변경되어 저장되는 오류가 발생할 수 있습니다.)

📖 **동양북스**

검색어를 입력하세요 🔍

❶ 홈페이지 접속 후 ☰ 터치

❷ **도서 자료실** 터치

❸ **하단 검색창에 검색어 입력**
❹ MP3, 정답과 해설, 부가자료 등 첨부파일 다운로드

* 압축 해제 방법은 '다운로드 Tip' 참고

미래와 통하는 책

가장 쉬운 독학
일본어 첫걸음
14,000원

버전업! 굿모닝
독학 일본어 첫걸음
14,500원

일단 합격하고 오겠습니다
JLPT 일본어능력시험 N3
26,000원

일본어 100문장 암기하고
왕초보 탈출하기
13,500원

가장 쉬운 독학
중국어 첫걸음
14,000원

가장 쉬운 중국어
첫걸음의 모든 것
14,500원

일단 합격 新HSK
한 권이면 끝! 4급
24,000원

중국어
지금 시작해
14,500원

영어를 해석하지 않고
읽는 법
15,500원

미국식
영작문 수업
14,500원

세상에서 제일 쉬운
10문장 영어회화
13,500원

영어회화
순간패턴 200
14,500원

가장 쉬운 독학
베트남어 첫걸음
15,000원

가장 쉬운 독학
프랑스어 첫걸음
16,500원

가장 쉬운 독학
스페인어 첫걸음
15,000원

가장 쉬운 독학
독일어 첫걸음
17,000원

동양북스 베스트 도서

THE
GOAL 1
22,000원

인스타
브레인
15,000원

직장인, 100만 원으로
주식투자 하기
17,500원

당신의 어린 시절이
울고 있다
13,800원

놀면서 스마트해지는 두뇌 자극
플레이북 딴짓거리 EASY
12,500원

죽기 전까지
병원 갈 일 없는 스트레칭
13,500원

가장 쉬운 독학
이세돌 바둑 첫걸음
16,500원

누가 봐도 괜찮은 손글씨 쓰는
법을 하나씩 하나씩 알기 쉽게
13,500원

가장 쉬운 초등 필수 파닉스
하루 한 장의 기적
14,000원

가장 쉬운 알파벳 쓰기
하루 한 장의 기적
12,000원

가장 쉬운 영어 발음기호
하루 한 장의 기적
12,500원

가장 쉬운 초등한자 따라쓰기
하루 한 장의 기적
9,500원

세상에서 제일 쉬운
엄마표 생활영어
12,500원

세상에서 제일 쉬운
엄마표 영어놀이
13,500원

창의쑥쑥 환이맘의
엄마표 놀이육아
14,500원

 동양북스
www.dongyangbooks.com
m.dongyangbooks.com

최 | 신 | 개 | 정

일단 합격

新HSK
한 권이면 ——끝!

한선영 지음

해설서

동양북스

일단 합격
新HSK 4급
한 권이면 —— 끝! 해설서

개정 3판 3쇄 | 2022년 4월 10일

지은이 | 한선영
발행인 | 김태웅
편 집 | 신효정, 양수아
디자인 | 남은혜, 신효선
마케팅 | 나재승
제 작 | 현대순

발행처 | (주)동양북스
등 록 | 제 2014-000055호
주 소 | 서울시 마포구 동교로22길 14 (04030)
구입 문의 | 전화 (02)337-1737   팩스 (02)334-6624
내용 문의 | 전화 (02)337-1762   dybooks2@gmail.com

ISBN 979-11-5768-605-6 14720
ISBN 979-11-5768-604-9 (세트)

이 도서의 국립중앙도서관 출판예정도서목록(CIP)은 서지정보유통지원시스템 홈페이지(http://seoji.nl.go.kr)와
국가자료공동목록시스템(http://www.nl.go.kr/kolisnet)에서 이용하실 수 있습니다.
(CIP제어번호:CIP2020008832)

목차

듣기 해설

DAY 1

✓ 정답   1. V   2. V   3. V   4. V   5. V

---

2 적용

▶ 01-03-1

01

p. 24

★ 电脑专业好找工作。

选择好的专业很重要，甚至影响人的一生。我运气不错，选择了电脑专业，刚毕业就找到了好工作。

★ 컴퓨터 전공은 직장을 구하기에 좋다. (∨)

좋은 전공을 선택하는 것은 매우 중요하며, 심지어 한 사람의 일생에 영향을 미치기도 한다. 나는 운 좋게도, 컴퓨터 전공을 선택했는데, 졸업하자마자 곧바로 좋은 직업을 구하게 되었다.

🔒 **시크릿** 컴퓨터가 직장을 구하기에 좋은 전공인지 아닌지에 집중!

해설   '나'는 컴퓨터를 전공으로 선택했다고 말했고, 마지막 부분에서 졸업하자마자 바로 좋은 직업을 구했다고 했으므로, 컴퓨터가 좋은 직장을 구할 수 있는 전공 분야라는 것을 알 수 있다.

단어   **专业** zhuānyè 圕 전공 | **选择** xuǎnzé 圖 고르다, 선택하다 | **重要** zhòngyào 圈 중요하다 | **甚至** shènzhì 圙 심지어, ~까지도, ~조차도 | **影响** yǐngxiǎng 圖 영향을 끼치다 | **运气** yùnqi 圕 운, 운수

1, **3** 적용

▶ 01-03-2

02

p. 24

★ 春天容易感冒。

春天天气一会儿冷一会儿热容易感冒，医生提醒大家要注意室内空气质量，清晨起床后要注意开窗换气，如果感冒了要及时去医院。

★ 봄에는 감기에 걸리기 쉽다. (∨)

봄철 날씨는 추웠다가 더웠다가 해서 감기에 걸리기 쉽다. 의사는 사람들에게 실내 공기의 질에 주의해야 하고, 아침에 일어난 후에는 창문을 열어 환기시켜야 하며, 감기에 걸렸다면 즉시 병원에 가야 한다고 당부한다.

🔒 **시크릿** 봄에 감기에 걸리기 쉬운지 여부에 집중!

해설   봄 날씨는 추웠다 더웠다 해서 감기에 걸리기 쉽다고 했으므로, 제시된 문장은 옳은 문장이 된다. 이 문제는 앞부분만 잘 들었어도 쉽게 맞출 수 있는 문제이므로, 녹음의 시작부터 집중해야 한다.

단어   **容易** róngyì 圈 ~하기 쉽다 | **感冒** gǎnmào 圖 감기에 걸리다 | **冷** lěng 圈 춥다 | **热** rè 圈 덥다 | **提醒** tíxǐng 圖 경고하다, 조심시키다 | **注意** zhùyì 圖 주의하다, 조심하다 | **清晨** qīngchén 圕 이른 아침 | **窗** chuāng 圕 창문 | **换气** huànqì 圖 환기하다 | **及时** jíshí 圙 즉시, 곧바로

---

4 적용

▶ 01-03-3

03

p. 24

★ 用筷子敲碗没有礼貌。

人们使用筷子时要讲究点，绝对不要用筷子敲打碗，因为在中国这样的话被看做很不礼貌。

★ 젓가락으로 그릇을 치는 것은 예의가 없는 것이다. (∨)

모두들 젓가락을 사용할 때 신경을 써야 할 것은 절대로 젓가락으로 그릇을 치면 안 된다는 것이다. 왜냐하면 중국에서 이렇게 하면 매우 예의가 없는 것으로 여겨지기 때문이다.

🔒 **시크릿** 젓가락으로 그릇을 치는 행위가 예의 있는 행동인지 아닌지에 집중, 부정 어휘 찾기!

해설   중국에서 젓가락을 사용할 때 신경 써야 할 사항에 관한 내용이다. 녹음에서는 젓가락으로 그릇을 치는 행위를 绝对不要(절대 하지 말아라), 很不礼貌(매우 예의가 없다)와 같은 부정적인 어휘로 표현하고 있기 때문에 제시된 문장은 녹음과 일맥상통함을 알 수 있다.

Tip 4급의 듣기 내용은 난이도 면에서는 높지만, 주어진 문제만 보더라도 상식선에서 옳고 그름을 판단할 수 있는 문제가 많다.

단어 筷子 kuàizi 뎽 젓가락 | 敲 qiāo 뎽 두드리다 | 碗 wǎn 뎽 그릇 | 礼貌 lǐmào 뎽 예의, 예절 | 使用 shǐyòng 뎽 사용하다 | 讲究 jiǎngjiu 뎽 신경을 쓰다 | 绝对 juéduì 뎽 절대로, 반드시 | 不要 búyào 뎽 ~하지 말아라 | 敲打 qiāoda 뎽 치다, 두드리다 | 因为 yīnwèi 젭 왜냐하면 | 被 bèi 젠 (~에게) ~을 당하다 | 看做 kànzuò 뎽 ~로 간주하다, ~라고 여기다

---

2 , 4 적용 ▶ 01-03-4

04
p. 24

★ 别把工作烦恼带回家。

★ 일과 관련된 고민을 집으로 가져가지 말아야 한다. (∨)

工作上有不顺心的事十分正常，可是把烦恼带回家去就很没有责任感。工作上遇到了麻烦，就还是得在工作上处理掉，而不是带着不痛快的心思回到家。

일하는 데 있어서 뜻대로 되지 않는 일이 있는 것은 매우 정상이다. 그러나 고민을 집에 가지고 가는 것은 매우 책임감이 없는 것이다. 일하면서 골칫거리가 생기면 업무 중에 처리해야지, 언짢은 기분을 집에까지 가져가서는 안 된다.

시크릿 일과 관련된 고민을 집에 가져가야 하는지 말아야 하는지에 집중, 부정 어휘 찾기!

해설 제시된 문장 别把工作烦恼带回家(일과 관련된 고민을 집으로 가져가지 말아야 한다)에, '~하지 말라'는 别가 제시되어 있다. 본문에서는 '고민을 집으로 가져가는 것'에 대해서, 没有责任感(책임감이 없다), 不是带着回家(집에 가져가지 않는다)라며, 부정적인 어휘가 등장하므로, 제시된 문장은 녹음과 일맥상통함을 알 수 있다.

단어 烦恼 fánnǎo 뎽 고민, 번뇌 | 顺心 shùnxīn 뎽 뜻대로 되다 | 十分 shífēn 뎽 매우, 대단히 | 正常 zhèngcháng 뎽 정상적인 | 责任感 zérèngǎn 뎽 책임감 | 遇到 yùdào 뎽 만나다, 맞닥뜨리다 | 麻烦 máfan 뎽 골칫거리, 말썽 | 得 děi 쪼뎽 ~해야 한다 | 处理 chǔlǐ 뎽 처리하다 | 掉 diào 뎽 ~해 버리다 | 痛快 tòngkuai 뎽 유쾌하다, 즐겁다 | 心思 xīnsi 뎽 기분, 마음

---

1 , 3 적용 ▶ 01-03-5

05
p. 24

★ 太阳对大自然的影响很大。

★ 태양이 대자연에 미치는 영향은 매우 크다. (∨)

太阳对我们的影响实在是太大了，它每天为地球提供阳光和热量，保证动植物的正常生长，这种情况至少在将来的四十亿年不会发生改变。

태양이 우리에게 미치는 영향은 정말 크다. 태양은 매일 지구에 햇빛과 열량을 공급하고, 동식물이 정상적으로 성장할 수 있도록 한다. 이러한 상황은 최소한 앞으로 40억 년 안에는 변하지 않을 것이다.

시크릿 태양이 자연에 미치는 영향이 어떠한가에 집중!

해설 처음 부분에서 태양이 우리에게 미치는 영향은 정말 크다고 했으므로, 제시된 문장은 옳은 문장이 된다. 녹음에서 언급한 我们(우리)은 동식물을 포함한 대자연(大自然)을 가리킨다.

단어 太阳 tàiyáng 뎽 태양 | 大自然 dàzìrán 뎽 대자연 | 影响 yǐngxiǎng 뎽 영향 | 实在 shízài 뎽 사실상, 정말 | 地球 dìqiú 뎽 지구 | 提供 tígōng 뎽 제공하다 | 阳光 yángguāng 뎽 햇빛 | 热量 rèliàng 뎽 열량 | 保证 bǎozhèng 뎽 보증하다 | 动物 dòngwù 뎽 동물 | 植物 zhíwù 뎽 식물 | 情况 qíngkuàng 뎽 상황 | 至少 zhìshǎo 뎽 적어도, 최소한 | 改变 gǎibiàn 뎽 변하다, 바뀌다

3 , 4 적용   ▶ 01-04-1

01

p. 24

★ 通过互联网可以办签证。

目前许多国家的签证问题都能通过互联网来处理，而不是亲自去大使馆排队。人们只要把准备的申请材料一步步提交到办理签证的网页，就可以等通知来拿结果了。

★ 인터넷을 통해서 비자를 발급할 수 있다. (V)

현재 많은 국가의 비자는 인터넷을 통해서 처리할 수 있으며, 직접 대사관에 가서 줄을 서지 않아도 된다. 사람들은 준비된 자료를 순서대로 비자 발급하는 웹 사이트에 제출하고, 통지가 오면 가서 받아 오면 된다.

🔒 시크릿 인터넷을 통해서 비자를 발급할 수 있는지 여부에 집중, 긍정 어휘 찾기!

해설 제시된 문장에서는 '인터넷을 통해서 비자 발급이 가능하다'는 긍정적인 메시지를 담고 있다. 녹음에서는 能通过互联网来处理(인터넷을 통해서 처리할 수 있다), 等通知来拿结果了(통지가 오면 가서 받아 오면 된다) 등의 긍정의 어휘가 2번이나 등장하므로, 제시된 문장은 녹음과 일맥상통함을 알 수 있다.

단어 目前 mùqián 몡 현재 | 许多 xǔduō 혱 대단히 많은 | 签证 qiānzhèng 몡 비자 | 通过 tōngguò 젠 ~을 통해서 | 互联网 hùliánwǎng 몡 인터넷, 온라인 | 处理 chǔlǐ 동 처리하다 | 而 ér 젭 ~(하)고(도) | 亲自 qīnzì 뷔 몸소, 직접 | 大使馆 dàshǐguǎn 몡 대사관 | 排队 páiduì 줄을 서다 | 只要 zhǐyào ~하기만 하면, 만약 ~라면 | 申请 shēnqǐng 동 신청하다 | 材料 cáiliào 몡 자료 | 一步步 yíbùbù 한 걸음씩 | 提交 tíjiāo 동 제출하다 | 办理 bànlǐ 동 처리하다 | 网页 wǎngyè 몡 인터넷 홈페이지 | 通知 tōngzhī 몡 통지 | 拿 ná 동 받다, 가지다 | 结果 jiēguǒ 몡 결과

1 , 2 적용   ▶ 01-04-2

02

p. 24

★ 教狗学习需要耐心。

狗是非常聪明的动物，但想让它完成一些任务只教一次是不行的。它并不能马上就记住，要耐心地一遍一遍地教它，只有熟悉了命令，它才能做到。

★ 개를 학습시키는 데는 인내심이 필요하다. (V)

개는 매우 똑똑한 동물이지만, 개에게 어떤 임무를 완성하게 하려면 한 번만 가르쳐서는 안 된다. 개는 곧바로 기억할 수가 없어서, 반드시 인내심을 가지고 몇 번이고 계속 가르쳐서, 개가 그 명령에 익숙해져야만 임무를 완성할 수 있다.

🔒 시크릿 개를 학습시키는 데 필요한 것이 무엇인지에 집중!

해설 개를 학습시킬 때는 인내심을 가지고 여러 번 가르쳐야만 개가 명령을 알아들을 수 있다고 했으므로, 제시된 문장은 옳은 문장이 된다.

단어 需要 xūyào 동 필요하다, 요구되다 | 耐心 nàixīn 몡 인내심 | 聪明 cōngming 혱 똑똑하다, 총명하다 | 动物 dòngwù 몡 동물 | 完成 wánchéng 동 완수하다, 완성하다 | 任务 rènwu 몡 임무 | 马上 mǎshàng 뷔 바로, 금방 | 记 jì 동 기억하다 | 熟悉 shúxī 동 익숙하다, 숙지하다 | 命令 mìnglìng 몡 명령

1 , 3 적용   ▶ 01-04-3

03

p. 24

★ 填完表后拿钥匙。

你先填一张表，写清姓名、年龄、性别、护照号码、入住时间等。然后，服务员会给你房间钥匙，并帮你把行李箱送到房间。

★ 표를 다 작성한 후에 열쇠를 가져간다. (V)

우선 표를 작성해 주십시오. 이름, 나이, 성별, 여권 번호, 입주 시간 등을 기재하시고 나면, 직원이 방 열쇠를 드리고 귀하의 짐을 방까지 옮겨 드릴 것입니다.

🔒 시크릿 열쇠를 가져가기 전에 무엇을 해야 하는지에 집중!

해설 먼저 표에 인적 사항을 적어야 열쇠를 주고 짐도 옮겨 준다고 했으므로, 제시된 문장은 옳은 내용이 된다.

단어　填 tián 图 기입하다 | 钥匙 yàoshi 圆 열쇠 | 年龄 niánlíng 圆 연령 | 护照 hùzhào 圆 여권 | 然后 ránhòu 圙 그 다음에 |
服务员 fúwùyuán 圆 종업원, 안내원 | 行李箱 xínglixiāng 圆 트렁크, 여행용 가방

1, 3 적용　　　　　　　　　　　　　　　　　　　　　　　　　　　　　　▶ 01-04-4

04
p. 24

★ 不要直接拒绝别人的邀请。	★ 다른 사람의 요청을 직접적으로 거절해서는 안 된다. (∨)
舞会上最好不要直接拒绝别人的邀请，如果非得拒绝不可，可以告诉他我不太舒服想休息一下，而且也不要马上就接受其他人的邀请。	무도회에서는 다른 사람의 춤 신청을 직접적으로 거절하지 않는 것이 좋다. 만일 꼭 거절해야만 한다면, 상대방에게 몸이 불편하니 잠시 쉬어야겠다고 말하는 것이 좋으며, 곧바로 다른 사람의 춤 신청을 받아들여서도 안 된다.

🔍 시크릿 　요청을 직접적으로 거절해도 되는지 여부에 집중!

해설　녹음 초반에 무도회에서는 다른 사람의 요청을 직접적으로 거절하지 않는 것이 좋다고 말했으므로, 제시된 문장은 옳은 내용이다. 듣기에서는 앞부분에 답에 대한 힌트가 나올 수 있으므로, 녹음의 처음부터 집중해서 들어야 한다.

단어　直接 zhíjiē 圈 직접적이다 | 拒绝 jùjué 图 거절하다 | 邀请 yāoqǐng 图 초대하다 | 舞会 wǔhuì 圆 무도회 | 告诉 gàosu 图 말하다, 알리다 | 休息 xiūxi 图 휴식을 취하다, 쉬다 | 接受 jiēshòu 图 받아들이다, 수락하다

1, 4 적용　　　　　　　　　　　　　　　　　　　　　　　　　　　　　　▶ 01-04-5

05
p. 24

★ 互联网为人们购物提供了更多选择。	★ 인터넷은 사람들의 쇼핑에 훨씬 많은 선택을 제공하였다. (∨)
上网买东西已经越来越被大家所喜爱，这样的购物方式快捷，便利，喜欢的人群多，大家都可以坐在家里就买到国内外各式各样的大小商品。	인터넷 쇼핑은 이미 점점 더 많은 사람들이 좋아한다. 이러한 구매 방식은 빠르고, 편리하며, 좋아하는 사람이 많다. 사람들은 집에 앉아서 국내외 각양각색의 상품을 구입할 수가 있다.

🔍 시크릿 　인터넷이 훨씬 더 많은 선택의 기회를 제공하는지에 집중!

해설　被大家所喜爱(많은 사람이 좋아한다), 快捷(빠르다), 便利(편리하다), 喜欢的人群多(좋아하는 사람이 많다) 등 인터넷 쇼핑의 장점을 나열한 후, 买到国内外各式各样的大小商品(국내외 각양각색의 상품을 구입할 수 있다)이라고 했다. 이는 사람들의 쇼핑에 훨씬 많은 선택을 제공한 것으로 볼 수 있다.

단어　越来越 yuèláiyuè 圙 점점 더 | 喜爱 xǐ'ài 图 좋아하다 | 购物 gòuwù 图 구매하다, 쇼핑하다 | 方式 fāngshì 圆 방식, 방법 | 快捷 kuàijié 圈 재빠르다 | 便利 biànlì 圈 편리하다 | 人群 rénqún 圆 사람의 무리 | 国内外 guónèiwài 국내외 | 各式各样 gèshì gèyàng 각양각색 | 大小 dàxiǎo 圆 큰 것과 작은 것 | 商品 shāngpǐn 圆 상품

DAY 3　　| ✔ 정답　　1. X　　　2. X　　　3. X　　　4. X　　　5. X |

2, 3 적용　　　　　　　　　　　　　　　　　　　　　　　　　　　　　　▶ 01-07-1

01
p. 28

★ 他没带护照。	★ 그는 여권을 안 가져왔다. (X)
到机场后，他才发现忘记带信用卡，他乘坐的航班再过半个小时就要起飞了，他无奈地改签了下一趟航班。	공항에 도착한 후에야, 그는 신용 카드를 깜빡 잊고 가져오지 않은 것을 알았다. 그가 탑승하는 항공편은 30분 뒤면 곧 이륙해야 해서, 그는 어쩔 수 없이 다음 항공편으로 변경했다.

해설 그가 두고 온 것은 여권이 아니라 신용 카드이므로, 제시된 문장은 녹음의 내용과 다르다.

단어 护照 hùzhào 圀 여권 | 机场 jīchǎng 圀 공항 | 发现 fāxiàn 圐 발견하다, 알아차리다 | 信用卡 xìnyòngkǎ 圀 신용 카드 | 乘坐 chéngzuò 圐 (자동차·비행기 등을) 타다 | 航班 hángbān 圀 운항 편 | 起飞 qǐfēi 圐 이륙하다 | 无奈 wúnài 圐 부득이하다, 방법이 없다 | 改 gǎi 圐 바꾸다, 변경하다 | 签 qiān 圐 서명하다

2, 3 적용   ▶ 01-07-2

★ 他想参加网球比赛。   **★ 그는 테니스 대회에 참가하고 싶어 한다. (X)**

p. 28

你开什么玩笑啊！我都没学过游泳，怎么可能参加比赛呢？你去问问小王吧，他每个周末都去游泳。

무슨 말도 안 되는 소리를 하는 거야! 나는 수영을 배운 적도 없는데 어떻게 시합에 참가할 수가 있겠어? 샤오왕에게 한번 물어봐. 샤오왕은 주말마다 수영하러 가니까.

🔒시크릿 화자가 무슨 대회에 대해 이야기하는지에 집중!

해설 녹음에서 화자가 이야기하는 것은 수영 대회이므로, 제시된 문장의 내용과 일치하지 않는다. 만약 문장에 수영 대회라고 나왔더라도 그는 수영을 배워 본 적이 없다고 했으므로, 그는 대회에 참가하고 싶어하지 않는다는 것을 알 수 있다.

단어 参加 cānjiā 圐 참가하다, 참여하다 | 网球 wǎngqiú 圀 테니스 | 比赛 bǐsài 圀 경기 | 开玩笑 kāi wánxiào 圐 농담하다 | 游泳 yóuyǒng 圐 수영하다 | 周末 zhōumò 圀 주말

1, 3 적용   ▶ 01-07-3

★ 海洋里的植物很少。   **★ 바닷속의 식물은 매우 적다. (X)**

p. 28

就像森林一样，海洋里也生长着很多种植物。它们与海洋里的动物一起，组成了一个神奇的海底世界。

숲과 마찬가지로 바닷속에도 많은 종류의 식물들이 자라고 있다. 그들은 바닷속의 동물들과 함께 신기한 해저 세계를 이룬다.

🔒시크릿 식물의 수가 어떠한가에 집중!

해설 바닷속에는 숲과 같이 많은 종류의 식물들이 살고 있다고 했으므로, 제시된 문장에서 식물이 적다고 한 것은 틀린 문장이 된다.

단어 海洋 hǎiyáng 圀 바다 | 植物 zhíwù 圀 식물 | 森林 sēnlín 圀 숲, 산림 | 动物 dòngwù 圀 동물 | 组成 zǔchéng 圐 구성하다 | 神奇 shénqí 圐 신기하다 | 海底 hǎidǐ 圀 해저

1, 3 적용   ▶ 01-07-4

★ 他刚下飞机。   **★ 그는 방금 비행기에서 내렸다. (X)**

p. 28

喂！是你啊！我今天去上海出差，我现在在机场，等我到了以后再打电话给你，行吗？飞机马上就要起飞了。

여보세요! 너구나! 나 오늘 상하이로 출장 가. 지금 공항이니까 내가 도착한 후에 다시 전화할게. 괜찮지? 비행기가 이제 곧 이륙할 거야.

🔒시크릿 화자가 비행기에서 내렸는지 여부에 집중!

해설 녹음에서 비행기가 곧 이륙할 것이라고 말했으므로, 그는 비행기에서 내린 것이 아니라 이미 타 있거나, 이제 곧 탈 것임을 알 수 있다. 따라서 제시된 문장은 틀린 문장이 된다.

단어 出差 chūchāi 圐 출장 가다 | 机场 jīchǎng 圀 공항 | 马上 mǎshàng 閆 곧, 바로 | 起飞 qǐfēi 圐 이륙하다

2, 3 적용

05

p. 28

★ 面试时必须准时到。

★ 面接을 볼 때는 꼭 제시간에 도착해야 한다. (X)

参加面试时，<u>服装要正式一些</u>，不能太随意，穿戴整齐表示你对面试官的尊重，这样他们也会对你有一个好印象。

면접을 보러 갈 때에 <u>옷은 격식을 차려서 입어야 하며</u>, 너무 마음대로 입어서는 안 된다. 복장을 단정히 하는 것은 면접관에 대한 존중을 나타내며, 이렇게 하면 그들도 당신에 대해서 좋은 인상을 갖게 될 수 있다.

🔒 시크릿 면접을 볼 때 주의해야 할 내용에 집중!

해설 녹음에서는 면접을 볼 때 복장에 주의해야 한다는 이야기를 했을 뿐, 시간에 관한 내용은 언급하지 않았으므로, 제시된 문장은 녹음 내용과는 무관한 문장이다.

단어 面试 miànshì 통 면접시험 보다 | 必须 bìxū 분 반드시 | 准时 zhǔnshí 분 제때에 | 参加 cānjiā 통 참가하다 | 服装 fúzhuāng 명 복장, 의상 | 正式 zhèngshì 형 정식의, 공식의 | 随意 suíyì 통 원하는 대로 하다, 뜻대로 하다 | 穿戴 chuāndài 명 옷차림, 차림새 | 整齐 zhěngqí 형 단정하다, 깔끔하다 | 表示 biǎoshì 통 나타내다, 표시하다 | 尊重 zūnzhòng 통 존중하다 | 印象 yìnxiàng 명 인상

 DAY 4

 정답   1. X   2. X   3. X   4. X   5. X

2, 3 적용

01

p. 28

★ 他们要坐地铁。

★ 그들은 지하철을 타려고 한다. (X)

姐，咱们的方向错了，<u>去西边的公共汽车应该在对面坐</u>，那边不远有天桥，我们从那儿过马路吧。

누나, 우리 방향이 틀렸어. <u>서쪽으로 가는 버스는 건너편에서 타야 해</u>. 저쪽 멀지 않은 곳에 육교가 있으니까, 우리 거기서 길 건너자.

🔒 시크릿 그들이 무엇을 타려고 하는지에 집중!

해설 화자는 건너편에서 서쪽으로 가는 버스를 타야 한다고 말하고 있으므로, 그들은 지하철(地铁)이 아니라 버스(公共汽车)를 타고 갈 것이라는 것을 알 수 있다.

단어 地铁 dìtiě 명 지하철 | 方向 fāngxiàng 명 방향 | 公共汽车 gōnggòng qìchē 명 버스 | 对面 duìmiàn 명 맞은편, 건너편 | 远 yuǎn 형 멀다 | 天桥 tiānqiáo 명 육교 | 过 guò 통 건너다 | 马路 mǎlù 명 대로, 도로

2, 3 적용

02

p. 28

★ 很多人仍然爱看报纸。

★ 많은 사람이 여전히 신문 보는 것을 좋아한다. (X)

越来越多的人选择在网上看新闻，他们认为这样很方便，网站的报道更快速，内容也更详细和丰富。

점점 더 많은 사람이 인터넷에서 뉴스 보는 것을 선택한다. 그들은 이렇게 하는 것이 편리하며, 웹 사이트의 보도가 더 빠르고, 내용도 더 자세하고 풍부하다고 생각한다.

🔒 시크릿 사람들이 신문을 즐겨 보는지에 집중!

해설 점점 더 많은 사람이 인터넷에서 뉴스를 본다고 했으므로, 여전히 많은 사람이 종이 신문을 즐겨 보는 것은 아님을 알 수 있다. 新闻(뉴스)을 '신문'이라고 착각할 수도 있지만, 앞에서 인터넷에서 본다고 했으므로 报纸(신문)와는 다른 내용이라는 것을 알 수 있다.

단어 仍然 réngrán 图 여전히, 아직도 | 报纸 bàozhǐ 명 신문 | 选择 xuǎnzé 통 선택하다 | 新闻 xīnwén 명 뉴스 | 方便 fāngbiàn 형 편리하다 | 网站 wǎngzhàn 명 웹 사이트 | 报道 bàodào 명 (뉴스 등의) 보도 | 快速 kuàisù 형 빠르다, 신속하다 | 详细 xiángxì 형 상세하다, 자세하다 | 丰富 fēngfù 형 풍부하다

---

3 적용　　　　　　　　　　　　　　　　　　▶ 01-08-3

03

★ 新房子是她用工资买的。　　　　　★ 새집은 그녀가 월급으로 사들인 것이다. (X)

p. 28

她从银行借了很多钱，买了这个新房子。虽然钱数不少，但她能还得起。

그녀는 은행에서 많은 돈을 대출받아 이 새집을 샀다. 비록 적지 않은 돈이지만 그녀는 갚을 수 있다.

🔒시크릿 그녀가 새집을 어떻게 샀는지에 집중!

해설 그녀는 은행에서 돈을 빌려서 집을 샀다고 했으므로, 제시된 문장은 녹음 내용과 일치하지 않는다는 것을 알 수 있다.

단어 房子 fángzi 명 집 | 工资 gōngzī 명 월급 | 银行 yínháng 명 은행 | 借 jiè 통 빌리다 | 虽然…但 suīrán…dàn 접 비록 ~하지만, (그러나) ~하다 | 钱数 qiánshù 명 액수, 금액 | 能 néng 조동 ~할 수 있다 | 还 huán 통 갚다

---

3 적용　　　　　　　　　　　　　　　　　　▶ 01-08-4

04

★ 他们聊天儿忘了下车了。　　　　　★ 그들은 수다를 떠느라 차에서 내리는 것을 잊었다. (X)

p. 28

车上人很多，我们只好站着，售票员说的话，我们也听不懂，到站了，我们也不知道，就这样坐过了三站。

차에 사람이 많아서 우리는 서 있어야만 했다. 매표원이 하는 말도 알아듣지 못해서, 정거장에 도착했는 줄도 몰랐고, 그냥 그렇게 세 정거장을 지나쳤다.

🔒시크릿 그들이 차에서 내리지 못한 이유에 집중!

해설 매표원의 안내를 알아듣지 못해서 정거장을 지나쳤다고 했으므로, 제시된 문장과 녹음 내용이 일치하지 않는다. 녹음에서 售票员说的话(매표원이 하는 말)라는 말을 듣고 그들이 이야기하고 있었다고 착각해서는 안 된다.

단어 聊天儿 liáotiānr 통 한담하다, 잡담하다 | 只好 zhǐhǎo 图 어쩔 수 없이, ~할 수밖에 없다 | 站 zhàn 통 서다 명 정거장 | 售票员 shòupiàoyuán 명 매표원

---

2 적용　　　　　　　　　　　　　　　　　　▶ 01-08-5

05

★ 妻子希望丈夫陪她逛街。　　　　　★ 아내는 남편이 자신과 함께 쇼핑하기를 바란다. (X)

p. 28

大部分的妻子都希望自己的老公能记住他们结婚的日子，并且能在每年的这一天收到丈夫送的礼物。

대부분의 아내는 모두 자신의 남편이 그들의 결혼기념일을 기억하고, 매년 그날에 남편이 주는 선물을 받고 싶어 한다.

🔒시크릿 아내들이 바라는 것이 무엇인지에 집중!

해설 대부분의 아내는 남편이 결혼기념일을 기억하고 선물을 해 주길 바란다고 했으므로, 제시된 문장은 녹음 내용과 일치하지 않는다는 것을 알 수 있다. 녹음에서 老公(남편)은 제시된 문장에서는 丈夫로 바뀌어 나왔다. 듣기에서는 녹음에 나온 것과 같은 뜻의 다른 단어가 문장에 제시될 수 있으므로, 동의어를 많이 알아두면 문제 풀이에 도움이 된다.

단어 妻子 qīzi 명 아내 | 丈夫 zhàngfu 명 남편 | 陪 péi 통 동반하다, 모시다 | 逛街 guàngjiē 통 쇼핑하다 | 老公 lǎogōng 명 신랑, 남편 | 记住 jìzhu 통 기억해 두다 | 礼物 lǐwù 명 선물

2 , 3 적용 ▶ 01-11-1

01

p. 32

★ 表格填写错了。

不好意思这张表格您填得不对，请稍等一下，我再拿一张新的给您，请您再填写一下。

★ 표를 잘못 기재했다. (∨)

죄송하지만 이 표를 잘못 썼어요. 잠시만 기다리시면 새로 한 장 더 가져다드릴게요. 다시 한번 작성해 주세요.

🔒 시크릿 표에 기재한 것이 맞는지 여부에 집중!

해설 녹음에서 언급한 对(맞다)는 제시된 문장의 错(틀리다)와 반대되는 의미지만, 앞에 부정부사 不가 나와 不对(맞지 않다 = 틀리다)로 쓰였기 때문에 错와 같은 의미가 된다. 따라서 제시된 문장은 옳은 내용이라는 것을 알 수 있다.

단어 表格 biǎogé 몡 표, 양식 | 填写 tiánxiě 동 써 넣다, 기입하다 | 稍 shāo 부 조금, 잠시 | 等 děng 동 기다리다 | 拿 ná 동 가지다

---

1 , 4 적용 ▶ 01-11-2

02

p. 32

★ 小刘受到了表扬。

小刘已经提早完成了整年任务，我希望大家都能向小刘学习，加油！好，现在让我们一起鼓掌祝贺小刘。

★ 샤오류는 칭찬을 받았다. (∨)

샤오류는 이미 한 해의 임무를 앞당겨서 마쳤어요. 저는 모두가 샤오류를 본받아 열심히 하길 바라요. 파이팅! 좋아요. 우리 함께 박수로 샤오류를 축하해 줍시다.

🔒 시크릿 샤오류가 칭찬을 받는지 여부에 집중!

해설 마지막 부분에 나온 鼓掌祝贺(박수로 축하하다)라는 말을 들었다면, 지금 샤오류가 임무를 앞당겨서 마친 것을 칭찬하는 자리라는 것을 알 수 있다. 따라서 제시된 문장은 옳은 내용이 된다.

단어 表扬 biǎoyáng 동 칭찬하다 | 完成 wánchéng 동 완수하다, 끝내다 | 整年 zhěngnián 몡 한 해, 일 년 | 任务 rènwu 몡 임무 | 鼓掌 gǔzhǎng 동 손뼉을 치다, 박수를 보내다 | 祝贺 zhùhè 동 축하하다

---

2 , 3 적용 ▶ 01-11-3

03

p. 32

★ 说话人对报告不太满意。

我对你的这个报告很是失望。一来说明的不够具体，二来数字信息也不明确。你拿回去再重新弄一份吧。

★ 화자는 보고서에 그다지 만족하지 않는다. (∨)

나는 당신의 보고서에 매우 실망했어요. 첫째로 구체적이지도 않고, 둘째로 숫자 정보가 명확하지도 않아요. 가져가서 다시 새로 작성하도록 하세요.

🔒 시크릿 보고서에 대해서 만족하는지 여부에 집중, 부정 어휘 찾기!

해설 제시된 문장에 不太满意(그다지 만족하지 않는다)는 부정적 어휘가 제시되어 있다. 녹음에서는 很是失望(매우 실망하다), 不够具体(구체적이지 않다), 不明确(정확하지 않다) 등 상사가 보고서를 작성해 온 부하 직원을 나무라는 내용이 나온다. 따라서 제시된 문장과 녹음 내용이 일맥상통함을 알 수 있다.

단어 报告 bàogào 몡 보고서 | 不太 bú tài 그다지 ~하지 않다 | 满意 mǎnyì 동 만족하다 | 失望 shīwàng 동 실망하다, 낙담하다 | 一来…二来… yīlái…èrlái… 첫째로는 ~ 둘째로는 ~ | 不够 búgòu 동 모자라다, 미치지 못하다 | 具体 jùtǐ 형 구체적이다 | 数字 shùzì 몡 숫자 | 明确 míngquè 형 명확하다 | 回去 huíqù 동 되돌아가다 | 重新 chóngxīn 부 다시

04

p. 32

★ 多出汗对身体好。

★ 땀이 많이 나면 몸에 좋다. (X)

出汗会影响人的体温，运动后的人一般会觉得热，但适量的排汗可以帮助降低体温，相反在寒冷的环境下，少出汗可以留住体内的热量。

땀을 흘리는 것은 사람의 체온에 영향을 미칠 수 있다. 운동하고 난 후에 사람들은 보통 덥다고 느끼는데, 적당히 땀을 흘리면 체온을 낮추는 데 도움이 된다. 반면 추운 환경에서는 땀을 적게 흘려야 체내의 열량을 유지시킬 수 있다.

🔒시크릿 땀이 신체에 미치는 영향에 집중!

해설   녹음에서는 땀이 몸의 체온을 낮춰 준다고 이야기한 것이지, 땀이 많이 나면 몸에 좋다고 한 것이 아니므로 제시된 문장은 녹음 내용과 다른 문장이 된다.

단어   出汗 chūhàn 동 땀이 나다 | 影响 yǐngxiǎng 동 영향을 끼치다 | 体温 tǐwēn 명 체온 | 适量 shìliàng 형 적당량이다 | 排 pái 동 내보내다, 배출하다 | 帮助 bāngzhù 동 돕다 | 降低 jiàngdī 동 내리다, 낮추다 | 相反 xiāngfǎn 접 반대로, 오히려 | 寒冷 hánlěng 형 춥다 | 热量 rèliàng 명 열량

05

p. 32

★ 习惯的养成需要一段时间。

★ 습관을 기르려면 일정 기간이 필요하다. (V)

科学发现，一个事情一旦坚持二十一天以上就会成为一种习惯。所以不管什么事情，例如运动，虽然刚开始的时候比较辛苦，但是坚持一段时间，就会觉得好很多，变成了自己的一种习惯。

과학에서 발견하기를, 한 가지 일을 일단 21일 이상 지속해서 한다면 습관이 된다고 한다. 그래서 어떤 일이든지 간에, 예를 들어 운동은 비록 처음에는 비교적 힘들지만, 일정한 시간을 버틴다면, 훨씬 괜찮아진다고 느낄 것이며, 자신의 습관으로 변할 것이다.

🔒시크릿 습관을 기르는데 시간이 필요한지의 여부에 집중, 상식선에서 정답 찾기!

해설   습관을 기르기 위해서는 21일 이상 지속해야 하며, 처음에는 힘들지만 버틴다면 습관으로 변할 것이라고 했다. 따라서 습관을 기르기 위해서는 일정 기간이 필요함을 알 수 있다.

     💡Tip 4급 듣기 제1부분의 일부 문제들은 상식선에서 정답의 옳고 그름을 유추할 수 있는 문제들이 종종 출제된다. 녹음 내용을 잘 알아듣지 못했다고 너무 낙심하지 말자. 제시된 문장을 꼼꼼히 해석한 것만으로도 정답을 찾아낼 수도 있다.

단어   习惯 xíguàn 습관 | 养成 yǎngchéng 동 (습관을) 기르다 | 需要 xūyào 동 필요로 하다 | 科学 kēxué 명 과학 | 发现 fāxiàn 동 발견하다 | 一旦 yídàn 부 일단 ~한다면 | 坚持 jiānchí 동 끝까지 버티다, 지속하다 | 成为 chéngwéi 동 ~으로 되다 | 不管 bùguǎn 접 ~에 관계없이, ~을 막론하고 | 例如 lìrú 동 예를 들면, 예컨대 | 刚 gāng 부 방금, 막 | 比较 bǐjiào 부 비교적 | 辛苦 xīnku 형 고생스럽다, 수고롭다 | 变成 biànchéng 동 ~이 되다

✓ 정답	1. V	2. V	3. X	4. V	5. V

01

p. 32

★ 第一印象不容易忘记。

★ 첫인상은 쉽게 잊혀지지 않는다. (V)

第一印象，是指在初次见面时给别人留下的印象。第一印象一般都是最深的，而且很难改变。

첫인상은 처음 만났을 때 다른 사람에게 남기는 인상을 가리킨다. 첫인상은 일반적으로 제일 깊어, 바뀌기가 매우 어렵다.

해설　첫인상은 일반적으로 제일 깊어 바뀌기가 매우 어렵다고 했으므로, 첫인상은 쉽게 잊혀지지 않는다는 것을 알 수 있다. 녹음에서는 很难(매우 어렵다)으로 나온 것이 제시된 문장에서는 不容易(쉽지 않다)로 바뀌어 나왔다.

단어　印象 yìnxiàng 囲 인상 | 忘记 wàngjì 동 잊어버리다 | 指 zhǐ 동 가리키다 | 深 shēn 혱 깊다 | 改变 gǎibiàn 동 변하다, 바뀌다

---

02 p. 32

S1, 3 적용　▶ 01-12-2

★ 年轻人应该相信自己。　★ 젊은이들은 <u>자기 자신을 믿어야만</u> 한다. (∨)

年轻本身就是健康和美丽的，不要过分在意胖瘦，也不要太关心自己是不是长得漂亮，是不是帅，年轻人最重要的是要<u>对自己有信心</u>。　젊음은 그 자체로 건강하고 아름다운 것이다. 뚱뚱하거나 마른 것에 지나치게 신경 쓸 필요가 없고, 자신이 예쁜지, 잘생겼는지에 너무 관심을 둘 필요가 없다. 젊은 사람들에게 가장 중요한 것은 <u>자기 자신에 대한 믿음을 가지는 것</u>이다.

🔒 **시크릿** 젊은 사람들에게 있어서 가장 중요한 것이 무엇인지에 집중!

해설　마지막에 젊은 사람들에게 가장 중요한 것은 자기 자신에 대한 믿음이라고 말했으므로, 제시된 문장은 옳은 내용이 된다. 녹음에서의 要(~해야 한다)는 제시된 문장에서 应该(마땅히 ~해야 한다)로 바뀌어 나왔고, 녹음에서 有信心(믿음을 가지다)이라고 얘기한 것은 제시된 문장에서 相信(믿다)으로 바뀌어서 나왔다.

단어　相信 xiāngxìn 동 믿다, 신뢰하다 | 健康 jiànkāng 혱 건강하다 | 美丽 měilì 혱 아름답다 | 过分 guòfèn 동 지나치다 | 在意 zàiyì 동 마음에 두다 | 胖瘦 pàngshòu 뚱뚱하고 마름, 살찐 정도 | 漂亮 piàoliang 혱 예쁘다 | 帅 shuài 혱 잘생기다 | 信心 xìnxīn 囲 믿음, 자신감

---

03 p. 32

2 적용　▶ 01-12-3

★ 他的收入很高。　★ 그의 <u>수입은 매우 높다</u>. (X)

<u>虽然</u>我目前的收入比较低，我也不太介意，因为我选这份职业的目的就不是为了钱，而是为了积攒经验，为今后打下坚实的基础。　비록 나의 현재 수입은 비교적 적지만 나는 그다지 개의치 않는다. 왜냐하면 내가 이 직업을 선택한 목적은 돈이 아니라 경험을 쌓아, 앞으로 건실한 기초를 쌓기 위해서이다.

🔒 **시크릿** 그의 수입이 높은지에 집중!

해설　화자의 수입이 높은지 여부에 관한 판단을 하는 문제이다. 제시된 문장에서는 很高(매우 높다)로 나와 있는데, 녹음에서는 比较低(비교적 적다)라고 했으므로 제시된 문장은 녹음 내용과 다르다는 것을 알 수 있다.

단어　收入 shōurù 囲 수입 | 高 gāo 혱 높다 | 虽然 suīrán 젭 비록 ~하지만 | 目前 mùqián 囲 현재 | 低 dī 혱 낮다 | 介意 jièyì 동 개의하다, 신경 쓰다 | 职业 zhíyè 囲 직업 | 目的 mùdì 囲 목적 | 不是…而是… búshì… érshì… 젭 ~가 아니고, 오히려 ~다 | 为了 wèile 젠 ~을 하기 위해서 | 积攒 jīzǎn 동 조금씩 모으다 | 经验 jīngyàn 囲 경험 | 今后 jīnhòu 囲 이후, 앞으로 | 打 dǎ 동 쌓다, 다지다 | 坚实 jiānshí 혱 건실하다, 견고하다 | 基础 jīchǔ 囲 기초

04

p. 32

★ 他想给小王这张演出票。

★ 그는 샤오왕에게 이 공연표를 주고 싶어한다. (∨)

小王，我今晚要加班，看不了演出了，听说这次演出邀请了很多名演员，很精彩，票要是浪费了就可惜了，你去看吧。

샤오왕, 나 오늘 저녁에 야근해야 해서, 공연을 못 보게 됐어. 이번 공연은 유명한 배우들을 많이 초청해서 매우 훌륭하다던데 표를 낭비하면 너무 아깝잖아. 네가 가서 봐.

🔒 **시크릿** 화자가 샤오왕에게 주려는 것이 무엇인지에 집중!

해설 그는 오늘 야근을 해서 공연을 보러 갈 수 없기 때문에, 표가 너무 아까우니 샤오왕에게 대신 가서 보라고 말하고 있다. 따라서 그는 샤오왕에게 공연표를 주려고 한다는 것을 알 수 있다.

단어 给 gěi ⑧ (~에게) 주다 | 演出 yǎnchū ⑲ 공연 | 票 piào ⑲ 표, 티켓 | 加班 jiābān ⑧ 야근하다, 특근하다 | 邀请 yāoqǐng ⑧ 초청하다, 초대하다 | 演员 yǎnyuán ⑲ 배우, 연기자 | 精彩 jīngcǎi ⑲ 훌륭하다, 뛰어나다 | 浪费 làngfèi ⑧ 낭비하다 | 可惜 kěxī ⑲ 아깝다

05

p. 32

★ 说话人之前很马虎。

★ 화자는 예전에 매우 덤벙거렸다. (∨)

因为我的不小心，还麻烦你特意跑来一趟，真是对不起。您放心吧，这回我都好好检查了，肯定不会有什么问题。

저의 부주의함으로 번거롭게 당신을 일부러 오게 만들었네요. 정말 죄송합니다. 안심하세요. 이번에는 잘 검토해 보았고, 분명히 문제없을 것입니다.

🔒 **시크릿** 화자가 예전에 일을 처리함에 있어서 덤벙거렸는지 꼼꼼했는지에 집중!

해설 제시된 문장에서는 马虎(덤벙거리다)라는 부정적인 어휘가 등장한다. 녹음에서도 不小心(부주의함)이 등장하는데, 이것은 马虎와 같은 의미로 不细心(세심하지 못하다), 粗心大意(꼼꼼하지 못하고 데면데면하다)와 모두 같은 뜻이다. 따라서 정답은 대임을 알 수 있다.

단어 之前 zhīqián ⑲ 이전에 | 马虎 mǎhu ⑲ 소홀하다, 건성건성하다 | 麻烦 máfan ⑲ 번거롭다 | 特意 tèyì ⑨ 일부러 | 趟 tàng ⑱ 차례, 번(왕복) | 真是 zhēnshi ⑧ 정말, 참 | 放心 fàngxīn ⑧ 마음을 놓다, 안심하다 | 回 huí ⑱ 번, 차례 | 检查 jiǎnchá ⑧ 검사하다 | 肯定 kěndìng ⑨ 확실히, 틀림없이 | 问题 wèntí ⑲ 문제

DAY 7

✓ 정답	1. X	2. V	3. X	4. X	5. X

01

p. 37

★ 他现在仍然不习惯吃上海菜。

★ 그는 지금도 여전히 상하이요리에 적응하지 못했다. (X)

我是个地道的北方人，爱吃比较咸的东西。可是上海菜多数比较甜，前些年初来上海之时，我都吃不习惯，慢慢地才适应过来，到现在很是喜欢上海菜。

나는 전형적인 북방 사람이라 간이 짠 음식을 좋아한다. 그러나 상하이요리는 비교적 달다. 몇 해 전 막 상하이에 처음 왔을 때 음식이 입에 맞지 않았지만, 천천히 적응되었고 지금은 상하이요리를 아주 좋아한다.

해설 화자는 짠 것을 좋아하는 북방 사람이고, 상하이요리는 비교적 달아서 吃不习惯(음식이 입에 맞지 않다)한 건 사실이다. 하지만 천천히 적응되었고, 지금은 아주 좋아한다고 했다. 따라서 仍然不习惯(여전히 적응하지 못했다)은 不对가 된다.

단어 仍然 réngrán 🈺 여전히, 변함없이 ㅣ 习惯 xíguàn 🈺 습관이 되다 ㅣ 上海菜 Shànghǎicài 🈺 상하이요리 ㅣ 地道 dìdao 🈺 전형적인, 진짜의 ㅣ 北方人 běifāngrén 🈺 북방인 ㅣ 咸 xián 🈺 짜다 ㅣ 甜 tián 🈺 달다 ㅣ 初来 chūlái 🈺 처음 오다 ㅣ 适应 shìyìng 🈺 적응하다 ㅣ 喜欢 xǐhuan 🈺 좋아하다

02
p. 37

1 적용 ▶ 01-15-2

★ 那位先生想买蛋糕。　　　　　　　　★ 그 남자는 케이크를 사고 싶어 한다. (∨)

对不起，先生，那种蛋糕已经卖完了，您可以试试这个饼干，味道也很不错。

죄송합니다. 손님. 그 케이크는 이미 다 팔렸어요. 이 쿠키를 한번 드셔 보세요. 맛이 아주 좋아요.

해설 처음 부분에 그 케이크는 다 팔렸다고 말한 것을 들었다면, 고객이 케이크를 사고 싶어 했다는 것을 알 수 있다. 饼干(쿠키)이라는 단어를 듣고 고객이 사고 싶어 하는 것이 쿠키라고 혼동할 수도 있지만, 쿠키는 종업원이 고객에게 권한 것이지 고객이 사려고 하는 것은 아니었다.

핵심어	혼동어
蛋糕 케이크	饼干 쿠키
고객은 케이크를 사려 온 것이다.	케이크가 다 팔려서 종업원이 쿠키를 권하고 있다.

단어 想 xiǎng 🈺 ~하고 싶다 ㅣ 蛋糕 dàngāo 🈺 케이크 ㅣ 已经 yǐjing 🈺 이미, 벌써 ㅣ 卖 mài 🈺 팔다 ㅣ 完 wán 🈺 다하다, 떨어지다 ㅣ 可以 kěyǐ 🈺 ~할 수 있다 ㅣ 试 shì 🈺 시험 삼아 해 보다 ㅣ 饼干 bǐnggān 🈺 비스킷, 쿠키 ㅣ 味道 wèidao 🈺 맛

03
p. 37

1 적용 ▶ 01-15-3

★ 小张的调查结果写得很好。　　　　　★ 샤오장의 조사 결과는 매우 잘 썼다. (X)

小张，你这份计划书写得不错，市场调查可以就按这个计划去做。下个月我要看调查结果。

샤오장, 이 기획안 잘 썼네요. 시장 조사는 이 계획에 맞춰서 진행해도 돼요. 다음 달에 조사 결과를 보겠습니다.

해설 화자는 샤오장에게 기획안을 잘 썼고 그대로 시장 조사를 해서 다음 달에 보여 달라고 했으므로, 샤오장이 잘 쓴 것은 조사 결과가 아니라 기획안이다.

핵심어	혼동어
计划书 기획안	调查结果 조사 결과
기획안을 잘 썼다.	조사는 아직 하지 않았고, 다음 달에 알 수 있다.

단어 调查 diàochá 🈺 조사하다 ㅣ 结果 jiéguǒ 🈺 결과 ㅣ 计划 jìhuà 🈺 계획, 방안 ㅣ 市场 shìchǎng 🈺 시장 ㅣ 按 àn 🈺 ~에 따라서

04 ① , ③ 적용 ▷ 01-15-4

p. 37

★ 他父亲的职业是演员。

★ 그의 아버지의 직업은 배우다. (X)

我父亲是医生，母亲是演员，但性格上我更像我的父亲，我的理想就是做一个像父亲那样的医生。

우리 아버지는 의사고, 어머니는 배우다. 하지만 성격상 나는 아버지를 더 닮았다. 나의 꿈은 아버지 같은 의사가 되는 것이다.

🔒 시크릿 화자의 아버지의 직업이 무엇인지에 집중!

해설 녹음에서 아버지의 직업은 의사고 어머니의 직업은 배우라고 했으므로, 제시된 문장은 녹음 내용과 반대된다. 이런 문제를 들을 때는 옆에 메모하면서 들으면 더 쉽게 풀 수 있다.

핵심어	혼동어
父亲 아버지	母亲 어머니
아버지는 의사다.	어머니는 배우다.

단어 职业 zhíyè 명 직업 | 演员 yǎnyuán 명 배우, 연기자 | 性格 xìnggé 명 성격 | 理想 lǐxiǎng 명 이상, 꿈

---

05 ① , ③ 적용 ▷ 01-15-5

p. 37

★ 说话人的朋友在海边长大。

★ 화자의 친구는 바닷가에서 자랐다. (X)

当听到朋友说他从来没见过真正的大海时，我非常惊讶，也有些骄傲，因为对于在海边长大的我来说，看海是件很普通的事。

친구가 한 번도 제대로 된 바다를 구경해 본 적이 없다고 했을 때, 나는 매우 놀라면서도 자부심이 생겼다. 바닷가에서 성장한 나로서는 바다를 보는 일이 매우 흔한 일이기 때문이다.

🔒 시크릿 바닷가에서 성장한 사람이 화자인지 그의 친구인지에 집중!

해설 녹음에서 한 명은 바닷가에서 자랐고, 나머지 한 명은 바다를 구경조차 해 보지 못했다고 했다. 对于…来说(~에게 있어서)의 표현을 기억해 두자. 对于海边长大的我来说(바닷가에서 성장한 나로서는)를 통해 바닷가에서 성장한 사람은 朋友(친구)가 아니라, 说话人(화자)임을 알 수 있다.

단어 说话人 shuōhuà rén 명 말하는 사람, 화자 | 海边 hǎibian 명 해변 | 长大 zhǎngdà 동 성장하다 | 当…时 dāng…shí ~일 때 | 从来 cónglái 부 지금까지 | 没…过 méi…guo ~한 적이 없다 | 惊讶 jīngyà 형 놀랍고 의아하다 | 骄傲 jiāo'ào 형 자랑스럽다 | 因为 yīnwèi 접 ~때문에 | 对于…来说 duìyú…láishuō 전 ~에 있어서 | 普通 pǔtōng 형 보통이다, 일반적이다

 DAY 8

✓ 정답   1. X   2. X   3. V   4. X   5. X

---

01 ② , ③ 적용 ▷ 01-16-1

p. 37

★ 他喜欢西方人的生活方式。

★ 그는 서양인의 생활 방식을 좋아한다. (X)

他习惯了亚洲人的生活方式。对西方人的饮食、文化和处事方法他无法接受。

그는 아시아인의 생활 방식에 익숙해져 있다. 서양인의 음식, 문화, 그리고 일 처리 방법들은 받아들이지 못한다.

🔒 시크릿 그가 서양인의 생활 방식에 대해 어떻게 생각하는지에 집중!

해설 그는 아시아인의 생활 방식에 익숙해져 있어서 서양인의 문화를 받아들이지 못한다고 했으므로, 그는 서양인이 아닌 아시아인의 생활 방식을 좋아한다는 것을 알 수 있다.

핵심어	혼동어
亚洲人的生活方式 아시아인의 생활 방식	西方人的饮食、文化和处事方法 서양인의 음식, 문화, 일 처리 방법
아시아인의 생활 방식에 익숙하다.	서양인의 생활 방식은 받아들이기 힘들다.

단어 习惯 xíguàn 통 습관이 되다, 익숙해지다 | 亚洲 Yàzhōu 명 아시아 | 饮食 yǐnshí 명 음식 | 处事 chǔshì 통 일을 처리하다 | 无法 wúfǎ 통 ~할 수 없다 | 接受 jiēshòu 통 받아들이다

1, 2 적용　　▶ 01-16-2

02
p. 37

★ 会议室在二层。　　★ 회의실은 2층에 있다. (X)

您要去会议室吗？那不必上楼，会议室就在一层，您往前走，电梯左边就是。

회의실에 가려고 하시나요? 그러면 위층으로 올라갈 필요 없어요. 회의실은 1층에 있거든요. 앞쪽으로 가시다가 엘리베이터 왼쪽에 바로 있어요.

🔑시크릿 회의실이 몇 층에 있는지에 집중!

해설 화자는 회의실이 1층에 있기 때문에 위층으로 올라갈 필요가 없다고 했으므로, 제시된 문장은 녹음 내용과 일치하지 않는다.

핵심어	혼동어
一层 1층	上楼 위층으로 올라가다
회의실은 1층에 있다.	위층으로 올라갈 필요가 없다.

단어 会议室 huìyìshì 명 회의실 | 不必 búbì 부 ~할 필요 없다 | 电梯 diàntī 명 엘리베이터 | 左边 zuǒbian 명 왼쪽

---

3 적용　　▶ 01-16-3

03
p. 37

★ 坐公共汽车比开车慢一个小时。　　★ 버스 타는 것이 운전하는 것보다 1시간 느리다. (V)

从高速公路开车只用半小时就能到，要是坐公共汽车的话得一个半小时呢。

고속도로로 운전해서 가면 30분 만에 도착합니다. 만일 버스를 탄다면 1시간 30분이 걸립니다.

🔑시크릿 버스를 타는 것과 운전하는 것 중 어떤 것이 얼마나 느린지에 집중!

해설 운전해서 가면 30분 걸리는데 버스를 타고 가면 1시간 30분이 걸린다고 했으므로, 버스를 타는 것이 차를 운전하는 것보다 1시간 더 걸린다는 것을 알 수 있다. 이와 같은 문제를 풀 때에는 옆에 '버스 = 1:30, 차 = 30'과 같이 메모하면서 들으면 더 쉽게 문제를 풀 수 있다.

핵심어	혼동어
坐公共汽车 버스를 타는 것	开车 운전하는 것
버스로 1시간 30분이 걸린다.	운전해서 가면 30분이면 도착할 수 있다.

단어 高速公路 gāosù gōnglù 명 고속도로 | 要是 yàoshi 접 만약 ~이라면

04

p. 37

★ 那两个词的用法完全相同。

★ 그 두 단어의 용법은 완전히 같다. (X)

这两个词虽然只差一个字，意思也差不多，但它们在语法上还是有一定区别的，适合用的语言环境也不一样，你们注意别弄混了。

이 두 단어는 비록 글자가 하나가 빠졌지만, 의미는 비슷하다. 그러나 어법적으로는 <u>어느 정도의 차이점이 있다.</u> 사용해야 할 언어 환경도 다르니, 혼동하여 쓰지 않도록 주의한다.

🔒시크릿 두 단어의 용법이 같은지 다른지에 집중, 부정 어휘 찾기!

해설 제시된 문장에서는 두 단어의 용법이 완전히 같다는 긍정적 어휘로 표현되어 있다. 듣기든 독해든 역접의 접속사 但(그러나)에 주목해야 하는데, 왜냐하면, 但 이하 부분에 정답이 숨어 있을 가능성이 매우 높기 때문이다. 녹음에서는 有一定的区别(어느 정도의 차이점이 있다)라고 했으므로, 정답은 不对가 된다.

단어 词 cí 몡 단어 | 用法 yòngfǎ 몡 용법 | 完全 wánquán 뮈 완전히 | 相同 xiāngtóng 혱 서로 같다 | 虽然 suīrán 젭 비록 ~하지만 | 差 chà 혱 부족하다, 모자라다 | 意思 yìsi 몡 의미 | 差不多 chàbuduō 혱 비슷하다 | 语法 yǔfǎ 몡 어법 | 一定 yídìng 혱 어느 정도의, 상당한 | 区别 qūbié 몡 구별, 차이점 | 适合 shìhé 됭 적합하다 | 语言 yǔyán 몡 언어 | 环境 huánjìng 몡 환경 | 注意 zhùyì 됭 주의하다 | 别 bié 뮈 ~하지 말아라 | 弄混 nònghùn 혼동하다, 헷갈리다

05

p. 37

★ 年龄大的人很少后悔。

★ <u>나이가 많은 사람은 적게 후회한다.</u> (X)

人的年龄越大，后悔的事也会越多。有人后悔没有好好读书，有人后悔做错了事。为了将来少些后悔，请认真过好你们的每一天。

나이가 많아질수록 후회하는 일도 많을 것이다. 어떤 사람은 열심히 공부하지 않은 것을 후회하고, 또 어떤 이는 일을 그르친 것을 후회하기도 한다. 나중에 후회가 적으려면 최선을 다해 하루하루를 잘 살아내야 한다.

🔒시크릿 나이가 많이 든 사람이 후회를 적게 하는지 많이 하는지에 집중!

해설 녹음의 맨 앞부분에 年龄越大，后悔越多(나이가 많을수록, 후회가 많다)라고 했는데, 제시된 문장에서는 少后悔(적게 후회한다)라고 했으므로, 정답은 不对가 된다.

💡Tip 힌트는 녹음의 맨 앞부분에 등장할 수 있기 때문에, 녹음의 첫 부분부터 놓치지 않도록 해야 한다. 앞 문제를 푸는데 주어지는 15초의 시간 동안 10초는 문제를 푸는데 사용하고, 나머지 5초는 다음에 풀 문제를 분석하는데 할애해야 한다.

단어 年龄 niánlíng 몡 나이 | 大 dà 혱 (나이가) 많다 | 后悔 hòuhuǐ 됭 후회하다 | 越…越… yuè…yuè… 뮈 ~할수록 더~ | 读书 dúshū 됭 책을 읽다 | 错 cuò 혱 틀리다, 잘못하다 | 为了 wèile 젠 ~을 하기 위해 | 将来 jiānglái 몡 장래 | 认真 rènzhēn 혱 열심히하다, 진지하다 | 过 guò 됭 지내다, 보내다

제2·3부분 대화문

시크릿 기출 테스트

✓ 정답	1. A	2. A	3. B	4. A

01

p. 45

1 , 3 적용　　　　　　　　　　　　　　　　　▶ 02-07-1

A 7:40	B 8:20	A 7시 40분	B 8시 20분
C 7:20	D 19:10	C 7시 20분	D 19시 10분

男: 王教授，您明天早上几点到？我去火车站接您。

女: 辛苦你了，我明天早上差20分8点到北京。

问: 女的明天几点到北京？

남: 왕 교수님, 내일 아침 몇 시에 도착하세요? 제가 기차역으로 모시러 갈게요.

여: 고생이 많구나. 나는 아침 20분 전 8시에 베이징에 도착한단다.

질문: 여자는 내일 몇 시에 베이징에 도착하는가?

🔒 시크릿 시간 표현에서 差(부족하다)를 어떤 의미로 사용하는지에 주의!

해설　差를 시간 표현에서 사용할 때는, 몇 시가 되기에 얼마만큼의 시간이 부족하다는 의미를 나타낸다. 여자는 差20分8点이라고 얘기했으므로 '8시가 되기에 20분이 부족하다', 즉 A의 '7시 40분'이라는 것을 의미한다.

단어　教授 jiàoshòu 몡 교수 | 火车站 huǒchēzhàn 몡 기차역 | 接 jiē 동 마중하다 | 辛苦 xīnkǔ 톙 수고롭다

02

p. 45

1 , 2 적용　　　　　　　　　　　　　　　　　▶ 02-07-2

A 5月	B 4月	A 5월	B 4월
C 7月	D 12月	C 7월	D 12월

女: 你们今天讨论得怎么样？有结果吗？

男: 大家都同意把招聘会从4月7号推迟到5月12号。

问: 大家希望什么时候举行招聘会？

여: 오늘 토론 어땠어? 결론이 났니?

남: 모두 채용 박람회를 4월 7일에서 5월 12일로 미루는 것에 동의했어.

질문: 모두 언제 채용 박람회를 개최하길 바라는가?

🔒 시크릿 推迟(연기하다)가 문장에서 어떤 의미로 쓰이는지에 주의!

해설　남자가 원래 4월에 개최하기로 했던 박람회를 5월로 미뤘다고 했으므로, 정답은 A가 된다. 만일 박람회가 언제 개최될 예정이었는지를 물었다면 4월을 정답으로 선택해야 한다.

단어　讨论 tǎolùn 동 토론하다 | 结果 jiéguǒ 몡 결과 | 同意 tóngyì 동 동의하다 | 招聘会 zhāopìnhuì 몡 채용 박람회 | 推迟 tuīchí 동 연기하다

03
p. 45

A 很快	B 半个小时	A 곧 도착한다	B 30분
C 一个小时	D 一个半小时	C 1시간	D 1시간 30분

女：导游刚说还得多长时间才能到故宫？
男：还有半个小时就到了，我本来以为还得一个小时呢。

问：到故宫还要多长时间？

여: 가이드가 방금 얼마나 더 가야 고궁에 도착한다고 했어?
남: 30분 더 가야 도착한대. 나는 1시간을 더 가야 하는 줄 알았어.

질문: 고궁에 도착하려면 시간이 얼마나 더 걸리는가?

🔒 시크릿 以为의 의미에 주의!

해설　가이드가 30분 더 가면 도착한다고 했으므로, 정답은 B가 된다. 1시간은 남자가 착각한 내용으로 사실이 아니다. 以为 뒤에는 잘못 생각한 내용이 나오므로 주의해야 한다.

단어　导游 dǎoyóu 뗑 가이드 | 故宫 Gùgōng 뗑 고궁 | 本来 běnlái 뛤 원래, 본래

04
p. 45

A 30块	B 60块	A 30위안	B 60위안
C 90块	D 120块	C 90위안	D 120위안

男：小姐，我家孩子得买多少钱的票？
女：你好，您的60，孩子买儿童的票，半价。

问：女儿的票多少钱一张？

남: 아가씨, 우리 아이는 얼마짜리 표를 사야 하나요?
여: 안녕하세요. 아버님은 60위안이고, 아이는 어린이 표를 사시면 되는데 반값이에요.

질문: 딸의 표는 한 장에 얼마인가?

🔒 시크릿 半(절반)이 나올 경우에는 계산하기!

해설　남자의 표는 60위안이고 어린이 표는 반값이라고 했으므로, 딸의 표는 30위안이 된다. 이 문제는 들리는 그대로 답을 고르는 것이 아니라, 숫자를 듣고 계산해서 정답을 골라야 한다.

단어　孩子 háizi 뗑 아이, 아동 | 儿童 értóng 뗑 아동, 어린이 | 半价 bànjià 뗑 반값

✓ 정답	1. A	2. D	3. D	4. C

---

1 적용

▶ 02-08-1

01
p. 45

A 5号	B 4号	A 5일	B 4일
C 10号	D 15号	C 10일	D 15일

男: 你研究生考得怎么样?

女: 数学可能考砸了。

男: 大家都说题不容易, 不过你这么努力一定 没问题的。

女: 谢谢, 5号成绩就出来了, 到时候就知道了。

问: 成绩什么时候出来?

남: 대학원 시험 어땠어?

여: 수학은 망친 것 같아.

남: 다들 문제가 어려웠다고 하더라. 그래도 넌 이렇게 열 심히 했으니 문제없을 거야.

여: 고마워. 5일에 성적이 나온다니까, 그때가 되면 곧 알게 되겠지.

질문: 성적은 언제 나오는가?

🔑 시크릿 듣기에서 숫자 문제는 들리는 그대로가 정답일 확률이 높으므로 집중!

해설 마지막에 여자가 5일에 성적이 나온다고 말했으므로 정답은 A가 된다.

단어 研究生 yánjiūshēng 몡 대학원생 | 数学 shùxué 몡 수학 | 砸 zá 동 실패하다, 망치다 | 努力 nǔlì 동 노력하다 | 成绩 chéngjì 몡 성적

---

2 적용

▶ 02-08-2

02
p. 45

A 现在	B 前天	A 지금	B 그저께
C 暑假期	D 寒假前	C 여름 방학	D 겨울 방학 전

男: 李教授, 这几篇文章, 您什么时候要?

女: 不急, 你自己看着办, 只要在寒假前交给 我就行。

男: 没问题, 我肯定会提前完成的。

女: 那样更好。

问: 女的什么时候要那几篇文章?

남: 리 교수님, 이 글들은 언제 필요하세요?

여: 급하지 않아. 네가 알아서 처리하고, 겨울 방학 전에만 나한테 주면 돼.

남: 문제없어요. 그 전에 완성할 수 있어요.

여: 그럼 더 좋지.

질문: 여자는 언제 그 글들이 필요한가?

🔑 시크릿 접속사 只要…就…(~하기만 하면 ~하다)에 주의!

해설 글이 언제 필요하냐는 남자의 물음에 여자는 겨울 방학 전까지만 주면 된다고 대답했으므로, 정답은 D가 된다.

단어 暑假 shǔjià 몡 여름 방학 | 寒假 hánjià 몡 겨울 방학 | 教授 jiàoshòu 몡 교수 | 看着办 kànzhe bàn 알아서 처리하다 | 肯 定 kěndìng 훤 확실히, 틀림없이 | 提前 tíqián 동 앞당기다

03
p. 45

| A 8点 | B 9点 | A 8시 | B 9시 |
| C 8点半 | D 9点半 | C 8시 반 | D 9시 반 |

女: 你好, 我是前台。
男: 你好, 我住807, 现在楼下还有早饭吗?
女: 对不起, 早饭提供到9点。
男: 明白了, 谢谢你。

问: 现在最可能是几点?

여: 안녕하세요. 프런트입니다.
남: 안녕하세요. 저는 807호에 묵고 있는데, 지금 아래층에 아직 아침 식사가 있나요?
여: 죄송하지만, 아침 식사는 9시까지만 제공됩니다.
남: 알겠습니다. 감사합니다.

질문: 지금은 몇 시겠는가?

🔒 시크릿 들린 시간 정확히 기억하기!

해설 아침 식사가 있냐는 남자의 물음에 여자가 죄송하다고 말했으므로, 지금은 아침 식사 제공이 안 된다는 것을 알 수 있다. 아침 식사는 9시까지만 제공된다고 했으므로, 지금은 9시가 지난 시간이라는 것을 알 수 있다. 따라서 정답이 될 수 있는 시간은 D뿐이다.

단어 前台 qiántái 몡 프런트 | 楼下 lóuxià 몡 아래층 | 早饭 zǎofàn 몡 아침 식사 | 提供 tígōng 됭 제공하다 | 明白 míngbai 됭 알다, 이해하다

04
p. 45

| A 2500 | B 3200 | A 2500 | B 3200 |
| C 3500 | D 4000 | C 3500 | D 4000 |

男: 你看, 这个怎么样? 图书馆招人。
女: 在哪儿, 我看看。
男: 我觉得适合你。
女: 3500? 工资还挺高, 那我先发个简历吧。

问: 这个工作的工资是多少?

남: 이거 좀 봐. 어때? 도서관에서 사람을 구한대.
여: 어디? 나도 좀 볼게.
남: 내 생각엔 너한테 적합할 것 같아.
여: 3천 5백? 월급도 정말 높네. 그럼 먼저 이력서를 보내 봐야겠다.

질문: 이 직업의 월급은 얼마인가?

🔒 시크릿 보기의 숫자를 미리 봐 둔 다음, 녹음에서 들리는 숫자에 집중!

해설 이 문제는 들리는 대로 정답을 고르면 되는 문제이다. 녹음 마지막에서 여자가 3500이라고 말한 것을 들었다면, 쉽게 C 를 정답으로 고를 수 있다.

단어 图书馆 túshūguǎn 몡 도서관 | 招 zhāo 됭 모집하다 | 适合 shìhé 됭 적합하다, 적절하다 | 工资 gōngzī 몡 월급 | 简历 jiǎnlì 몡 이력서

01

p. 50

1 , 2 적용 ▶ 02-12-1

| A 不满 | B 激动 | A 불만스럽다 | B 흥분했다 |
| C 奇怪 | D 开玩笑 | C 의아하다 | D 농담이다 |

男: 你怎么进来的? 为什么不敲门?

女: 是你自己没听见。我看见你戴着耳机呢。

남: 너 어떻게 들어왔어? 왜 노크 안 해?

여: 네가 못 들은 거야. 내가 보니까 너 이어폰 끼고 있던데.

问: 男的说话什么语气?

질문: 남자의 어투는 어떠한가?

🔒 **시크릿** 남자의 말투에 집중!

해설 남자는 여자에게 왜 노크를 하지 않았냐고 따져 묻고 있으므로, 여자가 그냥 방으로 들어온 것을 불만스러워한다는 것을 알 수 있다. '너 어떻게 들어왔어?'라는 말을 듣고 C가 정답이라고 혼동할 수도 있지만, 남자는 여자가 어떻게 들어왔는지가 궁금한 것이 아니라 여자가 노크하지 않았다고 생각해서 불만스러운 것이다.

단어 不满 bùmǎn 혱 불만이다 | 激动 jīdòng 통 흥분하다, 감격하다 | 奇怪 qíguài 혱 이상하다, 의아하다 | 敲门 qiāomén 노크하다 | 戴 dài 통 착용하다, 쓰다 | 耳机 ěrjī 명 이어폰

02

p. 50

1 , 3 적용 ▶ 02-12-2

| A 难过 | B 感动 | A 괴롭다 | B 감동스럽다 |
| C 轻松 | D 着急 | C 편안하다 | D 조급하다 |

女: 怎么样,那个技术上的问题解决了吧?

男: 我以为今天就能得到解决呢,但是情况比我想的糟糕得多,怎么办啊?

여: 어떻게 됐어? 그 기술 부분의 문제는 해결됐지?

남: 나는 오늘 해결될 수 있을 줄 알았는데, 상황이 내가 생각한 것보다 훨씬 엉망이야, 어떻게 하지?

问: 男的现在心情怎么样?

질문: 남자의 현재 심정은 어떠한가?

🔒 **시크릿** 糟糕(엉망이다)의 의미에 주의!

해설 남자는 오늘 해결될 줄 알았는데, 상황이 생각보다 엉망이라고 했다. 怎么办(어떡하지)이라는 말에서 문제 해결을 하지 못해 조급해하고 있다는 것을 알 수 있으므로, D가 정답이 된다.

단어 难过 nánguò 혱 괴롭다, 슬프다 | 着急 zháojí 통 조급해하다, 초조해하다 | 技术 jìshù 명 기술 | 问题 wèntí 명 문제 | 解决 jiějué 통 해결하다 | 得到 dédào 통 얻다, ~하게 되다 | 情况 qíngkuàng 명 상황, 사정 | 糟糕 zāogāo 혱 엉망이다

03

p. 50

1 , 4 적용 ▶ 02-12-3

| A 感动 | B 称赞 | A 감동스럽다 | B 칭찬한다 |
| C 后悔 | D 商量 | C 후회한다 | D 상의한다 |

男: 这里的风景真漂亮。

女: 没错,早知道这儿的风景这么优美,我就带照相机了。

남: 여기 경치 정말 예쁘다.

여: 맞아. 여기 경치가 이렇게 아름다운 줄 진작에 알았더라면, 카메라를 가지고 왔을텐데.

问: 女的说话什么语气?

질문: 여자의 어투는 어떠한가?

시크릿 무知道(진작 알았더라면)의 의미에 주의!

해설 여자는 지금 카메라를 가져오지 않은 것을 후회하고 있으므로, 정답은 C다. 이 문제는 무知道(진작에 알았더라면)라는 말의 의미를 알고 있으면 쉽게 맞출 수 있는 문제로, 단어를 많이 외워 두면 듣기 문제를 풀 때 많은 도움이 된다. 질문을 혼동하여 남자의 어투(A)를 고르지 않도록 주의한다.

단어 称赞 chēngzàn 통 칭찬하다 | 后悔 hòuhuǐ 통 후회하다 | 风景 fēngjǐng 명 풍경 | 优美 yōuměi 형 우아하고 아름답다 | 照相机 zhàoxiàngjī 명 사진기, 카메라

---

04 1, 3, 4 적용 ▶ 02-12-4
p. 50

| A 担心 | B 安慰 | A 걱정한다 | B 위로한다 |
| C 批评 | D 生气 | C 꾸짖는다 | D 화가 났다 |

男: 孩子怎么样了? 大夫说什么?

女: 现在他的病情没那么好, 但大夫说没事, 会很快好起来的。

问: 大夫是什么态度?

남: 아이는 어때? 의사 선생님이 뭐라고 하셔?

여: 지금 아이의 상태가 그렇게 좋지는 않지만, 의사 선생님이 괜찮다고, 곧 좋아질 거라고 하셨어.

질문: 의사 선생님의 태도는 어떠한가?

시크릿 역접을 나타내는 접속사 但(그러나) 이하 부분에 집중!

해설 이 문제는 긍정인지 부정인지만 잘 파악하면 쉽게 풀 수 있다. 아이의 상태가 별로 좋지 않다는 여자의 말을 듣고 부정적이라고 혼동할 수도 있지만, 역접을 나타내는 접속사 但(그러나)을 써서 그 이하 부분에 핵심이 되는 내용을 언급했다. 但 이하는 의사 선생님이 긍정적인 태도를 보이며 위로했다는 내용이므로, 정답은 B가 된다. 남자나 여자가 아닌, 의사 선생님의 태도를 물었다는 점에 주의한다.

단어 安慰 ānwèi 통 위로하다 | 批评 pīpíng 통 꾸짖다, 비판하다 | 大夫 dàifu 명 의사 | 病情 bìngqíng 명 병세

DAY 12

| ✓ 정답 | 1. B | 2. A | 3. A | 4. D |

---

01 1, 3, 4 적용 ▶ 02-13-1
p. 50

| A 不满 | B 羡慕 | A 불만스럽다 | B 부럽다 |
| C 兴奋 | D 失望 | C 흥분했다 | D 실망스럽다 |

男: 今年寒假你打算去哪儿?

女: 去新加坡, 那里暖和, 没有冬天。

男: 好主意。直接过夏天, 你真幸福啊!

女: 是呀, 我最怕冷。

问: 男的说话什么语气?

남: 올해 겨울 방학에 너는 어디에 갈 계획이야?

여: 싱가포르에 갈 거야. 거기는 따뜻하고 겨울이 없어.

남: 좋은 생각이다. 바로 여름을 보낸다니, 정말 행복하겠다!

여: 맞아. 나는 추위에 제일 약해.

질문: 남자의 어투는 어떠한가?

시크릿 남자가 여자에게 한 말 你真幸福啊!(정말 행복하겠다!)에 주의!

해설 싱가포르에 갈 것이라는 여자의 말에 남자는 좋은 생각이라며 행복하겠다고 했으므로, 남자가 여자를 부러워한다는 것을 알 수 있다. 남녀를 혼동하여 C를 고르지 않도록 주의한다.

단어 羡慕 xiànmù 통 부러워하다 | 兴奋 xīngfèn 형 흥분하다 | 寒假 hánjià 명 겨울 방학 | 打算 dǎsuan 통 ~할 계획이다 | 新加坡 Xīnjiāpō 명 싱가포르 | 暖和 nuǎnhuo 형 따뜻하다 | 直接 zhíjiē 형 직접적인

02
p. 50

1 , 2 적용

| A 同意 | B 无奈 | A 동의한다 | B 어쩔 수 없다 |
| C 感谢 | D 兴奋 | C 감사한다 | D 흥분했다 |

男：这些书你还要吗？
女：不想要了。
男：没用的东西就放垃圾桶里，别到处乱扔。
女：好吧，那我现在把房间整理一下。

问：女的是什么态度？

남: 이 책들 아직 필요해?
여: 필요 없어.
남: 안 쓰는 물건은 쓰레기통에 버려. 아무 데나 함부로 버리지 말고.
여: 알았어. 그럼 지금 방 정리 좀 할게.

질문: 여자의 태도는 어떠한가?

🔒 **시크릿** 여자가 好吧(알았어)라고 대답한 것에 주의!

해설 남자의 말에 여자가 好吧(알았어)라고 대답했으므로, 여자가 남자의 말에 동의한다는 것을 알 수 있다. 또한 물건을 아무 데나 두지 말라는 남자의 말에 여자가 방 정리를 하겠다고 말한 것에서도 여자의 태도를 알 수 있다.

단어 无奈 wúnài 동 어찌할 도리가 없다, 부득이하다 | 垃圾 lājī 명 쓰레기 | 到处 dàochù 명 곳곳, 도처 | 乱 luàn 부 함부로, 제멋대로 | 扔 rēng 동 던지다, 내버리다 | 整理 zhěnglǐ 동 정리하다

03
p. 50

1 , 4 적용

| A 着急 | B 担心 | A 조급하다 | B 걱정한다 |
| C 怀疑 | D 兴奋 | C 의심한다 | D 흥분했다 |

女：海洋公园到底是不是在这边啊？怎么还没到啊？
男：方向肯定对，估计不会太远了，再有几分钟就到了。
女：再晚了，就来不及看表演啦。
男：别担心，下午还有一场呢。

问：女的现在心情怎么样？

여: 해양공원이 이쪽에 있는 거 맞아? 왜 아직 도착하지 못하는 거야?
남: 방향은 분명히 맞아. 별로 멀지는 않은 것 같으니, 몇 분만 더 가면 도착할 거야.
여: 더 늦으면, 공연을 못 볼 거야.
남: 걱정 마. 오후에 공연이 한 번 더 있어.

질문: 여자의 현재 심정은 어떠한가?

🔒 **시크릿** 여자의 말 중 来不及(~하지 못하다)에 주의!

해설 이 문제에서 남자가 别担心(걱정 마)이라고 말한 것을 듣고 B를 정답으로 고르거나, 여자가 남자에게 왜 아직도 도착하지 않느냐고 묻는 것을 듣고 C를 정답이라고 혼동할 수도 있다. 하지만 여자는 공연을 못 볼 것 같다(来不及看)고 말하고 있으므로, 제시간에 도착하지 못할까 조급해하고 있다는 것을 알 수 있다.

단어 怀疑 huáiyí 동 의심하다 | 到底 dàodǐ 부 도대체 | 肯定 kěndìng 부 확실히, 틀림없이 | 估计 gūjì 동 추측하다, 어림잡다 | 来不及 láibují 동 (시간이 부족하여) ~하지 못하다 | 表演 biǎoyǎn 명 공연

1 , 2 , 3 , 4 적용	▶ 02-13-4

04
p. 50

A 很紧张	B 很舒服	A 긴장했다	B 편안하다
C 很轻松	D 批评男的	C 홀가분하다	D 남자를 꾸짖는다

男: 我钥匙呢? 你看见了吗?

女: 我哪儿知道你放哪儿了?

男: 帮着找找啊!

女: 你应该仔细看看，这不找到了嘛!

남: 내 열쇠 어디 있지? 너 봤어?

여: 네가 어디에 두었는지 내가 어떻게 알아?

남: 찾는 것 좀 도와줘!

여: 꼼꼼히 좀 봐 봐. 여기 찾았잖아!

问: 女的说话什么语气?

질문: 여자의 어투는 어떠한가?

🔒 시크릿 여자의 말투에 집중!

해설 마지막에 여자가 한 말을 듣고 지금 여자가 남자를 나무라고 있다는 것을 알 수 있는데, B, C는 긍정적인 뜻의 단어이므로 정답이 될 수 없다. 또한 열쇠를 찾지 못해 긴장한 사람은 남자기 때문에, A는 여자의 어투가 아니다. 따라서 정답은 D가 된다.

단어 紧张 jǐnzhāng 혱 불안하다, 긴장해 있다 | 舒服 shūfu 혱 편안하다 | 轻松 qīngsōng 혱 홀가분하다, 가뿐하다 | 钥匙 yàoshi 몡 열쇠 | 仔细 zǐxì 혱 세심하다, 꼼꼼하다

✓ 정답	1. B	2. C	3. B	4. C

1 , 2 적용	▶ 02-23-1

01
p. 56

A 老师	B 导游	A 선생님	B 가이드
C 服务员	D 电影导演	C 종업원	D 영화감독

女: 那位导游给我的印象非常好，这几天我们玩儿得很愉快。

男: 同意，她的服务态度确实挺好，我们真应该好好儿谢谢她。

여: 그 가이드의 인상은 매우 좋았어. 요 며칠 동안 우리는 유쾌하게 잘 놀았잖아.

남: 맞아. 그녀의 서비스 태도는 정말 좋았어. 우리는 그녀에게 정말 감사해야 해.

问: 他们打算感谢谁?

질문: 그들은 누구에게 감사하다고 할 것인가?

🔒 시크릿 导游(안내원, 가이드)의 뜻에 주의!

해설 이 문제는 정답인 단어가 직접 언급되는 문제로 导游(가이드)라는 말만 잘 들었다면 쉽게 맞출 수 있다. 이렇게 정답 단어가 직접적으로 언급되는 문제는 녹음을 듣기 전에 보기의 내용을 읽어 보면 쉽게 풀 수 있으므로, 듣기 문제를 풀 때는 꼭 먼저 보기를 읽도록 해야 한다.

단어 导游 dǎoyóu 몡 안내원, 가이드 | 印象 yìnxiàng 몡 인상 | 愉快 yúkuài 혱 기쁘다, 즐겁다 | 服务 fúwù 통 서비스하다 | 态度 tàidu 몡 태도 | 确实 quèshí 뷔 정말로, 확실히

02
p.56

| A 哥哥 | B 老师 | A 형 | B 선생님 |
| C 叔叔 | D 爸爸 | C 삼촌 | D 아빠 |

女: 你足球踢得真厉害! 练了很久吧?
男: 是, 我叔叔原来是体育老师, 专门教学生踢球, 我从小就跟着他学。

여: 너 축구 진짜 잘한다! 아주 오랫동안 훈련한 거지?
남: 응, 우리 삼촌이 원래 체육 선생님이셔, 전문적으로 학생들에게 축구를 가르치시거든, 나도 어렸을 때부터 삼촌 따라서 배웠어.

问: 男的是跟谁学的踢球?

질문: 남자는 누구에게 축구를 배웠는가?

🔒 시크릿 보기에 등장하는 4개의 인물이 대화 속에서 등장하는지에 주목!

해설 남자가 축구를 잘하는 이유는 무엇인가? 삼촌이 축구를 가르치는 체육 선생님이라서 자연스럽게 축구에 노출되고, 배울 기회가 많았던 것이다. 녹음을 집중해서 듣지 않으면, 얼핏 爸爸(아빠), 老师(선생님)라고 착각할 수 있으나, 그는 삼촌(叔叔)에게서 축구를 배웠다.

> 💡Tip 설령 叔叔라는 단어의 뜻이나, 발음을 몰랐다 하더라도, 叔叔를 빼고 나머지 보기에 제시된 단어의 의미는 파악할 수 있었을 것이다. 모르는 발음의 등장이 叔叔일 거라고 유추한 후, 판단할 수 있는 과감성이 있어야 한다. 내가 모르는 단어이기 때문에 정답이 아닐 것이라고 제외하고 생각하는 일이 없도록 유의해야 한다.

단어 叔叔 shūshu 명 삼촌 | 足球 zúqiú 명 축구 | 踢 tī 동 차다 | 厉害 lìhai 형 대단하다 | 练 liàn 동 연습하다 | 原来 yuánlái 명 원래 | 体育 tǐyù 명 체육 | 专门 zhuānmén 부 전문적으로 | 从小就 cóngxiǎo jiù 어렸을 때부터 | 跟 gēn 동 따르다

03
p.56

| A 妈妈 | B 父亲 | A 엄마 | B 아버지 |
| C 亲戚 | D 女的 | C 친척 | D 여자 |

男: 晚上有什么安排吗? 跟我们去游泳吧。
女: 不了, 我爸今天过生日, 家里来了一些亲戚, 我得回去帮我妈的忙。

남: 저녁에 무슨 계획 있어? 우리랑 수영하러 가자.
여: 안 돼. 우리 아빠가 오늘 생신이셔서 집에 친척들이 몇 분 오셔. 집에 가서 엄마를 도와드려야 해.

问: 今天是谁过生日?

질문: 오늘은 누구의 생일인가?

🔒 시크릿 동의어에 주의!

해설 여자가 오늘은 아빠의 생신이라고 말했으므로, 정답은 B가 된다. 녹음에서 我爸(우리 아빠)라고 언급된 것이 보기에서는 父亲(아버지)으로 바뀌어 제시되었다.

단어 亲戚 qīnqi 명 친척 | 安排 ānpái 동 (시간 등을) 안배하다 | 游泳 yóuyǒng 동 수영하다 | 过 guò 동 지내다, 보내다 | 生日 shēngrì 명 생일 | 帮忙 bāngmáng 동 거들다, 일손을 돕다

1 , 2 적용

04
p. 56

02-23-4

| A 同事 | B 朋友 | A 직장 동료 | B 친구 |
| C 夫妻 | D 亲戚 | C 부부 | D 친척 |

女: 小英今晚什么时候回来? 是不是妈不让回来?

男: 对, 老太太见到孙女就不让走了, 明天我去接她回来, 顺便看看我妈.

问: 他们是什么关系?

여: 샤오잉은 오늘 저녁에 언제쯤 돌아와요? 어머님께서 안 돌려 보내신대요?

남: 응, 어머니가 손녀를 만나더니 못 가게 하셔. 내일 내가 데리러 갈게. 가는 김에 어머니도 뵙고.

질문: 그들은 어떤 관계인가?

🔑 **시크릿** 관련 힌트로 문맥 이해하기!

해설 대화에서 老太太(어머니), 孙女(손녀)라는 말을 들었다면, 두 사람이 할머니 집에 가 있는 자신들의 딸 얘기를 한다는 것을 알 수 있다. 같은 사람을 '어머니'라고 부르면서 함께 자녀에 대해 얘기하는 남녀는 부부 관계이므로, 정답은 C가 된다.

단어 同事 tóngshì 몡 동료 | 夫妻 fūqī 몡 부부 | 让 ràng 동 ~하게 하다 | 老太太 lǎotàitai 몡 어머니 | 孙女 sūnnǚ 몡 손녀 | 接 jiē 동 받다, 마중하다 | 顺便 shùnbiàn 뷘 ~하는 김에

DAY 14

| ✓ 정답 | 1. A | 2. A | 3. A | 4. C |

---

1 , 3 적용

01
p. 56

02-24-1

| A 服务员 | B 售货员 | A 종업원 | B 판매원 |
| C 送货员 | D 卖卡的 | C 배달부 | D 카드 판매원 |

女: 先生, 这是您的房卡, 请拿好.

男: 谢谢. 我的行李箱怎么办呢?

女: 我们一会儿会直接送到您的房间.

男: 谢谢. 麻烦你们了.

女: 不客气.

问: 女的最可能是做什么的?

여: 선생님, 이건 당신 방의 카드 키예요. 받으세요.

남: 감사합니다. 제 여행 가방은 어떻게 하죠?

여: 저희가 조금 있다가 직접 방으로 가져다 드릴게요.

남: 감사합니다. 번거롭게 했네요.

여: 별말씀을요.

질문: 여자는 무엇을 하는 사람이겠는가?

🔑 **시크릿** 직업을 유추할 수 있는 명사 및 동사에 집중!

해설 여자가 房卡(방의 카드 키)를 남자에게 건네주는 상황이므로, 호텔에서 일하는 직원일 가능성이 크다. 또 여자가 짐을 방까지 옮겨 드린다고 말한 것에서도 여자의 직업을 유추할 수 있으므로, 정답은 A다.

단어 服务员 fúwùyuán 몡 (서비스 분야의) 종업원 | 售货员 shòuhuòyuán 몡 점원, 판매원 | 房卡 fángkǎ 몡 (방의) 카드 키 | 行李箱 xínglixiāng 몡 여행용 가방 | 直接 zhíjiē 톙 직접적인 | 麻烦 máfan 톙 귀찮다, 번거롭다

02

p. 56

1, 4 적용

| A 邻居 | B 朋友 | A 이웃 | B 친구 |
| C 家人 | D 保安 | C 가족 | D 경비원 |

男 : 喂，万小姐，您在家吗？您买的东西到了。

女 : 不好意思，我不在家。你下午再送，可以吗？

男 : 我已经到楼下了，您能找人帮忙取一下吗？

女 : 那我问问邻居吧。

남 : 여보세요, 미스 완, 집에 계신가요? 당신이 구입한 물건이 배달 왔습니다.

여 : 죄송해요, 제가 집에 없어요. 오후에 다시 배달해 주실 수 있나요?

남 : 제가 이미 건물 앞(1층)까지 왔거든요. 대신 받아 줄 사람을 찾아 줄 수 있나요?

여 : 그럼 제가 이웃에게 물어볼게요.

问 : 女的要找谁帮忙?

질문 : 여자는 누구에게 도움을 요청하려고 하는가?

🔒 시크릿 대화 속에 등장하는 인물을 주목!

해설 택배기사는 이미 집 앞까지 왔는데, 물건을 받아 줄 사람이 없어서 대신 받아 줄 사람을 찾고 있는 대화이다. 상식적으로 생각했을 때, 주어진 4개의 보기에 나와 있는 이웃, 친구, 가족, 경비원 모두 가능성이 있어 보인다. 녹음에서 邻居(이웃)에게 물어본다고 하였으니, 정답은 A가 된다.

단어 邻居 línjū 몡 이웃 | 保安 bǎo'ān 몡 보안 | 东西 dōngxi 몡 물건 | 到 dào 통 도착하다 | 不好意思 bù hǎoyìsi 죄송합니다 | 送 sòng 통 배송하다 | 楼下 lóuxià 몡 아래층 | 帮忙 bāngmáng 통 돕다 | 取 qǔ 통 (자신의 물건을) 찾아가다

03

p. 56

1, 2 적용

| A 同学 | B 朋友 | A 동창 | B 친구 |
| C 女儿 | D 妈妈 | C 딸 | D 엄마 |

男 : 小李，刚才跟你说话的女孩儿是谁？

女 : 我大学同学，你认识？

男 : 应该不认识，但是好像在哪儿见过。

女 : 那你可能是在我的大学毕业照上见过吧！

남 : 샤오리, 방금 너랑 얘기하던 여자는 누구야?

여 : 대학 동창인데, 알아?

남 : 당연히 모를 텐데, 어디서 본 적이 있는 것 같아.

여 : 그럼 내 대학 졸업 사진에서 봤을 거야!

问 : 女的和那个女孩儿是什么关系?

질문 : 여자와 그 여자는 무슨 관계인가?

🔒 시크릿 신분·관계 관련 단어에 집중!

해설 남자의 질문에 여자는 大学同学(대학 동창)라고 대답했으므로 정답은 A가 된다. 만약 남자와 여자의 관계를 물었다면 B가 정답이 될 수 있지만, 이 제시된 문장에서는 여자와 여자가 대화하고 있던 상대의 관계를 물었으므로 정답은 A가 된다.

단어 同学 tóngxué 몡 동창, 학우 | 认识 rènshi 통 알다 | 好像 hǎoxiàng 틧 마치 ~와 같다 | 毕业 bìyè 몡 졸업 | 照 zhào 몡 사진

04
p. 56

| A 司机 | B 警察 |
| C 售货员 | D 公司职员 |

| A 기사 | B 경찰 |
| C 판매원 | D 회사원 |

女: 这种颜色的店里暂时没有，要过几天才能到货。

男: 大概要多久?

女: 最快也要到下个礼拜二。您可以留下联系方式，到了我们给您打电话。

男: 好的。

问: 女的最可能做什么工作?

여: 이 색깔은 매장에 일시적으로 없네요. 며칠 있어야지 물건이 들어와요.

남: 대략 얼마나 걸리나요?

여: 아무리 빨라도 다음 주 화요일은 되어야 해요. 연락처를 남겨 주셔도 돼요. 물건 들어오면 전화드릴게요.

남: 알겠습니다.

질문: 여자는 아마도 어떤 일을 하는 사람인가?

🔒 시크릿 직업을 유추할 수 있는 장소 및 내용에 주목!

해설 힌트는 앞부분에 나왔다. 颜色(색깔), 店(매장), 货(물건) 등의 단어를 통해 대화가 이루어지는 장소는 商店(매장), 服装店(옷 가게)임을 알 수 있다. 그렇다면 점포 상황을 자세히 알고 설명해 주는 여자의 직업은 售货员(판매원)이므로 정답은 C가 된다.

단어 司机 sījī 몡 기사 | 警察 jǐngchá 몡 경찰 | 售货员 shòuhuòyuán 몡 판매원 | 公司职员 gōngsī zhíyuán 몡 회사원 | 颜色 yánsè 몡 색 | 暂时 zànshí 몡 잠깐, 일시적으로 | 大概 dàgài 몜 대략 | 礼拜 lǐbài 몡 요일 | 留下 liúxià 남기다 | 联系 liánxì 몡 연락 | 方式 fāngshì 몡 방식

DAY 15

| ✓ 정답 | 1. C | 2. A | 3. D | 4. B |

01
p. 62

| A 药店 | B 银行 |
| C 医院 | D 邮局 |

| A 약국 | B 은행 |
| C 병원 | D 우체국 |

男: 你的感冒没那么严重，不用打针，我给你开点儿药就行了。

女: 好的，谢谢大夫。那在一楼取药就可以吧?

问: 他们最可能在哪儿?

남: 당신의 감기는 그렇게 심하지 않아요. 주사까지 맞을 필요는 없고, 약만 좀 처방해 드리면 될 거 같습니다.

여: 네, 감사합니다. 선생님. 그러면 1층에서 약을 받으면 되는 거죠?

질문: 그들은 아마도 어디에 있는가?

🔒 시크릿 대화 중에 나오는 동작이나 등장인물에 주목!

해설 녹음에서 打针(주사를 맞다), 开药(약을 처방하다), 大夫(의사) 등 병원과 관련된 단어가 여러 차례 등장하므로 정답이 医院(병원)임을 비교적 쉽게 알 수 있다. 取药(약을 디다)를 보고 药店(약국)이라고 생각할 수 있으나, 아직 가지 않았으며 HSK 시험에서 药店(약국)이 정답으로 제시되는 것은 매우 보기 힘든 일이다.

💡Tip 장소 문제는 장소가 직접적으로 언급되기보다는, 장소와 관련된 동작이나 인물이 등장할 가능성이 높으므로, 특히 동작에 더 신경 써서 듣도록 하자.

단어 药店 yàodiàn 몡 약국 | 银行 yínháng 몡 은행 | 医院 yīyuàn 몡 병원 | 邮局 yóujú 몡 우체국 | 感冒 gǎnmào 몡 감기 | 严重 yánzhòng 혱 심각하다 | 打针 dǎzhēn 동 주사를 놓다 | 开药 kāiyào 동 약을 처방하다 | 大夫 dàifu 몡 의사 | 那 nà 젭 그러면 | 楼 lóu 몡 층 | 取药 qǔ yào 약을 타다

02
p. 62

A 餐厅	B 市场	A 음식점	B 시장
C 宾馆	D 咖啡厅	C 호텔	D 커피숍

女: 你好! 两个凉菜, 三个热菜, 四瓶啤酒, 两碗米饭, 一共两百五十八块, 您用支付宝还是付现金?

男: 支付宝吧!

问: 对话最可能发生在哪里?

여: 안녕하세요! 차가운 요리 2개, 따뜻한 요리 3개, 맥주 4병, 공깃밥 2개 해서 모두 258원입니다. 알리페이로 지불하시겠어요? 아니면 현금으로 지불하시겠어요?

남: 알리페이로 할게요!

질문: 대화는 아마도 어디서 이루어지는가?

🔒 **시크릿** 왜 돈을 지불하는지 주목!

해설   주어진 4개의 보기 모두 서비스를 제공하고 돈을 지불받는 서비스 업종이다. 녹음의 구체적인 내용을 보면 요리와 술, 밥 등이 언급되는 것으로 보아 대화는 음식점에서 이루어짐을 알 수 있다.

단어   餐厅 cāntīng 명 식당, 음식점 | 市场 shìchǎng 명 시장 | 宾馆 bīnguǎn 명 호텔 | 咖啡厅 kāfēitīng 명 커피숍 | 凉菜 liángcài 명 냉채 | 热菜 rècài 명 따뜻한 요리 | 瓶 píng 명 병 | 啤酒 píjiǔ 명 맥주 | 碗 wǎn 명 사발 | 米饭 mǐfàn 명 밥 | 一共 yígòng 부 모두 | 块 kuài 명 위안(돈을 세는 단위) | 支付宝 zhīfùbǎo 명 알리페이(중국의 온라인 결제 방식) | 还是 háishi 부 아니면 | 付 fù 동 지불하다 | 现金 xiànjīn 명 현금

03
p. 62

A 饭馆	B 食堂	A 식당	B 구내식당
C 家里	D 宾馆	C 집	D 호텔

女: 这种双人间一天多少钱?

男: 比标准间还贵, 打完折480块。

问: 他们最可能在哪儿谈话?

여: 이런 2인실은 하루에 얼마인가요?

남: 일반실보다 더 비싸요, 할인을 다 해도 480위안입니다.

질문: 그들은 어디에서 대화하는 것이겠는가?

🔒 **시크릿** 호텔에서 쓰이는 어휘에 집중!

해설   双人间(2인실), 标准间(일반실)이라는 말은 호텔에서 방을 구별할 때 쓰는 단어로, D가 정답이 된다. 이 문제는 관련 용어를 알아야지만 답을 찾을 수 있다.

단어   食堂 shítáng 명 구내식당 | 宾馆 bīnguǎn 명 호텔 | 双 shuāng 형 두 개의 | 间 jiān 명 방, 실 | 一天 yìtiān 명 하루 | 标准间 biāozhǔnjiān 명 일반실 | 打折 dǎzhé 동 할인하다

04
p. 62

A 银行	B 火车站	A 은행	B 기차역
C 公共汽车站	D 电影院门口	C 버스 정류장	D 영화관 입구

男: 请问, 在哪儿能买到去上海的车票?

女: 请你到前边四号窗口去排队。

问: 这段对话可能发生在哪儿?

남: 저기요, 상하이로 가는 표를 어디서 살 수 있나요?

여: 앞쪽의 4번 창구로 가서 줄 서세요.

질문: 이 대화는 어디에서 일어나는 것이겠는가?

🔒 **시크릿** 교통수단 관련 단어에 집중!

해설   남자는 지금 상하이로 가는 기차표를 사려고 한다. 따라서 이 두 사람은 지금 火车站(기차역)에서 대화하고 있음을 알 수 있다.

단어   银行 yínháng 명 은행 | 火车 huǒchē 명 기차 | 站 zhàn 명 역, 정류장 | 电影院 diànyǐngyuàn 명 영화관 | 前边 qiánbian 명 앞 | 窗口 chuāngkǒu 명 창구 | 排队 páiduì 동 줄을 서다

1, 3 적용 ▶ 02-41-1

01
p.62

| A 路上 | B 车上 | A 길가 | B 차 안 |
| C 饭店里 | D 公共汽车站 | C 호텔 안 | D 버스정류장 |

女: 先生，对不起! 我们这里禁止吸烟。
男: 那请问什么地方可以抽烟?
女: 请往前走，然后向左转，那边有吸烟室。
男: 谢谢。

여: 선생님, 죄송합니다! 이곳은 흡연이 금지되어 있습니다.
남: 그러면 어디에서 담배를 피울 수 있죠?
여: 앞쪽으로 가시다가 왼쪽으로 도시면, 그쪽에 흡연실이 있습니다.
남: 감사합니다.

问: 他们最可能在哪儿?

질문: 그들은 어디에 있겠는가?

🔒 **시크릿** 문제 내용을 듣고 정답 유추하기!

해설 여자가 흡연실에 관해 안내하고 있으므로, 보기 중에서 흡연실을 따로 만들어 놓을 만한 장소를 골라야 한다. A와 D는 실내가 아니므로 답이 될 수 없고, B 역시 차 안에 흡연실을 만들어 놓을 수는 없으므로, 정답이 될 수 있는 것은 C뿐이다.

단어 公共汽车 gōnggòng qìchē 몡 버스 | 禁止 jìnzhǐ 동 금지하다 | 吸烟 xīyān 동 흡연하다 | 抽烟 chōuyān 동 담배를 피우다 | 转 zhuǎn 동 (방향 등을) 바꾸다, 전환하다

1, 2 적용 ▶ 02-41-2

02
p.62

| A 家里 | B 银行 | A 집 | B 은행 |
| C 商场 | D 电影院 | C 쇼핑센터 | D 영화관 |

女: 家里电视都坏了好久了，现在正好打折，我们顺便买一台吧。
男: 今天买的东西太多了，钱不够了，下次再说。
女: 我带着信用卡呢，给你。
男: 真拿你没办法。

여: 집에 있는 TV가 망가진 지 오래됐는데, 지금 마침 세일하는 김에 우리 하나 사자.
남: 오늘 산 물건이 너무 많아서 돈이 부족해. 다음에 다시 얘기하자.
여: 내가 신용 카드 가져왔어. 자.
남: 정말 넌 방법이 없구나.

问: 他们现在在哪儿?

질문: 그들은 지금 어디에 있는가?

🔒 **시크릿** 녹음을 들으며 어디에서 대화를 하고 있는지 그 장소 연상에 집중!

해설 그들은 지금 TV를 사는 것에 대해서 이야기하고 있으므로, 두 사람이 쇼핑센터에 있다는 것을 알 수 있다.

단어 坏 huài 동 고장 나다 | 正好 zhènghǎo 뷔 마침, 공교롭게도 | 打折 dǎzhé 동 할인하다 | 顺便 shùnbiàn 뷔 ~하는 김에 | 信用卡 xìnyòngkǎ 몡 신용 카드

03
p. 62

A 商店	B 饭馆	A 상점	B 식당
C 超市	D 蛋糕店	C 슈퍼마켓	D 케이크 가게

女: 吃好了吗? 你今天怎么吃这么少?

男: 本来我不太饿, 出门前我吃了块巧克力蛋糕。

女: 好吧, 剩下的我们打包吧。

男: 当然要带走, 不能浪费。

问: 他们最可能在哪儿?

여: 다 먹은 거야? 너 오늘 왜 이렇게 조금 먹어?

남: 원래 배가 별로 안 고팠어. 나오기 전에 초콜릿 케이크를 먹었거든.

여: 그래. 남은 것은 우리 싸 가자.

남: 당연히 가져가야지, 낭비하면 안 되니까.

질문: 그들은 어디에 있겠는가?

🔒 시크릿 打包(포장하다)라는 어휘를 어디서 쓸 수 있는지에 주의!

해설 여자가 다 먹었냐고 물은 것을 듣고, 두 사람이 음식점에서 음식을 먹고 있었다는 것을 알 수 있다. 남자가 巧克力蛋糕 (초콜릿 케이크)라고 말해서 D가 정답이라고 혼동할 수 있다. 하지만 케이크는 지금 두 사람이 먹은 것이 아니라, 남자가 나오기 전에 먹은 음식이므로 정답이 될 수 없다.

단어 商店 shāngdiàn 몡 상점 | 蛋糕 dàngāo 몡 케이크 | 饿 è 혱 배고프다 | 巧克力 qiǎokèlì 몡 초콜릿 | 剩下 shèngxià 동 남기다 | 打包 dǎbāo 동 포장하다, 싸 가다 | 浪费 làngfèi 동 낭비하다

04
p. 62

A 商店	B 停车场	A 상점	B 주차장
C 修车铺	D 收费人	C 자동차 수리점	D 돈을 받는 사람

男: 小姐, 这儿不能停车。

女: 哦, 是吗? 那我应该停哪儿?

男: 那边有个专门的地下停车场。往右一拐就是。

女: 是收费的吗?

男: 对, 一小时20块。

问: 女的在找什么?

남: 아가씨, 여기에 주차하시면 안 돼요.

여: 아, 그래요? 그러면 어디에 주차해야 하죠?

남: 저쪽에 전용 지하 주차장이 있어요. 오른쪽으로 돌면 바로예요.

여: 돈을 받나요?

남: 네, 1시간에 20위안이에요.

질문: 여자는 무엇을 찾고 있는가?

🔒 시크릿 남자의 말에서 직접적으로 언급된 停车场(주차장)이라는 단어에 집중!

해설 여자는 남자에게 어디에 주차해야 하냐고 물었으므로, 지금 여자가 주차할 공간을 찾고 있다는 것을 알 수 있다. 또한 남자의 말에서 직접적으로 停车场(주차장)이라는 단어가 언급된 것을 들었다면 쉽게 정답을 고를 수 있다.

단어 停车场 tíngchēchǎng 몡 주차장 | 收费 shōufèi 동 비용을 받다 | 专门 zhuānmén 튄 전문적으로 | 地下 dìxià 몡 지하, 땅 밑 | 拐 guǎi 동 꺾어 돌다

✓ 정답   1. B   2. B   3. A   4. D

---

1 , 3 적용   ▶ 02-50-1

01
p. 68

A 旅游	B 买东西
C 去上海	D 收拾行李

A 여행을 간다	B 물건을 산다
C 상하이에 간다	D 짐을 꾸린다

女： 天都黑了，你还出去干什么？

男： 我们明天去上海旅游，我要去买一个轻一点儿的行李箱。

여: 날도 어두워졌는데, 너 뭐 하려고 나가?

남: 우리 내일 상하이로 여행 가니까, 좀 가벼운 여행 가방을 하나 사러 가려고.

问： 男的现在要去做什么？

질문: 남자는 지금 무엇을 하러 가는가?

🔒 **시크릿** 行李箱(여행 가방)을 사러 간다는 남자의 말에 주의!

해설   녹음에서 去上海(상하이에 간다), 旅游(여행을 간다)라는 말들이 나와서 A나 C가 정답이라고 혼동할 수 있다. 하지만 상하이로 여행을 가는 것은 내일이고, 지금 남자는 여행 가방을 사러 간다고 했으므로 B가 정답이 된다. 녹음에서 行李箱(여행 가방)이라고 언급된 단어가 보기에는 东西(물건)로 바뀌어 나왔다.

단어   旅游 lǚyóu 图 여행하다 | 黑 hēi 웹 어둡다 | 行李箱 xínglixiāng 圆 여행 가방

---

1 , 2 적용   ▶ 02-50-2

02
p. 68

A 生病了	B 得加班
C 有别的约会	D 要准备考试

A 병이 났다	B 추가 근무를 해야 한다
C 다른 약속이 있다	D 시험을 준비해야 한다

女： 不好意思，我周末要加班，估计没办法陪你去看电影了。

男： 没事，下次有机会再一起去。

여: 미안한데, 내가 주말에도 근무해야 해서, 너랑 영화를 보러 가지 못할 거 같아.

남: 괜찮아, 다음에 기회 있을 때 같이 가자.

问： 女的为什么不去看电影了？

질문: 여자는 왜 영화를 보러 가지 않는가?

🔒 **시크릿** 약속을 지키지 못하는 이유가 무엇인지에 집중!

해설   여자는 영화를 보러 가지 못할 거 같다고 이야기하고 있다. 그 이유는 아프거나, 시험이 있거나, 다른 약속이 있어서가 아니라 주말에도 회사에 근무하러 나가야 하기 때문이다.

단어   生病 shēngbìng 图 병이 나다 | 加班 jiābān 图 초과 근무하다 | 约会 yuēhuì 圆 데이트 | 准备 zhǔnbèi 图 준비하다 | 考试 kǎoshì 圆 시험 | 不好意思 bù hǎoyìsi 죄송합니다 | 周末 zhōumò 圆 주말 | 估计 gūjì 图 추측하다 | 办法 bànfǎ 圆 방법 | 陪 péi 图 동반하다 | 电影 diànyǐng 圆 영화 | 没事 méishì 图 괜찮다, 상관없다 | 下次 xiàcì 圆 다음번 | 机会 jīhuì 圆 기회

1, 3 적용 ▶ 02-50-3

| A 上厕所 | B 理发 | A 화장실에 가다 | B 머리를 자르다 |
| C 抽烟 | D 扔垃圾 | C 담배를 피우다 | D 쓰레기를 버리다 |

女：不好意思，问一下，<u>卫生间现在能用了吗</u>？
男：对不起，小姐，高铁快要到站了，卫生间目前不能用了。请您稍等一会儿。

여: 실례합니다. 화장실 지금 사용해도 되나요?
남: 죄송합니다. 아가씨. 고속철도가 곧 역에 도착해서, 화장실은 현재 사용할 수가 없습니다. 잠시만 기다려 주시기 바랍니다.

问：女的最可能要做什么？

질문: 여자는 아마도 무엇을 하려고 하는가?

🔒 시크릿 어떤 행위를 하고자 하는지에 주목!

해설 여자는 화장실을 이용하고자 하는데, 고속철도가 역으로 들어가고 있기 때문에 사용을 제지 당하고 있다. 기차가 역에 도착하거나, 비행기 이착륙 직전에는 화장실 사용이 금지되어 있다. 정답은 A가 된다.

단어 **厕所** cèsuǒ 명 화장실 | **理发** lǐfà 동 머리를 자르다 | **抽烟** chōuyān 동 담배 피우다 | **扔** rēng 동 던지다. 내버리다 | **垃圾** lājī 명 쓰레기 | **不好意思** bù hǎoyìsi 죄송합니다 | **高铁** gāotiě 명 고속철도 | **站** zhàn 명 역, 정류소 | **目前** mùqián 명 지금. 현재 | **稍** shāo 부 약간, 조금

1, 2 적용 ▶ 02-50-4

| A 看雪景 | B 拍照片 | A 설경을 본다 | B 사진을 찍는다 |
| C 吃早饭 | D 马上去上班 | C 아침을 먹는다 | D 곧 출근한다 |

女：外面下雪了，好美啊！咱们出去拍些雪景照片吧。
男：今天的交通该紧张了，小心<u>上班堵车迟到</u>。咱们还是早点儿走吧。

여: 밖에 눈 와. 참 예쁘다! 우리 나가서 눈 내린 풍경 사진 좀 찍자.
남: 오늘은 교통이 복잡할 테니까, 출근할 때 차가 막혀서 지각하지 않도록 주의해야 해. 우리 좀 일찍 출발하는 게 좋겠어.

问：男的打算做什么？

질문: 남자는 무엇을 하려고 하는가?

🔒 시크릿 还是…吧(~하는 것이 낫다)의 표현에 주의!

해설 녹음에서 拍照片(사진을 찍다)이라고 한 것을 듣고 정답이 B라고 혼동할 수 있다. 하지만 사진을 찍자고 한 사람은 여자고, 남자는 차가 막힐 테니 좀 일찍 출근하자고 말했으므로, 남자가 하려는 일은 上班(출근하는 것)이다.

단어 **拍** pāi 동 (사진을) 찍다 | **照片** zhàopiàn 명 사진 | **下雪** xiàxuě 동 눈이 내리다 | **紧张** jǐnzhāng 형 급박하다, 긴박하다 | **堵车** dǔchē 동 교통이 꽉 막히다 | **迟到** chídào 동 지각하다 | **还是** háishi 부 ~하는 편이 좋다

---

1 , 2 적용　　　　　　　　　　　　　　　　　　　　　　　　　▶ 02-51-1

01
p. 68

| A 出差 | B 旅行 | A 출장을 간다 | B 여행을 간다 |
| C 留学 | D 做生意 | C 유학을 간다 | D 사업을 한다 |

女: 好久不见, 最近在忙什么呢?

男: 我在忙签证准备出国。

女: 你的生意不是做得很好吗? 怎么突然想出国留学啊?

男: 你误会了, 我是去旅游。

问: 男的为什么要出国?

여: 오랜만이네. 요즘 무슨 일로 바빠?

남: 출국하는 것 때문에 비자 준비로 바빠.

여: 너 사업이 잘되지 않아? 어떻게 갑자기 <u>유학</u> 갈 생각을 했어?

남: 오해했구나. 나 <u>여행</u> 가는 거야.

질문: 남자는 왜 출국하는가?

 시크릿 동의어에 주의!

해설　녹음에서 留学(유학하다), 旅游(여행하다)라는 두 가지 동작이 나왔다. 여자는 남자가 유학을 간다고 오해했고, 남자는 출국하는 이유가 여행이라고 했으므로, 정답은 B가 된다. 녹음에서 旅游가 보기에는 旅行(여행하다)으로 바뀌어 제시되었다.

단어　出差 chūchāi 图 출장 가다 | 留学 liúxué 图 유학하다 | 生意 shēngyi 图 사업 | 忙 máng 图 ~를 준비하다, 서두르다 | 签证 qiānzhèng 图 비자 | 准备 zhǔnbèi 图 준비하다 | 突然 tūrán 图 갑자기 | 误会 wùhuì 图 오해하다 | 旅游 lǚyóu 图 여행하다

---

1 , 2 적용　　　　　　　　　　　　　　　　　　　　　　　　　▶ 02-51-2

02
p. 68

| A 爸爸送她 | B 坐地铁 | A 아빠가 데려다주신다 | B 지하철을 탄다 |
| C 坐出租车 | D 自己开车 | C 택시를 탄다 | D 자신이 운전을 한다 |

男: 你是几点钟的飞机?

女: 晚上七点一刻, 从上海虹桥机场出发。

男: 那现在得走了, 一会儿下班人多可能会堵车, 可别耽误事。

女: 时间够用, 我打算坐地铁, 可能都用不了一个小时。

问: 女的打算怎么去机场?

남: 너 몇 시 비행기니?

여: 저녁 7시 15분 비행기고, 상하이 훙치아오 공항에서 출발해.

남: 그럼 지금 출발해야겠네. 조금 후에는 퇴근하는 사람 많아서 차가 막힐 거야. 일 그르치지 말아야지.

여: 시간 괜찮아. 나는 <u>지하철</u> 타고 가려고 하거든. 아마 1시간 안 걸릴 거야.

질문: 여자는 어떻게 공항에 갈 계획인가?

🔒 **시크릿** 어떤 교통수단과 방법을 사용해서 이동하려 하는지에 주목!

해설　여자는 오늘 7시 15분 비행기로 출국할 예정이다. 남자는 퇴근 시간에 차가 막힐까 걱정해 주고 있다. 여자가 차가 막히는 것과 상관없이 제시간에 갈 수 있다고 확신할 수 있는 것은 차가 막힐 일이 없는 지하철을 타고 갈 것이기 때문이다. 정답은 B가 된다.

단어　送 sòng 图 배웅하다 | 地铁 dìtiě 图 지하철 | 出租车 chūzūchē 图 택시 | 开车 kāichē 图 차를 운전하다 | 飞机 fēijī 图 비행기 | 出发 chūfā 图 출발하다 | 堵车 dǔchē 图 차가 막히다 | 耽误 dānwu 图 일을 그르치다 | 打算 dǎsuan 图 ~할 계획이다

03
p. 68

| A 洗澡 | B 购物 | A 샤워를 한다 | B 쇼핑을 한다 |
| C 买东西 | D 收拾行李 | C 물건을 산다 | D 짐을 챙긴다 |

男: 你帮我把牙刷、牙膏、香皂都带上吧。

女: 你住的酒店不给吗?

男: 提供，但我不想用一次性的，而且也不环保。

女: 行，那毛巾也带着吧。

问: 他们可能在做什么?

남: 나 대신 칫솔, 치약, 비누 좀 챙겨 줘.

여: 당신이 묵는 호텔에서는 안 줘요?

남: 제공하긴 하는데, 나는 일회용 쓰는 거 싫어서 그래. 게다가 환경보호도 안 되잖아.

여: 알겠어요. 그럼 수건도 챙길게요.

질문: 그들은 아마도 무엇을 하는가?

 시크릿 남녀는 현재 어떤 행동을 하고 있는지에 집중!

해설　남녀의 대화에서는 칫솔, 비누, 치약 등 세면도구가 등장하고 있다. 얼핏 듣기에는 샤워 준비를 하거나, 마트에서 생활용품을 산다고 착각할 수도 있는 내용이다. 대화의 내용은 남자가 출장 가는 짐을 챙기는데, 호텔의 일회용품을 쓰기 싫어서 집에서 챙겨가려는 상황이다. 정답은 D가 된다.

단어　洗澡 xǐzǎo 통 목욕하다 | 购物 gòuwù 통 물품을 구입하다 | 收拾 shōushi 통 정리하다 | 行李 xíngli 명 짐 | 帮 bāng 통 돕다 | 牙刷 yáshuā 명 칫솔 | 牙膏 yágāo 명 치약 | 香皂 xiāngzào 명 세숫비누 | 酒店 jiǔdiàn 명 호텔 | 提供 tígōng 통 제공하다 | 一次性 yícìxìng 명 일회용 | 环保 huánbǎo 명 환경보호 | 毛巾 máojīn 명 수건

04
p. 68

A 给女的纸	A 여자에게 종이를 준다
B 让女的出去	B 여자를 내보낸다
C 允许女的出去	C 여자가 나가는 것을 허락한다
D 在黑板上写题	D 칠판에 문제를 쓴다

男: 数学考试开始，请大家现在开始答题。

女: 老师，这是什么? 我看不清楚。

男: 一会儿我写在黑板上。你先做别的题。

女: 好的，谢谢您。

问: 老师将要做什么?

남: 수학 시험을 시작합니다. 모두들 지금부터 문제 풀기 시작하세요.

여: 선생님, 이게 뭐예요? 잘 안 보여요.

남: 좀 이따가 칠판에 써 줄게요. 다른 문제부터 풀어요.

여: 알겠습니다. 감사합니다.

질문: 선생님은 곧 무엇을 할 것인가?

시크릿 들리는 내용 그대로에 집중!

해설　문제가 안 보인다는 학생의 말에 남자는 좀 이따가 칠판에 써 주겠다고 했으므로, 정답은 D가 된다.

단어　纸 zhǐ 명 종이 | 允许 yǔnxǔ 통 허락하다 | 黑板 hēibǎn 명 칠판 | 数学 shùxué 명 수학 | 考试 kǎoshì 명 시험 | 答题 dátí 통 문제를 풀다 | 清楚 qīngchu 형 뚜렷하다, 명백하다

01
p. 72

1 , 3 적용　　　　　　　　　　　　　　　　　　　　　　▶ 02-55-1

A 运气不好　　　　　　　　　　　　A 운이 안 좋다
B 奖金发过了　　　　　　　　　　　B 보너스가 이미 나왔다
C 不可能发奖金　　　　　　　　　　C 보너스가 나올 리 없다
D 西边的太阳最美　　　　　　　　　D 서쪽의 태양이 가장 예쁘다

女: 今年你们公司发奖金了吗?　　　여: 올해 너희 회사에서는 보너스 나왔니?
男: 太阳会从西边儿出来吗?　　　　남: 해가 서쪽에서 뜬다니?

问: 男的是什么意思?　　　　　　　질문: 남자의 말은 무슨 뜻인가?

🔒 시크릿! 관용어 太阳从西边儿出来(해가 서쪽에서 뜨다)의 쓰임에 주의!

해설　이 문제는 들리는 그대로 답을 고르는 것이 아니라, 말의 속 뜻을 이해하고 있어야 풀 수 있는 문제다. 해가 서쪽에서 뜬다는 말은 일어날 수 없는 일이라는 의미이므로, 정답은 C가 된다.

단어　运气 yùnqi 몡 운, 운수 | 奖金 jiǎngjīn 몡 보너스, 상여금 | 发 fā 동 건네주다, 교부하다

02
p. 72

1 , 2 적용　　　　　　　　　　　　　　　　　　　　　　▶ 02-55-2

A 太远了　　　　　B 菜太贵　　　　A 너무 멀다　　　　　B 음식이 너무 비싸다
C 太随便　　　　　D 菜很好吃　　　C 너무 제멋대로다　　D 음식이 매우 맛있다

男: 那个饭馆离咱们学校也太远了，我们别去　　남: 그 음식점은 우리 학교에서도 너무 멀어. 우리 가지 말
　　了，随便吃点就行了。　　　　　　　　　　　고 아무거나 먹자.
女: 那还算远啊? 主要是他们家的菜味道好，　　여: 그게 먼 거야? 중요한 것은 그 집 음식이 맛있고, 가격
　　价格还不贵。　　　　　　　　　　　　　　도 비싸지 않다는 거잖아.

问: 女的觉得那家饭馆怎么样?　　　　　질문: 여자는 그 음식점이 어떻다고 생각하는가?

🔒 시크릿! 동의어에 주의!

해설　녹음에 나온 味道好는 맛이 좋다는 의미로, D의 很好吃와 같은 의미다.

단어　随便 suíbiàn 혱 제멋대로다 됨 아무렇게나, 마음대로 | 主要 zhǔyào 혱 주요한, 주된 | 味道 wèidao 몡 맛 | 价格 jiàgé 몡 가격

03
p. 72

5 , 2 적용　　　　　　　　　　　　　　　　　　　　　　▶ 02-55-3

A 矿泉水　　　　　B 冷水　　　　　A 생수　　　　　　　B 차가운 물
C 茶叶　　　　　　D 热水　　　　　C 찻잎　　　　　　　D 뜨거운 물

男: 不用买矿泉水，那边提供热水。　　南: 생수 살 필요 없어, 거기서 뜨거운 물을 제공해 주거든.
女: 那正好，我可以带点儿茶叶。　　　여: 그럼 잘됐네, 내가 찻잎 좀 챙겨 갈게.

问: 那边提供什么?　　　　　　　　　질문: 그곳에서는 무엇을 제공하는가?

해설 보기에 제시된 단어는 녹음에 나올 가능성이 있다. 녹음 내용에서는 矿泉水(생수), 热水(뜨거운 물), 茶叶(찻잎)가 모두 등장한다. 矿泉水는 지금 사려다가 만 물건이고, 茶叶는 여자가 챙겨 가려는 물건이다. 그곳에서 제공하는 것은 热水(뜨거운 물)이므로, 정답은 D가 된다.

단어 矿泉水 kuàngquánshuǐ 뗑 생수 | 冷水 lěngshuǐ 뗑 차가운 물 | 茶叶 cháyè 뗑 찻잎 | 热水 rèshuǐ 뗑 뜨거운 물 | 提供 tígōng 띵 제공하다 | 正好 zhènghǎo 띵 딱 맞다 | 带 dài 띵 지니다

---

1 , 2 적용 ▶ 02-55-4

04
p. 72

| A 多云 | B 晴朗 | A 구름이 많다 | B 맑고 쾌청하다 |
| C 下雨 | D 出太阳了 | C 비가 내린다 | D 해가 떴다 |

女: 刚刚天气还那么晴朗，怎么才一会儿，雨就下得这么大了。
男: 这不奇怪，这边的气候多变，记得随身带伞。

问: 现在的天气怎么样?

여: 방금까지만 해도 날씨가 그렇게 맑고 쾌청했는데, 어쩌면 이렇게 금세 비가 이렇게 많이 내리네.
남: 그건 이상할 것도 없어, 이곳 날씨는 변화가 많으니, 항상 우산을 챙기는 게 좋아.

질문: 지금의 날씨는 어떠한가?

해설 대화에서는 2가지 날씨가 등장한다. 방금 전까지는 晴朗(맑고 쾌청하다)이었고, 지금은 下大雨(비가 많이 내린다)인 상황이다. 질문에서는 现在(현재)를 묻고 있으니, 정답은 C가 된다.

단어 云 yún 뗑 구름 | 太阳 tàiyáng 뗑 태양 | 天气 tiānqì 뗑 날씨 | 晴朗 qínglǎng 뗑 쾌청하다 | 奇怪 qíguài 뗑 기이하다 | 气候 qìhòu 뗑 기후 | 变 biàn 띵 변화하다 | 随身 suíshēn 뗑 몸에 지니다 | 带 dài 띵 (몸에) 지니다, 휴대하다 | 伞 sǎn 뗑 우산

DAY 20

| ✓ 정답 | 1. C | 2. C | 3. B | 4. A |

---

1 , 2 적용 ▶ 02-56-1

01
p. 72

| A 凑合 | B 不错 | A 그런대로 한다 | B 잘한다 |
| C 非常好 | D 谁也不知道 | C 매우 좋다 | D 아무도 모른다 |

男: 你换球鞋干什么? 又要去哪儿啊?
女: 去打网球。我约了小王。他打网球很厉害，你敢和他打吗?
男: 当然敢。
女: 那一起去，看看你究竟能不能赢。走吧，人多了还热闹。

问: 小王的网球打得怎么样?

남: 너 뭐 하려고 운동화로 갈아 신어? 또 어디 가려고?
여: 테니스 치러 갈 거야. 샤오왕이랑 약속했어. 그는 테니스를 굉장히 잘 쳐. 너 개랑 칠 자신 있어?
남: 당연하지.
여: 그럼 같이 가, 대체 네가 이길 수 있는지 좀 보자고. 가자, 사람이 많으면 더 흥이 나잖아.

질문: 샤오왕의 테니스 실력은 어떠한가?

해설 녹음에 나온 厉害는 정도를 나타내는 말로, 그가 테니스를 치는 정도가 '대단하다, 굉장하다'는 의미를 나타낸다. C의 非常好 역시 비슷한 뜻을 나타내기 때문에, 정답은 C가 된다.

단어 凑合 còuhe 띵 그런대로 하다, 아쉬운 대로 하다 | 球鞋 qiúxié 뗑 운동화 | 网球 wǎngqiú 뗑 테니스 | 厉害 lìhai 뗑 대단하다, 굉장하다 | 敢 gǎn 조띵 감히 ~하다 | 究竟 jiūjìng 띵 도대체 | 赢 yíng 띵 이기다 | 热闹 rènao 뗑 시끌벅적하다

02
p. 72

A 有家具	B 楼层高	A 가구가 있다	B 층이 높다
C 在孩子学校附近	D 周围安静	C 아이의 학교 근처에 있다	D 주변이 조용하다

女: 看什么呢，这么专心?

男: 看看租房子小广告，我们房东下个月末要把房子收回去，我还得再租一套。

女: 你需要什么条件的，我给你参谋参谋。

男: 最好在孩子学校附近，或者远点，交通便利也成。

问: 男的对房子有什么要求?

여: 뭘 이렇게 열심히 보니?

남: 월세 광고. 집주인이 다음 달 말에 집을 비우라고 해서, 새로 집 구해야 돼.

여: 어떤 조건의 집을 원하는데? 내가 조언해 줄게.

남: 아이 학교 근처이면 제일 좋지. 만약 좀 멀어도, 교통이 편리한 곳이면 괜찮아.

질문: 남자는 집에 대해 어떤 요구가 있는가?

🔒**시크릿** 집을 구하는 데 있어서 가장 중요하게 생각하는 요소에 집중!

해설 중국은 전세 개념이 없고, 월세로 방세를 지불한다. 남자는 새로 집을 구하려고 하는데, 가장 중요하게 생각하는 부분은 孩子学校附近(아이 학교 근처)이길 원하고, 그게 마땅치 않으면, 交通方便(교통이 편리하다) 한 곳을 원하고 있다. 따라서, 정답은 C가 된다.

단어 家具 jiājù 몡 가구 | 楼层 lóucéng 몡 층 | 周围 zhōuwéi 몡 주위, 주변 | 安静 ānjìng 톙 조용하다 | 专心 zhuānxīn 동 몰두하다, 열중하다 | 租 zū 동 세내다 | 房子 fángzi 몡 집 | 广告 guǎnggào 몡 광고 | 房东 fángdōng 몡 집주인 | 收回 shōuhuí 동 거두어들이다 | 套 tào 양 채, 동(집, 건물을 세는 단위) | 条件 tiáojiàn 몡 조건 | 参谋 cānmóu 동 조언하다 | 最好 zuìhǎo 튄 (제일) 좋기는 | 交通 jiāotōng 몡 교통 | 便利 biànlì 톙 편리하다 | 成 chéng 톙 괜찮다, 좋다

03
p. 72

A 不严重	A 심각하지 않아서
B 害怕打针	B 주사 맞기를 무서워해서
C 讨厌吃药	C 약 먹는 것을 싫어해서
D 已经好了	D 이미 나아져서

女: 你的感冒怎么还没好，去医院看看吧。

男: 不去，已经快好了，吃点药就行了。

女: 关键是你吃了药也没好啊。

男: 不去，说实话吧，其实我是怕打针。

问: 男的为什么不去医院?

여: 감기가 왜 낫질 않아? 병원에 가서 진찰 받아 봐.

남: 안 가. 이미 거의 나았어. 약 좀 먹으면 돼.

여: 중요한 건 네가 약을 먹었는데도 낫질 않았다는 거야.

남: 안 가. 솔직히 말하면 난 주사 맞기가 무서워서 그래.

질문: 남자는 왜 병원에 가지 않는가?

🔒**시크릿** 怕打针(주사 맞기를 무서워하다)에 주의!

해설 이 문제는 들리는 그대로 답을 고르면 되는 문제로 남자가 怕打针(주사 맞기를 무서워하다)이라고 했으므로, B를 정답으로 고르면 된다. 녹음에서 怕(무서워하다)라고 언급된 것이 보기에는 1음절 더해져서 害怕라고 제시되었다.

단어 严重 yánzhòng 톙 심각하다, 숭대하다 | 害怕 hàipà 동 두려워하다, 무서워하다 | 打针 dǎzhēn 동 주사를 맞다, 주사를 놓다 | 药 yào 몡 약 | 感冒 gǎnmào 몡 감기 | 关键 guānjiàn 몡 관건, 키포인트 | 实话 shíhuà 몡 솔직한 말 | 其实 qíshí 튄 사실

1, 2 적용   ▶ 02-56-4

04
p. 72

A 撞车了	B 受伤了	**A 차량이 충돌했다**	B 다쳤다
C 路上堵车	D 还能开车	C 길이 막혔다	D 계속 운전할 수 있다

男: 你不是11点就出发了, 难道路上花了一个半小时?

女: 我半路上跟别的车撞上了, 所以又去修车了。

男: 啊? 严重吗? 你怎么那么不小心?

女: 没事, 不严重, 就是把车门擦坏了, 但恐怕一个星期都不能开车了。

问: 关于女的可以知道什么?

남: 너 11시에 출발하지 않았어? 설마 길에서 1시간 반이나 걸린 거야?

여: 오는 길에 다른 차와 부딪쳐서, 차를 또 수리하러 갔어.

남: 뭐? 심각해? 너 왜 그렇게 조심하지 않았어?

여: 별일 아니야, 심각하지 않아. 차 문이 좀 긁혔을 뿐이야. 그런데 아마 일주일 정도는 운전 못 할 것 같아.

질문: 여자에 관해서 알 수 있는 것은?

 撞(부딪치다)에 주의!

해설 여자는 오는 길에 다른 차와 부딪쳤다(撞)고 했으므로 정답은 A가 된다. 마지막에 여자가 일주일 정도 운전하지 못할 것 같다고 했으므로, D는 녹음 내용과 일치하지 않는다.

단어 撞 zhuàng 동 부딪치다 | 受伤 shòushāng 동 상처를 입다. 부상을 당하다 | 堵车 dǔchē 명 교통 체증 | 难道 nándào 부 설마 ~인가 | 修 xiū 동 수리하다 | 严重 yánzhòng 형 심각하다 | 擦 cā 동 마찰하다. 긁다 | 恐怕 kǒngpà 부 아마 ~일 것이다

DAY 21

✓ 정답	1. A	2. D	3. B	4. B

1, 3 적용   ▶ 02-59-1

01
p. 77

A 不用来接	A 데리러 올 필요 없다
B 让女的请假	B 여자한테 휴가를 내라고 한다
C 一个人回不了家	C 혼자서 집에 돌아갈 수 없다
D 不知道火车几点到	D 기차가 몇 시에 도착하는지 모른다

女: 喂, 你火车几点到? 我请个假, 去接你。

男: 不用请假来接我, 我没带什么行李, 自己能回家。

问: 男的是什么意思?

여: 여보세요, 기차 몇 시에 도착해? 내가 휴가 내고 데리러 갈게.

남: 휴가 내면서까지 나를 데리러 올 필요 없어. 짐도 별로 없고, 혼자 집에 갈 수 있어.

질문: 남자의 말은 무슨 뜻인가?

 남자의 말에 집중!

해설 남자는 휴가를 내면서까지 데리러 올 필요 없다면서 혼자 집에 갈 수 있다고 말했으므로, 정답은 A가 된다. B와 C는 녹음 내용과 반대되므로 정답이 될 수 없다.

단어 接 jiē 동 맞이하다. 마중하다 | 请假 qǐngjià 동 휴가를 신청하다 | 行李 xíngli 명 짐

1, 3 적용 ▶ 02-59-2

A 负责	A 책임감이 있다
B 很专业	B 매우 전문적이다
C 过于认真	C 지나치게 열심히 한다
D 符合要求	D 요구에 부합된다

男: 这件工作让小刘负责怎么样?

女: 我觉得挺合适的, 他就是这个专业的, 做事情也很认真。

问: 女的觉得小刘怎么样?

남: 이 일은 샤오류에게 맡기는 게 어때?

여: 내 생각에 아주 적합할 것 같아. 그는 이 분야 전공이고, 일도 열심히 해.

질문: 여자는 샤오류가 어떻다고 생각하는가?

🔒 **시크릿** 동의어에 주의!

해설 여자는 샤오류에게 이 일을 맡기는 것이 적합하다고 생각했으므로, 정답은 D가 된다. 合适(적합하다)가 符合(부합하다)와 비슷한 의미라는 것을 알고 있다면 쉽게 풀 수 있는 문제다.

단어 负责 fùzé 휑 책임감이 있다 | 专业 zhuānyè 몡 전공 | 认真 rènzhēn 휑 착실하다, 성실하다 | 合适 héshì 휑 적합하다, 알맞다

1, 2 적용 ▶ 02-59-3

A 快结婚了	A 곧 결혼하려고 한다
B 还没结婚	B 아직 결혼하지 않았다
C 现在很幸福	C 지금 매우 행복하다
D 不能参加婚礼	D 결혼식에 참가할 수 없다

男: 祝贺你们, 希望你们永远幸福。

女: 谢谢, 也希望能早点儿去参加你的婚礼。

问: 关于男的, 可以知道什么?

남: 축하해, 영원히 행복하길 바라.

여: 고마워. 네 결혼식에도 빨리 참석할 수 있기를 바라.

질문: 남자에 관해서, 알 수 있는 것은 무엇인가?

🔒 **시크릿** 결혼을 했는지 여부에 주목!

해설 남자가 여자의 결혼을 축하하고 있고, 여자는 남자의 결혼식에도 빨리 참석할 수 있으면 좋겠다고 하였으므로, 남자는 아직 결혼하지 않았음을 알 수 있다.

단어 幸福 xìngfú 휑 행복하다 | 参加 cānjiā 됭 참가하다 | 婚礼 hūnlǐ 몡 결혼식 | 祝贺 zhùhè 됭 축하하다 | 希望 xīwàng 됭 희망하다 | 永远 yǒngyuǎn 휜 영원히, 항상

---

3 적용 ▶ 02-59-4

A 身体不舒服	A 몸이 불편하다
B 逛街非常累	B 쇼핑하는 것은 대단히 힘들다
C 逛街很有意思	C 쇼핑하는 것은 매우 재미있다
D 女的逛街速度太快	D 여자는 쇼핑 속도가 너무 빠르다

女: 我们再去那边的商店看看吧。

男: 你还想再看? 和你逛街, 比上班还辛苦。

问: 男的现在是什么感觉?

여: 우리 저쪽 상점에 가서 더 보자.

남: 너 아직도 더 보고 싶어? 너랑 쇼핑하는 건 출근하는 것보다 더 힘들어.

질문: 남자는 지금 어떤 심정인가?

해설 남자가 한 말은 출근하는 것도 힘들지만, 여자와 함께 쇼핑하는 것은 더 힘들다는 의미이므로 정답은 B가 된다. 녹음에서 의 辛苦(힘들다)는 보기에서 累(힘들다)로 표현되었다.

단어 舒服 shūfu 톙 편하다, 안락하다 | 逛街 guàngjiē 동 쇼핑하다 | 速度 sùdù 톙 속도 | 商店 shāngdiàn 톙 상점 | 辛苦 xīnkǔ 톙 고되다, 힘들다

DAY 22

✓ 정답	1. B	2. B	3. A	4. A

---

1 , 2 적용　　　　　　　　　　　　　　　　　　　　　　　▶ 02-60-1

01
p. 77

A 全卖光了	B 味道不错	A 다 팔렸다	B 매우 맛이 있다
C 没有人要吃	D 价格很贵	C 먹으려는 사람이 없다	D 가격이 비싸다

女: 邮局对面那家店是卖什么的?
男: 是家烤鸭店，这个月新开的。
女: 怎么每天都有那么多人排队?
男: 听说他家的烤鸭味道很好。咱们也去尝尝吧!

问: 男的听说那家店的烤鸭怎么样?

여: 우체국 건너편의 저 가게는 뭘 팔아?
남: 오리구이 파는 곳이야. 저번 달에 개업했어.
여: 왜 매일 저렇게 많은 사람이 줄을 서 있지?
남: 저 가게 오리구이가 맛이 정말 좋대. 우리도 가서 먹어 보자.

질문: 남자는 그 가게의 오리구이가 어떻다고 들었는가?

해설 여자는 가게가 무엇을 파는지 모르고 있는 상태이지만, 남자는 비교적 잘 알고 있다. 그 가게는 저번 달에 개업한 가게로 오리구이를 팔고 있으며, 많은 사람들이 줄을 설 정도로 맛이 좋다고 알고 있다. 따라서 정답은 B가 된다.

단어 卖 mài 동 팔다 | 味道 wèidao 톙 맛 | 邮局 yóujú 톙 우체국 | 对面 duìmiàn 톙 맞은편 | 烤鸭 kǎoyā 톙 오리구이 | 怎么 zěnme 때 어떻게, 어째서 | 排队 páiduì 동 줄을 서다 | 听说 tīngshuō 동 듣자 하니 | 尝 cháng 동 맛보다

---

1 , 3 적용　　　　　　　　　　　　　　　　　　　　　　　▶ 02-60-2

02
p. 77

A 秋天了	B 缺少阳光	A 가을이 되었다	B 햇볕이 부족하다
C 房间温度高	D 快要冻死了	C 방의 온도가 높다	D 곧 얼어 죽으려 한다

女: 花儿是不是缺水了? 叶子都黄了。
男: 不是，它应该是在厨房里放的时间太久，很久没见太阳了。
女: 那快把它放在阳台上，晒晒太阳。
男: 外面太冷了，我怕它冻死。

问: 男的认为花儿的叶子为什么黄了?

여: 꽃에 물이 부족한가? 잎이 노랗게 되었어.
남: 아니야, 주방에 놓아둔 시간이 너무 길어서, 너무 오랫동안 햇빛을 못 봐서 그럴 거야.
여: 그러면 어서 베란다에 놓고, 햇빛을 좀 받게 해.
남: 밖이 너무 추워서, 얼어 죽을까 봐 걱정돼.

질문: 남자는 꽃의 잎이 왜 노랗게 변했다고 여기는가?

해설 여자는 꽃에 물이 부족해서 그럴 것이라고 여기고 있지만, 남자는 주방에 오래 두어 햇빛을 못 봐서 그렇다고 생각하고 있다. 남자의 견해를 물었으므로, 정답은 B가 된다. 햇빛이 있는 베란다로 갖다 놓지 못하는 이유는 밖이 너무 추워서 식물이 얼어 죽을 것을 걱정해서 그런 것임을 알 수 있다.

단어   秋天 qiūtiān 圐 가을 | 温度 wēndù 圐 온도 | 快要⋯了 kuàiyào...le 곧 ~하려 한다 | 冻死 dòngsǐ 圗 얼어 죽다 | 花儿 huār 圐 꽃 | 缺水 quē shuǐ 물이 부족하다 | 叶子 yèzi 圐 잎 | 黄 huáng 노랗다 | 厨房 chúfáng 圐 주방 | 放 fàng 圗 놓다 | 太阳 tàiyáng 圐 햇빛 | 阳台 yángtái 圐 베란다 | 晒 shài 圗 햇볕을 쬐다

S1. 3 적용   ▶ 02-60-3

03
p. 77

| A 减肥 | B 聊天 | A 살을 빼려고 | B 이야기하려고 |
| C 停电了 | D 电梯坏了 | C 정전이라서 | D 엘리베이터가 고장 나서 |

男: 我们爬了多少层了? 可以了吧?	남: 우리 몇 층 올라왔어? (이 정도면) 된 거지?
女: 不行, 才6层, 我们得爬到15层, 要不没用。	여: 아니야, 겨우 6층이야. 우리는 15층까지 올라가야 해. 그렇지 않으면 소용없어.
男: 啊, 可是我现在就没劲儿了。	남: 아, 그런데 난 지금 힘이 하나도 없어.
女: 想减肥, 就要坚持, 我们先休息休息再爬。	여: 살을 빼고 싶으면, 계속 해야 해. 우리 우선 좀 쉬고 다시 올라가자.
问: 他们为什么爬楼梯?	질문: 그들은 왜 계단을 오르는가?

🔒 시크릿 여자의 말에 집중!

해설   여자가 减肥(살을 빼다)라고 말한 것을 들었다면, 두 사람이 살을 빼기 위해서 계단을 오르고 있다는 것을 알 수 있다. 减肥라는 단어를 듣지 못하고 계단을 오르고 있는 상황만을 생각해서 C나 D를 정답으로 고르지 않도록 해야 한다.

단어   减肥 jiǎnféi 圗 살을 빼다 | 停电 tíngdiàn 圗 정전되다 | 电梯 diàntī 圐 엘리베이터 | 爬 pá 圗 오르다 | 没劲儿 méijìnr 圗 힘이 없다 | 坚持 jiānchí 圗 지키다, 견지하다

S1. 2 적용   ▶ 02-60-4

04
p. 77

| A 不难 | B 很轻松 | A 어렵지 않다 | B 수월했다 |
| C 没希望 | D 不顺利 | C 희망이 없다 | D 순조롭지 않다 |

男: 昨天的面试怎么样? 顺利吗?	남: 어제 면접 어땠어? 순조로웠어?
女: 还行, 他们问的问题都挺容易的, 不过当时有点紧张。	여: 그런대로 괜찮았어. 그들이 질문한 문제는 무척 쉬웠는데, 그때는 좀 긴장했어.
男: 什么时候可以知道结果?	남: 언제 결과를 알 수 있어?
女: 就这两天吧, 他们会打电话通知。	여: 요 며칠 내에 알 수 있을 거야. 그쪽에서 전화로 통보할 거야.
问: 女的觉得面试怎么样?	질문: 여자는 면접이 어떻다고 생각하는가?

🔒 시크릿 동의어에 주의!

해설   여자가 挺容易(무척 쉽다)라고 말했으므로, 정답은 A의 不难(어렵지 않다)으로 선택할 수 있다. 순조로웠냐는 남자의 물음에 여자가 그런대로 괜찮았다고 했으므로, 면접이 순조롭지 않았다는 것은 아니다.

단어   轻松 qīngsōng 톙 수월하다 | 希望 xīwàng 圐 희망 | 顺利 shùnlì 톙 순조롭다 | 面试 miànshì 圐 면접시험 | 紧张 jǐnzhāng 톙 긴장하다, 불안하다 | 结果 jiéguǒ 圐 결과 | 通知 tōngzhī 圗 통지하다, 알리다

제3부분 긴 지문

시크릿 기출 테스트

DAY 23

✓ 정답   1. A   2. A   3. D   4. D

[01–02]   ▶ 03-07-0

有个人看见一个孩子在路边哭，就走过去问他为什么哭。❶孩子说，刚才不小心丢了5块钱。见孩子那么难过，❷那个人就拿出5块钱送给他。没想到，孩子哭得更难过了。那个人很奇怪，就问："我刚才不是给你5块钱了吗？为什么还哭呢？"孩子回答："如果没丢那5块钱，我现在已经有10块了。"

어떤 사람이 한 아이가 길에서 우는 것을 보고 아이에게 다가가 왜 우냐고 물어보았다. ❶아이는 방금 실수로 5위안을 잃어버렸다고 말했다. 아이가 그토록 속상해하는 것을 보고 ❷그는 아이에게 5위안을 꺼내 주었다. 그러나 예상과는 달리 아이가 더 슬프게 우는 것이었다. 그는 이상하다 싶어 아이에게 물었다. "내가 방금 너에게 5위안을 주지 않았니? 그런데 왜 아직도 우니?" (그러자) 아이는 "만약 제가 그 5위안을 잃어버리지 않았더라면, 지금 저는 10위안이 있을 것 아니에요."라고 대답했다.

단어 哭 kū 용 울다 | 丢 diū 용 잃어버리다 | 难过 nánguò 형 괴롭다, 슬프다 | 奇怪 qíguài 형 이상하다, 의아하다 | 刚才 gāngcái 명 방금 | 回答 huídá 용 대답하다

1, 2, 3 적용   ▶ 03-07-1

01
p. 84

A 丢了五块钱
B 找不到妈妈
C 被爷爷批评了
D 想找别人要五块钱

A 5위안을 잃어버려서
B 엄마를 찾지 못해서
C 할아버지한테 꾸중을 들어서
D 다른 사람에게 5위안을 달라고 하려고

问: 那个孩子为什么哭?

질문: 그 아이는 왜 우는가?

🔒시크릿 为什么哭(왜 우느냐) 다음에 나오는 아이의 대답에 집중!

해설 지나가는 사람이 아이한테 왜 우느냐고 물어봤더니 아이는 5위안을 잃어버렸다고 대답했으므로 아이는 돈을 잃어버려서 울고 있었다는 것을 알 수 있다. 행인이 아이에게 5위안을 주었다는 말을 듣고 D가 정답이라고 혼동할 수 있지만 아이가 처음부터 그 사람이 5위안을 주었으면 좋겠다고 생각해서 운 것은 아니므로 정답이 될 수 없다.

단어 找 zhǎo 용 찾다 | 被 bèi 젠 (~에게) ~을 당하다 | 爷爷 yéye 명 할아버지 | 批评 pīpíng 용 꾸짖다, 질책하다 | 别人 biéren 대 다른 사람

1, 3 적용   ▶ 03-07-2

02
p. 84

A 5块   B 10块
C 20块   D 100块

A 5위안   B 10위안
C 20위안   D 100위안

问: 那个孩子现在有多少钱?

질문: 그 아이는 지금 얼마를 가졌는가?

🔒시크릿 들리는 숫자의 연관 관계에 집중!

해설 아이가 마지막에 말한 10위안이라는 단어를 듣고 지금 아이에게 10위안이 있다고 혼동할 수 있지만, 아이의 말은 처음에 5위안을 잃어버리지 않았다면 지금 받은 5위안까지 더해서 10위안이 있었을 것이라는 의미이므로, 현재 아이에게 있는 돈은 5위안뿐이다. 녹음 지문이 길어지면 집중력이 흐트러질 수 있고, 마지막에 혼동되는 함정 단어가 나올 수도 있다. 그러므로 녹음 내용을 메모하면서 들어야 더 쉽게 문제를 풀 수 있다.

　　一对男女朋友去和平门，❸因为他们是第一次去，不知道路，男的说应该往东，女的坚持说应该往西。后来他俩吵了起来。刚好有一个人路过看见了，那个人就对男的说：❹"如果你要去和平门，就向东走，如果你要女朋友，就向西走。"

한 연인이 허핑먼에 가는데, ❸그들은 그곳에 처음 가는 것이었기 때문에 길을 잘 몰랐다. 남자는 동쪽으로 가야 한다고 말하고, 여자는 계속 서쪽으로 가야 한다고 고집하다가 끝내는 서로 말다툼을 하기 시작했다. 마침 한 사람이 길을 지나다 (이 연인을) 보고는 남자에게 말했다. ❹"만일 허핑먼으로 가려면 동쪽으로 가고, 여자 친구를 원한다면 서쪽으로 가세요."

단어 往 wǎng 젠 ~쪽으로, ~을 향해 | 坚持 jiānchí 통 고수하다, 고집하다 | 吵 chǎo 통 말다툼하다

1, 2 적용   ▶ 03-07-4

03
p. 84

A 感情　　　　　　　　　　　　A 감정 때문에
B 和平　　　　　　　　　　　　B 평화 때문에
C 花钱　　　　　　　　　　　　C 돈 쓰는 것 때문에
D 方向　　　　　　　　　　　　D 방향 때문에

问: 他们俩为什么吵架?　　　　질문: 그 두 사람은 왜 싸웠는가?

🔒 **시크릿** 접속사 因为(~때문에) 이하의 말에 집중!

해설 두 사람이 가자고 하는 방향이 각각 달라서 결국 싸우게 되었다고 했으므로, 정답은 D가 된다. 녹음에서 말한 和平门(허핑먼)은 지명으로, 和平(평화)이라는 단어만 듣고 B를 정답으로 고르는 실수를 해서는 안 된다.

단어 感情 gǎnqíng 명 감정 | 和平 hépíng 명 평화 | 花钱 huāqián 통 (돈을) 쓰다, 소비하다 | 方向 fāngxiàng 명 방향 | 俩 liǎ 주 두 개, 두 사람 | 吵架 chǎojià 통 다투다

---

1 적용   ▶ 03-07-5

04
p. 84

A 该向东走　　　　　　　　　　A 동쪽으로 가야 한다
B 不要吵架　　　　　　　　　　B 싸우지 말아야 한다
C 女朋友知道路　　　　　　　　C 여자 친구가 길을 안다
D 女朋友最重要　　　　　　　　D 여자 친구가 제일 중요하다

问: 过路人的话是什么意思?　　질문: 행인의 말은 무슨 뜻인가?

🔒 **시크릿** 마지막 행인의 말에 집중!

해설 마지막에 행인이 한 말은 지금 허핑먼으로 가는 것보다 여자 친구가 더 소중하다는 말이다. 허핑먼으로 가려면 동쪽으로 가라는 말을 듣고 A를 정답이라고 혼동할 수 있지만, 행인이 남자에게 정말 하고 싶은 말은 '당신에게 여자 친구가 더 중요할 것'이라는 의미이므로, 정답은 D가 된다.

단어 该 gāi 조통 마땅히 ~해야 한다 | 不要 búyào 부 ~하지 마라 | 重要 zhòngyào 형 중요하다 | 过路人 guòlùrén 명 행인

[01-02]

03-08-0

很小的时候，我经常跟父亲一起去登山。有时太累爬不上去的时候，他就会在前面等着我，却从不拉着我往前走。他常说，❷路要自己一个人走，困难也要自己一个人去面对和解决。当时我不大理解，心里❶想着父亲太严格了。慢慢长大之后才理解了他的意思，生活本是这样，不要总是期待别人的帮助，要靠自己，一步一步往前走，最终获得胜利。

어렸을 때, 나는 자주 아버지와 함께 등산을 했다. 어떤 때는 너무 힘들어서 더 이상 산에 오르지 못할 때, 아버지는 앞에서 나를 기다려 주시기만 하고, 내 손을 잡아끌어 주지는 않으셨다. 아버지는 ❷길은 자기 스스로 가야 하며, 어려움도 스스로 맞서고 해결해야 한다고 자주 말씀하셨다. 당시에 나는 잘 이해가 가지 않았고, 마음속으로 ❶아버지가 너무 엄격하시다고 생각했다. 점점 자란 후에서야 아빠의 말뜻을 이해할 수 있었다. 삶이란 본디 그런 것이다. 다른 사람의 도움만 기대해서는 안 되고, 자신에게 의지해서 한 걸음 한 걸음 앞으로 나아가야 결국에 승리를 얻을 수 있다.

단어 经常 jīngcháng 🖣 항상 | 父亲 fùqīn 🖲 부친, 아버지 | 登山 dēngshān 🖲 등산하다 | 却 què 🖣 오히려 | 拉 lā 🖲 끌다 | 路 lù 🖲 길 | 困难 kùnnan 🖲 어려움 | 面对 miànduì 🖲 직면하다 | 解决 jiějué 🖲 해결하다 | 当时 dāngshí 🖲 그 당시 | 不大 búdà 🖲 그다지 ~하지 않다 | 理解 lǐjiě 🖲 이해하다 | 严格 yángé 🖲 엄격하다 | 长大 zhǎngdà 🖲 성장하다 | 生活 shēnghuó 🖲 생활 | 本是 běn shì 본래 ~이다 | 期待 qīdài 🖲 기대하다 | 靠 kào 🖲 기대다 | 一步 yíbù 🖲 한 걸음 | 最终 zuìzhōng 🖲 최후, 맨 마지막 | 获得 huòdé 🖲 얻다 | 胜利 shènglì 🖲 승리

01
p. 84

1, 3 적용   03-08-1

A 很瘦   B 很严格   A 매우 말랐다   B 매우 엄격하다
C 很亲切   D 不疼爱他   C 매우 친근하다   D 그를 사랑하지 않는다

问: 小时候, 说话人觉得父亲怎么样?   질문: 어렸을 때, 화자는 아버지가 어떻다고 여겼는가?

🔒시크릿 어렸을 때, 아버지는 자녀를 어떻게 대했는가에 집중!

해설 화자는 과거의 어려웠을 때 있었던 일들을 회상하고 있다. 일반적인 아버지라면 어린 자녀와 등산을 할 때, 자녀가 힘들어하고 산에 잘 오르지 못하면 도움을 줄 것이다. 하지만, 화자의 아버지는 인생이란 결국 스스로 이겨내야 한다는 것을 알려 주기 위해서 어렸을 때부터 엄격하게 대하셨다고 언급되어 있다. 따라서 정답은 B가 된다.

단어 瘦 shòu 🖲 마르다 | 亲切 qīnqiè 🖲 친절하다 | 疼爱 téng'ài 🖲 사랑하고 아끼다 | 觉得 juéde 🖲 ~라고 느끼다

02
p. 84

1, 3 적용   03-08-2

A 要学会放弃   A 포기도 할 줄 알아야 한다
B 需要自己努力   B 스스로의 노력이 필요하다
C 要懂得帮助别人   C 다른 사람을 도울 줄 알아야 한다
D 不用坚持到底   D 끝까지 버틸 필요는 없다

问: 根据这段话, 爸爸想告诉自己的孩子什么?   질문: 본문에 따르면, 아버지는 자신의 아이에게 무엇을 알려 주고자 했는가?

🔒시크릿 아버지가 그토록 엄하게 대한 이유가 무엇인지에 주목!

해설 성공이란 그렇게 쉽고 간단한 것이 아니다. 한 번에 도달할 수 있는 것이 아니라, 매 순간, 매 걸음 최선을 다해야 하고, 여러 가지 어려움도 스스로 극복해야 승리를 얻을 수 있다. 화자의 아버지는 어린 자녀에게도 그러한 삶의 이치를 깨닫게 해 주고 싶었던 것이다. 따라서 정답은 B가 된다.

단어 放弃 fàngqì 🖲 포기하다 | 努力 nǔlì 🖲 노력하다 | 坚持 jiānchí 🖲 견지하다, 포기하지 않는다 | 底 dǐ 🖲 끝

过去，我常常把工作看成是全部，❸把最终的结果和输输赢赢也看得很重，对自己要求严格，所以常常感到压力很大。渐渐我才明白，重要的是做自己喜欢的事情，不要计较结果，时不时让自己休息休息，❹这才是真正积极健康的生活态度。

과거에 나는 종종 일을 전부로 여겼다. ❸최후의 결과와 승패를 너무도 중요하게 여겼고, 자신에 대한 요구가 엄격했기 때문에 스트레스가 컸다. 그러다가 중요한 것은 자신이 흥미를 가진 일을 하고 결과를 따지지 않으며 때때로 자신에게 휴식을 취하게 하는 것이야말로 ❹적극적이고 건강한 삶의 태도라는 것을 알게 되었다.

단어　过去 guòqù 명 과거 | 看成 kànchéng ~로 생각하다 | 全部 quánbù 명 전부 | 结果 jiēguǒ 명 결과 | 输赢 shūyíng 명 승패 | 重 zhòng 형 중요하다 | 要求 yāoqiú 명 요구 | 压力 yālì 명 스트레스 | 渐渐 jiànjiàn 부 점차 | 计较 jìjiào 동 문제시하다, 염두에 두다 | 时不时 shíbùshí 부 때때로, 자주 | 健康 jiànkāng 형 건강하다 | 态度 tàidu 명 태도

1, 2, 3 적용　　　　　　　　　　　　　　　　　　　　　　　　　　　▶ 03-08-4

03
p. 84

A 不懂拒绝　　　　　　　　　　　　A 거절을 모른다
B 总被误会　　　　　　　　　　　　B 항상 오해를 당한다
C 不被理解　　　　　　　　　　　　D 이해받지 못한다
D 太重视输赢　　　　　　　　　　　D 승패를 너무 중시 여긴다

问: 说话人以前为什么压力很大?　　　질문: 화자는 예전에 왜 스트레스가 컸는가?

🔑 시크릿　스트레스를 많이 받는 원인에 집중!

해설　화자는 예전에 일이 삶의 전부였고, 최후의 결과와 승패를 너무 중시했으며, 자신에 대한 요구가 엄격했기 때문에 스트레스가 컸다고 녹음 앞부분에 제시되어 있다. 따라서 정답은 D가 된다.

단어　拒绝 jùjué 동 거절하다 | 误会 wùhuì 동 오해하다 | 理解 lǐjiě 동 이해하다 | 重视 zhòngshì 동 중시하다 | 以前 yǐqián 명 예전, 과거

1, 2, 3 적용　　　　　　　　　　　　　　　　　　　　　　　　　　　▶ 03-08-5

04
p. 84

A 学习方法　　　　B 感情问题　　　　A 학습 방식　　　　B 감정 문제
C 教育责任　　　　D 生活态度　　　　C 책임에 대한 교육　　　D 삶의 태도

问: 这段话主要谈的是什么?　　　질문: 이 이야기는 주로 무엇에 대해서 말하는가?

🔑 시크릿　글의 중심어가 무엇인지에 집중!

해설　어떤 일의 결과와 승패만이 삶을 결정짓는 것은 아니다. 화자는 예전의 자신의 삶의 태도에 문제가 있었음을 발견하고, 자신에게 조금씩 여유를 주는 방법을 찾아가고 있다. 예를 들어, 흥미가 있는 취미 활동을 하거나, 결과에 연연해 하지 않으며, 때때로 자신에게 휴식을 취하게 하는 건강한 삶의 태도를 갖자는 메시지를 주고 있다. 정답은 D가 된다.

단어　方法 fāngfǎ 명 방법 | 感情 gǎnqíng 명 감정 | 教育 jiàoyù 동 교육하다 | 责任 zérèn 명 책임 | 态度 tàidu 명 태도

[01–02] ▶ 03-16-0

"因材施教"是说 ❶教育不同性格的孩子，要用不同的教育方法。对性格外向的孩子，要适当的限制他们。而对那些害羞的孩子，要经常鼓励他们说说自己的看法。如果他们这样做了，要马上表扬他们，❷这样才能让每一个孩子都能健康地成长。

'대상에 따라 다른 방법으로 교육한다'는 말은, ❶서로 다른 성격의 아이들을 가르칠 때는 다른 교육 방법을 사용해야 한다는 말이다. 성격이 외향적인 아이에게는 적당히 규제해줘야 하고, 부끄러움을 많이 타는 아이에게는 자신의 생각을 말할 수 있도록 격려해줘야 한다. 만일 아이들이 교육한 대로 했다면, 곧바로 칭찬을 해줘야 한다. ❷이렇게 해야만 모든 아이들이 건강하게 성장할 수 있다.

단어 **因材施教** yīncáishījiào 셍 대상에 따라 그에 맞는 교육을 하다 | **教育** jiàoyù 통 교육하다 | **性格** xìnggé 몡 성격 | **外向** wàixiàng 혱 외향적이다 | **适当** shìdàng 혱 적절하다, 적당하다 | **限制** xiànzhì 통 제한하다, 규제하다 | **害羞** hàixiū 통 부끄러워하다 | **鼓励** gǔlì 통 격려하다 | **看法** kànfǎ 몡 견해, 의견 | **表扬** biǎoyáng 통 칭찬하다

01
p. 88

1. **3** 적용 ▶ 03-16-1

A 材料	B 性格	A 자질	B 성격
C 才能	D 健康	C 재능	D 건강

问: 教育孩子要考虑哪方面的不同?

질문: 아이들을 교육할 때는 어떤 차이점을 고려해야 하는가?

🔒 시크릿 아이들의 유형을 분류하는 기준이 무엇인지에 집중!

해설 녹음에서 성격이 다른 아이들은 각각 그 성격에 맞는 교육을 해야 한다고 했으므로, 아이들을 교육시킬 때에는 성격의 차이를 고려해야 함을 알 수 있다.

단어 **材料** cáiliào 몡 자질, 소질(비유적 의미를 나타냄) | **才能** cáinéng 몡 재능 | **健康** jiànkāng 몡 건강

02
p. 88

1. **2** 적용 ▶ 03-16-2

A 孩子的性格	A 아이의 성격
B 孩子的才能	B 아이의 재능
C 孩子的看法	C 아이의 의견
D 怎样教育孩子	D 어떻게 아이를 교육시키는가

问: 这段话主要谈什么?

질문: 이 이야기에서 주로 말하는 것은?

🔒 시크릿 중심 내용에 집중!

해설 녹음에서 아이들의 성격 이야기가 나와서 A가 정답이라고 혼동할 수도 있지만, 이 이야기의 중점은 성격에 따른 교육법이지, 아이들의 성격에 관한 이야기가 아니므로, 정답은 D가 된다.

단어 **怎样** zěnyàng 떼 어떻게

对广告效果有影响的因素不少，例如说❸广告的语言、画面、出现的人物等等。可是，假如广告中缺少❹新鲜有意思的想法，那就算言语再丰富，画面再精彩，人物再有名，也还是不能保证广告的效果。

광고 효과에 영향을 주는 요소는 많다. 예를 들어 ❸광고의 언어, 화면, 출연하는 인물 등등이 있다. 그러나 만약 광고에 ❹참신하고 재미있는 생각이 부족하다면, 설령 언어가 아무리 풍부하고, 화면이 아무리 훌륭하고, 인물이 제아무리 유명하다 할지라도 광고의 효과를 장담할 수는 없다.

단어　广告 guǎnggào 몡 광고 | 效果 xiàoguǒ 몡 효과 | 影响 yǐngxiǎng 통 영향을 주다 | 因素 yīnsù 몡 요소, 조건 | 例如 lìrú 통 예를 들면 | 语言 yǔyán 몡 언어 | 画面 huàmiàn 몡 화면 | 出现 chūxiàn 통 출현하다 | 人物 rénwù 몡 인물 | 假如 jiǎrú 젭 만약, 만일 | 缺少 quēshǎo 통 모자라다 | 新鲜 xīnxiān 톙 신선하다, 참신하다 | 想法 xiǎngfǎ 몡 생각, 의견 | 丰富 fēngfù 톙 풍부하다 | 精彩 jīngcǎi 톙 뛰어나다 | 再…也… zài…yě… 아무리 ~해도 ~하다 | 保证 bǎozhèng 통 보증하다, 장담하다

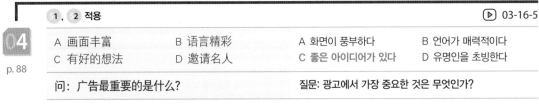

③ 적용　　　　　　　　　　　　　　　　　　⏵ 03-16-4

03
p. 88

A 语言　　　B 画面　　　　A 언어　　　B 화면
C 名人　　　D 费用　　　　C 유명인　　D 비용

问: 下列哪个不会影响广告的效果?　　질문: 다음 중 광고 효과에 영향을 주는 요소가 아닌 것은 무엇인가?

🔒시크릿 광고 효과에 영향을 주는 요소에 집중!

해설　광고 효과에 영향을 주는 요소는 비단 한 가지만이 아닐 것이다. 녹음에서는 语言(언어), 画面(화면), 人物(인물), 新鲜有意思的想法(참신하고 재미있는 생각) 등이 광고 효과에 영향을 준다고 언급하고 있다. 가장 관련이 먼 것은 费用(비용)으로 녹음에 언급되지 않았을 뿐만 아니라, 비용을 많이 들였다고 해서 반드시 성공적인 광고 효과를 거둘 수 있는 것은 아니기 때문이다. 따라서 정답은 D가 된다.

단어　费用 fèiyòng 몡 비용

---

① , ② 적용　　　　　　　　　　　　　　　　⏵ 03-16-5

04
p. 88

A 画面丰富　　B 语言精彩　　A 화면이 풍부하다　　B 언어가 매력적이다
C 有好的想法　D 邀请名人　　C 좋은 아이디어가 있다　D 유명인을 초빙한다

问: 广告最重要的是什么?　　질문: 광고에서 가장 중요한 것은 무엇인가?

🔒시크릿 광고에서 가장 중요한 요소가 무엇인지에 주목!

해설　위의 문제에서 광고 효과에 영향을 주는 요소를 살펴보았다. 그중에서 가장 중요한 요소는 新鲜有意思的想法(참신하고 재미있는 생각)이다. 만약 이 요소가 빠진다면, 다른 요소가 아무리 훌륭해도 광고의 효과를 장담하기 어렵다고 말하고 있다. 따라서 정답은 C가 된다.

단어　名人 míngrén 몡 유명인 | 重要 zhòngyào 톙 중요하다 | 邀请 yāoqǐng 통 초청하다

✓ 정답   1. C   2. B   3. C   4. D

[01–02] ▶ 03-17-0

北方人爱吃饺子，除了因为饺子味道鲜美，还因为人们忙碌了一整年，❶春节时全家人坐在一起包饺子是非常好的交流机会，除此之外，还跟北方的气候有关，❷北方比南方寒冷，吃热饺子比吃炒菜让人感觉更暖和更舒服。

북쪽 사람들은 만두 먹는 것을 좋아한다. 만두의 맛이 좋아서라는 이유 외에도 사람들이 일 년 내내 바쁘게 지내다가 ❶설날에 온 가족이 함께 앉아서 만두를 빚는 것은 서로 이야기를 나눌 수 있는 매우 좋은 기회기 때문이다. 이 밖에도 북쪽 지방의 기후와 관련이 있다. ❷북쪽은 남쪽보다 추워서, 뜨거운 만두를 먹는 것이 볶음 요리를 먹는 것보다 더 따뜻하고 편안한 느낌을 준다.

단어   饺子 jiǎozi 명 만두 | 味道 wèidao 명 맛 | 鲜美 xiānměi 형 맛이 좋다 | 忙碌 mánglù 형 바쁘다 | 交流 jiāoliú 동 소통하다, 교류하다 | 机会 jīhuì 명 기회 | 寒冷 hánlěng 형 한랭하다, 춥다 | 炒菜 chǎocài 명 볶음 요리 | 感觉 gǎnjué 동 느끼다 | 暖和 nuǎnhuo 형 따뜻하다 | 舒服 shūfu 형 편안하다

01
p. 88

1 , 3 적용 ▶ 03-17-1

A 忙碌   B 炒菜   A 바쁘다   B 음식을 볶는다
C 吃饺子   D 互相交流   C 만두를 먹는다   D 서로 이야기한다

问: 北方人过年有什么习惯?   질문: 북쪽 지방 사람들은 새해를 맞이할 때 어떤 습관이 있는가?

🔒 시크릿! 春节(설날)가 나오는 부분에 집중!

해설   녹음에서 북쪽 지방 사람들이 설날에 만두를 먹는 이유에 대해서 이야기하고 있으므로, 정답은 C가 된다. D는 설날에 만두를 빚어 먹는 이유 중의 하나지만 질문의 내용과는 일치하지 않는다.

단어   互相 hùxiāng 부 서로, 상호 | 过年 guònián 동 설을 쇠다, 새해를 맞다

02
p. 88

1 , 3 적용 ▶ 03-17-2

A 热   B 寒冷   A 덥다   B 춥다
C 舒服   D 暖和   C 편안하다   D 따뜻하다

问: 说话人认为北方的气候怎么样?   질문: 화자는 북쪽의 기후가 어떻다고 생각하는가?

🔒 시크릿! 북쪽의 기후에 대해 말하는 부분에 집중!

해설   북쪽은 남쪽보다 춥다고 했으므로, 화자는 북쪽의 날씨가 춥다고 생각한다는 것을 알 수 있다.

단어   热 rè 형 덥다

随着科学技术的发展，❹人们越来越喜欢使用网上银行。因为❸它使我们的生活更加便利：不管是买东西，还信用卡，还是给别人转钱，都可以使用网上银行。坐在家里轻松愉快办完所有事情。

과학 기술의 발달에 따라 ❹많은 사람들은 갈수록 인터넷 뱅킹을 쓰는 것을 좋아하게 되었다. ❸그것은 우리의 생활을 훨씬 편리하게 해 주었다. 쇼핑을 하든, 신용 카드 대금을 지불하거나, 다른 사람에게 돈을 부칠 때도 인터넷 뱅킹을 사용할 수 있다. 집에 앉아서 편하고 즐겁게 모든 일을 처리할 수 있다.

단어 随着 suízhe 전 ~함에 따라서 | 科学 kēxué 명 과학 | 技术 jìshù 명 기술 | 发展 fāzhǎn 명 발전 | 越来越 yuèláiyuè 閉 점점 더 | 网上银行 wǎngshàng yínháng 명 인터넷 뱅킹 | 便利 biànlì 형 편리하다 | 不管 bùguǎn 접 ~에 관계없이 | 还 huán 동 갚다, 상환하다 | 信用卡 xìnyòngkǎ 명 신용 카드 | 转钱 zhuǎnqián 동 이체하다 | 轻松 qīngsōng 형 수월하다 | 愉快 yúkuài 형 기쁘다 | 所有 suǒyǒu 형 모든

1, 2 적용   03-17-4

03
p. 88

A 付款快   B 安全   A 비용 지불이 빠르다   B 안전하다
C 方便   D 可以存钱   C 편리하다   D 저금할 수 있다

问: 根据上文，网上银行的最大的优点是什么?   질문: 본문에 근거하면, 인터넷 뱅킹의 가장 큰 장점은 무엇인가?

🔑 **시크릿** 화자가 생각하는 인터넷 뱅킹의 가장 큰 장점에 집중!

해설 인터넷 뱅킹의 장점은 여러 가지로 쇼핑할 때나 신용 카드 대금을 지불할 때, 이체할 때도 매우 쉽다고 했다. 이러한 모든 장점을 한마디로 표현하자면 方便(편리함)이 될 것이다.

단어 付款 fùkuǎn 동 돈을 지불하다 | 安全 ānquán 형 안전하다 | 方便 fāngbiàn 편리하다 | 存钱 cúnqián 동 저금하다 | 优点 yōudiǎn 명 장점

1, 3 적용   03-17-5

04
p. 88

A 速度慢   B 竞争大   A 속도가 느리다   B 경쟁이 심하다
C 密码复杂   D 很流行   C 비밀번호가 복잡하다   D 매우 유행하고 있다

问: 关于网上银行，下列哪个正确?   질문: 인터넷 뱅킹에 관해 다음 중 옳은 것은?

🔑 **시크릿** 인터넷 뱅킹에 대한 설명에 주목!

해설 이 문제에 대한 구체적인 힌트가 제시된 것은 아니지만, 과학 기술이 발전함에 따라서 人们越来越喜欢使用网上银行(많은 사람들은 갈수록 인터넷 뱅킹을 쓰는 것을 좋아하게 되었다)이라고 하였으니, 많은 사람들 사이에서 유행하고 있음을 알 수 있다. 따라서 정답은 D가 된다.

단어 速度 sùdù 명 속도 | 慢 màn 형 느리다 | 竞争 jìngzhēng 명 경쟁 | 密码 mìmǎ 명 암호 | 复杂 fùzá 형 복잡하다 | 流行 liúxíng 동 유행하다 | 正确 zhèngquè 형 정확하다

[01–02]

▶ 03-22-0

说起结婚，人们通常会先想到爱情，❶爱情确实是结婚的重要原因，但仅有爱情并不够，❷两个人还应该互相支持、互相信任，只有这样，才能幸福地生活在一起。

결혼에 대해 이야기하자면, 사람들은 보통 사랑을 먼저 떠올리는데, ❶사랑은 확실히 결혼을 하는 중요 요인이지만, 사랑만으로는 결코 부족하다. ❷두 사람이 서로 지지하고 신뢰해야만 함께 행복하게 생활할 수 있는 것이다.

단어 结婚 jiéhūn 图 결혼하다 | 通常 tōngcháng 图 일반적이다 | 爱情 àiqíng 图 사랑 | 确实 quèshí 图 확실히, 틀림없이 | 原因 yuányīn 图 원인 | 不够 búgòu 图 부족하다, 모자라다 | 互相 hùxiāng 图 서로 | 支持 zhīchí 图 지지하다 | 信任 xìnrèn 图 신뢰하다 | 幸福 xìngfú 图 행복하다

---

1 적용

▶ 03-22-1

01
p. 92

| A 金钱 | B 条件 | A 돈 | B 조건 |
| C 爱情 | D 环境 | C 사랑 | D 환경 |

问: 结婚的重要原因是什么?

질문: 결혼을 하는 중요한 요인은 무엇인가?

🔑시크릿 결혼을 하는 이유가 무엇인지에 집중!

해설 단지 사랑만으로는 충분하지 않다는 말을 듣고 C가 답이 될 수 없다고 혼동할 수 있지만, 사랑은 확실히 결혼을 하는 중요한 요인이라고 언급했으므로 정답은 C다.

단어 金钱 jīnqián 图 돈, 금전 | 条件 tiáojiàn 图 조건 | 环境 huánjìng 图 환경

1, 2 적용

▶ 03-22-2

02
p. 92

A 不要吵架	A 싸우지 말아야 한다
B 减少误会	B 오해를 줄인다
C 礼貌对人	C 상대방을 예의 바르게 대한다
D 互相支持、信任	D 서로 지지하고 신뢰한다

问: 两个人怎样才能幸福地生活在一起?

질문: 두 사람이 어떻게 해야 함께 행복하게 생활할 수 있는가?

🔑시크릿 녹음에서 언급된 보기에 표시해 두기!

해설 A, B, C, D 모두 행복하게 생활할 수 있는 방법이긴 하지만, 녹음에서 언급한 내용은 D뿐이다. 이처럼 상식적으로 정답이 될 수 있을 것 같은 보기가 나오더라도, 고정 관념을 버리고 정확히 녹음에 언급된 내용을 찾아야 한다.

단어 吵架 chǎojià 图 다투다 | 减少 jiǎnshǎo 图 감소하다, 줄이다 | 误会 wùhuì 图 오해 | 礼貌 lǐmào 图 예의 바르다

❸生活是什么？每个人可能都有不同的想法。有人说生活是一杯酒，辣中带香；有人说生活是巧克力，甜中带些苦；还有人说，❹生活是一块圆面包，最中间的部分是最好吃的，然而并不是每个人都能尝到。生活究竟是什么，可能我们每个人都有自己的答案。

❸삶은 무엇인가? 아마 모든 사람들이 서로 다른 생각을 가지고 있을 것이다. 어떤 사람은 삶은 한 잔의 술과 같아서 독하지만 향기를 지니고 있다고 말하고, 어떤 사람은 삶은 초콜릿과 같아서 달콤함 속에 쓴 맛을 가지고 있다고 말한다. 또 어떤 사람은 ❹삶은 하나의 동그란 빵과 같아서 한가운데가 가장 맛있지만, 누구나 맛볼 수 있는 건 아니라고 말한다. 삶은 도대체 무엇인가. 우리 모두는 아마 자신만의 답을 가지고 있을 것이다.

단어 想法 xiǎngfǎ 몡 생각, 견해 | 酒 jiǔ 몡 술 | 辣 là 혱 독하다, 맵다 | 香 xiāng 혱 향기롭다 | 巧克力 qiǎokèlì 몡 초콜릿 | 甜 tián 혱 달다 | 苦 kǔ 혱 쓰다 | 面包 miànbāo 몡 빵 | 中间 zhōngjiān 몡 속, 가운데 | 然而 rán'ér 젭 그러나 | 尝 cháng 통 맛보다 | 究竟 jiūjìng 뮈 도대체 | 答案 dá'àn 몡 답

03
p. 92

S1, S2 적용   ▶ 03-22-4

| A 酒 | B 生活 | A 술 | B 삶 |
| C 面包 | D 巧克力 | C 빵 | D 초콜릿 |

问：这段话谈的是什么？   질문: 이 이야기에서 말하는 것은 무엇인가?

시크릿 중심 내용에 집중!

해설 녹음에서 말하고자 하는 것은 '삶은 무엇인가?'에 대한 사람들의 견해이므로, 정답은 B가 된다. 나머지 보기들도 모두 언급된 내용이지만 술, 빵, 초콜릿은 사람들이 삶을 비유한 단어들이지, 이야기의 주제가 되는 단어들은 아니다.

04
p. 92

S1 적용   ▶ 03-22-5

A 辣中带香	A 독하지만 향기를 지니고 있다
B 甜里有苦	B 달콤함 속에 쓴 맛이 있다
C 中间最好吃	C 가운데가 제일 맛있다
D 不是谁都能吃到	D 누구나 맛볼 수 있는 건 아니다

问：圆面包有什么特点？   질문: 동그란 빵은 어떤 특징이 있는가?

시크릿 동그란 빵에 대해 말하는 부분에 집중!

해설 동그란 빵은 가운데가 제일 맛있다고 했으므로, 정답은 C가 된다. A는 술의 특징이고, B는 초콜릿의 특징이다. 동그란 빵에 대해서 이야기할 때 D의 내용이 나와서 D가 답이라고 혼동할 수 있지만, 누구나 맛볼 수는 없다는 내용은 동그란 빵의 가운데 부분을 이야기한 것이지, 동그란 빵 자체를 말한 것은 아니다.

단어 谁 shéi 때 아무, 누구(불특정한 사람을 나타냄)

[01–02]   ▶ 03-23-0

有些父母把孩子的时间表安排得满满的，使孩子没有放松的时间，时间久了，孩子的压力会越来越大，❶学习成绩不但会下降，甚至还可能会放弃。这种教育方式其实是失败的，❷父母应该多给孩子留些自己的时间，让他们去做喜欢的事情，这样才是真正为他们好。

어떤 부모들은 아이의 스케줄을 빡빡하게 짜서, 아이들이 편안하게 쉴 시간을 주지 않는다. 이렇게 시간이 길어지면, 아이들의 스트레스는 점점 커지게 되고, ❶학업 성적은 떨어질 뿐만 아니라, 심지어는 아예 포기하기도 한다. 이러한 교육 방식은 사실은 실패한 것이다. ❷부모는 마땅히 아이들에게 스스로의 시간을 남겨 주어, 그들이 하고 싶은 일들을 할 수 있도록 해야 한다. 이렇게 하는 것이 정말로 그들이 잘되게 하는 것이다.

단어 时间表 shíjiānbiǎo 몡 스케줄, 시간표 | 安排 ānpái 동 안배하다 | 满 mǎn 혱 가득차다 | 放松 fàngsōng 동 느슨하게 하다, 관대하게 하다 | 久 jiǔ 오래다, (시간이) 길다 | 压力 yālì 몡 스트레스 | 越来越 yuèláiyuè 뷔 더욱더 | 成绩 chéngjì 몡 성적 | 不但…甚至 búdàn… shènzhì 젭 ~할 뿐만 아니라, 심지어 | 下降 xiàjiàng 동 떨어진다 | 放弃 fàngqì 동 포기하다 | 教育 jiàoyù 몡 교육 | 方式 fāngshì 몡 방식 | 其实 qíshí 뷔 사실은 | 失败 shībài 동 실패하다 | 真正 zhēnzhèng 뷔 잔실로, 정말로 | 为 wèi 젠 ~을 위해서

---

 ❶ , ❸ 적용   ▶ 03-23-1

01
p. 92

A 不努力   B 缺少自信   A 노력을 하지 않는다   B 자신감이 부족하다
C 成绩下降   D 休息不好   C 성적이 떨어진다   D 제대로 휴식하지 못한다

问: 孩子压力太大, 可能会怎样?   질문: 아이가 스트레스가 많아지면, 아마도 어떻게 되는가?

🔒시크릿 스트레스가 많은 아이에게 어떤 현상이 나타나는지에 주목!

해설 너무 과도한 스케줄은 아이들이 자신의 생활을 돌보거나, 마음 편하게 생활할 마음의 여유가 없기 때문에 장기적으로 보았을 때는 成绩下降(성적 하락), 放弃(공부 포기)라는 나쁜 결과를 초래할 수 있다. 따라서 정답은 C가 된다.

단어 缺少 quēshǎo 혱 부족하다 | 自信 zìxìn 몡 자신감 | 休息 xiūxi 동 휴식하다, 쉬다

---

❶ , ❷ 적용   ▶ 03-23-2

02
p. 92

A 时间排满   A 스케줄을 빡빡하게 짠다
B 养成好习惯   B 좋은 습관을 길러준다
C 常表扬孩子   C 자주 아이를 칭찬한다
D 多给孩子时间   D 아이에게 시간을 준다

问: 说话人建议父母怎么做?   질문: 화자는 부모가 어떻게 해야 한다고 제안하고 있는가?

🔒시크릿 화자는 이 글을 통해 무엇을 제안하는지에 주목!

해설 화자는 너무 과도한 스케줄로 인해 오히려 역효과가 나는 교육 방식을 우려하고 있다. 아이들에게 시간적 여유를 주고, 스스로 자신이 하고 싶은 일을 찾아서 할 수 있도록 도와주라고 제안하고 있으므로, 정답은 D가 된다.

단어 养成 yǎngchéng 동 (습관을) 기르다 | 习惯 xíguàn 몡 습관 | 表扬 biǎoyáng 동 칭찬하다 | 建议 jiànyì 동 제안하다, 건의하다

笑话很多人都爱听，但要讲好笑话一定要知道"三不三要"。一❸不和不熟悉的人开玩笑；二不笑别人的缺点；三不笑他人伤心的事。"三要"是说，一❹要简洁；二要找对听众，老人感兴趣的，孩子不一定喜欢；三要给人留下印象，而不是让人笑过就忘了。

많은 사람들은 우스운 이야기를 좋아한다. 하지만, 우스운 이야기를 정말 제대로 잘 하려면 반드시 "3가지는 하지 말아야 하고, 3가지를 지켜야 한다". 하지 말아야 할 세 가지는 첫째, ❸잘 알지 못하는 사람에게 농담을 하지 않는다; 둘째, 다른 사람의 결점을 비웃지 않는다. 셋째, 타인의 마음 아픈 일을 웃음거리로 삼지 않는다. 반드시 꼭 해야 할 세 가지는 첫째, ❹간결해야 한다. 둘째, 듣는 대상에 잘 맞아야 한다. 노인들이 흥미 있는 내용이라고 해서, 아이들이 반드시 좋아하는 것은 아니다; 셋째, 사람들에게 인상이 남을 수 있도록 해야지, 웃고 나서 금세 잊어버리게 해서는 안 된다.

단어 笑话 xiàohua 명 우스운 이야기 | 爱 ài 통 ~하기를 좋아한다 | 熟悉 shúxī 형 익숙하다 | 开玩笑 kāi wánxiào 통 농담하다 | 简洁 jiǎnjié 형 간결하다 | 听众 tīngzhòng 명 청중 | 老人 lǎorén 명 노인 | 感兴趣 gǎn xìngqù 흥미를 느끼다 | 不一定 bù yídìng 부 반드시 ~한 것은 아니다 | 留下 liúxià 통 남기다 | 印象 yìnxiàng 명 인상 | 忘 wàng 통 잊다

---

1 적용 ▶ 03-23-4

03
p. 92

A 儿童 B 亲戚
C 老人 D 不熟悉的人

A 아동 B 친척
C 노인 D 잘 알지 못하는 사람

问: 不应该和哪种人开玩笑?

질문: 어떤 사람에게 농담을 해서는 안 되는가?

🔑 시크릿 농담을 하지 말아야 할 대상에 주목!

해설 우스운 이야기는 농담을 편안하게 받아 줄 수 있는 익숙한 사이에서 하는 것이지 不熟悉的人(잘 알지 못하는 사람) 앞에서 하는 것은 옳지 않다. 따라서 정답은 D가 된다.

단어 儿童 értóng 명 아동 | 亲戚 qīnqi 명 친척 | 不应该 bù yīnggāi 마땅히 ~하지 않다

1, 4 적용 ▶ 03-23-5

04
p. 92

A 对老人讲
B 笑话要短小
C 说话要流利
D 不能对孩子讲

A 노인에게 농담한다
B 우스운 이야기는 짧게 해야 한다
C 말을 유창하게 해야 한다
D 아이들에게 농담을 해서는 안 된다

问: 根据这段话，下列哪个正确?

질문: 지문에 근거하면, 어느 것이 맞는 내용인가?

🔑 시크릿 우스운 이야기를 할 때 지켜야 할 사항이 무엇인지에 주목!

해설 우스운 이야기를 할 때 지켜야 할 것은 너무 장황하게 이야기를 끌고 가면 안 되고 简洁(간결)하게 해야 한다고 언급하고 있다. 简洁(간결하다)와 短小(짧다)는 의미가 일맥상통하므로 B가 정답이 된다.

단어 短小 duǎnxiǎo 형 짧고 작다 | 流利 liúlì 형 유창하다 | 正确 zhèngquè 형 정확하다

[01–02]   ▶ 03-30-0

❷在乘坐地铁、公共汽车等交通工具时，我们常常都能听到下面这样的广播：❶"下一站就要到了，请下车的乘客提前做好准备。"按照广播的提醒，提前到车门旁边等着下车，既方便了自己，也方便了他人。

❷지하철이나 버스 등의 교통수단을 이용할 때, 우리는 항상 다음과 같은 방송을 듣게 된다. ❶"다음 역에 곧 도착할 예정이오니, 내리시는 승객께서는 미리 준비해 주시기 바랍니다." 방송 안내에 따라 미리 문 옆에서 내리기를 기다리면, 스스로도 편하고 다른 사람들도 편하다.

단어   地铁 dìtiě 명 지하철 | 交通 jiāotōng 명 교통 | 工具 gōngjù 명 수단, 방법 | 广播 guǎngbō 명 방송 | 乘客 chéngkè 명 승객 | 提前 tíqián 동 앞당기다 | 准备 zhǔnbèi 동 준비하다 | 按照 ànzhào 전 ~에 의해, ~에 따라 | 提醒 tíxǐng 동 상기시키다 | 既…也… jì…yě… ~할 뿐 아니라 ~하다 | 方便 fāngbiàn 형 편리하다 | 他人 tārén 명 타인, 다른 사람

01
p. 96

2 적용   ▶ 03-30-1

A 主动买票
B 准备下车
C 注意安全
D 禁止抽烟

A 자발적으로 표를 사야 한다
B 내릴 준비를 해야 한다
C 안전에 주의해야 한다
D 흡연을 금지한다

问: 广播提醒乘客什么?

질문: 방송은 승객에게 무엇을 알려 주는가?

🔒시크릿   방송 문구 다음에 나오는 부연 설명에 집중!

해설   녹음에서 설명하는 방송은 역에 정차한다는 것을 알려 주는 내용이므로, 정답은 B가 된다.

단어   主动 zhǔdòng 형 주동적이다, 자발적이다 | 注意 zhùyì 동 주의하다, 조심하다 | 安全 ānquán 형 안전하다 | 禁止 jìnzhǐ 동 금지하다 | 抽烟 chōuyān 동 담배를 피우다

02
p. 96

2 적용   ▶ 03-30-2

A 船上   B 飞机上
C 出租车上   D 公共汽车上

A 배   B 비행기
C 택시   D 버스

问: 在哪儿能听到这样的广播?

질문: 어디에서 이러한 방송을 들을 수 있는가?

🔒시크릿   어떤 장소 명사가 들리는지에 집중!

해설   내릴 준비를 하라는 방송은 지하철이나 버스 같은 교통수단에서 나온다고 했으므로, 정답은 D가 된다. 비행기나 배는 일반적으로 모든 승객들이 같은 곳에서 타고 같은 곳에서 내리므로, 따로 방송을 하지 않는 경우가 많기 때문에 정답이 될 수 없다.

단어   船 chuán 명 배 | 飞机 fēijī 명 비행기 | 出租车 chūzūchē 명 택시

各位观众，大家晚上好！欢迎大家在❸星期五晚上打开电视，准时收看我们的《动物世界》节目。❹在今天的节目里，我们主要向大家介绍东北虎。今天我们还请来了国内著名的动物学教授——王教授，来给我们介绍这方面的知识。

시청자 여러분, 안녕하십니깨! ❸금요일 저녁 TV를 켜고, 정시에 저희 〈동물의 세계〉 프로그램을 시청해 주신 여러분을 환영합니다. ❹오늘 프로그램에서는 여러분께 주로 둥베이 호랑이를 소개해 드리고자 합니다. 오늘은 국내 유명한 동물학 교수 왕 교수님을 모셔서 이 분야에 대한 지식을 우리에게 설명해 주시겠습니다.

단어　准时 zhǔnshí 분 제때에 | 节目 jiémù 명 프로그램 | 介绍 jièshào 동 소개하다 | 虎 hǔ 명 호랑이 | 著名 zhùmíng 형 저명하다 | 教授 jiàoshòu 명 교수

03
p. 96

| A 星期三 | B 星期四 | A 수요일 | B 목요일 |
| C 星期五 | D 星期六 | C 금요일 | D 토요일 |

问: 今天星期几?　　　　　　　　　질문: 오늘은 무슨 요일인가?

🔒시크릿　인사말 다음 부분에 집중!

해설　진행자가 처음에 시청자들에게 인사를 하면서 금요일 저녁(星期五晚上)이라고 했으므로, 오늘이 금요일이라는 것을 알 수 있다.

단어　星期三 xīngqīsān 명 수요일 | 星期四 xīngqīsì 명 목요일 | 星期五 xīngqīwǔ 명 금요일 | 星期六 xīngqīliù 명 토요일

04
p. 96

| A 亚洲 | B 地球 | A 아시아 | B 지구 |
| C 老虎 | D 植物 | C 호랑이 | D 식물 |

问: 今天的节目主要介绍什么?　　　　질문: 오늘 프로그램에서는 주로 무엇을 소개하는가?

🔒시크릿　프로그램의 주제에 대해 말하는 부분에 집중!

해설　오늘 이 프로그램에서는 호랑이를 소개한다고 했으므로, 정답은 C가 된다. 처음 부분에서 이 프로그램의 이름이 〈동물의 세계〉라는 것을 듣고도 동물에 대한 프로그램이라는 것을 알 수 있는데, C를 제외한 나머지 보기는 동물이 아니므로 정답이 될 수 있는 것은 C밖에 없다.

단어　亚洲 Yàzhōu 명 아시아 | 地球 dìqiú 명 지구 | 老虎 lǎohǔ 명 호랑이 | 植物 zhíwù 명 식물

✓ 정답	1. C	2. D	3. D	4. C

[01–02]

▶ 03-31-0

❷今天同学们终于完成了大学4年的学习任务，马上就要开始新的生活了，❶我代表学校向你们表示祝贺，祝你们在今后的生活和工作中取得更好的成绩，也希望你们以后有时间多回学校来看看。

❷오늘 학생 여러분은 드디어 대학 4년간의 공부를 마치고, 이제 곧 새로운 생활을 시작하게 됩니다. ❶저는 학교를 대표하여 여러분께 축하의 뜻을 표하며, 여러분이 앞으로의 생활과 일에서 더 좋은 성적을 거두시길 기원합니다. 훗날 시간이 있거든 학교도 자주 찾아 주시길 바랍니다.

단어 终于 zhōngyú 🄫 마침내 | 任务 rènwu 🄜 임무 | 马上 mǎshàng 🄫 곧, 바로 | 代表 dàibiǎo 🄩 대표하다 | 祝贺 zhùhè 🄩 축하하다 | 取得 qǔdé 🄩 얻다, 획득하다 | 成绩 chéngjì 🄜 성적, 성과

01
p. 96

1 , 2 적용

▶ 03-31-1

A 导游	B 记者	A 여행 가이드	B 기자
C 校长	D 领导	C 총장	D 지도자

问: 说话人最可能是谁?   질문: 화자는 누구겠는가?

🔒 **시크릿** 我(나)의 입장을 밝히는 대목에 집중!

해설 녹음 내용은 학교에서 학생들에게 하는 이야기이므로, 가장 어울리는 것은 C다. 또한 화자는 학교를 대표해서 축하의 뜻을 전한다고 했으므로, 이 사람은 학교의 대표인 총장이라는 것을 알 수 있다.

단어 导游 dǎoyóu 🄜 가이드 | 记者 jìzhě 🄜 기자 | 校长 xiàozhǎng 🄜 학교장, 총장 | 领导 lǐngdǎo 🄜 지도자, 책임자

02
p. 96

1 , 2 적용

▶ 03-31-2

A 访问	B 开学	A 방문	B 개학
C 公司开会	D 毕业典礼	C 기업 회의	D 졸업식

问: 这段话最可能是在什么时候说的?   질문: 이 이야기는 언제 말하는 것이겠는가?

🔒 **시크릿** 이야기의 내용에 집중!

해설 상대방에게 4년간의 공부를 마쳤다고 이야기하고 있으므로, 졸업식에서 하는 이야기라는 것을 알 수 있다. 开始新的生活(새로운 생활을 시작하다)라는 말을 듣고 개학식이라고 혼동할 수도 있지만, 여기에서 '새로운 생활'은 학교를 졸업하고 나서의 생활을 의미하는 것이므로, 정답은 D가 된다.

단어 访问 fǎngwèn 🄩 방문하다 | 开学 kāixué 🄩 개학하다 | 毕业 bìyè 🄩 졸업하다 | 典礼 diǎnlǐ 🄜 의식

中山路小区有个三室两厅的❹公寓要出租。公寓是高楼层，有上下电梯，离地铁站非常近，❸交通便利，周边有学校，便利店，银行，医院等等的设施，而且价格合理。 有意者请打房东刘先生电话，13915086727。

중산로 단지에서 방 세 개, 거실 두 개 짜리 ❹아파트를 세놓습니다. 아파트는 고층이고 엘리베이터가 있습니다. 지하철역에서 매우 가깝고 ❸교통이 편리합니다. 주변에 학교, 편의점, 은행, 병원 등의 시설이 있으며, 가격 또한 매우 합리적입니다. 관심 있으신 분은 집주인 리우 씨에게 13915086727번으로 전화 주시기 바랍니다.

단어 小区 xiǎoqū 몡 주택 단지 | 三室两厅 sān shì liǎng tīng 몡 방 3개 거실 2개 | 公寓 gōngyù 몡 아파트 | 出租 chūzū 동 세를 놓다 | 楼层 lóucéng 몡 층수 | 电梯 diàntī 몡 엘리베이터 | 离 lí 전 ~에서, ~로부터 | 地铁站 dìtiězhàn 몡 지하철역 | 近 jìn 혱 가깝다 | 交通 jiāotōng 몡 교통 | 周边 zhōubiān 몡 주위, 주변 | 便利店 biànlìdiàn 몡 편의점 | 医院 yīyuàn 몡 병원 | 设施 shèshī 몡 시설 | 价格 jiàgé 몡 가격 | 合理 hélǐ 혱 합리적이다 | 房东 fángdōng 몡 집주인

---

2 적용 ▶ 03-31-4

03
p. 96

A 安静   B 房子是底层   A 조용하다   B 집은 저층에 있다
C 离公司近   D 交通方便   C 회사에서 가깝다   D 교통이 편리하다

问: 那个房子有什么优点?   질문: 그 집은 어떤 장점이 있는가?

🔒**시크릿** 그 집의 장점에 주목!

해설 주어진 4개의 보기 모두 집을 구할 때 고려가 되는 사항이며, 장점이다. 녹음에서는 그 집이 고층이라고 하였으니 B는 정답에서 제외된다. 가깝다고는 하였으나 회사에서 가까운 것이 아니고, 离地铁站非常近(지하철역에서 매우 가깝다)이다. 따라서 정답은 D가 된다.

단어 安静 ānjìng 혱 조용하다 | 底层 dǐcéng 몡 저층 | 公司 gōngsī 몡 회사 | 方便 fāngbiàn 혱 편리하다 | 房子 fángzi 몡 집 | 优点 yōudiǎn 몡 장점

---

1 적용 ▶ 03-31-5

04
p. 96

A 调查表   B 体育新闻   A 조사표   B 스포츠 뉴스
C 租房广告   D 杂志   C 부동산 광고   D 잡지

问: 这段话最可能来自哪儿?   질문: 이 글은 어디서 볼 수 있는가?

🔒**시크릿** 이러한 문장을 어디서 발췌할 수 있는지에 주목!

해설 집을 세놓기 위해서는 주로 집의 장점을 소개하는 글을 싣게 된다. 아파트를 세놓는다는 광고 글이기 때문에 租房广告(부동산 광고)에서 볼 수 있는 글임을 알 수 있다. 정답은 C가 된다.

단어 调查表 diàochábiǎo 몡 조사표 | 体育 tǐyù 몡 체육 | 新闻 xīnwén 몡 뉴스 | 租房 zūfáng 몡 월셋집 | 广告 guǎnggào 몡 광고 | 杂志 zázhì 몡 잡지 | 来自 láizì 동 ~부터 오다

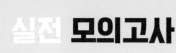

 제1부분

| ✓ 정답 | 1. X | 2. V | 3. V | 4. X | 5. X |
| | 6. V | 7. X | 8. X | 9. X | 10. V |

▶ 실전 모의고사 01번

01

p. 97

★ 他现在是警察。

小时候他的理想是成为一名勇敢的警察，长大后他却成为了一名优秀的律师，开始用自己的法律知识来帮助别人。

★ 그는 지금 경찰이다. (X)

어렸을 때, 그의 꿈은 용감한 경찰이 되는 것이었다. 그러나 자라서는 우수한 변호사가 되어, 자신의 법률 지식을 사용하여 다른 사람을 돕기 시작했다.

🔑 시크릿 그가 현재 무엇을 하는 사람이 되었는지에 집중!

해설 그의 꿈은 원래 警察(경찰)였지만, 지금은 律师(변호사)로 활동 중이므로, 제시된 문장과 일치하지 않는다. 他现在是警察(그는 지금 경찰이다)를 他现在是律师(그는 지금 변호사다)로 바꿔야 옳은 문장이 된다.

단어 警察 jǐngchá 몡 경찰 | 小时候 xiǎoshíhou 몡 어린 시절 | 理想 lǐxiǎng 몡 꿈, 이상 | 成为 chéngwéi 동 ~이(가) 되다 | 勇敢 yǒnggǎn 톙 용감하다 | 却 què 튀 오히려, 도리어 | 优秀 yōuxiù 톙 우수한 | 律师 lǜshī 몡 변호사 | 法律 fǎlǜ 몡 법률 | 知识 zhīshi 몡 지식

▶ 실전 모의고사 02번

02

p. 97

★ 张秘书第一次烫头发。

张秘书以前从没有烫过头发。有一天，她烫了头发。结果，竟然有好几个同事没有认出她来。

★ 장 비서는 처음으로 파마를 했다. (V)

장 비서는 예전에 한 번도 머리를 파마해 본 적이 없다. 하루는 그녀가 파마를 했는데, 뜻밖에도 몇 명의 동료들이 그녀를 알아보지 못하였다.

🔑 시크릿 장 비서가 자주 파마를 하는지에 집중!

해설 녹음에서 장 비서는 파마를 한 번도 해 본 적이 없었는데, 어느 날 그녀가 파마를 하고 나타나니 사람들이 그녀를 못 알아봤다는 내용이 나오고 있다. 녹음 처음 부분에 '从来没有 + 동사 + 过(한 번도 ~해 본 적이 없다)'라고 나왔지만, 중반 부분에서 烫了头发(파마를 했다)라고 했으므로 이번에 처음으로 파마했음을 알 수 있다.

단어 秘书 mìshū 몡 비서 | 烫 tàng 동 파마하다 | 头发 tóufa 몡 머리카락 | 以前 yǐqián 몡 이전 | 从 cóng 튀 지금까지, 여태껏 | 结果 jiéguǒ 튀 결국, 마침내 | 竟然 jìngrán 튀 뜻밖에도, 상상 외로 | 同事 tóngshì 몡 동료 | 认出 rènchū 동 알아내다, 식별하다

▶ 실전 모의고사 03번

03

p. 97

★ 地铁不会堵车。

很多人选择乘坐地铁上下班，是因为与公共汽车相比，地铁最大的优点是不会堵车。

★ 지하철은 막히지 않는다. (V)

많은 사람들이 지하철로 출퇴근하는 것을 선택하는 이유는 버스와 비교해 보았을 때, 지하철의 가장 큰 장점은 차가 막힐 일이 없다는 것이기 때문이다.

🔑 시크릿 지하철이 버스보다 좋은 점이 무엇인지에 주의!

해설 아무리 짧은 문장일지라도 접속사의 위력은 대단하다. 역접의 접속사 可是, 但是와 목적을 나타내는 为了, 원인을 나타내는 因为 이하 부분에 정답이 많이 숨어 있기 때문이다. 여기에서도 因为 이하 부분에, 지하철은 막힐 일이 없다는 말이 나온다.

단어 地铁 dìtiě 명 지하철 | 堵车 dǔchē 동 차가 막히다 | 选择 xuǎnzé 동 선택하다 | 乘坐 chéngzuò 동 타다 | 上下班 shàngxiàbān 동 출퇴근하다 | 因为 yīnwèi 접 왜냐하면 | 公共汽车 gōnggòng qìchē 명 버스 | 相比 xiāngbǐ 동 비교하다 | 优点 yōudiǎn 명 장점

▶ 실전 모의고사 04번

04

p. 97

★ 结果比过程更重要。

无论最后结果是成功还是失败，只要真正努力过，在努力的过程中学到了东西，那结果并不重要。

★ 결과는 과정보다 더 중요하다. (X)

최후의 결과가 성공이든 실패든, 진정으로 노력을 했고, 그 노력하는 과정 속에서 무언가를 배웠다면, 결과는 결코 중요하지 않다.

🔒 시크릿 결과와 과정 중 무엇이 더 중요한지에 집중!

해설 녹음 맨 마지막 부분에 '노력하는 과정 속에서 무언가를 배웠다면, 결과는 중요하지 않다'고 했다. 하지만 제시된 문장은 비교문(A 比 B 형용사)으로, 'A가 B보다 ~하다'는 의미를 나타내므로 녹음 내용과 일치하지 않는다.

단어 结果 jiéguǒ 명 결과 | 过程 guòchéng 명 과정 | 重要 zhòngyào 형 중요하다 | 无论 wúlùn 접 ~을(를) 막론하고 | 最后 zuìhòu 형 최후의 | 成功 chénggōng 동 성공하다 | 失败 shībài 동 실패하다 | 努力 nǔlì 동 노력하다 | 并 bìng 부 그다지, 결코

▶ 실전 모의고사 05번

05

p. 97

★ 他是售货员。

大家请安静一下，注意听我说。我们马上就要到目的地了，请大家收拾好自己的行李准备下车。下车后，我们先去宾馆休息一会儿。

★ 그는 판매원이다. (X)

모두들 조용히 하고, 제가 하는 말을 잘 들으세요. 우리는 이제 곧 목적지에 도착합니다. 모두들 자신의 짐을 잘 챙기시고, 내릴 준비를 하세요. 차에서 내린 후, 우리는 먼저 호텔로 가서 조금 쉬겠습니다.

🔒 시크릿 그가 하는 말을 어디서 들을 수 있는지에 주의!

해설 售货员에서 售는 卖(팔다)의 뜻이고, 货는 물건, 员은 사람을 의미하므로, 판매원이라는 뜻이다. 녹음 내용은 여행객을 태운 차 안에서 들을 수 있는 내용이므로, 말하는 사람은 导游(관광 가이드)임을 짐작할 수 있다.

단어 售货员 shòuhuòyuán 명 판매원 | 请 qǐng 동 ~하세요 | 安静 ānjìng 형 조용하다 | 注意 zhùyì 동 주의하다 | 马上 mǎshàng 부 곧 | 目的地 mùdìdì 명 목적지 | 收拾 shōushi 동 정리하다, 꾸리다 | 行李 xíngli 명 짐 | 准备 zhǔnbèi 동 준비하다 | 宾馆 bīnguǎn 명 호텔 | 休息 xiūxi 동 휴식하다

▶ 실전 모의고사 06번

06

p. 97

★ 世界杯吸引了很多公司。

很多人喜爱足球，所以世界杯比赛不仅吸引了很多观众，也吸引了许多公司。那些公司希望可以通过赛场上的广告来让更多的人了解他们。

★ 월드컵은 많은 회사들을 매료시켰다. (V)

많은 사람들이 축구를 좋아한다. 그래서 월드컵 경기는 많은 관중을 불러 모을 뿐만 아니라, 많은 회사도 매료시킨다. 그 회사들은 경기장의 광고를 통해서 더 많은 사람들에게 그들을 알리고 싶어 한다.

🔒 시크릿 월드컵이 매료시키는 대상이 무엇인지에 집중!

해설 사람들이 몰리는 곳에는 광고가 있기 마련이다. 전세계 사람들이 열광하는 축구 경기가 열리는 월드컵 경기장은 많은 광고주들에게 매력적인 광고 장소가 아닐 수 없다. 따라서 제시된 문장은 옳은 내용이다.

世界杯 shìjièbēi 명 월드컵 | 吸引 xīyǐn 동 매료(매혹)시키다 | 喜爱 xǐ'ài 동 좋아하다 | 比赛 bǐsài 명 경기 | 不仅 bùjǐn 접 ~뿐만 아니라 | 观众 guānzhòng 명 관중 | 许多 xǔduō 형 매우 많은, 허다한 | 希望 xīwàng 동 희망하다 | 通过 tōngguò 전 ~를 통해 | 赛场 sàichǎng 명 경기장

▶ 실전 모의고사 07번

07

p. 97

★ 孩子要少玩游戏。

★ 아이는 놀이를 적게 해야 한다. (X)

父母经常和孩子一起玩儿游戏是很有必要的。这样不但可以让父母暂时忘记工作的压力，还可以增进父母和孩子之间的感情交流。

부모가 아이와 함께 자주 놀이를 하는 것은 매우 필요한 일이다. 이렇게 하면 부모로 하여금 잠시 동안이나마 일의 스트레스를 잊게 할 뿐만 아니라, 부모와 아이간의 감정 교류도 증진시킬 수 있다.

🔒 시크릿 아이가 놀이를 어떻게 해야 하는지에 집중!

해설 녹음은 부모와 아이가 함께 놀이하는 것의 필요성과 장점에 대해 말하고 있다. 제시된 문장 孩子要少玩游戏(아이는 놀이를 적게 해야 한다)에서 少가 불필요하게 삽입되어 녹음 내용과 일치하지 않는다. 1음절로 된 不, 没, 小, 少 등과 같은 부정적인 단어들을 놓치지 않도록 주의해야 한다.

단어 游戏 yóuxì 명 놀이, 게임 | 经常 jīngcháng 부 자주 | 一起 yìqǐ 부 같이 | 必要 bìyào 형 필요로 하다 | 不但 búdàn 접 ~뿐만 아니라 | 暂时 zànshí 명 잠깐 | 忘记 wàngjì 동 잊어버리다 | 压力 yālì 명 스트레스 | 增进 zēngjìn 동 증진하다 | 之间 zhījiān 명 (~의) 사이 | 感情 gǎnqíng 명 감정 | 交流 jiāoliú 동 서로 소통하다

▶ 실전 모의고사 08번

08

p. 97

★ 名片需要客人自己取。

★ 명함은 고객이 직접 가지러 와야 한다. (X)

先生，我们店里可以定做名片，您选好后，可以在这张纸上填写一下送货时间和地址。我们会按时给你送过去。

선생님, 저희 가게는 명함을 맞춤 제작할 수 있습니다. 먼저 선택하신 후, 이 종이에 물건을 받을 시간과 주소를 적어 주시면, 저희가 시간 맞춰서 배달해 드리겠습니다.

🔒 시크릿 명함의 배달 가능 여부에 집중!

해설 이 가게는 명함을 맞춤 제작하는 곳이다. 녹음 내용에서는 填写地址(주소를 기입하다)하면, 给你送过去(배달해 준다)라는 표현이 나와있으므로 제시된 문장은 녹음과 일치하지 않는다.

💡 Tip 找와 取의 차이점

找는 잃어버렸거나 눈에 보이지 않는 물건을 찾는다는 의미이지만, 取는 자신이 맡겨둔 물건을 찾아온다는 뜻이다. 예를 들어, 세탁소에 맡겨둔 옷(取衣服), 수리 센터에 맡겨 둔 자전거(取自行车), 은행에 맡겨둔 돈(取钱), 경비실에 맡겨둔 소포(取包裹) 등을 찾아올 때 동사 取를 쓴다.

단어 名片 míngpiàn 명 명함 | 取 qǔ 동 찾다 | 定做 dìngzuò 동 주문 제작하다 | 选 xuǎn 동 고르다 | 纸 zhǐ 명 종이 | 填写 tiánxiě 동 써넣다, 기입하다 | 货 huò 명 물건, 상품 | 地址 dìzhǐ 명 주소 | 按时 ànshí 부 제때에, 규정된 시간에

▶ 실전 모의고사 09번

09

p. 97

★ 经理仍然很生气。

★ 사장님은 여전히 매우 화가 났다. (X)

今天她迟到了一个半小时，经理很生气。后来她很认真地解释并道歉了。原来她不是故意的，而是遇到了交通事故。所以经理就接受了她的道歉。

오늘 그녀는 1시간 30분 지각을 해서, 사장님이 매우 화가 나셨다. 나중에 그녀는 충분히 설명하고 사과를 하였는데, 알고 보니 그녀가 일부러 그런 것이 아니라, 교통사고를 당했기 때문이었다. 그래서, 사장님은 그녀의 사과를 받아들이셨다.

시크릿 사장님의 화가 풀렸는지 여부에 집중!

해설 회사에 1시간 30분이나 지각을 한 것은 매우 잘못된 일이며, 사장님의 그 때문에 매우 화가 나셨다. 알고 보니, 출근길에 교통사고를 당해서 어쩔 수 없이 늦게 되었다는 것을 알고 사장님은 그녀의 사과를 받아들이셨다. 따라서 제시된 문장과 녹음은 일치하지 않는다.

단어 仍然 réngrán 🄫 여전히 | 解释 jiěshì 🄥 해명하다, 설명하다 | 并 bìng 🄬 그리고, 게다가 | 道歉 dàoqiàn 🄥 사과하다 | 原来 yuánlái 🄫 알고 보니 | 故意 gùyì 🄫 고의로, 일부러 | 不是…而是 búshì…érshì ~이 아니고 ~이다 | 交通事故 jiāotōng shìgù 교통사고 | 接受 jiēshòu 🄥 받아들이다

▶ 실전 모의고사 10번

10
p. 97

★ 毕业让人又高兴又难过。

毕业让人高兴，因为我们将要开始新的生活；但毕业也是一件让人伤心的事，因为毕业之后，同学们见面的机会变少，很难经常聚在一起。

★ 졸업은 사람을 기쁘게도 하고 슬프게도 한다. (∨)

졸업은 앞으로 새로운 생활을 하게 될 것이기 때문에 사람을 기쁘게 한다. 그러나 졸업은 또한 마음을 아프게 하는 일이기도 하다. 왜냐하면 졸업 후에는 친구들끼리 만날 수 있는 기회가 적어지고, 자주 함께 모이기가 어렵기 때문이다.

시크릿 졸업을 하면서 느끼게 되는 감정에 집중!

해설 졸업은 새로운 삶에 대한 기대감과 기쁨을 느끼게도 하지만, 졸업으로 인해 오랫동안 함께 하던 친구들과 헤어져야 하는 슬픔도 있으니 又高兴又难过(기쁘기도 하고 슬프기도 하다)는 녹음 내용과 일치한다. 伤心(상심하다)과 难过(슬프다)는 의미가 상통한다.

단어 毕业 bìyè 🄥 졸업하다 | 让 ràng 🄥 ~하게 하다 | 难过 nánguò 🄢 슬프다 | 因为 yīnwèi 🄬 왜냐하면 | 将要 jiāngyào 🄫 장차, 곧 | 伤心 shāngxīn 🄥 상심하다 | 见面 jiànmiàn 🄥 만나다 | 机会 jīhuì 🄟 기회 | 经常 jīngcháng 🄫 자주 | 聚 jù 🄥 모이다

제2부분

✓ 정답	11. C	12. A	13. A	14. D	15. C	16. D	17. B	18. A
	19. D	20. D	21. A	22. C	23. B	24. A	25. C	

▶ 실전 모의고사 11번

11
p. 98

A 看书　　　　　B 在家休息
C 参加考试　　　D 去图书馆

A 책을 본다　　　B 집에서 휴식한다
C 시험을 본다　　D 도서관에 간다

男：你怎么这么晚了还不睡啊？
女：明天有好几个考试，我还没有全部看完，现在赶紧再多看一会儿书。

남: 너 어째서 이렇게 늦었는데 아직도 잠을 안 자고 있는 거니?
여: 내일 시험이 몇 개 있어, 아직 책을 전부 다 못 봐서. 지금 서둘러 책 좀 더 봐야 해.

问：女的明天可能会做什么？

질문: 여자는 내일 아마도 무엇을 할 것인가?

시크릿 여자가 내일 하게 될 일에 집중!

해설 시간이 늦었는데도 여자가 아직 잠을 자지 않고 있는 이유는 내일 시험 준비를 하기 위함이다. 여자가 시험을 위해서 내일 도서관에 가거(去图书馆)나 책을 볼(看书) 가능성도 있지만 그것보다 더 중요하고 우선 순위로 한 행동을 선택한다면 그것은 시험을 보는 것(参加考试)이다.

Tip 주어진 4개의 보기에서 3개가 오답이고, 한 개만 정답이라고 생각하면 잘못된 생각이다. 정답을 제외한 나머지 보기들은 오답이 아니라 비교적 매력적인 보기일 수도 있다. 따라서 정답을 선택할 때는 그럴듯한 것보다는 가장 타당한 것을 골라낼 수 있는 훈련을 해야 한다.

단어 全部 quánbù 🄟 전부 | 赶紧 gǎnjǐn 🄫 서둘러, 재빨리

12
p. 98

| A 客人 | B 妻子 | A 손님 | B 아내 |
| C 亲戚 | D 同事 | C 친척 | D 동료 |

女：张师傅，您昨天下午去哪儿了？
男：我陪几个客人去了趟长城，然后就回家了。有什么事吗？

问：男的陪谁去长城了？

여: 장 선생님, 어제 오후에 어디 가셨습니까?
남: 손님 몇 분을 모시고 만리장성에 갔다가 집으로 갔는데, 무슨 일 있니?

질문: 남자는 누구를 데리고 만리장성에 갔는가?

🔑 **시크릿** 장 선생님이 누구를 모시고 만리장성에 갔는지에 집중!

해설　녹음에서 여자가 장 선생님에게 어제 오후에 어디 가셨었는지 묻자, 장 선생님은 어제 손님(客人)을 모시고 만리장성에 갔었다고 했다.

단어　客人 kèrén 몡 손님 | 妻子 qīzi 몡 아내 | 亲戚 qīnqi 몡 친척 | 同事 tóngshì 몡 동료 | 师傅 shīfu 몡 선생님, 아저씨 | 陪 péi 동 모시다, 동반하다 | 趟 tàng 양 차례(동작의 횟수) | 长城 Chángchéng 몡 만리장성 | 然后 ránhòu 접 그런 후에

13
p. 98

| A 放弃减肥 | B 继续运动 | A 다이어트를 포기한다 | B 계속 운동한다 |
| C 不想吃饭 | D 很有信心 | C 밥을 먹기 싫다 | D 매우 자신 있다 |

男：怎么买了这么多糖和巧克力？难道你不减肥了？
女：减了一个月都没什么效果，一点儿都没瘦，我实在没有信心了。

问：女的是什么意思？

남: 왜 이렇게 사탕과 초콜릿을 많이 샀어? 설마 너 다이어트 안 할 거야?
여: 한 달 동안 살 뺐는데 별 효과가 없어. 하나도 안 빠져서, 자신이 없어졌어.

질문: 여자의 말은 무슨 뜻인가?

🔑 **시크릿** 여자가 다시 사탕과 초콜릿을 먹는 이유에 집중!

해설　여자는 원래 다이어트 중이었는데, 한 달 동안 노력해도 효과가 전혀 없자 자신감과 의욕이 사라져, 다시 사탕과 초콜릿을 먹기 시작한 것으로 보인다. 즉 다이어트를 포기했음을 알 수 있다. 不减肥了(다이어트를 하지 않다)에서 '不…了'는 '더 이상 ~하지 않는다'의 뜻을 나타낸다.

단어　放弃 fàngqì 동 포기하다 | 减肥 jiǎnféi 동 살을 빼다, 다이어트하다 | 继续 jìxù 동 계속하다 | 信心 xìnxīn 몡 자신(감) | 怎么 zěnme 때 왜, 어째서 | 糖 táng 몡 사탕 | 巧克力 qiǎokèlì 몡 초콜릿 | 难道 nándào 부 설마 ~인가 | 效果 xiàoguǒ 몡 효과 | 瘦 shòu 형 마르다 | 实在 shízài 부 정말

14
p. 98

| A 饭馆很大 | B 正在打折 | A 음식점이 매우 크다 | B 할인 중이다 |
| C 离得很远 | D 菜比较便宜 | C 거리가 멀다 | D 음식이 비교적 싸다 |

女：今天我不想做饭了，我们出去吃吧。
男：好，正好附近刚开了一家饭馆，听说菜做得很好吃，还不贵。

问：关于那家饭馆可以知道什么？

여: 나 오늘 밥하기 싫은데, 우리 외식하자.
남: 좋아. 마침 근처에 음식점 하나가 개업했는데, 맛도 좋고 가격도 비싸지 않대.

질문: 그 음식점에 관해 알 수 있는 것은?

해설 부부 관계로 보이는 두 사람은 외식하기로 결정하고, 근처 새로 개업한 음식점에 대해서 얘기하고 있다. 대화에 사용된 不贵(비싸지 않다)가 보기에서는 比较便宜(비교적 싸다)로 제시되었다.

단어 饭馆 fànguǎn 圐 음식점 | 正在 zhèngzài 및 지금(한창) ~하고 있다 | 打折 dǎzhé 통 가격을 깎다, 할인하다 | 离 lí 젭 ~로부터 | 菜 cài 圐 음식 | 比较 bǐjiào 및 비교적 | 便宜 piányi 圈 (값이) 싸다 | 做饭 zuòfàn 통 밥을 짓다 | 出去 chūqu 통 나가다 | 正好 zhènghǎo 및 마침 | 附近 fùjìn 圐 부근 | 刚 gāng 및 막, 바로 | 开 kāi 통 열다, 개설하다 | 家 jiā 圐 가정이나 기업·가게 등을 셀 때 쓰임 | 听说 tīngshuō 통 듣자(하)니, 듣건대 | 关于 guānyú 젭 ~에 관해서

▶ 실전 모의고사 15번

15
p. 98

A 很难写
B 没有信心
C 不用担心
D 没办法完成

A 작성하기 어렵다
B 자신이 없다
C 걱정할 필요가 없다
D 완성할 방법이 없다

男: 这次会议的总结, 由你来负责写怎么样?
女: 没问题, 您就放心吧。周三之前一定交给您。

남: 이번 회의의 결과 정리는 자네가 맡아서 써 보는 게 어떻겠는가?
여: 문제없으니, 안심하세요. 수요일 전까지 꼭 제출할게요.

问: 女的觉得这个任务怎么样?

질문: 여자는 이 임무가 어떻다고 생각하는가?

해설 회의 결과 정리를 맡아서 하라고 하자, 여자는 문제없다며 자신감을 드러내고 있다. 放心(안심하다)은 不用担心(걱정할 필요가 없다)과 의미가 통한다.

단어 办法 bànfǎ 圐 방법 | 会议 huìyì 圐 회의 | 总结 zǒngjié 圐 총정리 | 由 yóu 젭 ~이, ~가(행위 주체자 강조) | 负责 fùzé 통 책임지다 | 放心 fàngxīn 통 안심하다, 마음을 놓다 | 交给 jiāogěi 통 ~에게 제출하다 | 任务 rènwù 圐 임무

▶ 실전 모의고사 16번

16
p. 98

A 下次要选择筷子
B 下次自己做饭
C 下次要勺子
D 注意环保

A 다음에 젓가락을 달라고 해라
B 다음에는 스스로 밥을 지어라
C 다음에는 숟가락을 달라고 해라
D 환경 보호에 신경 써라

男: 你下次叫外卖的话, 可以不选择餐具, 这样比较环保。
女: 你提醒得对, 下次我就用自己的筷子和勺子。

남: 너는 다음부터 배달 음식을 시키려면, 식기류(숟가락, 젓가락)는 선택하지 않아도 돼. 그래야 조금이라도 환경 보호를 할 수 있잖아.
여: 네 말이 맞아. 다음번에는 개인 젓가락과 숟가락을 사용해야겠어.

问: 男的建议女的怎么做?

질문: 남자는 여자에게 어떻게 하라고 제안하고 있는가?

해설 남자는 배달 음식을 시키더라도 숟가락, 젓가락 같은 식기류는 선택하지 말고, 가지고 있는 것을 사용하자고 했다. 따라서 남자는 여자에게 환경 보호에 신경 쓰자고 제안했음을 알 수 있다.

단어 勺子 sháozi 圐 숟가락 | 环保 huánbǎo 环境保护(환경 보호)의 약칭 | 叫 jiào 통 주문하다, 시키다 | 外卖 wàimài 圐 배달 음식 | 餐具 cānjù 圐 식기 | 提醒 tíxǐng 통 일깨우다, 주의를 환기시키다

17

p. 98

| A 咖啡 | B 绿茶 | A 커피 | B 녹차 |
| C 啤酒 | D 果汁 | C 맥주 | D 과일주스 |

女: 欢迎光临，您看坐这儿行吗?

男: 可以。先给我们来两杯绿茶，再把菜单拿过来，我们要点菜。

여: 어서 오세요. 이 자리가 괜찮으시겠습니까?

남: 네. 먼저 녹차 두 잔을 주시고, 메뉴판도 가져다주세요. 저희 주문하려고요.

问: 男的想要喝什么?

질문: 남자는 무엇을 마시려고 하는가?

🔒 시크릿 先…再… 용법에 주의!

해설 남자가 음식점에 들어가서 자리를 잡고 있는 상황이다. 그는 음식을 주문하기 전에 먼저 녹차 두 잔을 갖다 달라고 부탁하고 있다.

단어 咖啡 kāfēi 몡 커피 | 绿茶 lǜchá 몡 녹차 | 啤酒 píjiǔ 몡 맥주 | 果汁 guǒzhī 몡 과일주스 | 欢迎光临 huānyíng guānglín 어서 오세요 | 先 xiān 뷔 먼저 | 杯 bēi 양 잔, 컵 | 菜单 càidān 몡 메뉴판 | 点菜 diǎncài 됭 요리를 주문하다 | 喝 hē 됭 마시다

18

p. 98

| A 生病了 | B 上大学了 | A 병이 났다 | B 대학에 입학했다 |
| C 找到工作了 | D 考试通过了 | C 일자리를 찾았다 | D 시험에 통과했다 |

女: 回去后要注意休息，每天按时吃药，过一个星期再来检查一次。

男: 明白了，谢谢大夫，再见。

여: 돌아가서 잘 쉬시고, 매일 제시간에 약을 드세요. 일주일 후에 다시 한 번 검진 받으러 오세요.

남: 알겠습니다. 의사 선생님 감사합니다. 안녕히 계세요.

问: 关于男的可以知道什么?

질문: 남자에 관해서 알 수 있는 것은?

🔒 시크릿 대화가 발생할 수 있는 상황에 주의!

해설 过一个星期再来检查一次(일주일 후에 다시 한 번 검진 받으러 오세요)에서 대화가 발생하는 장소는 医院(병원)이고, 여자의 직업은 大夫(의사)임을 알 수 있다. 그렇다면 남자는 病人(환자)이므로 정답이 生病了(병이 났다)임을 유추할 수 있다.

단어 生病 shēngbìng 됭 병이 나다 | 考试 kǎoshì 몡 시험 | 通过 tōngguò 됭 통과하다 | 注意 zhùyì 됭 주의하다 | 休息 xiūxi 됭 휴식하다, 쉬다 | 按时 ànshí 뷔 제때에 | 吃药 chī yào 약을 먹다 | 过 guò 됭 경과하다 | 检查 jiǎnchá 됭 검사하다 | 大夫 dàifu 몡 의사 | 关于 guānyú 젠 ~에 관해서

19

p. 98

| A 不好看 | B 太贵了 | A 예쁘지 않다 | B 너무 비싸다 |
| C 颜色暗 | D 不合适 | C 색이 어둡다 | D 어울리지 않다 |

男: 这个帽子挺漂亮的，你要不要试试?

女: 我觉得不太适合我，我们还是去前面看看别的吧!

남: 이 모자 정말 예쁘네. 너 한번 써 볼래?

여: 내 생각에 나한테는 안 어울리는 거 같아. 우리 앞쪽으로 가서 다른 것도 한번 보자!

问: 女的觉得帽子怎么样?

질문: 여자가 생각하기에 모자는 어떠한가?

시크릿 여자의 반응에 집중!

해설 　보기에는 물건을 구입할 때 고려하게 되는 사항이 나열되어 있다. 여자가 모자를 사지 않은 이유는 자신에게 어울리지 않기 때문이다. 合适(형용사)와 适合(동사)는 품사가 다르지만, 모두 '적합하다'는 의미를 나타낸다.

단어 　合适 héshì 📖 적당하다, 알맞다 | 帽子 màozi 📖 모자 | 挺 tǐng 📖 꽤 | 漂亮 piàoliang 📖 예쁘다 | 试 shì 📖 시험 삼아 해 보다 | 觉得 juéde 📖 ~라고 느끼다 | 适合 shìhé 📖 어울리다 | 看看 kànkan 📖 살펴보다 | 别的 biéde 📖 다른 것

▶ 실전 모의고사 20번

20
p. 99

A 一些解释	B 电话号码	A 일부 해설	B 전화번호
C 公司信息	D 他的意见	C 회사정보	**D 그의 의견**

男: 我的意见都写在材料上面了，你们拿回去看看吧。

女: 谢谢您，我们会按照您的意见再重新整理一下。

남: 내 의견은 모두 자료에 써 놨으니, 가져가서 보세요.

여: 감사합니다. 우리는 당신의 의견에 따라 다시 정리하겠습니다.

问: 男的在材料上写什么了?

질문: 남자는 자료에 무엇을 썼는가?

시크릿 남자가 써 놓은 것이 무엇인지에 집중!

해설 　힌트가 대화의 첫 부분에 나오는 경우도 많기 때문에, 녹음을 듣기 전부터 준비가 되어 있어야 한다. 녹음 첫 부분에서 남자는 자료에 의견을 썼다는 말을 하고 있다.

단어 　一些 yìxiē 📖 약간 | 解释 jiěshì 📖 해석하다 | 电话 diànhuà 📖 전화 | 号码 hàomǎ 📖 번호 | 公司 gōngsī 📖 회사 | 信息 xìnxī 📖 정보 | 意见 yìjiàn 📖 의견, 견해 | 材料 cáiliào 📖 자료 | 上面 shàngmian 📖 위쪽 | 拿 ná 📖 (손으로) 쥐다, 들다 | 回去 huíqù 📖 돌아가다 | 按照 ànzhào 📖 ~에 따라서 | 重新 chóngxīn 📖 다시 | 整理 zhěnglǐ 📖 정리하다

▶ 실전 모의고사 21번

21
p. 99

A 不照相了	A 사진을 찍지 않겠다
B 用手机照相	B 휴대전화로 사진을 찍는다
C 不进去参观了	C 관람하러 들어가지 않겠다
D 让男的照相	D 남자에게 사진을 찍으라고 시켰다

男: 还没开始参观，你怎么就把照相机收起来了?

女: 门口的牌子上写着，馆内禁止照相，所以我想把手机和相机都放好，好好儿参观。

남: 아직 관람을 시작하지도 않았는데, 어째서 사진기를 집어넣는 거니?

여: 문 앞 팻말에 관내에서는 사진을 찍을 수 없다고 쓰여져 있어. 그래서 휴대전화와 사진기를 넣어 두고 관람에만 집중하려고 해.

问: 女的是什么意思?

질문: 여자는 무슨 의미인가?

시크릿 사진기를 집어 넣는 이유에 집중!

해설 　일반적인 관광객이라면 자신이 구경하는 곳에서 사진 찍기를 원한다. 하지만, 어떤 관광지는 문화재 보호를 위해서 촬영을 금지하는 곳도 있다. 여자는 '관내 사진 촬영 금지'라는 팻말을 보고, 사진을 촬영하려던 계획을 변경하여 사진기를 챙겨 넣었으므로 사진을 찍지 않겠다는 것임을 알 수 있다.

Tip 不照相(사진을 찍지 않는다)는 원래 사진 찍을 계획이 없음을 의미하지만, 不照相了(사진을 찍지 않게 되었다)는 원래 사진 찍을 계획이 있었으나, 심경의 변화나 상황의 변화에 의해서 사진을 찍지 않게 되었음을 나타낸다. 어기조사 了는 상태의 변화를 나타낸다.

단어 　照相 zhàoxiàng 📖 사진을 찍다 | 参观 cānguān 📖 참관하다 | 让 ràng 📖 ~하게 하다 | 照相机 zhàoxiàngjī 📖 사진기 | 收 shōu 📖 거두다, 간수하다 | 牌子 páizi 📖 팻말 | 禁止 jìnzhǐ 📖 금지하다

22
p. 99

| A 没意思 | B 很有名 | A 재미없다 | B 유명하다 |
| C 内容太多 | D 翻译得不好 | C 내용이 너무 많다 | D 번역을 못했다 |

男: 这本小说这么厚，什么时候才能看完啊？

女: 只要你坚持每天看十几页，一个月左右就可以看完了。

남: 이 소설은 이렇게 두꺼워서, 언제 다 읽을 수 있겠어?

여: 매일 십몇 페이지씩만 읽는다면 한 달 정도면 다 읽을 수 있을 거야.

问: 男的认为这本书怎么样？

질문: 남자는 이 책이 어떻다고 생각하는가?

🔑 시크릿 남자의 어투에 주의!

해설 소설책 한 권을 읽는데 한 달씩이나 걸리는 이유는 책이 너무 두껍기 때문이다. 책이 두껍다는 말은 内容太多(내용이 너무 많다)와 의미가 상통한다.

단어 没意思 méi yìsi 재미 없다 | 有名 yǒumíng 혱 유명하다 | 内容 nèiróng 몡 내용 | 翻译 fānyì 통 번역하다 | 小说 xiǎoshuō 몡 소설 | 这么 zhème 때 이렇게 | 厚 hòu 혱 두껍다 | 时候 shíhou 몡 때 | 看 kàn 통 보다 | 只要 zhǐyào 젭 ~하기만 하면 | 坚持 jiānchí 통 견지하다 | 左右 zuǒyòu 몡 쯤, 가량 | 认为 rènwéi 통 여기다

23
p. 99

| A 开车去 | B 坐地铁 | A 운전해서 간다 | B 지하철을 탄다 |
| C 坐出租车 | D 骑自行车 | C 택시를 탄다 | D 자전거를 탄다 |

男: 明天你不用来接我了，我坐地铁去，也很方便，你打车直接去机场吧。

女: 也行，那咱们明天机场见。

남: 내일 넌 나를 데리러 올 필요 없어. 나는 지하철을 타고 가도 편하니까 너는 택시 타고 바로 공항으로 가.

여: 그래도 되고. 그럼 내일 공항에서 봐.

问: 男的明天怎么去机场？

질문: 남자는 내일 어떻게 공항으로 가는가?

🔑 시크릿 남자가 탈 교통수단이 무엇인지에 집중!

해설 두 사람은 내일 공항에 가는 교통수단이 다르다. 여자는 打车(택시를 타다)로 갈 계획이고, 남자는 地铁(지하철)를 이용할 것임을 알 수 있다. 만약 질문에서 여자에 관해 물었다면 정답은 C가 될 것이다. 打车와 坐出租车는 의미가 상통하기 때문이다.

단어 地铁 dìtiě 몡 지하철 | 出租车 chūzūchē 몡 택시 | 骑 qí 통 타다 | 自行车 zìxíngchē 몡 자전거 | 不用 búyòng 틘 ~할 필요가 없다 | 接 jiē 통 마중하다 | 方便 fāngbiàn 혱 편리하다 | 打车 dǎchē 통 택시를 타다 | 直接 zhíjiē 혱 직접, 직접적이다 | 机场 jīchǎng 몡 공항 | 咱们 zánmen 때 우리

24
p. 99

| A 太热了 | B 浪漫一点 | A 너무 더워서 | B 좀 낭만적이게 |
| C 可以睡懒觉 | D 不用去上班 | C 늦잠을 잘 수 있도록 | D 출근하지 않아도 되도록 |

男: 老婆，快把空调打开，热死了。

女: 知道了。真希望下一场大雨，让天气凉快下来。

남: 여보, 빨리 에어컨을 틀어 줘요. 더워 죽겠어요.

여: 알았어요. 비나 한바탕 내려서, 시원해졌으면 정말 좋겠어요.

问: 女的为什么希望下场大雨？

질문: 여자는 왜 비가 내리길 바라는가?

시크릿 비가 내리면 어떻게 될 거라는 여자의 바람에 집중!

해설 무더운 날씨에 남편이 너무 더워하자, 아내는 비라도 한바탕 내리기를 바라고 있다.

단어 **热** rè 🔲 덥다 | **浪漫** làngmàn 🔲 낭만적이다, 로맨틱하다 | **睡懒觉** shuìlǎnjiào 늦잠을 자다 | **不用** búyòng 🔲 ~할 필요가 없다 | **上班** shàngbān 🔲 출근하다 | **老婆** lǎopo 🔲 아내 | **空调** kōngtiáo 🔲 에어컨 | **希望** xīwàng 🔲 희망하다 | **凉快** liángkuai 🔲 시원하다

▶ 실전 모의고사 25번

25
p. 99

A 洗澡　　　　　　B 洗脸
C 打开窗户　　　　D 打扫卫生间

A 샤워　　　　　　B 세수
C 창문을 여는 것　　D 화장실 청소

男: 早上起床后第一件事就是把窗户打开，让新鲜空气进来。

女: 我马上开，刚才去洗脸了，还没来得及开呢。

남: 아침에 일어나서 제일 먼저 할 일은 창문을 여는 거야. 신선한 공기가 들어올 수 있게 말이야.

여: 제가 곧 열게요. 방금 세수하러 가서 미처 열지 못했어요.

问: 女的没来得及做什么?

질문: 여자는 무엇을 미처 못했는가?

시크릿 여자의 부연설명에 집중!

해설 여자는 세수하러 가느라, 창문 여는 것을 미처 못한 것으로 보인다. 여자가 한 행동은 洗脸(세수하다)이고, 하지 못한 행동은 打开窗户(창문을 열다)임을 알 수 있다. 두 행동이 혼동되지 않도록 주의한다.

단어 **洗澡** xǐzǎo 🔲 목욕하다 | **洗脸** xǐliǎn 🔲 세수하다 | **打开** dǎkāi 🔲 열다 | **窗户** chuānghu 🔲 창문 | **打扫** dǎsǎo 🔲 청소하다 | **卫生间** wèishēngjiān 🔲 화장실 | **起床** qǐchuáng 🔲 (잠자리에서) 일어나다 | **把** bǎ 🔲 ~을(를) | **让** ràng 🔲 ~하게 하다 | **新鲜** xīnxiān 🔲 신선하다 | **马上** mǎshàng 🔲 곧, 바로 | **刚才** gāngcái 🔲 방금 | **来得及** láidejí 🔲 늦지 않다, 생각할 겨를이 있다

제3부분

✔ 정답	26. B	27. C	28. C	29. B	30. C	31. B	32. A	33. C	34. D	35. D
	36. B	37. D	38. A	39. D	40. B	41. C	42. A	43. D	44. D	45. D

▶ 실전 모의고사 26번

26
p. 100

A 超市　　　　　　B 餐厅
C 停车场　　　　　D 酒店

A 마트　　　　　　B 음식점
C 주차장　　　　　D 호텔

男: 您好，请问，这里免费停车多长时间?

女: 抱歉先生，我们这里没有停车场。

男: 什么? 你们饭店没有停车的地方? 实在太不方便了。

女: 对不起啊! 马路对面的超市有一个收费的停车场，而且不太贵。

남: 안녕하세요? 말씀 좀 여쭙겠는데요, 여기 무료 주차가 몇 시간인가요?

여: 죄송합니다. 저희는 주차장이 없습니다.

남: 뭐라고요? 당신네 음식점에 주차할 수 있는 곳이 없다고요? 정말 너무 불편하네요.

여: 죄송해요! 길 건너편에 있는 마트에 유료 주차장이 있는데, 그다지 비싸지 않아요.

问: 女的最可能在哪儿工作?

질문: 여자는 아마도 어디에서 일하는가?

시크릿 여자가 일하는 장소에 집중!

해설 녹음에서는 停车, 停车场이 4번 등장하기 때문에 여자가 일하는 곳이 停车场(C)이라고 생각하는 함정에 빠지기 쉽다. 하지만 지금 음식점(饭店)에 주차장이 없어서 손님을 난처하게 만든 것이므로 여자가 일하는 곳은 餐厅(음식점)임을 알 수 있다.

단어 停车场 tíngchēchǎng 몡 주차장 | 免费 miǎnfèi 동 무료로 하다 | 停车 tíngchē 동 주차하다 | 抱歉 bàoqiàn 동 미안하게 생각하다 | 实在 shízai 뿐 확실히, 정말로 | 马路 mǎlù 몡 대로, 큰길 | 对面 duìmiàn 몡 맞은편 | 收费 shōufèi 동 비용을 받다

27
p. 100

A 结婚了	B 是大学生	A 결혼했다	B 대학생이다
C 性格活泼	D 已经工作了	C 성격이 활발하다	D 이미 일을 한다

男: 你们俩是姐妹? 真的假的?

女: 真的。难道不像吗?

男: 细看的话, 眼睛和鼻子确实挺像的。

女: 别人也都这么说, 不过我妹妹性格更活泼。

问: 关于女的的妹妹可以知道什么?

남: 당신 둘이 자매라고요? 진짜예요, 가짜예요?

여: 진짜예요. 안 닮았나요?

남: 자세히 보면 눈과 코가 확실히 닮긴 닮았네요.

여: 다른 사람들도 그렇게 말하더군요. 하지만 동생 성격이 더 활달해요.

질문: 여자의 동생에 대해 알 수 있는 것은?

🔒 시크릿! 여자의 마지막 말에 주의!

해설 두 자매의 외모는 눈과 코가 닮았지만 성격은 동생이 더 활발하다고 말하고 있다.

단어 结婚 jiéhūn 동 결혼하다 | 活泼 huópo 형 활발하다 | 已经 yǐjing 뿐 이미, 벌써 | 姐妹 jiěmèi 몡 자매 | 真 zhēn 형 진짜다, 사실이다 | 假 jiǎ 형 거짓의 | 难道 nándào 뿐 설마 ~인가 | 像 xiàng 동 닮다 | 细看 xìkàn 자세히 보다 | 眼睛 yǎnjing 몡 눈 | 鼻子 bízi 몡 코 | 确实 quèshí 뿐 절대로 | 不过 búguò 접 그러나 | 更 gèng 뿐 더욱

28
p. 100

A 旅游	B 看弟弟	A 여행하러	B 남동생을 보러
C 参加会议	D 参加婚礼	C 회의에 참석하러	D 결혼식에 참석하러

女: 没想到在这儿能遇到您, 您去哪儿?

男: 去上海参加一个文化交流会, 你呢?

女: 我回北京, 我姐姐要结婚。您坐几点的飞机?

男: 2点的, 不过我刚听广播里说飞机要推迟半小时起飞。

问: 男的去上海做什么?

여: 여기에서 만날 줄은 몰랐네요. 어디 가세요?

남: 상하이로 문화 교류회에 참여하러 가는 길이에요. 당신은요?

여: 베이징으로 돌아가요. 언니가 결혼하거든요. 몇 시 비행기세요?

남: 2시요. 하지만 방금 방송에서 비행기가 30분 늦게 이륙한다고 하네요.

질문: 남자는 상하이에 무엇하러 가는가?

🔒 시크릿! 남자가 상하이에 가는 이유에 집중!

해설 두 사람이 공항에서 우연히 만나 대화하는 내용이다. 여자는 언니의 결혼식에 참석하러 베이징에 가는 길이고, 남자는 문화 교류회에 참석하러 상하이에 가는 길이다. 남자에 대해 묻는지 여자에 대해 묻는지 질문을 잘 들어야 한다.

단어 旅游 lǚyóu 동 여행하다 | 参加 cānjiā 동 참가하다 | 会议 huìyì 몡 회의 | 婚礼 hūnlǐ 몡 결혼식 | 遇到 yùdào 동 만나다 | 文化 wénhuà 몡 문화 | 交流 jiāoliú 동 교류하다 | 不过 búguò 접 하지만, 그러나 | 刚 gāng 뿐 방금 | 广播 guǎngbō 몡 방송 | 推迟 tuīchí 동 지연되다

29
p. 100

| A 买礼物 | B 中国制造 | A 선물 구입 | B 중국산 |
| C 外国产品 | D 旅行计划 | C 외국 상품 | D 여행 계획 |

女：去年圣诞节我去国外旅游，没想到买回来的礼物竟然都是中国制造。

男：这有什么奇怪的，中国现在是世界制造大国。

女：随着质量的进一步提高，相信会有更多的中国制造。

男：对，我们应该重视质量，这样才有竞争力。

问：他们在谈什么？

여：작년 크리스마스 때 해외 여행을 갔는데, 사 온 선물이 뜻밖에도 모두 중국에서 만든 제품이었어.

남：그게 뭐가 이상해. 중국은 지금 세계에서 큰 제조국인 걸.

여：상품의 질이 한층 더 좋아짐에 따라, 중국 제품이 더 많아질 거라고 믿어.

남：맞아. 우리가 품질을 더 중시해야지만, 경쟁력이 생기는 거야.

질문：그들은 무엇에 대해 이야기하고 있는가?

🔒시크릿 두 사람이 공통적으로 말하는 것이 무엇인지에 집중!

해설　여자가 해외 여행까지 가서 사 온 물건이 중국산이었다. 두 사람은 중국이 세계 제조 강대국임을 인정하고, 앞으로 더 경쟁력을 갖추기 위해 품질을 향상시켜야 한다고 말하고 있다.

단어　礼物 lǐwù 몡 선물 | 制造 zhìzào 동 제조하다 | 旅行 lǚxíng 동 여행하다 | 计划 jìhuà 몡 계획 | 去年 qùnián 몡 작년 | 圣诞节 Shèngdànjié 몡 성탄절 | 国外 guówài 몡 국외 | 旅游 lǚyóu 동 여행하다 | 竟然 jìngrán 튀 뜻밖에도 | 奇怪 qíguài 톙 기이하다, 이상하다 | 世界 shìjiè 몡 세계 | 大国 dàguó 몡 대국 | 随着 suízhe 동 ~에 따라서 | 质量 zhìliàng 몡 품질, 질 | 进一步 jìnyíbù 진일보하다, 한 걸음 나아가다 | 提高 tígāo 동 향상시키다, 높이다 | 应该 yīnggāi 조동 마땅히 ~해야 한다 | 重视 zhòngshì 동 중시하다 | 竞争力 jìngzhēnglì 몡 경쟁력 | 谈 tán 동 말하다

30
p. 100

| A 5月 | B 6月 | A 5월 | B 6월 |
| C 9月 | D 10月 | C 9월 | D 10월 |

男：您好，我想报名参加6月的普通话水平考试。

女：对不起，报名工作已经结束了。

男：这么快啊？那下一次考试是什么时候？

女：9月20号，报名时间您可以上我们的网站查一下。

问：男的什么时候能参加考试？

남：안녕하세요? 저는 6월 표준어 능력 시험에 참가 신청을 하고 싶은데요.

여：죄송합니다. 신청 업무가 이미 종료되었습니다.

남：이렇게 빨리요? 그럼 다음 시험은 언제예요?

여：9월 20일입니다. 신청 기간은 저희 웹 사이트에서 확인하실 수 있습니다.

질문：남자는 언제 시험에 참가할 수 있는가?

🔒시크릿 다음 시험 날짜가 언제인지에 주의!

해설　대화에서 제시된 달은 6월과 9월이다. 6월 시험 접수는 이미 끝난 상황이기 때문에, 그가 참여할 수 있는 시험은 9월이 된다.

단어　报名 bàomíng 동 신청하다 | 参加 cānjiā 동 참가하다 | 普通话 pǔtōnghuà 몡 (현대 중국의) 표준어 | 水平 shuǐpíng 몡 수준 | 考试 kǎoshì 몡 시험 | 工作 gōngzuò 몡 업무, 임무 | 结束 jiéshù 동 끝나다 | 下一次 xià yí cì 나중, 다음 | 网站 wǎngzhàn 몡 (인터넷) 웹 사이트 | 查 chá 동 조사하다

31
p. 100

| A 很可爱 | B 很诚实 | A 매우 귀엽다 | B 매우 성실하다 |
| C 很勇敢 | D 努力认真 | C 매우 용감하다 | D 노력하고 진지하다 |

男：您这么成功，能给我们介绍一下您成功的经验吗？

女：平时的积累非常重要，还要多向周围的人学习。

男：您觉得您性格中最大的优点是什么呢？

女：是诚实。

问：女的觉得自己的性格怎么样？

남: 이렇게 성공하셨는데, 우리에게 당신의 성공 경험을 소개해 주시겠습니까?

여: 평소에 (경험을) 쌓아 두는 게 대단히 중요하고, 주위의 사람들한테서 많이 배워야 합니다.

남: 당신이 생각하기에, 당신의 성격 중 최대 장점은 무엇입니까?

여: 성실한 것입니다.

질문: 여자는 자신의 성격이 어떻다고 생각하는가?

🔒 시크릿 여자의 장점이 무엇인지에 집중!

해설 대화의 앞부분에서는 그녀의 성공 경험에 대해서 언급하고 있어서 쉽게 D가 정답이라고 착각할 수도 있으나, 질문은 그녀 자신이 스스로의 성격을 어떻게 판단하는지를 묻고 있으므로, 诚实(성실하다)가 답이 된다.

단어 诚实 chéngshí 혱 성실하다, 진실하다 | 勇敢 yǒnggǎn 용감하다 | 努力 nǔlì 동 노력하다 | 认真 rènzhēn 혱 진지하다 | 这么 zhème 때 이렇게 | 成功 chénggōng 동 성공하다 | 介绍 jièshào 동 소개하다 | 经验 jīngyàn 몡 경험 | 平时 píngshí 몡 평소 | 积累 jīlěi 동 쌓이다, 축적하다 | 非常 fēicháng 및 대단히, 아주 | 重要 zhòngyào 혱 중요하다 | 周围 zhōuwéi 몡 주위 | 学习 xuéxí 동 배우다 | 觉得 juéde 동 ~라고 느끼다 | 性格 xìnggé 몡 성격 | 优点 yōudiǎn 몡 장점

32
p. 100

| A 老师 | B 丈夫 | A 선생님 | B 남편 |
| C 哥哥 | D 爸爸 | C 오빠 | D 아버지 |

男：你写日记的习惯是从什么时候养成的？

女：大概是小学的时候，老师要求我们写每天发生的有意思的事，慢慢儿就成习惯了。

男：你觉得写日记有什么好处？

女：可以给我留下一些美好的回忆。

问：刚开始是谁要求女的写日记的？

남: 넌 일기를 쓰는 습관이 언제부터 있었니?

여: 아마 초등학교 때일 거야. 선생님이 매일 재미있는 일을 쓰라고 하셨는데, 서서히 습관이 됐어.

남: 일기를 쓰면 어떤 좋은 점이 있다고 생각해?

여: 나에게 아름다운 추억들을 남겨 줄 수 있지.

질문: 처음에 누가 여자에게 일기를 쓰라고 했는가?

🔒 시크릿 여자가 일기 쓰는 습관을 갖게 된 원인에 집중!

해설 여자는 매일 일기를 쓰는 좋은 습관을 가지고 있다. 그녀가 일기를 쓰게 된 동기는 어릴 적 선생님의 권유를 통해서였다.

단어 丈夫 zhàngfu 몡 남편 | 日记 rìjì 몡 일기 | 习惯 xíguàn 몡 습관 | 从 cóng 전 ~부터 | 时候 shíhou 몡 때, 시간 | 养成 yǎngchéng 동 기르다, 양성하다 | 大概 dàgài 및 아마, 대략 | 小学 xiǎoxué 몡 초등학교 | 要求 yāoqiú 동 요구하다 | 发生 fāshēng 동 발생하다 | 有意思 yǒu yìsi 혱 재미있다 | 慢慢儿 mànmānr 및 천천히 | 好处 hǎochù 몡 이로운 점 | 可以 kěyǐ 조동 ~할 수 있다 | 留 liú 동 남기다 | 美好 měihǎo 혱 아름답다 | 回忆 huíyì 몡 회상, 추억

33

p. 100

A 眼镜丢了
B 忘带钥匙了
C 钥匙丢了
D 包丢了

A 안경을 잃어버렸다
B 열쇠를 까먹고 안 가져왔다
C 열쇠를 잃어버렸다
D 가방을 잃어버렸다

女: 我的钥匙找不到了。

男: 是不是忘带了?

女: 可我记得我把钥匙和眼镜一起放进包里的，眼镜都还在包里呢。

男: 呀, 你的包破了, 钥匙估计是从这里掉出去了。

问: 女的怎么了?

여: 내 열쇠를 찾을 수가 없네.

남: 안 가져온 거 아니야?

여: 내 기억에는 내가 열쇠랑 안경을 같이 가방 안에 넣었는데, 안경은 아직 가방 안에 있거든.

남: 아, 네 가방이 찢어졌네. 열쇠는 아마도 이쪽에서 떨어진 거 같아.

질문: 여자는 어떻게 되었는가?

🔒 시크릿 잃어버린 물건이 무엇인지에 집중!

해설 여자가 가방 안에 챙겨 온 물건은 열쇠(钥匙)와 안경(眼镜)이다. 안경은 아직 가방 안에 있다고 했으므로 열쇠만 찢어진 가방 구멍으로 떨어져 잃어버렸다는 것을 알 수 있다. 현재 상황은 包破了(가방이 찢어졌다), 钥匙丢了(열쇠를 잃어버렸다)임을 알 수 있다. 따라서 정답은 C가 된다.

단어 眼镜 yǎnjìng 명 안경 | 丢 diū 동 잃다, 잃어버리다 | 钥匙 yàoshi 명 열쇠 | 记得 jìde 동 기억하고 있다 | 破 pò 동 찢어지다 | 估计 gūjì 동 예측하다 | 掉 diào 동 떨어지다

34

p. 101

A 没有车
B 人都走了
C 起床起晚了
D 认为已经晚了

A 차가 없어서
B 사람들이 모두 떠나서
C 늦게 일어나서
D 늦었다고 생각해서

女: 时间来不及了, 快点儿收拾行李。

男: 怎么来不及, 还早着呢。

女: 出发时间改到今天下午两点了, 现在要去集合。

男: 怎么不早点通知我啊?

问: 女的为什么着急?

여: 시간이 없어. 어서 짐 챙겨.

남: 왜 시간이 부족해? 아직 이른데.

여: 출발 시간이 오늘 오후 2시로 변경됐어. 지금 모이러 가야 해.

남: 왜 나한테 좀 일찍 말해 주지 않았어?

질문: 여자는 왜 조급해했는가?

🔒 시크릿 여자의 말투에 주의!

해설 출발을 재촉하는 여자에게 남자는 느긋한 반응을 보이고 있다. 출발 시간이 늦은 시간이었다가 오후 2시로 변경되었는데, 남자는 그 사실을 모르고 있었던 것이다. 여자는 서두르지 않으면 늦을 거라고 생각하여 남자를 재촉하고 있는 상황이다.

단어 认为 rènwéi 동 여기다 | 已经 yǐjīng 부 이미 | 时间 shíjiān 명 시간 | 来不及 láibují 동 (시간이 촉박하여) ~할 수 없다, 겨를이 없다 | 出发 chūfā 동 출발하다 | 改 gǎi 동 바꾸다, 교체하다 | 集合 jíhé 동 집합하다 | 通知 tōngzhī 동 통지하다 | 着急 zháojí 동 조급해하다

35

p. 101

A 天黑了
B 香蕉不好吃
C 孙子去上课
D 作业没写完

A 밤이 깊었다
B 바나나가 맛이 없다
C 손자는 수업 받으러 간다
D 숙제를 다 못했다

女: 香蕉皮一定要扔到垃圾桶里，不能乱扔东西。
男: 知道了，奶奶。
女: 英语作业写完了吗?
男: 没呢，我先玩儿一会儿，作业一会儿再写也不晚。

여: 바나나 껍질은 반드시 쓰레기통에 넣어야지, 아무렇게나 버리면 안 돼.
남: 알겠어요, 할머니.
여: 영어 숙제는 다 했니?
남: 아니요. 먼저 조금 놀고 숙제는 나중에 해도 늦지 않아요.

问: 根据对话可以知道什么?

질문: 대화에서 알 수 있는 것은?

🔒 **시크릿** 둘의 대화에서 객관적으로 확인할 수 있는 사항에 집중!

해설 이 대화는 할머니와 손자의 대화다. 손자는 할머니께 영어 숙제를 아직 하지 않았고, 조금 놀다가 나중에 하겠다고 말했다.

　🟡**Tip** 이 대화에 대해 나올 수 있는 다양한 질문에 대답해 보자.
　　　　• 他们可能是什么关系? (그들은 어떤 관계인가?)
　　　　　– 奶奶和孙子 (할머니와 손자)
　　　　• 女的让男的注意什么? (여자는 남자에게 무엇을 주의시키는가?)
　　　　　– 不要随便扔垃圾。(아무 데나 쓰레기를 버리지 마라.)
　　　　• 男的现在要干什么? (남자는 지금 무엇을 하려 하는가?)
　　　　　– 他要玩儿一会儿。(그는 잠깐 놀려고 한다.)
　　　　• 他一会儿要做什么? (그는 잠시 후에 무엇을 하려고 하는가?)
　　　　　– 做作业。(숙제를 한다.)
　　　　이러한 다양한 문제에 대응할 수 있도록, 평소 꾸준하게 청취 연습을 해야 한다.

단어 香蕉 xiāngjiāo 몡 바나나 | 孙子 sūnzi 몡 손자 | 上课 shàngkè 통 수업을 듣다 | 作业 zuòyè 몡 숙제 | 皮 pí 몡 껍질 | 一定 yídìng 뫼 반드시 | 扔 rēng 통 버리다 | 垃圾桶 lājītǒng 몡 쓰레기통 | 乱 luàn 뫼 함부로, 제멋대로 | 英语 Yīngyǔ 몡 영어 | 晚 wǎn 혱 늦다 | 根据 gēnjù 전 ~에 근거하여

ⓟ 실전 모의고사 36-37번

㊱哥哥是法律专业的毕业生。大学时，他不仅经常㊱参加各种法律社团活动，而且常常用法律知识㊱免费帮助需要的人。毕业后，他在好几家公司工作过，㊱积累了丰富的经验。后来，有家著名的律师事务所向他发出工作邀请，还开出了很好的条件。但他还是拒绝了。因为㊲哥哥决定开一家自己的公司。

㊱형은 법학과를 전공한 졸업생이다. 대학 다닐 때, 그는 종종 ㊱각종 법률 동아리 활동에 참여했을 뿐만 아니라 게다가 종종 법률 지식을 활용하여 ㊱도움이 필요한 사람을 무료로 돕기도 했다. 졸업 후, 형은 여러 회사에서 일했으며, ㊱풍부한 경험을 쌓았다. 나중에는, 유명한 법률 사무소에서 형에게 스카우트 제의를 하였고, 좋은 조건을 제시하였으나 형은 거절하였다. 왜냐하면 ㊲형은 자신의 회사를 차리려고 결정했기 때문이다.

단어 法律 fǎlǜ 명 법률 | 专业 zhuānyè 명 전공 | 毕业生 bìyèshēng 명 졸업생 | 不仅 bùjǐn 접 ~일 뿐만 아니라 | 各种 gèzhǒng 형 각종, 여러 가지 | 社团 shètuán 명 동아리 | 活动 huódòng 명 활동, 행사 | 知识 zhīshi 명 지식 | 免费 miǎnfèi 동 무료로 하다 | 毕业 bìyè 동 졸업하다 | 积累 jīlěi 동 쌓이다, 축적하다 | 丰富 fēngfù 형 풍부하다 | 经验 jīngyàn 명 경험 | 著名 zhùmíng 형 유명하다 | 律师 lǜshī 명 변호사 | 事务所 shìwùsuǒ 명 사무소 | 发出 fāchū 동 보내다, 발표하다 | 邀请 yāoqǐng 동 초청하다 | 条件 tiáojiàn 명 조건 | 拒绝 jùjué 동 거절하다 | 决定 juédìng 동 결정하다

ⓟ 실전 모의고사 36번

36

p. 101

A 学法律专业
B 不喜欢社团活动
C 经常帮助别人
D 工作经验丰富

A 법학 전공자
B 동아리 활동을 좋아하지 않았다
C 자주 다른 사람을 도와주었다
D 업무 경험이 풍부하다

问：关于哥哥，以下哪一项错误？

질문: 형에 관하여, 어느 것이 틀린 내용인가?

시크릿 형에 관한 내용 이해 필요!

해설 형에 관한 내용을 파악해 보자. 형은 법학을 전공하였고, 각종 동아리 활동에 참가하였고, 종종 다른 사람들을 도와주었고, 여러 회사에서 풍부한 업무 경험을 쌓았다. 모든 내용이 형의 긍정적인 면을 말해 주고 있는데, B의 **不喜欢社团活动**만 부정적인 설명을 하고 있으며, 녹음에서 **参加各种法律社团活动**(각종 법률 동아리 활동에 참여했다)이라고 했으므로 정답은 C이다.

단어 项 xiàng 양 항, 조목 | 错误 cuòwù 형 잘못된, 틀린

ⓟ 실전 모의고사 37번

37

p. 101

A 在律师事务所工作
B 继续学习
C 继续在法律社团工作
D 开公司

A 법률 사무소에서 일한다
B 계속 공부한다
C 계속 법률 동아리에서 일한다
D 회사를 차린다

问：后来哥哥做了什么决定？

질문: 나중에 형은 어떤 결정을 하였는가?

시크릿 거절한 이유에 집중!

해설 형은 졸업 후에 여러 회사에서 일하면서 풍부한 업무 경험을 쌓았다. 나중에 유명한 법률 사무소에서 스카우트 제의가 들어왔지만 거절한 이유는 스스로 회사를 차리겠다는 결정을 내렸기 때문이다.

단어 继续 jìxù 동 계속하다

㊳真正的爱情会让人感觉非常幸福，无论穷还是富，你都不会感到孤单。仅仅一个笑脸，一句温馨的话就可以让你觉得很温暖。真正的爱情还可以使两个人相互理解、信任和尊重，㊳使我们的生活变得更精彩。

㊴진정한 사랑은 사람을 행복하게 한다. 가난하건 부유하건 외롭다고 느끼지 못한다. 단지 웃는 얼굴, 한 마디의 따뜻한 말만으로도 당신을 따뜻하게 만들 수 있다. 진정한 사랑은 또한 두 사람으로 하여금 서로 이해하고 믿고 존중하게 만들며, ㊳우리의 생활을 더 근사하게 만든다.

단어 真正 zhēnzhèng 혱 진정한, 참되다 | 爱情 àiqíng 몡 (주로 남녀간의) 사랑, 애정 | 让 ràng 동 ~하게 하다 | 感觉 gǎnjué 동 느끼다 | 非常 fēicháng 분 대단히 | 幸福 xìngfú 혱 행복하다 | 无论 wúlùn 젭 ~을(를) 막론하고 | 穷 qióng 혱 빈곤하다 | 富 fù 혱 부유하다 | 感到 gǎndào 동 느끼다, 여기다 | 孤单 gūdān 혱 외롭다 | 仅仅 jǐnjǐn 분 단지 | 温馨 wēnxīn 온화하고 향기롭다, 따스하다 | 温暖 wēnnuǎn 혱 따뜻하다 | 相互 xiānghù 분 서로 | 理解 lǐjiě 동 이해하다 | 信任 xìnrèn 동 신임하다 | 尊重 zūnzhòng 동 존중하다 | 使 shǐ 동 ~하게 하다 | 精彩 jīngcǎi 혱 훌륭하다, 근사하다

38
p. 101

| A 精彩 | B 无聊 | A 근사하게 | B 무료하게 |
| C 轻松 | D 舒适 | C 가볍게 | D 편안하게 |

问: 爱情可以让生活变得怎么样?   질문: 사랑은 생활을 어떻게 변화시키는가?

🔑시크릿 녹음 마지막 부분에 집중!

해설 사랑은 우리를 행복하게 하고, 외롭지 않게 하며 따뜻하게 만들어 준다고 했다. 또한 진정한 사랑은 서로 이해하고 믿고, 존중하게 해 주므로 우리의 생활을 근사하게 만들어 준다고 말하고 있다. 精彩(근사하다)라는 단어가 녹음 맨 마지막 부분에 직접 언급되고 있다.

단어 无聊 wúliáo 혱 무료하다 | 轻松 qīngsōng 혱 가볍다, 홀가분하다 | 舒适 shūshì 혱 편(안)하다

39
p. 101

A 关心别人
B 微笑生活
C 信任自己
D 爱情的作用

A 다른 사람에게 관심을 가져라
B 웃으며 생활해라
C 자신을 믿어라
D 사랑의 효과

问: 这段话主要谈什么?   질문: 이 이야기는 무엇에 관한 것인가?

🔑시크릿 전체적인 내용에 주의!

해설 이 녹음의 핵심어는 爱情(사랑)이다. 사랑이 우리의 삶에 끼치는 긍정적인 효과에 대해 말하고 있다.

단어 关心 guānxīn 동 관심을 가지다 | 微笑 wēixiào 동 미소 짓다 | 作用 zuòyòng 몡 작용, 효과

40④我不同意提高门票价格。门票价格上升后，每张票的收入是多了，但是来这儿的游客减少的话，实际上总的收入在减少。相比提高价格，我认为我们应该做的是提高服务质量，改善整体环境，那样会吸引更多的人来这儿。

40④저는 입장료 인상을 반대합니다. 입장가가 오르면 한 표당 수입은 늘어나지만, 방문하는 여행객이 줄어든다면 사실상 총 수입은 줄어듭니다. 우리는 가격을 올리는 것보다 우리의 서비스 질을 높이고, 전체 환경을 개선해야 하며, 그렇게 하면 더 많은 관람객을 끌어들일 수 있을 것입니다.

단어   同意 tóngyì 통 동의하다 | 提高 tígāo 통 향상시키다 | 门票 ménpiào 명 입장권 | 价格 jiàgé 명 가격 | 上升 shàngshēng 통 상승하다 | 每 měi 때 매, ~마다 | 张 zhāng 양 장 | 收入 shōurù 명 수입 | 游客 yóukè 명 여행객 | 减少 jiǎnshǎo 통 감소하다 | 实际上 shíjìshàng 부 사실상 | 相比 xiāngbǐ 통 비교하다 | 认为 rènwéi 통 여기다 | 应该 yīnggāi 조동 마땅히 ~해야 한다 | 服务 fúwù 명 서비스 | 质量 zhìliàng 명 품질, 질 | 改善 gǎishàn 통 개선하다 | 整体 zhěngtǐ 명 전체 | 环境 huánjìng 명 환경 | 吸引 xīyǐn 통 끌어들이다, 매료시키다

40
p. 101

| A 支持 | B 反对 | A 지지한다 | B 반대한다 |
| C 怀疑 | D 表扬 | C 의심한다 | D 칭찬한다 |

问: 说话人对提高门票价格是什么态度?   질문: 화자는 입장료 인상에 대해 어떤 태도인가?

🔒 **시크릿** 화자의 전체 의견에 집중!

해설   녹음의 맨 앞부분에 화자는 입장료 인상에 반대한다고 말하고 있다. 不同意(동의하지 않다)와 反对(반대하다)는 동의어다.

단어   支持 zhīchí 통 지지하다 | 反对 fǎnduì 통 반대하다 | 怀疑 huáiyí 통 의심하다 | 表扬 biǎoyáng 통 칭찬하다

41
p. 101

| A 银行 | B 图书馆 | A 은행 | B 도서관 |
| C 动物园 | D 大使馆 | C 동물원 | D 대사관 |

问: 说话人最可能在哪儿工作?   질문: 화자는 어디에서 일할 가능성이 큰가?

🔒 **시크릿** 상황이 발생할 수 있는 장소에 집중!

해설   도서관, 대사관, 은행에서는 입장권을 판매하지 않는다. 门票(입장권)를 판매하는 곳은 공원, 동물원, 관광지 등인데, 보기에 동물원이 제시되어 있으므로 정답은 C가 된다.

단어   银行 yínháng 명 은행 | 图书馆 túshūguǎn 명 도서관 | 动物园 dòngwùyuán 명 동물원 | 大使馆 dàshǐguǎn 명 대사관

㊷㊸今年公司的收入是去年的两倍。感谢大家的共同努力。今晚的聚会，我想对大家的努力表示感谢，你们辛苦了。另外，㊷㊸我决定每个人再发工资的百分之四十当做奖金。明年希望大家继续努力。

㊷㊸올해 회사의 수입은 작년의 두 배입니다. 함께 노력해 주신 여러분께 감사드립니다. 오늘저녁 모임은 여러분의 노력에 감사를 표하고 싶습니다. 여러분 너무 고생하셨습니다. 그리고, ㊷㊸모든 직원에게 급여의 40%에 해당하는 상여금을 지급하기로 결정하였습니다. 내년에도 계속 노력해 주시기 바랍니다.

단어 收入 shōurù 몡 수입, 소득 | 感谢 gǎnxiè 통 감사하다 | 共同 gòngtóng 튀 함께, 다같이 | 聚会 jùhuì 몡 모임 | 表示 biǎoshì 통 나타내다, 표시하다 | 辛苦 xīnkǔ 혱 고생스럽다, 수고롭다 | 另外 lìngwài 젭 이 외에, 이 밖에 | 决定 juédìng 통 결정하다 | 工资 gōngzī 몡 임금 | 百分之 bǎifēnzhī 퍼센트 | 当做 dàngzuò 통 ~로 여기다, 간주하다 | 奖金 jiǎngjīn 몡 상여금, 보너스 | 继续 jìxù 통 계속하다

42
p. 101

A 经理　　　　　　　B 售货员
C 顾客　　　　　　　D 供货商

A 사장　　　　　　　B 판매원
C 고객　　　　　　　D 도매상

问: 说话人最可能是谁?

질문: 화자는 아마도 누구일까?

🔒 시크릿 녹음 속에서 말하는 화자가 누구일지에 집중!

해설 회사의 영업 이익에 대해서 언급하고, 함께 노력하고 애써 준 직원들에게 감사 인사를 하고, 상여금을 주기로 결정했다는 말을 할 수 있는 사람은 아마도 그 회사의 사장일 것이다.

단어 售货员 shòuhuòyuán 몡 점원, 판매원 | 顾客 gùkè 몡 고객 | 供货商 gōnghuòshāng 몡 도매상, 거래처

43
p. 101

A 已经发奖金了　　　B 工资涨了
C 去年的收入更高　　D 收入增加了

A 이미 상여금을 지급했다　　B 급여가 올랐다
C 작년 수입이 훨씬 높다　　　D 수입이 증가했다

问: 关于公司，下列哪个正确?

질문: 회사에 관하여, 다음 어느 것이 옳은가?

🔒 시크릿 녹음 내용에 대한 전반적인 이해가 필요!

해설 보기를 하나씩 분석해 보자. 상여금(인센티브)은 아직 지급되지는 않았고 앞으로 지급될 예정이므로 A는 정답이 아니다. 급여의 40%에 해당하는 상여금이 지급되지만 급여 자체가 오른 것은 아니므로 B도 정답이 아니다. 올해 수입은 작년 수입보다 두 배로 올랐으니 작년 수입이 높은 것이 아니므로 C도 정답이 아니다. 따라서 정답은 D가 된다.

단어 涨 zhǎng 통 오르다 | 增加 zēngjiā 통 증가하다 | 正确 zhèngquè 혱 정확하다, 옳다

　　很多人说，时间就是金钱，但是 ❹我认为时间更像生命。钱花完了可以再赚，但是时间过去了，就再也找不回来了。时间也不会为任何人、任何事停下脚步，因此 ❺我们应该珍惜时间。如果我们浪费时间，也就是在浪费生命。

많은 사람들은 시간이 금이라고 말한다. 하지만 ❹나는 시간은 생명과 더 비슷하다고 생각한다. 돈은 다 쓰면 다시 벌면 되지만 시간은 한 번 지나가면 다시는 돌아오지 않는다. 시간은 또한 누군가 혹은 어떤 일을 위해서도 멈추지 않는다. 그러므로 ❺우리는 시간을 소중히 여겨야 한다. 시간을 낭비하는 것은 생명을 낭비하는 것과 같다.

단어　时间 shíjiān 명 시간 | 金钱 jīnqián 명 금전, 돈 | 但是 dànshì 접 그러나 | 认为 rènwéi 동 생각하다, 여기다 | 更 gèng 부 더욱 | 像 xiàng 동 ~와 닮다, 비슷하다 | 生命 shēngmìng 명 생명 | 花 huā 동 쓰다 | 再 zài 부 다시, 재차 | 赚 zhuàn 동 돈을 벌다 | 找 zhǎo 동 찾다, 구하다 | 为 wèi 전 ~을 위하여 | 任何 rènhé 대 어떠한 | 停下 tíngxià 멈추다 | 脚步 jiǎobù 명 발걸음 | 因此 yīncǐ 접 이로 인하여 | 应该 yīnggāi 조동 마땅히 ~해야 한다 | 珍惜 zhēnxī 동 아끼다, 귀중히 여기다 | 如果 rúguǒ 접 만약 | 浪费 làngfèi 동 낭비하다

44
p. 101

| A 金钱 | B 流水 | A 돈 | B 흐르는 물 |
| C 衣服 | D 生命 | C 옷 | D 생명 |

问: 说话人认为时间更像什么?　　　질문: 화자는 시간이 무엇과 더 비슷하다고 생각하는가?

🔑 시크릿 　화자의 생각을 말하는 부분에 집중!

해설　시간이 돈이라고 생각하는 것은 일반적인 사람들의 생각이고, 화자는 시간을 생명에 비유하고 있다.

단어　流水 liúshuǐ 명 흐르는 물 | 衣服 yīfu 명 옷, 의복

45
p. 101

A 怎么赚钱	A 어떻게 돈을 버는가
B 珍惜友情	B 우정을 소중히 여겨라
C 不要乱花钱	C 돈을 함부로 쓰지 마라
D 不要浪费时间	D 시간을 낭비하지 마라

问: 这段话主要想告诉我们什么?　　　질문: 이 이야기에서 말하고자 하는 것은?

🔑 시크릿 　이야기의 주제에 주의!

해설　돈으로 살 수 없고, 돈처럼 다시 벌 수도 없는, 한 번 지나가면 다시 오지 않는 시간을 소중히 여기고, 낭비하지 말라고 당부하고 있다.

단어　友情 yǒuqíng 명 우정 | 乱 luàn 부 제멋대로, 마구 | 花钱 huāqián 동 돈을 쓰다 | 主要 zhǔyào 형 주요한, 주된 | 告诉 gàosu 동 말하다

독해 해설

DAY 1

✓ 정답	1. B	2. D	3. A	4. F	5. C

[01-05]

A 顺便	B 难道	A ~한 김에	B 설마 ~하겠는가
C 按时	D 恐怕	C 제때에	D 아마도
E 到底	F 稍微	E 도대체	F 조금, 약간

단어 **顺便** shùnbiàn 團 ~한 김에, 겸사겸사 | **难道** nándào 團 설마 ~하겠는가 | **按时** ànshí 團 제때에, 규정된 시간에 | **恐怕** kǒngpà 團 아마도, 대체로 | **到底** dàodǐ 團 도대체, 마침내 | **稍微** shāowēi 團 조금, 약간, 다소

---

①, ③ 적용

01

p. 111

工资昨天就已经发了, ( )你还没收到吗? 你看看有没有银行的提醒短信。

월급은 어제 이미 나왔는데, (B 설마) 너 아직 못 받은 거야? 은행에서 온 알림 문자 있는지 없는지 한번 확인해 봐.

시크릿 주어(你) 앞에 빈칸이 있으니 주어 앞에 올 수 있는 어기부사가 등장해야 한다.

해설 문장을 읽으면서 해석과 동시에 힌트가 될만한 요소를 찾아야 한다. 문장 맨 끝에 의문의 어기조사 吗와 호응하면서도, 주어 你 앞에 나올 수 있는 어기부사인 难道…吗(설마 ~하겠는가)가 정답임을 눈치챌 수 있다.

Tip 의문대사 谁, 什么를 이용한 의문문에는 到底(도대체)를 사용하고, 의문조사 吗를 이용한 의문문에는 难道를 사용할 수 있다. 의문문 문제가 나오면 먼저 이 두 단어를 떠올려 보자.

단어 **工资** gōngzī 團 월급, 급여 | **收到** shōudào 團 받다 | **银行** yínháng 團 은행 | **提醒** tíxǐng 團 일깨우다 | **短信** duǎnxìn 團 문자, 짧은 편지

---

③ 적용

02

p. 111

你如果放弃了这次机会, 以后( )再也不会有这么好的事儿了。

네가 만약에 이번 기회를 포기한다면, 나중에는 (D 아마도) 이렇게 좋은 일이 다시는 없을 거야.

시크릿 부사는 문장에서 한 개만이 아니라, 여러 개가 나올 수도 있으므로, 再, 也 앞에는 또 다른 부사가 올 수 있다.

해설 如果(만약)를 이용한 가정문이다. 가정문은 如果…就…의 호응관계를 가지므로, 뒤 절에 부사 就가 나올 가능성도 있다. 그러나 보기에 就가 제시되지 않았으니 다른 힌트를 살펴본다. 뒤 절을 보면 不会(~하지 않을 것이다)라는 부정적인 예상이 나오고 있는데, 부사 恐怕는 '아마 ~일 것이다'라는 뜻으로 추측을 나타내며, 부정부사(不, 没, 不会, 不能)나 가능보어의 부정형(看不懂, 听不明白)과 자주 함께 쓰인다.

단어 **如果** rúguǒ 團 만약 | **放弃** fàngqì 團 포기하다 | **机会** jīhuì 團 기회 | **以后** yǐhòu 團 이후 | **这么** zhème 團 이렇게 | **事儿** shìr 團 일

2, 3 적용

03

p. 111

你去买<u>啤酒</u>吗? (　　　)帮我买一盒<u>牛奶</u>吧。

너 맥주 사러 가는 거야? (**A 가는 김에**) 나 우유 한 통만 사다 줘.

🔒 **시크릿** 술어(帮我买) 앞에 빈칸이 있으니 부사가 답일 것이다.

해설 앞 절에 买啤酒(맥주를 사다)가 나오고, 뒤 절에 帮我买牛奶(우유를 사다 주다)라는 동작이 나왔다. 첫 번째 동작을 하는 김에 약간의 수고를 들여서 두 번째 동작을 할 수 있을 때, 부사 顺便(~한 김에)을 사용한다. 顺便은 두 번째 동작 앞에 나와야 하므로, 일반적으로 뒤 절 맨 앞에 쓴다는 점을 잊지 말자!

　　🔵Tip 동작1 + 顺便 + 동작2

　　　　예 你去邮局寄信的时候, 顺便帮我买几张邮票好吗? 너 우체국에 편지 부치러 갈 때, 나 우표 몇 장 사다 줄래?

단어 买 mǎi 图 사다 | 啤酒 píjiǔ 図 맥주 | 帮 bāng 图 돕다 | 盒 hé 図 갑, 통 | 牛奶 niúnǎi 図 우유

---

3 적용

04

p. 111

她们双胞胎长得特别像, 区别只是姐姐的<u>皮肤</u>比妹妹(　　　)<u>白</u>一些。

그 쌍둥이는 생김새가 정말 닮았다. 차이점은 단지 언니의 피부가 동생보다 (**F 조금**) 하얗다는 것 뿐이다.

🔒 **시크릿** 형용사 술어(白) 앞에 빈칸이 있으니 정도를 나타내는 부사가 등장해야 한다.

해설 형식이 'A + 比 + B + 술어 + 一些'인 비교문에서 형용사 술어인 白(희다) 앞에는 일반적으로 更(훨씬)이 등장할 가능성이 매우 높다. 이 문제에서는 뒤에 一些, 一点儿과 자주 호응하는 부사 稍微(조금, 약간)가 정답이 된다.

　　🔵Tip 비교문에서는 更, 稍微처럼 비교의 느낌을 갖는 부사가 쓰일 수 있다. 很, 非常처럼 일반적인 정도부사는 절대로 쓰일 수 없으니, 작문할 때 유의하도록 하자.

단어 双胞胎 shuāngbāotāi 図 쌍둥이 | 特别 tèbié 图 특히, 매우 | 像 xiàng 图 같다, 닮다 | 区别 qūbié 図 차이점 | 只是 zhǐshì 图 단지, 다만 | 皮肤 pífū 図 피부 | 白 bái 図 하얗다

---

3 적용

05

p. 111

你<u>病</u>得很厉害, 一定要听医生的话, (　　　)吃<u>药</u>。

네 병은 심각해. 의사 선생님의 말씀을 꼭 듣고 (**C 제때에**) 약을 먹어야 해.

🔒 **시크릿** 술어(吃药) 앞의 빈칸에는 부사가 들어가야 한다.

해설 부사 按时는 '규정된 시간에 따라, 제시간에'라는 뜻을 나타낸다. 동사 吃药(약 먹다), 完成(완성하다), 到达(도착하다) 등과 자주 함께 쓰인다.

단어 病 bìng 図 병 | 厉害 lìhai 図 심각하다, 지독하다 | 一定 yídìng 图 반드시, 꼭 | 听 tīng 图 듣다, 따르다 | 医生 yīshēng 図 의사 | 吃 chī 图 먹다 | 药 yào 図 약

🔵Tip 괄호 뒤에 있는 밑줄은 정답을 알 수 있는 강력한 힌트다. 형광펜으로 표시하여 정답과 함께 묶어서 외워 두면 시험장에서 큰 효과를 볼 수 있다.

[01-05]

A 果然	B 偶尔	A 과연	B 가끔
C 随便	D 大概	C 함부로	D 대략
E 千万	F 最好	E 제발, 절대로	F ~하는 게 제일 좋다

단어 果然 guǒrán 凰 과연 | 偶尔 ǒu'ěr 凰 이따금, 때때로 | 随便 suíbiàn 凰 마음대로, 함부로 | 大概 dàgài 凰 대략, 대개 | 千万 qiānwàn 凰 부디, 제발, 절대로 | 最好 zuìhǎo 凰 ~하는 게 제일 좋다

---

  ① 적용

01

p. 112

A: 你们学校的硕士和博士研究生有多少人?

B: 准确数字不太清楚, (   ) 有三四十个人。

A: 너희 학교에 석사와 박사 연구생이 몇 명 있니?

B: 정확한 수는 잘 모르지만, (D 대략) 30~40명 정도 있어.

🔒 시크릿 술어(有) 앞에 있는 빈칸에는 부사가 올 가능성이 높다.

해설 빈칸 앞뒤의 문맥에서 힌트를 찾는다. 수량을 나타내는 말(三四十) 앞에는 부사 大概(대략)가 가장 어울린다.

⚠️Tip 수량 앞에 자주 쓰이는 부사
至少 적어도 / 大约 대략 / 一共 총 합쳐서 / 几乎 거의 / 差不多 거의 / 大概 대략

단어 学校 xuéxiào 몡 학교 | 硕士 shuòshì 몡 석사 | 博士 bóshì 몡 박사 | 研究生 yánjiūshēng 몡 연구생, 대학원생 | 准确 zhǔnquè 휑 정확하다 | 数字 shùzì 몡 숫자, 수량 | 清楚 qīngchu 휑 분명하다, 명백하다

---

  ②, ③ 적용

02

p. 112

A: 咱俩把沙发往窗户那儿抬一下，这样看电视更舒适些。

B: 别开玩笑了，咱们根本抬不动, (   ) 等你爸回来再弄吧。

A: 우리 둘이 소파를 창가 쪽으로 옮겨 봐요. 이러면 TV 볼 때 더 편할 거예요.

B: 농담하지 마. 우리는 무거워서 도무지 옮길 수 없어. 너희 아빠가 오실 때까지 기다렸다가 하는 게 (F 제일 좋을 거 같아).

🔒 시크릿 빈칸에는 뒤 절 전체를 수식하는 부사가 들어갈 수 있다.

해설 자신들은 소파가 무거워서 못 옮길 테니, 아빠를 기다려 보자고 제안하는 내용이다. 最好는 어떤 일을 처리하는데 가장 좋은 방법이나 제안을 할 때 쓰는 부사다. 주로 명령문에 많이 쓰이며, 문장 맨 앞이나 주어 앞뒤에 나올 수 있다.

📝 最好你穿漂亮一点。옷을 예쁘게 입는 게 좋을 거야.
最好你别去打扰她。그녀를 방해하지 않는 게 좋을 거야.
你最好早点回家。일찍 집에 돌아가는 게 좋을 거야.

단어 沙发 shāfā 몡 소파 | 往 wǎng 젠 ~쪽으로 | 窗户 chuānghu 몡 창문 | 抬 tái 동 들어올리다 | 看 kàn 동 보다 | 电视 diànshì 몡 TV, 텔레비전 | 舒适 shūshì 휑 편하다 | 开玩笑 kāi wánxiào 동 농담하다 | 根本 gēnběn 凰 전혀, 도무지 | 回来 huílái 동 돌아오다 | 弄 nòng 동 하다

03

p. 112

A: 为了这次比赛，她刻苦准备了好几个月。我一直觉得冠军肯定是她。

B: 结果已经出来了，你猜得真准。她（　　）拿了冠军。

A: 이번 시합을 위해서, 그녀는 힘들게 몇 달을 준비했어. 나는 분명히 그녀가 우승할 거라고 생각해.

B: 결과는 이미 나왔어. 너 정말 정확히 맞혔어. 그녀가 (A 과연) 우승을 했어.

🔒시크릿 술어(拿了) 앞 빈칸에는 부사가 들어갈 수 있다.

해설　화자 A는 그녀가 우승할 것이라고 예측했고, 화자 B가 정확히 맞혔다고 했다. 따라서 빈칸에는 예측했던 내용이 사실과 일치했을 때 사용하는 부사 果然이 가장 어울린다.

단어　为了 wèile 젠 ~을 위하여 | 比赛 bǐsài 명 시합 | 一直 yìzhí 부 줄곧 | 冠军 guànjūn 명 우승, 1등 | 肯定 kěndìng 동 긍정하다, 인정하다 | 结果 jiéguǒ 명 결과 | 猜 cāi 동 추측하다, 알아맞히다 | 准 zhǔn 형 정확하다, 확실하다 | 拿 ná 동 받다, 타다, 얻다

04

p. 112

A: 你有什么好主意吗？

B: 这方面我不太了解，我不敢（　　）说，你问问老张吧。

A: 너 무슨 좋은 아이디어 있니?

B: 이 분야는 내가 잘 알지 못해서, (C 함부로) 말하지 못하겠어. 너는 라오장에게 한번 물어봐.

🔒시크릿 술어(说) 앞에 있는 빈칸에는 부사가 등장할 수 있다.

해설　随便은 '마음대로 하다, 좋을 대로 하다'의 의미를 가지고 있으며, 부사로서 조금은 부정적인 색채를 띠는 '함부로, 제멋대로'의 의미를 가지고 있다. 이 문제에서는 잘 알지 못하는 분야이기 때문에 '함부로 말할 수 없다'라는 의미를 갖는다. 문맥을 통해서 정답을 찾을 수 있다.

　　🔵Tip 부사 '함부로, 제멋대로'의 의미로 사용되는 예문
　　　随便看 함부로 보다 / 随便扔 함부로 버리다 / 随便穿 제멋대로 (옷을) 입다

단어　主意 zhǔyi 명 의견, 아이디어 | 方面 fāngmiàn 명 방면 | 了解 liǎojiě 동 이해하다 | 不敢 bùgǎn 감히 ~하지 못하다

05

p. 112

A: 你喜欢吃什么水果？我这边什么都有，随便吃，（　　）别客气。

B: 谢谢，那我就不客气了。

A: 너는 어떤 과일을 좋아하니? 나한테 여러 종류의 과일이 다 있어. 마음대로 먹어. (E 절대로) 사양하지 말고.

B: 고마워. 그럼 나 사양하지 않을게.

🔒시크릿 금지의 의미를 갖는 부사 别는 '~하지 마라'는 뜻으로, 别와 잘 어울리는 부사를 선택할 수 있다.

해설　부사 千万은 '제발, 절대로'의 의미를 갖는다. 뒤에는 항상 부정의 의미를 나타내는 别, 不要(~하지 말아라)가 함께 나온다. 千万别客气는 '절대 사양하지 말아라'라는 고정 표현이므로 암기해 놓는 것이 좋다.

단어　这边 zhèbian 명 이곳 | 随便 suíbiàn 부 마음대로 | 客气 kèqi 동 사양하다

✓ 정답	1. F	2. E	3. B	4. C	5. A

[01-05]

A 质量	B 任务	A 질	B 임무
C 速度	D 个子	C 속도	D 키
E 距离	F 礼貌	E 거리	F 예의

단어   质量 zhìliàng 몡 질, 품질 | 任务 rènwu 몡 임무, 책무 | 速度 sùdù 몡 속도 | 个子 gèzi 몡 키 | 距离 jùlí 몡 거리 | 礼貌 lǐmào 몡 예의

2, 3 적용

01
p. 117

他弟弟不但聪明，而且很懂（　　　），给客人们留下了非常好的印象。

그의 남동생은 똑똑할 뿐만 아니라 (F 예의)를 잘 알아서, 손님들에게 아주 좋은 인상을 남겼다.

🔒 시크릿   동사 술어(懂) 뒤에는 목적어가 올 수 있다. 주로 명사나 대사가 목적어가 되므로, 적당한 명사를 찾으면 된다.

해설   접속사 不但…而且…(~일 뿐만 아니라, 게다가 ~하다)에서는 앞 절에 긍정적 단어(聪明)가 쓰이면, 뒤 절에도 긍정적 단어가 나온다. 동사 懂과 어울리는 명사는 礼貌로 '예의를 알다, 예의 바르다'의 의미를 나타낸다.

단어   弟弟 dìdi 몡 남동생 | 不但… 而且… búdàn…érqiě… 젭 ~일 뿐만 아니라, 게다가 ~하다 | 聪明 cōngming 혱 똑똑하다 | 懂 dǒng 동 알다, 이해하다 | 客人 kèrén 몡 손님, 고객 | 留 liú 동 남기다 | 非常 fēicháng 뷔 아주, 대단히 | 印象 yìnxiàng 몡 인상

2, 3 적용

02
p. 117

这儿离故宫还有一段（　　　），你还是打的去吧。

여기는 고궁에서부터 어느 정도 (E 거리)가 있으니까, 택시를 타고 가는 것이 나을 거야.

🔒 시크릿   빈칸 앞에 一段(수사 + 양사)이 나왔으므로, 뒤에 명사가 나와야 한다. 수사가 나오면 '수사 + 양사 + 명사' 어순을 기억하자!

해설   전치사 离는 시간이나 거리의 간격을 나타낸다. 따라서 거리 간격을 나타내는 단어 距离(거리)를 선택하면 된다.

단어   离 lí 젠 ~에서, ~로부터 | 故宫 Gùgōng 몡 고궁 | 段 duàn 양 (일정한 시간이나 공간의) 구간 | 还是 háishi 뷔 ~하는 편이 좋다 | 打的 dǎdī 동 택시를 잡아타다

2, 3 적용

03
p. 117

您就放心地把（　　　）交给我吧，我保证能够按时完成。

걱정하지 말고 (B 임무)를 저한테 맡기세요. 제시간에 완성할 수 있을 거라고 장담합니다.

🔒 시크릿   처치를 나타내는 把는 전치사이다. '전치사 + 명사 + 술어'의 어순에 따라, 빈칸 안에는 명사가 나와야 한다.

해설   빈칸 앞에 把라는 힌트가 있음을 주목한다. 전치사 把 뒤에는 명사만 위치할 수 있으므로 보기 중 명사인 任务를 넣어야 적절하다. 또한 뒤 절에 完成을 보고도 유추 가능하다. 完成 + 任务(임무를 완수하다)처럼 함께 호응하며 쓰이는 표현을 암기하면 문제 푸는 데 도움이 된다.

단어   放心 fàngxīn 동 마음을 놓다 | 交 jiāo 동 맡기다, 넘기다 | 按时 ànshí 뷔 제때에 | 完成 wánchéng 동 완성하다

3 적용

爸爸, 你开慢点儿, 这里是儿童保护区, (　　　) 不能超过每小时40公里。

아빠, 좀 천천히 운전하세요. 여기는 어린이 보호 구역이에요. (C 속도)가 시속 40km를 초과하면 안 돼요.

🔒 **시크릿** 술어(不能超过) 앞의 빈칸은 주어 자리이다. 주로 주어가 되는 명사나 대명사를 찾으면 된다.

해설　제시된 문장에서 등장하는 开(운전하다), 儿童保护区(어린이 보호 구역), 超过(초과하다), 40公里(40km) 등의 단어를 통해 '운전하는 속도'에 대해서 이야기하고 있음을 유추할 수 있다. 정답은 速度(속도)가 가장 타당하다.

단어　保护区 bǎohùqū 몡 보호 구역 | 超过 chāoguò 통 초과하다 | 公里 gōnglǐ 몡 킬로미터(km)

---

3 적용

天气预报说, 这周六的空气 (　　　) 非常差, 建议我们减少室外活动。

일기예보에서 이번 토요일 공기의(A 질)이 매우 나쁘다는데, 실외 활동을 좀 줄이는 게 좋다고 권고했어요.

🔒 **시크릿** 술어(非常差) 앞의 빈칸은 주어 자리이다. 술어와 어울리는 주어를 찾아보자.

해설　주어가 되는 명사를 찾으려면 호응하는 술어를 힌트로 삼으면 된다. '空气(　　) + 差 공기의 (　　)이 나쁘다'의 구조를 통해 空气质量(공기의 질)이 가장 어울리는 단어임을 알 수 있다.

단어　预报 yùbào 몡 예보 | 空气 kōngqì 몡 공기 | 差 chà 톙 부족하다, 떨어지다, 나쁘다 | 建议 jiànyì 통 제안하다 | 减少 jiǎnshǎo 통 줄이다 | 室外 shìwài 몡 실외

[01–05]

A 重点	B 一切	A 핵심	B 전부
C 结果	D 玩笑	C 결과	D 농담
E 节目	F 周围	E 프로그램	F 주변

단어 **重点** zhòngdiǎn 몡 중점, 핵심 | **一切** yíqiè 떼 전부, 일체 | **结果** jiéguǒ 몡 결과 | **玩笑** wánxiào 몡 농담 | **节目** jiémù 몡 공연, 프로그램 | **周围** zhōuwéi 몡 주위, 주변

---

② , ③ 적용

01

p. 118

A: 小王昨天哭了，你不应该跟她开那种 (　　　)。
B: 真的吗？那我去跟她道个歉吧。

A: 샤오왕은 어제 울었어. 너 그녀에게 그런 (**D 농담**)하면 안 되지.
B: 진짜야? 그럼 내가 가서 사과해야겠다.

🔒시크릿 '동사 술어 + 목적어'의 어순에 따라, 동사 开 뒤에는 목적어가 될 수 있는 명사가 나와야 한다.

해설 '지시대사 + (수사) + 양사 + 명사'의 어순에 따라서, 那(一)种 뒤 빈칸에는 명사가 나와야 한다. 적절한 명사를 찾으려면 동사를 힌트로 삼으면 된다. 开는 玩笑와 서로 호응하여 '농담을 하다'라는 뜻으로 자주 사용된다. 따라서 정답은 玩笑가 된다.

단어 **哭** kū 통 울다 | **应该** yīnggāi 조통 마땅히 ~해야 한다 | **种** zhǒng 양 종, 종류 | **道歉** dàoqiàn 통 사과하다

---

② , ③ 적용

02

p. 118

A: 经理，这是我新做好的报告，您确认一下。
B: 内容太单调，不够详细，缺少 (　　　)，明天我们得再开个会，继续讨论。

A: 사장님, 새로 작성한 보고서입니다. 확인해 주세요.
B: 내용이 너무 단조롭고, 상세하지도 않고, (**A 핵심**)도 부족하군. 내일 다시 회의를 열어 계속 토론해야겠어.

🔒시크릿 '동사 술어 + 목적어'의 어순에 따라 술어(缺少) 뒤에는 목적어가 될 수 있는 명사가 나와야 한다.

해설 사장은 직원이 작성한 보고서에 불만스러워하며, 보고서 내용에 핵심(重点)이 없다고 꾸짖고 있다.

단어 **经理** jīnglǐ 몡 사장 | **报告** bàogào 몡 보고서 | **确认** quèrèn 통 확인하다 | **内容** nèiróng 몡 내용 | **单调** dāndiào 혱 단조롭다 | **不够** búgòu 혱 부족하다 | **详细** xiángxì 혱 상세하다, 자세하다 | **缺少** quēshǎo 통 결여되다, 부족하다 | **明天** míngtiān 몡 내일 | **继续** jìxù 통 계속하다 | **讨论** tǎolùn 통 토론하다

03
p. 118

1 , 2 적용

A: 明天就要去北京上大学了，（　　　）都准备好了吗?

B: 还没有，心里也挺紧张呢。

A: 내일이면 베이징으로 가서 대학교를 다니게 될 텐데, (**B 전부**) 다 준비됐어?

B: 아직 못했어. 너무 긴장돼.

🔒 **시크릿** '주어 + 술어'의 어순에 따라, 술어(准备) 앞에는 주어가 될 수 있는 명사가 필요하다.

해설 부사 都 앞에는 복수의 의미를 가진 단어가 나와야 한다. 一切는 '일체, 전부'라는 복수의 의미를 나타내며 모든 대상이나 상황을 아우르는 단어이므로, 빈칸에 가장 타당하다.

단어 明天 míngtiān 몡 내일 | 准备 zhǔnbèi 동 준비하다 | 心里 xīnli 몡 마음 | 挺 tǐng 분 매우, 상당히 | 紧张 jǐnzhāng 형 긴장하다, 불안하다

04
p. 118

1 , 3 적용

A: 昨天那场足球友谊赛（　　　）怎么样了?

B: 那还用说吗? 百分之百是我们班赢了啊!

A: 어제 그 친선 축구 경기 (**C 결과**)가 어떻게 되었어?

B: 그걸 군이 말할 필요가 있니? 100퍼센트 우리 반 승리지!

🔒 **시크릿** '지시대사 + (수사) + 양사 + 명사'의 어순에 따라서, 빈칸에는 那场 + 足球友谊赛의 수식을 받는 명사가 나와야 한다.

해설 친선 축구 경기에서 어느 팀이 이겼는지 승패를 묻고 있다. 따라서, 빈칸에는 结果(결과)가 나오는 것이 가장 적절하다.

단어 友谊赛 yǒuyìsài 몡 친선 경기 | 赢 yíng 동 이기다

05
p. 118

2 , 3 적용

A: 每年春节联欢晚会的（　　　）都特别精彩，不知今年怎么样?

B: 应该不错吧。电视上早就打出了广告。

A: 매년 설 축하 공연의 (**E 프로그램**)은 정말 훌륭했는데, 올해는 어떨지 모르겠네?

B: 당연히 괜찮겠지. TV에서 일찌감치 광고도 내보냈잖아.

🔒 **시크릿** 구조조사 的 이하에 오는 명사를 찾는 문제다.

每年春节联欢晚会的（　）+ 都特别精彩
　　　수식어　　的 명사　형용사 술어
　　　　　주어

해설 주어의 힌트는 술어(精彩)다. 精彩는 시합이나 공연, 프로그램 등이 훌륭할 때 사용하는 형용사다.

단어 每年 měinián 몡 매년 | 春节 Chūnjié 몡 설날 | 联欢 liánhuān 동 함께 모여 즐기다 | 晚会 wǎnhuì 몡 파티 | 特别 tèbié 분 특별히, 아주 | 精彩 jīngcǎi 형 훌륭하다, 멋지다 | 应该 yīnggāi 조동 마땅히 ~해야 한다 | 不错 búcuò 형 좋다, 괜찮다 | 电视 diànshì 몡 TV, 텔레비전 | 广告 guǎnggào 몡 광고

[01-05]

A 难过	B 流行	A 괴롭다	B 유행하다
C 顺利	D 复杂	C 순조롭다	D 복잡하다
E 严重	F 粗心	E 심각하다	F 세심하지 못하다

단어 难过 nánguò 웹 괴롭다, 슬프다 | 流行 liúxíng 웹 유행하다 | 顺利 shùnlì 웹 순조롭다 | 复杂 fùzá 웹 복잡하다 | 严重 yánzhòng 웹 심각하다, 위급하다 | 粗心 cūxīn 웹 세심하지 못하다, 소홀하다

 2, 3 적용

01
p. 124

我的感冒更（　　　）了，明天我想请一天假。　　감기가 더 (E 심각해)져서, 나는 내일 휴가를 하루 내고 싶다.

🔑 **시크릿** 주어(我的感冒) 뒤에는 술어가 나와야 한다. 부사 更 이하의 빈칸에는 동사나 형용사 술어가 나올 수 있다.

해설 형용사 술어의 힌트는 주어다. 주어 感冒(감기)의 상태나 정도가 매우 깊고 심각하다는 의미를 나타낼 때는 형용사 严重 (심하다)을 쓰는 것이 가장 적당하다.

단어 感冒 gǎnmào 웹 감기 | 更 gèng 웹 더욱 | 明天 míngtiān 웹 내일 | 想 xiǎng 조동 ~하고 싶다 | 请假 qǐngjià 圄 (휴가 등을) 내다, 신청하다

 2, 3 적용

02
p. 124

不管做什么事情，都要认真、仔细，不要太马虎、太（　　　）。　어떤 일을 하든지 열심히, 꼼꼼히 해야지, 너무 대충하거나 (F 소홀하게) 해서는 안 된다.

🔑 **시크릿** '정도부사 + 형용사'의 어순에 따라 정도부사(太) 뒤의 빈칸에는 형용사 술어가 나와야 한다.

해설 힌트는 병렬로 나온 단어 马虎다. 马虎나 粗心은 모두 '세심하지 못하다, 소홀하다'의 뜻을 나타내는 동의어로, 앞의 马虎를 보고 粗心을 고를 수 있어야 한다.
　　　🔖 **Tip** 동의어: 马虎 / 粗心 / 大意 세심하지 못하다, 소홀하다
　　　　　반의어: 仔细 / 认真 꼼꼼하다, 성실하다

단어 不管 bùguǎn 쩝 ~에 관계없이 | 什么 shénme 뗴 무슨, 무엇 | 事情 shìqing 웹 일, 사건 | 认真 rènzhēn 웹 성실하다 | 仔细 zǐxì 웹 세심하다, 꼼꼼하다 | 马虎 mǎhu 웹 대충하다, 소홀하다

3 적용

03
p. 124

人在伤心（　　　）的时候，大哭一场也许是不错的办法。

사람이 슬프고 (A 괴로울) 때는, 한바탕 우는 것도 어쩌면 괜찮은 방법이다.

> **시크릿** 형용사는 술어가 되기도 하지만, 명사를 꾸며주는 관형어나 술어를 꾸며 주는 부사어 또는 보어의 역할도 할 수 있다. 이 문제에서는 명사 时候(~할 때)를 수식하는 관형어로 쓰였다.
>
> 伤心（　　）的 + 时候
> 형용사 관형어 + 피수식어(명사)

해설　의미상 빈칸 앞에 제시된 伤心(슬프다)과 유사한 뜻을 가진 难过(괴롭다)가 들어가는 것이 옳다. 유사한 단어를 병렬해서 사용함으로써, 자신이 전달하고자 하는 의미를 한층 더 깊게 만들 수 있다.

단어　伤心 shāngxīn 통 상심하다 | 哭 kū 통 울다 | 一场 yìchǎng 한 번, 한바탕 | 也许 yěxǔ 부 어쩌면, 아마도 | 不错 búcuò 형 좋다, 괜찮다 | 办法 bànfǎ 명 방법

---

2 , 3 적용

04
p. 124

本来很简单的事，现在变得（　　　）起来了。

원래는 매우 간단한 일이었는데, 지금은 (D 복잡하게) 변했다.

> **시크릿** 정도보어를 만드는 구조조사 得 이하 부분에는 동사나 형용사로 이루어진 보어가 나오게 된다.
>
> 变 + 得 + （　　）起来了
> 술어 + 得 + 보어(동사/형용사)

해설　앞 절에서 '간단한 일'이라고 했는데 뒤 절에는 그 상황이 변하였다고 했으므로, 반의어인 复杂(복잡하다)가 들어가는 것이 가장 타당하다.

단어　本来 běnlái 부 원래, 본래 | 简单 jiǎndān 형 간단하다 | 变 biàn 통 변하다

---

2 , 3 적용

05
p. 124

原来你已经从天津回来了？ 一切都很（　　　）吧？

알고 보니 너 이미 톈진에서 돌아왔구나? 모든 일이 다 (C 순조로웠)지?

> **시크릿** 정도부사(很)의 수식을 받으려면 빈칸에는 형용사가 나와야 한다.

해설　天津回来(톈진에서 돌아오다)로 미루어 보아, 톈진으로 출장을 다녀왔음을 알 수 있다. 상대에게 여정의 결과를 물을 때, 우리는 一切都很顺利(모든 일이 다 순조롭다)라는 표현을 자주 사용한다.

단어　原来 yuánlái 부 알고 보니 | 已经 yǐjing 부 이미 | 一切 yíqiè 대 모두, 전부

[01-05]

A 严格	B 热闹	A 엄격하다	B 떠들썩하다
C 流利	D 直接	C 유창하다	D 직접적인
E 满	F 正式	E 가득하다	F 정식의

단어 **严格** yángé 혱 엄격하다 | **热闹** rènao 혱 떠들썩하다, 시끌벅적하다 | **流利** liúlì 혱 유창하다 | **直接** zhíjiē 혱 직접, 직접적인 | **满** mǎn 혱 가득하다 | **正式** zhèngshì 혱 정식의, 공식

---

 3 적용

01
p. 125

A: 你穿这种衣服太随便了，今天开会得穿（　　）点儿。

B: 怕什么，除了你，那儿没人认识我。

A: 너 옷차림이 너무 편한 거 아냐. 오늘 회의는 좀 (**F 정식으로**) 입어야 하는데.

B: 뭐 어때, 거기에는 너 말고 나를 아는 사람도 없는데.

> 시크릿 빈칸 뒤의 (一)点儿은 여러 가지 용법이 있지만, 형용사 뒤에서 정도의 가벼움을 나타내는 보어로 쓰인다. 따라서 빈칸에는 형용사가 필요하다.
> 예 正式点儿 조금 정식이다 / 长了点儿 조금 길다 / 好点儿 조금 좋다

해설 앞 절에 상대방의 옷차림이 너무 편해서(随便), 때와 장소에 어울리지 않는다고 말하고 있다. 그렇다면 随便과 반대되도록 옷을 입으라고 조언하는 것이므로 正式(정식의, 공식적인)가 가장 타당하다.

단어 **穿** chuān 동 입다 | **衣服** yīfu 명 옷 | **随便** suíbiàn 혱 제멋대로다 | **开会** kāihuì 동 회의를 하다 | **怕** pà 동 걱정하다 | **除了** chúle 젠 ~를 제외하고는 | **认识** rènshi 동 알다

---

 2 , 3 적용

02
p. 125

A: 外面有很多人，停着很多辆车，特别（　　）。

B: 今天老王的女儿结婚，我们也去祝贺一下吧。

A: 밖에 사람도 매우 많고, 차도 매우 많이 세워져 있어. 정말 (**B 떠들썩해**).

B: 오늘 라오왕 딸이 결혼해. 우리도 가서 축하해 주자.

> 시크릿 정도부사(特别) 뒤에는 형용사 술어가 나와야 한다.

해설 대화에서 很多人(많은 사람), 很多辆车(많은 차), 结婚(결혼), 祝贺(축하하다) 등의 단어를 보면, 결혼을 축하하기 위해 많은 사람들이 모여 북적이는 상황임을 알 수 있다. 이러한 상황을 묘사할 때 쓸 수 있는 어휘는 热闹(떠들썩하다)이다. 热闹는 설이나 추석과 같은 명절 분위기를 표현하거나, 사람이 많이 모여 있는 공원·번화가 등을 묘사할 때도 자주 쓰이는 형용사다.

단어 **外面** wàimian 명 바깥 | **停** tíng 동 세우다 | **辆** liàng 명 대(차량을 세는 단위) | **特别** tèbié 부 아주, 특별히 | **今天** jīntiān 명 오늘 | **女儿** nǚ'ér 명 딸 | **结婚** jiéhūn 동 결혼하다 | **祝贺** zhùhè 동 축하하다

2, 3 적용

03

p. 125

A: 简直受不了，这么简单的动作让我们练二三十遍。

B: 老师对你们（　　　）些好，都是为了帮你们打好基础。

A: 정말 못 참겠어요. 이렇게 간단한 동작을 우리한테 2~30번이나 연습시키시다니.

B: 선생님이 너희에게 좀 (**A 엄격한**) 것이 좋아. 너희가 기초를 잘 다지게끔 해 주시려는 거야.

시크릿 어순에 따라 빈칸에는 술어가 될 수 있는 동사나 형용사가 들어가야 한다.

老师 + 对我们 +（　　）
주어 + 전치사구 + 술어

해설 화자 A의 말에서 알 수 있듯이 선생님은 간단한 동작도 몇십 번씩 연습시키는 엄격한 사람임을 알 수 있다. 따라서 정답은 严格(엄격하다)다.

단어 简直 jiǎnzhí 🔺 그야말로, 정말로 | 受不了 shòubuliǎo 🔺 참을 수 없다 | 这么 zhème 🔺 이렇게 | 简单 jiǎndān 🔺 간단하다, 단순하다 | 动作 dòngzuò 🔺 동작 | 练 liàn 🔺 연습하다, 훈련하다 | 为了 wèile 🔺 ~을 위하여 | 帮 bāng 🔺 돕다 | 基础 jīchǔ 🔺 기초

2, 3 적용

04

p. 125

A: 刚刚那个售货员说什么了？

B: 她说购物（　　　）300元就可以免费参加抽奖活动，第一名是一台笔记本。

A: 방금 전에 그 판매원이 뭐라고 한 거야?

B: 쇼핑 구매액이 300위안을 (**E 채우면**), 공짜로 추첨행사에 참여할 수 있다고 했어. 1등은 노트북을 준대.

시크릿 '쇼핑 금액을 얼마 이상을 채우다'라는 뜻의 형용사를 찾아보자.

해설 중국 쇼핑센터에서는 다양한 행사가 있다. 예를 들어, 한 개를 사면 한 개를 더 주는 买一送一도 있고, 일정 금액 이상을 채우면 사은품을 주거나 추첨 행사에 참여할 수 있는 기회를 주기도 한다. '(일정 금액을) 채우다'라는 뜻의 형용사 满이 가장 어울린다.

단어 售货员 shòuhuòyuán 🔺 판매원 | 购物 gòuwù 🔺 물건을 구입하다 | 免费 miǎnfèi 🔺 공짜의 | 抽奖 chōujiǎng 🔺 수상자를 뽑다 | 台 tái 🔺 대 | 笔记本 bǐjìběn 🔺 노트북

3 적용

05

p. 125

A: 真羡慕你，能说一口（　　　）的汉语。

B: 我来中国已经5年了，只要平时多跟中国人聊天儿，你也可以的。

A: 네가 정말 부럽다. 그렇게 (**C 유창한**) 중국어를 구사할 수 있으니!

B: 내가 중국에 온 지 이미 5년이나 됐어. 만약 평상시에 중국인이랑 대화를 많이 한다면, 너도 가능해.

시크릿 빈칸에는 汉语(중국어)를 수식할 수 있는 형용사가 나와야 한다.

해설 '수사 + 양사 + 수식어 + 的 + 명사'의 어순에 따라서, 빈칸에는 명사 汉语를 꾸며 주는 형용사 수식어가 들어가야 한다. 수량사 一口는 吃一口 '음식을 한입 베어 먹다'의 뜻으로도 쓰이지만, 유창한 언어를 구사한다는 수량사로도 쓰인다. 예를 들어 一口流利的英语(유창한 영어), 一口漂亮的汉语(능숙한 중국어), 一口标准的普通话(표준적인 보통화) 등의 표현을 쓸 때도, 수량사 一口를 쓸 수 있다. 따라서 빈칸에는 '유창하다'의 의미인 流利가 가장 타당하다.

단어 羡慕 xiànmù 🔺 부러워하다 | 平时 píngshí 🔺 평소 | 聊天儿 liáotiānr 🔺 수다떨다, 잡담하다

[01-05]

A 放弃	B 举办	A 포기하다	B 개최하다
C 允许	D 道歉	C 허락하다	D 사과하다
E 推迟	F 符合	E 연기하다	F 부합하다

단어   放弃 fàngqì 동 포기하다 | 举办 jǔbàn 동 거행하다, 개최하다 | 允许 yǔnxǔ 동 허가하다, 응낙하다 | 道歉 dàoqiàn 동 사과하다, 사죄하다 |
推迟 tuīchí 동 연기하다 | 符合 fúhé 동 부합하다

---

2 적용

01
p. 130

你这么做不 (   ) 公司的规定，会破坏公司的管理。

네가 이렇게 하는 것은 회사의 규정에 (F 부합하지) 않고, 회사 관리를 훼손할 수 있다.

🔒 시크릿   빈칸 뒤의 명사구(목적어)를 이끌 수 있는 것은 동사다.

不   +   (   )   +   公司的规定
부정부사 + 동사 술어 + 목적어

해설   동사의 힌트는 목적어다. 여기에서 목적어 规定(규정)과 가장 어울리는 동사는 符合다. 동사 符合는 두 개가 서로 부합한다는 뜻을 나타내며, 规定(규정), 要求(요구), 条件(조건), 标准(표준) 등을 목적어로 취한다.

단어   这么 zhème 대 이렇게 | 公司 gōngsī 명 회사 | 规定 guīdìng 명 규정 | 破坏 pòhuài 동 파괴하다, 훼손하다 | 管理 guǎnlǐ 명 관리

---

2 적용

02
p. 130

我刚才听广播说明天可能会下大雨，足球比赛恐怕要 (   ) 了。

방금 방송을 들어보니까 내일 비가 많이 올 거래. 축구시합은 아마도 (E 연기될) 거 같아.

🔒 시크릿   조동사 要는 앞에 快나 就, 끝에는 了를 써서 '곧 ~할 것이다'라는 뜻을 나타낸다. 조동사(要)는 동사를 돕는 역할을 하므로, 뒤에 동사를 끌고 나온다.

足球比赛 + 恐怕 + 要 + (   ) 了
주어   + 부사 + 조동사 + 동사

해설   동사의 힌트는 목적어지만, 이 문장처럼 목적어가 없을 경우에는 주어가 힌트가 된다. 주어 比赛(경기)는 동사 进行(진행하다), 举行(거행하다) 등과도 자주 나오지만, 문맥상 내일 비가 올 것이 예상되어 시합을 推迟(연기하다)해야 한다는 것이 가장 타당하다.

단어   刚才 gāngcái 명 방금 | 广播 guǎngbō 명 방송 | 明天 míngtiān 명 내일 | 可能 kěnéng 부 아마 (~일지 모른다) | 足球 zúqiú 명 축구 | 比赛 bǐsài 명 경기, 시합 | 恐怕 kǒngpà 부 아마 ~일 것이다

2 . 3 적용

03

p. 130

飞机在起飞及降落的时候，不（　　　　）使用手机和电脑。

비행기가 이륙하거나 착륙할 때는 휴대전화와 컴퓨터 사용이 (C 허락되지) 않는다.

🔒 시크릿 부정부사 不의 수식을 받을 수 있으며, 뒤에 목적어를 끌고 나올 수 있는 동사가 나와야 한다.

해설　빈칸 앞에 부정부사(不)가 있고, 뒤에 목적어 성분이 나왔기 때문에 빈칸에는 동사가 나와야 함을 알 수 있다. 비행기 이착륙 시 전자제품을 사용하지 못하도록 한다는 내용이므로, 不 뒤의 빈칸에는 允许가 오는 것이 가장 타당하다.

단어　飞机 fēijī 몡 비행기 | 起飞 qǐfēi 통 이륙하다 | 降落 jiàngluò 통 착륙하다 | 使用 shǐyòng 통 사용하다 | 手机 shǒujī 몡 휴대전화 | 电脑 diànnǎo 몡 컴퓨터

---

3 적용

04

p. 130

这次演出活动（　　　　）得非常成功，吸引了很多当地的观众。

이번 공연 행사는 대단히 성공적으로 (B 개최되었고), 그 지역의 많은 관중들을 매료시켰다.

🔒 시크릿 정도보어를 나타낼 때 구조조사 得 앞부분에는 동사나 형용사 술어가 온다.

　　（　　）　＋　得　＋　非常成功
　술어(동사 / 형용사)＋　得　＋　보어

해설　동사의 힌트는 목적어고, 목적어가 없을 때는 주어가 힌트다. 주어 活动과 함께 쓰이는 동사는 举办으로, '행사를 개최하다'라는 의미를 나타낸다.

　　💡Tip　举行과 举办의 차이점

　　举行은 집회나 시합 등에 사용되고, 举办은 어떤 활동이나 업무와 관련된 일에 많이 사용된다.

	婚礼 결혼식	活动 활동, 행사	比赛 시합	展览会 전시회
举行 jǔxíng	○	○	○	×
举办 jǔbàn	○	○	×	○

단어　演出 yǎnchū 몡 공연 | 活动 huódòng 몡 활동, 행사 | 非常 fēicháng 뷔 대단히, 매우 | 成功 chénggōng 혱 성공적이다 | 吸引 xīyǐn 통 매료시키다 | 当地 dāngdì 몡 현지, 현장 | 观众 guānzhòng 몡 관중

---

2 . 3 적용

05

p. 130

这件事确实是你做得不对，你应该向老师（　　　），好好儿表示歉意。

이 일은 확실히 네가 잘못한 거야. 네가 선생님께 (D 사과드리고), 죄송한 마음을 잘 표현해야 해.

🔒 시크릿 '전치사 + 명사 + 동사'의 어순에 따라서 '向老师 + 동사'로 빈칸에는 동사가 나와야 한다.

해설　전치사구는 항상 동사와 함께 다닌다. 따라서 전치사구 向老师 뒤 빈칸에는 동사가 나와야 함을 알 수 있다. 문제의 내용을 보면 잘못한 행동이 있어서(做得不对), 죄송한 마음을 전달하다(表示歉意) 등의 내용이 나오고 있다. 따라서, 상대방에게 사과해야 함을 알 수 있다. '向 + 대상 + 道歉'의 어순을 잘 기억하도록 하자.

단어　确实 quèshí 뷔 확실히 | 应该 yīnggāi 조동 마땅히 ~해야 한다 | 向 xiàng 전 ~향해서 | 好好儿 hǎohāor 뷔 잘, 충분히 | 表示 biǎoshì 통 나타내다 | 歉意 qiànyì 몡 사과의 뜻

✓ 정답	1. F	2. C	3. D	4. A	5. B

[01-05]

A 商量	B 超过	A 상의하다	B 초과하다
C 吸引	D 出生	C 매료시키다	D 태어나다
E 后悔	F 提醒	E 후회하다	F 상기시키다

단어 商量 shāngliang ⑧ 상의하다 | 超过 chāoguò ⑧ 넘다, 초과하다 | 吸引 xīyǐn ⑧ 매료시키다, 유인하다 | 出生 chūshēng ⑧ 출생하다, 태어나다 | 后悔 hòuhuǐ ⑧ 후회하다 | 提醒 tíxǐng ⑧ 일깨우다, 상기시키다

 2, 3 적용

01
p. 131

A: 周末的演出时间换到晚上7点了，你告诉小王了没？

B: 还没呢，忙了一上午，你不（　　　）我的话，我还真给忘了。

A: 주말의 공연 시간이 저녁 7시로 바뀌었어. 샤오왕에게 알려줬어?

B: 아직 안 알려 줬어. 오전 내내 바빴거든. 네가 (**F 상기시켜주지**) 않았다면 정말 깜빡할 뻔했네.

🔒시크릿 빈칸 뒤에 목적어(我)가 나왔기 때문에, 빈칸에는 동사가 필요하다.

해설 화자 B는 공연 시간이 바뀌었다는 사실을 이미 알고 있고, 그 사실을 샤오왕에게 알려 줘야 했는데 잊고 있었다. 상대방이 이미 알고 있지만, 다시 한번 주의를 상기시킬 때 提醒(일깨우다)을 쓴다.

⑳ 老师提醒我们明天有考试。 선생님은 내일 시험이 있다는 사실을 우리에게 일러 주셨다.
提醒大家遵守交通规则。 교통 규칙을 지켜야 한다고 일러 주다.

단어 周末 zhōumò ⑲ 주말 | 演出 yǎnchū ⑲ 공연 | 时间 shíjiān ⑲ 시간 | 换 huàn ⑧ 바꾸다, 교체하다 | 晚上 wǎnshang ⑲ 저녁 | 告诉 gàosu ⑧ 알리다 | 忙 máng ⑲ 바쁘다 | 忘 wàng ⑧ 잊다

 2, 3 적용

02
p. 131

A: 你女朋友最（　　　）你的地方是什么？

B: 她又漂亮又善良，而且有幽默感，我跟她在一起很开心。

A: 네 여자 친구에게 가장 (**C 끌렸던**) 부분이 뭐야?

B: 그녀는 예쁘기도 하고 착해. 게다가 유머 감각도 있어. 그녀와 함께 있으면 정말 즐거워.

🔒시크릿 빈칸 뒤에 목적어(你)가 등장하므로, 빈칸에는 동사가 나와야 한다.

해설 대화는 B의 여자 친구가 예쁘고, 착하고, 유머러스한 매력을 지니고 있다고 말하고 있다. 여자 친구의 어떤 점이 B를 매료시켰는지 묻고 있으므로, 정답은 吸引이 된다.

💡Tip 吸引 + 대상
吸引 + 我 나를 매료시키다 / 吸引 + 路人 행인을 매료시키다 / 吸引 + 观众 관중을 매료시키다

단어 善良 shànliáng ⑲ 선량하다, 착하다 | 幽默感 yōumògǎn ⑲ 유머감 | 跟 gēn ⑳ ~와 함께

03
p. 131

A: 哇，这只小狗好可爱啊，它叫什么?
B: 它叫小白，一（　　　）就被送到我们家了，所以我们的感情很深。

A: 와, 이 강아지 정말 귀엽다. 이름이 뭐야?
B: 샤오바이라고 불러. (D 태어나)자마자 바로 우리 집으로 보내졌어. 그래서 우리의 감정은 매우 깊어.

🔒 **시크릿** 접속사 '一＋동사＋就＋동사'는 '~하자 마자 곧 ~하다'의 뜻으로 빈칸에는 동사가 나올 수 있다.

해설 강아지의 이름을 묻고 있으며, 어떠한 이유로 화자와 감정이 깊어졌는지에 관한 이유를 설명하고 있다. 一…就(~하자 마자, 곧 ~하다)의 표현을 사용하여, 새끼 강아지가 태어나자 마자, 자신의 집으로 보내졌다고 말하고 있다. 정답은 出生(출생하다, 태어나다)이 된다.

단어 只 zhī 영 마리(동물 세는 단위) | 小狗 xiǎogǒu 영 강아지 | 可爱 kě'ài 형 귀엽다 | 它 tā 데 그(사물, 동물 지칭) | 叫 jiào 동 ~라고 부르다 | 被 bèi 전 ~에 의해서 | 送到 sòngdào 동 ~로 보내지다

04
p. 131

2 적용

A: 你和她（　　　）了吗?
B: 还没，她最近在忙公司的事，我怕打扰她。

A: 너 그녀와 (A 상의)했어?
B: 아직 못했어. 요즘 그녀가 회사일로 바빠서 방해될까 봐.

🔒 **시크릿** 전치사 和가 대상을 이끌고 나오면, 뒤에는 그 대상과 함께 어떤 동작을 했는지가 나와야 한다.
A＋和＋B＋동사 : A와 B가 ~을 하다

해설 혼자서 하는 행동이 아닌, 서로 상의한다는 뜻을 나타낼 때는 商量(상의하다)을 쓴다. 화자 B는 그녀와 상의할 일이 있지만, 바쁜 그녀를 위해 아직 말을 꺼내지 않고 있는 상황이다.

단어 最近 zuìjìn 명 요즘 | 忙 máng 형 바쁘다 | 公司 gōngsī 명 회사 | 怕 pà 동 걱정이 되다 | 打扰 dǎrǎo 동 방해하다

05
p. 131

2 적용

A: 这药不能吃了，已经（　　　）有效期三个月了。
B: 哟，还是你细心，不然麻烦大了。

A: 이 약은 먹으면 안 돼. 이미 유통기한이 3개월이나 (B 지났어).
B: 아. 역시 네가 세심하구나. 그렇지 않으면 큰일 날 뻔했어.

🔒 **시크릿** 有效期(유통기한)라는 목적어를 끌고 나오려면 빈칸 안에는 동사가 필요하다.
已经 ＋（　　　）＋ 有效期
부사 ＋ 동사 ＋ 목적어

해설 빈칸 안에 三个月라는 수량을 끌고 나올 수 있는 동사가 필요하다. 동사 超过는 '어떠한 기준이나 수량을 초과하다'라는 뜻을 나타내며, 뒤에 수량사를 종종 끌고 나온다.
예 超过三分之一。3분의 1이 넘는다.
平均年龄超过25岁。평균 연령이 25세를 넘다.
我女朋友的体重超过65公斤。내 여자 친구의 체중이 65kg을 초과하였다.

단어 药 yào 명 약 | 吃 chī 동 먹다 | 已经 yǐjing 부 이미 | 有效期 yǒuxiàoqī 명 유통기한 | 还是 háishi 부 정말 | 细心 xìxīn 형 세심하다 | 不然 bùrán 접 그렇지 않으면 | 麻烦 máfan 형 성가시다. 번거롭다

[01-05]

A 既然	B 把	A 이왕 ~된 바에야	B ~을
C 随着	D 在	C ~에 따라	D ~에
E 按照	F 光	E ~에 따라	F 조금도 남지 않다

단어 　既然 jìrán 쥅 이미 이렇게 된 바에야, 기왕 그렇게 된 이상 | 把 bǎ 쩐 ~을(를) | 随着 suízhe 쩐 ~에 따라 | 在 zài 쩐 ~에서 | 按照 ànzhào 쩐 ~에 따라, ~에 근거하여 | 光 guāng 쥉 조금도 남지 않다(주로 보어로 쓰임)

---

 2 . 3 적용

01

p. 138

老师 (　　　) 黑板上写下了两个大字 "诚实"。　　　선생님은 칠판 위(D 에) '성실'이라는 두 글자를 쓰셨다.

🔒 시크릿 　동사 술어 앞에 나올 수 있는 명사는 크게 2가지로 나뉜다. 첫 번째는 주어고, 두 번째는 전치사구의 명사다. 주어가 이미 존재하는 상태에서 빈칸 뒤에 또 다른 명사가 있다면, 빈칸은 분명 전치사 자리다.

老师 +　(　) 黑板上　+ 写下了 + 两个大字
주어 +　전치사구(전치사+명사) + 술어 +　목적어

해설 　전치사의 첫 번째 힌트는 명사, 두 번째 힌트는 동사다. 이 문제에는 빈칸 뒤에 첫 번째 힌트인 명사 黑板上(칠판 위)이 있다. 黑板(칠판)은 원래 장소가 아니라 사물인데, 뒤에 방위명사인 上을 붙여 '칠판 위'라는 장소가 되었다. 장소 앞에는 전치사 在가 있어야 한다.

단어 　老师 lǎoshī 쥉 선생님 | 黑板 hēibǎn 쥉 칠판 | 写 xiě 쥓 (글씨를) 쓰다 | 诚实 chéngshí 쥉 성실하다

---

 1 . 3 적용

02

p. 138

(　　　) 他们的东西都拿走，包括那边的那些衣服和书。

그들의 물건(B 을) 모두 가져가, 저쪽에 있는 그 옷들과 책들까지 포함해서 모두 다.

🔒 시크릿 　동작 대상이 술어 앞에 위치하려면 전치사 把가 있어야 한다.
(　) + 他们的东西 + 都拿走
전치사 + 동작의 대상(명사) + 동사 술어

해설 　여기에서 他们的东西(그들의 물건)는 원래 拿走(가져가다)의 목적어였는데, 전치사 把를 쓰면, 술어 앞으로 도치시킬 수 있다. 따라서 빈칸 안에는 전치사 把를 써야 한다.

단어 　东西 dōngxi 쥉 물건 | 拿 ná 쥓 가지다, 잡다 | 包括 bāokuò 쥓 포함하다 | 衣服 yīfu 쥉 옷 | 书 shū 쥉 책

p. 138

1, **2**, **3** 적용

03

（ 　　　 ）你已经决定去了，就不要改变主意
了。　　　(A 이왕) 네가 가기로 결정한 거니까, 생각 바꾸지 마.

시크릿 주어 你 앞에는 시간명사나 접속사가 나올 수 있다.

해설　접속사 既然 A 就 B는 '이왕 A한 김에 B하다'라는 뜻이다. 접속사 문제가 나오면 뒤 절에 함께 호응하는 접속사나 부사를 찾으면 비교적 쉽게 정답을 찾을 수 있다. 그러므로 뒤 절에 나오는 부사 就가 힌트가 된다. 또 빈칸 뒤에 이미 가기로 결정한 사실을 인정하는 내용이 나오므로 순접적 결과 절을 이끄는 접속사 既然이 정답이 된다.

단어　决定 juédìng 圄 결정하다 | 改变 gǎibiàn 圄 변하다 | 主意 zhǔyi 圀 의견

---

p. 138

1, **3** 적용

04

（ 　　　 ）时代的发展，中国人饮茶的习惯也发
生了变化。　　　시대가 발전함 (C 에 따라), 중국인들이 차를 마시는 습관
에도 변화가 생겼다.

시크릿 전치사구는 크게 두 곳에 나올 수 있다. 주어 뒤, 술어 앞에 나오는 것이 일반적이지만, 2음절 전치사구(전치사 + 명사)의 형태로 주어의 앞 절에도 나올 수 있다.

해설　전치사 중에서도 몇몇 2음절 전치사는 주어의 앞 절에 위치할 수 있다. 예를 들어, 按照, 关于, 对于, 随着 등이 그러하다. 随着는 发展과 호응하여 '발전함에 따라서'라는 의미로 자주 쓰이므로, 암기해 놓는 것이 좋다.

Tip 随着와 함께 호응하는 표현
随着 + 经济的发展 경제가 발전함에 따라서
随着 + 科学的发展 과학이 발전함에 따라서
随着 + 生活水平的提高 생활수준이 향상됨에 따라서
随着 + 快餐业的发展 패스트푸드업이 발전함에 따라서
随着 + 网络的普及 인터넷이 보급됨에 따라서

단어　时代 shídài 圀 시대 | 发展 fāzhǎn 圄 발전하다 | 饮茶 yǐnchá 圄 차를 마시다 | 习惯 xíguàn 圀 습관

---

p. 138

1, **3** 적용

05

（ 　　　 ）国家规定，个人收入超过3500元不足
5000元的人要缴纳3%的个人所得税。　　　국가 규정 (E 에 따라서), 개인 수입이 3500위안 이상이
면서 5000위안 미만인 사람은 3%의 개인 소득세를 내야
한다.

시크릿 전치사구는 크게 두 곳에 나올 수 있다. 주어 뒤, 술어 앞에 나오는 것이 일반적이지만, 2음절 전치사구(전치사 + 명사)의 형태로 주어의 앞 절에도 나올 수 있다.

해설　전치사 중에서도 몇몇 2음절 전치사는 주어의 앞 절에 위치할 수 있다. 예를 들어, 按照, 关于, 对于, 随着 등이 그러하다. 按照는 标准(기준), 制度(제도), 规定(규정) 등과 자주 호응하며 쓰인다.

Tip 按照와 함께 호응하는 표현
按照 + 水平分班 수준에 따라 반반하다
按照 + 顺序排队 순서에 따라서 줄을 서다
按照 + 计划进行 계획에 따라서 진행하다
按照 + 标准选择 기준에 따라서 선택하다

단어　规定 guīdìng 圀 규정 | 收入 shōurù 圀 수입 | 超过 chāoguò 圄 초과하다 | 不足 bùzú 圄 부족하다 | 缴纳 jiǎonà 圄 납부하다 | 税 shuì 圀 세금

[01-05]

A 离	B 秒	A ~로부터	B 초
C 趟	D 会	C 차례, 번	D ~할 것이다
E 任何	F 可以	E 무슨, 어떠한	F ~할 수 있다

단어 离 lí 전 ~로부터, ~까지 | 秒 miǎo 양 (시간 단위로서의) 초 | 趟 tàng 양 차례, 번 | 会 huì 조동 ~할 것이다 | 任何 rènhé 대 어떠한, 무슨 |
可以 kěyǐ 조동 ~할 수 있다

---

2 , 3 적용

01
p. 139

A: 期末考试成绩出来了吗?

B: 明天就 (　　　) 在网上查成绩，我估计这次考得还可以。

A: 기말고사 성적 나왔어?

B: 내일이면 인터넷에서 성적을 조회(F 할 수 있어), 이번 시험은 괜찮게 본 것 같아.

🔒 **시크릿** '조동사 + 전치사구 + 술어'의 어순에 따라, 전치사구(在网上) 앞의 빈칸에는 조동사가 나와야 한다.

해설 조동사 可以는 허락이나 가능 등을 나타낸다. 기말고사 성적이 아직 나오지 않았고, 내일이면 성적 조회가 가능해진다고 말하고 있으므로, 가능의 조동사 可以를 써야 한다.

단어 期末 qīmò 명 학기말 | 考试 kǎoshì 명 시험 | 成绩 chéngjì 명 성적 | 明天 míngtiān 명 내일 | 网 wǎng 명 인터넷 | 查 chá 동 찾아보다 | 估计 gūjì 동 추측하다, 짐작하다

---

1 , 3 적용

02
p. 139

A: 真抱歉，我迟到了。

B: 没关系，(　　　) 上演还有5分钟呢。

A: 정말 미안해, 내가 늦었지.

B: 괜찮아, 공연 시작하기(A 까지는) 아직 5분 남았어.

🔒 **시크릿** '~까지는 5분 남았다'라는 해석으로 보아 빈칸에는 전치사가 필요하다.

해설 시간이나 거리 간격을 나타낼 때는 전치사 离(~로부터, ~까지)를 써야 한다. 또 다른 전치사 从은 출발점을 강조하거나, 거리 간격을 나타내지만 뒤에 반드시 到와 호응해야 한다.

예 A 离 B (A는 B로부터/까지):
现在离考试只有三天。이제 시험까지는 겨우 3일 남았다.
地铁站离我家很近。지하철역은 우리 집으로부터 매우 가깝다.
从 A 到 B (A에서부터 B까지):
从早上到晚上一直工作。아침부터 저녁까지 계속 일한다.
从我家到学校很远。우리 집에서 학교까지는 매우 멀다.

💡 **Tip** 거리 간격을 나타내는 문제는 从보다는 离가 출제될 확률이 높다. 술어로는 还有5分钟(아직 5분 남았다), 只有三天(3일 밖에 없다)과 같이 구체적인 수치가 오기도 하고 很远(멀다), 很近(가깝다)과 같은 표현을 쓰기도 한다.

단어 抱歉 bàoqiàn 동 미안해하다 | 迟到 chídào 동 지각하다 | 上演 shàngyǎn 동 공연하다, 상연하다

A: 看你高兴的样子，这次用了多久?

B: 12 (　　　　)，速度比上个月提高了两秒呢。

A: 엄청 즐거워 보이네. 이번에는 얼마나 걸렸어?

B: 12(B 초) 걸렸어. 지난 달보다 속도가 2초 향상됐어.

p. 139

🔒시크릿 '수사 + 양사 + 명사'의 어순에 따라서, 숫자 뒤에는 명사를 세는 단위인 양사가 나와야 한다.

해설 　질문을 살펴보면 用了多久?(얼마나 오래 걸렸는지) 시간의 양을 묻고 있다. 대답에서는 실력이 2초 향상되었다고 하는 것을 보아, 빈칸 안의 양사는 秒(초)임을 알 수 있다.

단어 　多久 duōjiǔ 때 얼마나 오래 | 速度 sùdù 명 속도 | 提高 tígāo 동 향상시키다

04

A: 还有多久登机? 我想去 (　　　　) 厕所，怕时间来不及。

B: 你快去快回吧，我先去打印登机牌。

A: 비행기 탑승 시간까지 아직 얼마나 남았지? 나 화장실 (C 한 번) 다녀오고 싶은데, 늦을까 봐 걱정되네.

B: 빨리 갔다가 빨리 와, 내가 먼저 탑승권 뽑으러 갈게.

p. 139

🔒시크릿 동작의 양을 나타내는 동량보어는 '동사 + 수사 + 양사'의 어순에 따라서, 동사 뒤에 수량사가 나올 수 있다. 숫자 一는 생략되어도 의미상 변화가 없기 때문에 빈칸에는 양사가 나와야 한다.

해설 　대화에서 화장실을 다녀오고 싶어 하고 있으며, 快去快回(빨리 갔다가 빨리 돌아 와)의 내용으로 보아서, 빈칸에는 왕복의 동작의 양을 나타내는 一趟이 나와야 한다. 숫자 一는 생략해도 의미의 변화는 없다.

　　　　💡Tip 핵심 동량보어

　　　　一下 yíxià 한번 ~좀 해 보다:
　　　　等一下 좀 기다리다 / 试一下 한번 시도해 보다 / 念一下 한번 읽어 보다

　　　　一次 yí cì 한 번, 1회:
　　　　见过一次 한 번 만난 적이 있다 / 听过一次 한 번 들어 본 적이 있다 / 说过两次 두 번 말한 적이 있다

　　　　一趟 yí tàng 왕복의 한 번:
　　　　来一趟韩国 한국에 한 번 왔다 가다 / 去一趟上海 상하이에 한 번 갔다 온다 / 回一趟老家 고향에 한 번 다녀오다

　　　　一遍 yí biàn 처음부터 끝까지 쭉 한 번:
　　　　看一遍 한 번 보다 / 再说一遍 다시 한 번 말하다 / 再听一遍 다시 한 번 듣다

단어 　登机 dēngjī 동 비행기에 탑승하다 | 来不及 láibují 동 (어떤 일을 하기에) 시간이 부족하다 | 打印 dǎyìn 동 출력하다 | 登机牌 dēngjīpái 명 탑승권

---

　1 ，　3 적용

A: 我们的计划非常重要，不能泄露出去。

B: 放心吧，我不会让 (　　　　) 人知道的。

A: 우리의 계획은 너무 중요해. 계획이 밖으로 새어 나가면 안 돼.

B: 걱정 마, (E 아무도) 모르게 할게.

p. 139

🔒시크릿 사역동사 让 뒤에는 시키는 대상이 나와야 한다. 人을 수식하는 수식어를 찾아보자.

해설 　대화 내용에서 자신들의 중요한 계획이 밖으로 새어 나가지 않도록 주의시키고 있다. B는 그 누구도 알지 못하게 한다고 하였으니, '예외 없이, 어떠한, 누구라도' 라는 의미인 任何人이 정답이 된다.

　　　　💡Tip 任何와 결합하여 쓰이는 단어

　　　　任何人 어떠한 사람, 그 누구도 / 任何时候 어떠한 때, 언제라도 / 任何地方 어떠한 곳, 어디라도

단어 　计划 jìhuà 명 계획 | 泄露 xièlòu 동 누설하다 | 放心 fàngxīn 동 안심하다, 마음을 놓다.

제2부분 문장 순서 배열하기

DAY 11

✓ 정답 1. CAB 2. ACB 3. CAB 4. BCA 5. CAB

---

1 적용

01
p. 145

A 我希望她以后能像老虎一样勇敢
B 无论遇到什么困难都勇往直前
C 女儿是虎年出生的

A 나는 그녀가 앞으로 호랑이처럼 용감해지길 바란다
B 어떤 어려움을 만나더라도 용감하게 앞으로 전진할 수 있기를
C 딸은 호랑이 해에 태어났다

CAB

시크릿 사람 주어 찾기! / 유사한 내용 병렬로 배열함에 주목!

해설 **1단계** C – 사람 주어 女儿(딸)이 있는 C가 첫 번째 문장이 된다.

2단계 A – 주어(我)가 있어서 첫 번째 문장으로 고민했었을 수도 있지만, 문장 안에 女儿을 지칭하는 인칭대사 她가 있어서 첫 번째 문장이 될 수 없고, 두 번째 문장이 되었다.

3단계 B – 호랑이 해에 태어나서 호랑이처럼 용감하기 바란다는 유사한 내용은 병렬되서 나오고, 어떻게 용감하길 바라는지에 관한 구체적인 설명이 맨 마지막에 나오는 것이 옳다.

따라서 어순 배열은 CAB가 된다.

단어 希望 xīwàng 통 바라다 | 像 xiàng 통 닮다 | 老虎 lǎohǔ 명 호랑이 | 一样 yíyàng 형 같다 | 勇敢 yǒnggǎn 형 용감하다 | 无论 wúlùn 접 ~을 막론하고 | 遇到 yùdào 통 우연히 만나다 | 困难 kùnnan 명 어려움 | 勇往直前 yǒngwǎng zhíqián 용감하게 앞으로 나아가다 | 出生 chūshēng 통 출생하다

---

1 적용

02
p. 145

A 他大赚了一笔黑心钱
B 而可怜的人们竟以为他是救星
C 还光明正大地对所有人说："我这么做是为了你们。"

A 그는 불법적인 방법으로 큰돈을 벌었고
B 그런데 불쌍한 사람들은 뜻밖에도 그가 구원자라고 여긴다
C 그러고도 떳떳하게 사람들에게 "내가 이렇게 한 것은 여러분을 위해서입니다."라고 말했다

ACB

시크릿 사람 주어 찾기! / 접속사에 주목!

해설 **1단계** A – 사람 주어 他(그)가 있는 A가 첫 번째 문장이 된다.

2단계 C – 부사 还는 앞의 내용에 부연 설명을 하는 것이므로, 두 번째 문장이 될 확률이 높다.

3단계 B – 역접의 접속사 而을 통해서 그는 불법을 행한 나쁜 사람이지만, 그의 감언이설에 사람들이 속아 그를 구원자라고 여긴다는 현실을 말하고 있다.

따라서 이순 배열은 ACB가 된다.

단어 大 dà 형 많다 | 赚钱 zhuànqián 통 돈을 벌다 | 黑心 hēixīn 명 나쁜 마음 | 而 ér 접 그러나 | 可怜 kělián 형 불쌍하다 | 竟 jìng 부 뜻밖에, 의외로 | 以为 yǐwéi 통 여기다. 간주하다 | 救星 jiùxīng 명 구세주 | 还 hái 부 또, 게다가 | 光明正大 guāngmíng zhèngdà 성 공명정대하다. 정정당당하다 | 对 duì 전 ~에게 | 所有 suǒyǒu 형 모든, 전부의 | 说 shuō 통 말하다 | 这么 zhème 대 이렇게 | 做 zuò 통 하다 | 为了 wèile 전 ~을 위해서

2 적용

A 但时间不要过长，最好掌握在半小时到一小时之间

B 一般来说，感到稍稍出汗的时候就行了

C 散步能帮助人减轻压力，使心情变得轻松起来

A 그러나 시간이 너무 길 필요는 없고, 30분에서 1시간 사이로 하는 것이 가장 좋다

B 일반적으로 살짝 땀이 나는 것을 느끼는 정도면 된다

C 산책은 사람들의 스트레스를 줄이는 데 도움을 주고, 기분을 가볍게 해 준다

CAB

 시크릿 非사람 주어 찾기! / 접속사에 주목!

해설 **1단계** C – 散步는 동사지만 문장 맨 앞에서는 '산책하는 것은' 또는 '산책은'이라고 해석할 수 있으므로 非사람 주어로 쓰일 수 있다. 따라서 C가 첫 번째 문장이 된다.

2단계 A – 첫 번째 문장에서 산책의 장점을 설명하고, 두 번째 문장에서는 역접의 접속사 但을 사용하여 산책할 때의 유의 사항과 최적의 시간을 알려주고 있다.

3단계 B – 산책의 최적 시간이 30분~1시간인데, 약간 땀이 나는 것을 느낄 정도면 된다고 부연 설명을 해 주고 있다.

따라서 어순 배열은 CAB가 된다.

단어 **时间** shíjiān 몡 시간 | **不要** búyào 동 필요 없다 | **过** guò 閈 지나치게 | **长** cháng 혱 길다 | **最好** zuìhǎo 혱 가장 좋다 | **掌握** zhǎngwò 동 장악하다, 통제하다 | **小时** xiǎoshí 몡 시간 | **到** dào 이르다 | **之间** zhījiān 몡 (~의) 사이 | **一般来说** yìbānláishuō 일반적으로 말하면 | **感到** gǎndào 동 느끼다, 여기다 | **稍稍** shāoshāo 閈 조금, 약간 | **出汗** chūhàn 동 땀이 나다 | **时候** shíhou 몡 때, 무렵 | **散步** sànbù 동 산책하다 | **能** néng 조동 ~할 수 있다 | **帮助** bāngzhù 동 돕다 | **减轻** jiǎnqīng 동 줄다, 감소하다 | **压力** yālì 몡 스트레스 | **心情** xīnqíng 몡 기분, 정서 | **变** biàn 동 변하다, 바뀌다 | **轻松** qīngsōng 혱 수월하다, 부담 없다

1 적용

A 还没开口呢，脸就先红了

B 我很了解小张这个人

C 他平时不太爱说话，特别是在女孩儿面前更容易害羞

A 말하지도 않았는데, 얼굴부터 빨개진다

B 나는 샤오장에 대해서 아주 잘 안다

C 그는 평상시에도 말하는 것을 별로 좋아하지 않는데, 특히 여자들 앞에서는 훨씬 부끄러움을 잘 탄다.

BCA

 시크릿 사람 주어 찾기! / 구체적 인물 표현은 앞 절에, 3인칭 대명사는 그 뒤 절 위치에 주목!

해설 **1단계** B – 사람 주어 我와 구체적인 인물(小张这个人)이 있는 B가 첫 번째 문장이 된다.

2단계 C – B에서 언급된 구체적인 인물(小张这个人)을 인칭대사 他로 나타내고 있기 때문에 두 번째 문장이 된다.

3단계 A – A는 부끄러움을 잘 타는 小张에 관한 설명이다. 문장에 小张이나 他와 같은 주어가 생략되어 나오지 않았으므로, 他가 등장한 C 다음에 나오는 것이 타당하다.

따라서 어순 배열은 BCA가 된다.

단어 **开口** kāikǒu 입을 열다 | **脸红** liǎnhóng 얼굴이 빨개지다 | **了解** liǎojiě 동 잘 이해하다 | **平时** píngshí 몡 평상시 | **爱** ài 동 ~하기를 좋아하다 | **特别** tèbié 閈 특히 | **面前** miànqián 몡 면전, (눈)앞 | **害羞** hàixiū 혱 부끄러워하다

2 적용

A 每当我打开它时

B 我常会想起那时候又美好又愉快的生活

C 这个盒子里有我中学很多美好的记忆

A 매번 그 상자를 열 때마다

B 나는 종종 그때의 아름답고, 즐거웠던 생활이 생각이 난다.

C 이 상자 속에는 내 중학교 시절의 아름다운 추억이 담겨져 있다.

CAB

非사람 주어 찾기! / 구체적 사물 这个盒子는 앞 절에, 3인칭 표현 它는 뒤 절에 위치함에 주목!

해설 **1단계** C – 사람 주어 我가 첫 번째 문장이 될 거라고 생각할 수 있지만, 이 문제에서는 사물 주어 这个盒子가 있는 C가 첫 번째 문장이 된다.

2단계 A – 시간을 나타내는 표현 当…的时候를 줄여서 当…时로 나타냈다. 첫 번째 문장에서 나왔던 这个盒子를 3인칭인 它로 표현하고 있으니, 두 번째 문장이 된다.

3단계 B – '그 상자를 열 때마다, 중학교 시절의 추억이 생각난다'는 부연 설명이 맨 마지막 문장이 된다.

따라서 어순 배열은 CAB가 된다.

단어 打开 dǎkāi 통 열다, 펼치다 | 又…又… yòu…yòu… ~하기도 하고, ~하기도 하다 | 美好 měihǎo 형 좋다, 훌륭하다 | 愉快 yúkuài 형 유쾌하다, 즐겁다 | 盒子 hézi 명 상자 | 中学 zhōngxué 명 중학교 | 记忆 jìyì 명 기억

DAY 12

1. BAC   2. ACB   3. ABC   4. CBA   5. BAC

S1 적용

01
p. 146

A 有可能随时离开这个世界	A 언제라도 이 세상을 떠날 수 있다
B 他得了重病，有生命危险	B 그는 중병에 걸려서, 목숨이 매우 위태로웠고
C 但他每天仍然坚持学习外语	C 그러나 그는 매일 외국어 공부를 꾸준히 한다

BAC

사람 주어 찾기! / 이야기 흐름에 주목!

해설 **1단계** B – 他(그)는 사람 주어이므로, B는 첫 번째 문장이 될 수 있다.

2단계 A – B에서 중병으로 목숨이 위태롭다고 했으므로, 문맥상 그 뒤에는 A의 이 세상을 떠날 수 있다는 내용이 나오는 것이 자연스럽다.

3단계 C – 역접의 접속사 但(그러나)을 사용하여, 그런 위중한 상태에서도 외국어 공부를 열심히 한다는 것을 말해 준다.

따라서 어순 배열은 BAC가 된다.

단어 有 yǒu 통 있다 | 可能 kěnéng 명 가능성 | 随时 suíshí 부 언제든지 | 离开 líkāi 통 떠나다 | 世界 shìjiè 명 세상, 세계 | 得 dé 통 (병을) 앓다, 얻다 | 重病 zhòngbìng 명 중병 | 生命 shēngmìng 명 생명 | 危险 wēixiǎn 형 위험하다 | 仍然 réngrán 부 변함없이, 여전히 | 坚持 jiānchí 통 유지하다 | 学习 xuéxí 통 공부하다 | 外语 wàiyǔ 명 외국어

S1 적용

02
p. 146

A 他很年轻，没有多少经验	A 그는 매우 젊고, 경험도 그다지 많지 않다
B 比相同年龄的人更成熟、冷静，更值得信任	B 같은 연령대의 사람에 비해 훨씬 성숙하고 침착하며, 신임할만하다
C 可是遇到什么麻烦的事，都自己去解决	C 그러나 어떤 힘든 일에 부딪히면, 자기 스스로 해결한다

ACB

사람 주어 찾기! / 접속사에 주목!

해설 **1단계** A – 사람 주어 他(그)가 있으므로 첫 번째 문장이 될 수 있다.

2단계 C – 역접의 접속사 可是(그러나)는 앞의 내용과 상반되는 내용을 제시할 수 있다. 모든 일을 혼자 알아서 해결한다 (可是…都自己去解决)는 것은 A의 젊고 경험이 없다는 내용과 상반되므로, A → C의 순서로 배열한다.

3단계 B – 比相同年龄的人(같은 연령대의 사람)과 비교한 내용이 나오면서 결론을 짓고 있다.

따라서 어순 배열은 ACB가 된다.

단어　**年轻** niánqīng 휑 젊다 ｜ **多少** duōshǎo 퇴 얼마간, 약간 ｜ **经验** jīngyàn 펭 경험 ｜ **比** bǐ 젠 ~에 비해, ~보다 ｜ **相同** xiāngtóng 휑 똑같다 ｜ **年龄** niánlíng 펭 연령, 나이 ｜ **更** gèng 퇴 더욱 ｜ **成熟** chéngshú 휑 성숙하다 ｜ **冷静** lěngjìng 휑 침착하다, 냉정하다 ｜ **值得** zhíde 통 ~할만하다 ｜ **信任** xìnrèn 통 신임하다 ｜ **可是** kěshì 젭 그러나 ｜ **遇到** yùdào 통 부닥치다, 맞닥뜨리다 ｜ **什么** shénme 때 무엇, 어떤 ｜ **麻烦** máfan 휑 귀찮다, 번거롭다 ｜ **事** shì 펭 일 ｜ **解决** jiějué 통 해결하다

---

2 적용

03
p. 146

A 放弃并不是表示认输，而是表示新的开始
B 因此为了获得更多
C 应该放弃一些不重要的东西

A 포기하는 것은 결코 패배를 인정하는 것이 아니라, 새로운 시작을 의미한다
B 그래서 더 많은 것을 얻기 위해서는
C 중요하지 않은 것들을 포기해야 한다

ABC

🔒시크릿　**非사람 주어 찾기! / 이야기 흐름에 주목!**

해설　**1단계** A – 非사람 주어 放弃(포기하다)가 있으므로 첫 번째 문장이 될 수 있다. 동사(구), 형용사(구)도 주어가 될 수 있다.

　　2단계 B – 목적을 나타내는 为了(~을 위해서)는 주로 앞 절에서 목적을 이끌고, 목적을 이루기 위한 행위가 뒤 절에 나오므로 남은 B, C 중에서 为了가 있는 B가 먼저 나와야 한다.

　　3단계 C – 더 많은 것을 얻기 위해 중요치 않은 것을 포기해야 한다는 말로 마무리 짓고 있다.

　　따라서 어순 배열은 ABC가 된다.

단어　**放弃** fàngqì 통 포기하다 ｜ **并** bìng 퇴 결코 ｜ **不是…而是…** búshì…érshì… 젭 ~가 아니라 ~다 ｜ **表示** biǎoshì 통 표시하다, 나타내다 ｜ **认输** rènshū 패배를 인정하다 ｜ **新** xīn 휑 새롭다 ｜ **开始** kāishǐ 통 시작하다 ｜ **因此** yīncǐ 젭 그래서, 이 때문에 ｜ **为了** wèile 젠 ~을 위해서 ｜ **获得** huòdé 통 얻다, 취득하다 ｜ **更** gèng 퇴 더욱 ｜ **多** duō 휑 많다 ｜ **应该** yīnggāi 조통 마땅히 ~해야 한다 ｜ **一些** yìxiē 펭 약간, 얼마간 ｜ **重要** zhòngyào 휑 중요하다 ｜ **东西** dōngxi 펭 것, 사물

---

2 적용

04
p. 146

A 购物满300元还可以免费送货，现在买非常合适
B 正好现在有打折活动
C 那家店的商品质量都不错

A 300위안 이상 구매를 하면 무료로 배달해 주어서, 지금 사는 것이 매우 합리적이다
B 마침 지금 할인 행사를 하고 있다
C 그 상점의 상품 품질이 매우 좋다

CBA

🔒시크릿　**非사람 주어 찾기! / 3가지 장점 나열 후, 결론 의견 어필에 주목!**

해설　**1단계** C – 非사람 주어 那家店的商品质量(그 상점의 상품 품질)이 있는 C가 첫 번째 문장이 된다.

　　2단계 B – 첫 번째 문장에서는 상품 품질이 좋다고 언급하였고, 두 번째 문장에서는 지금 할인 행사를 하고 있다고 말하고 있다.

　　3단계 A – 마지막으로 300위안 이상 넘게 구매하면 무료 배송까지 해 주는 상점이 있기 때문에 지금 물건을 사야 한다는 결론을 내리고 있다.

　　따라서 어순 배열은 CBA가 된다.

단어　**购物** gòuwù 통 물품을 구입하다 ｜ **满** mǎn 통 가득 채우다 ｜ **免费** miǎnfèi 펭 무료 ｜ **送货** sònghuò 통 물건을 보내다, 물건을 배달해 주다 ｜ **合适** héshì 휑 적당하다 ｜ **正好** zhènghǎo 퇴 마침, 공교롭게도 ｜ **打折** dǎzhé 통 할인하다 ｜ **活动** huódòng 펭 활동

2 적용

05
p. 146

A 不能只说人的缺点, 也不要笑话人	A 그 사람의 결점만을 말해서는 안 되고, 비웃어서도 안 되며
B 批评人要注意方式和方法	B 사람을 비판하는 일은 방식과 방법에 주의해야 한다
C 应该用真诚的态度让对方明白道理	C 진실된 태도로 상대방이 이치를 깨닫게 해야 한다
	BAC

🔑 **시크릿** 非사람 주어 찾기! / 이야기 흐름에 주목!

해설

1단계 B – 술목 구조인 批评人(사람을 비판하는 것)이 非사람 주어로 첫 번째 문장이 될 수 있다.

2단계 A – 첫 번째 문장 B에서 언급한 '방식과 방법'에 대한 부연 설명이 A에 나오고 있으므로, 두 번째 문장이 된다.

3단계 C – 조동사 应该(마땅히 ~해야 한다)는 당위성을 나타낸다. 비판하면서 상대방을 비웃으면 안 되고, 진심 어린 충고로 상대방이 이치를 깨닫게 해야 한다고 말하고 있다.

따라서 어순 배열은 BAC가 된다.

단어 能 néng 조동 ~해도 된다 | 只 zhǐ 부 단지, 오직 | 缺点 quēdiǎn 명 결점 | 要 yào 조동 ~해야 한다 | 笑话 xiàohua 동 비웃다, 조롱하다 | 批评 pīpíng 동 비판하다, 지적하다 | 注意 zhùyì 동 주의하다 | 方式 fāngshì 명 방식 | 和 hé 전 ~와 | 方法 fāngfǎ 명 방법 | 用 yòng 동 쓰다, 사용하다 | 真诚 zhēnchéng 형 진실하다 | 态度 tàidu 명 태도 | 对方 duìfāng 명 상대방 | 明白 míngbai 동 알다, 이해하다 | 道理 dàolǐ 명 도리, 이치

DAY 13

✓ 정답   1. ACB   2. CBA   3. CBA   4. BCA   5. BCA

---

1 적용

01
p. 150

A 随着科学的发展、人们生活水平的提高	A 과학의 발전과 사람들의 생활 수준이 향상됨에 따라
B 成为人们生活中的必需品	B 사람들의 생활 필수품이 되었다
C 网络已经进入到千家万户	C 인터넷은 이미 수많은 가정에 보급되었고
	ACB

🔑 **시크릿** 전치사구와 非사람 주어에 주목!

해설

1단계 A – 随着(~에 따라)는 주어 앞에 위치해야 하는 특별한 전치사다. 따라서 随着가 나왔다면 무조건 첫 번째 문장이 된다는 사실을 명심해야 한다.

> 💡 Tip 随着는 뒤에 나오는 명사 发展(발전)과 提高(향상)를 모두 이끌고 있다. 따라서 A는 아주 긴 전치사구 덩어리임을 알 수 있다.

2단계 C – 전치사구가 있을 때의 어순 '전치사구, 주어 + 부사 + 술어'에 따라, 전치사구(随着…) 뒤에는 网络(인터넷)라는 주어가 있는 문장이 나와야 한다.

3단계 B – 인터넷이 많은 가정에 보급되었고, 이미 사람들의 필수품이 되었다는 것이 결론이 된다.

따라서 어순 배열은 ACB가 된다.

단어 随着 suízhe 전 ~에 따라서 | 科学 kēxué 명 과학 | 发展 fāzhǎn 동 발전하다 | 生活 shēnghuó 명 생활 | 水平 shuǐpíng 명 수준 | 提高 tígāo 동 향상시키다 | 成为 chéngwéi 동 ~이 되다 | 必需品 bìxūpǐn 명 필수품 | 网络 wǎngluò 명 인터넷 | 已经 yǐjing 부 이미, 벌써 | 进入 jìnrù 동 진입하다 | 到 dào 동 이르다 | 千家万户 qiānjiā wànhù 성 수많은 가구, 많은 집들

1 적용

A	关键是要清楚地知道我们的目的，找个最合理的方法去做	A 관건은 우리의 목적을 정확히 알고, 가장 합리적인 방법을 찾아서 해야 한다는 것이다
B	这个工作还可以，并没有你想象的那么复杂	B 이 일은 할만하고, 당신이 상상하는 것처럼 그렇게 복잡하지 않다
C	依我看	C 내가 보기에

CBA

🔑 **시크릿** 전치사구와 非사람 주어에 주목!

해설 **1단계** C – 전치사구 依我看(내가 보기에)은 주어 앞에 올 경우가 많기 때문에 첫 번째 문장이 된다.

2단계 B – 전치사구가 있을 때의 어순 '전치사구, 주어 + 부사 + 술어'에 따라, 전치사구(依我看) 뒤에는 非사람 주어인 这个工作(이 일)가 있는 B가 나와야 한다.

3단계 A – 关键(관건)은 가장 핵심적인 내용을 말할 때 자주 사용되는 단어다.

따라서 어순 배열은 CBA가 된다.

단어 关键 guānjiàn 圀 관건 | 要 yào 区墨 ~해야 한다 | 清楚 qīngchu 圀 분명하다, 뚜렷하다 | 知道 zhīdào 图 알다 | 目的 mùdì 圀 목적 | 找 zhǎo 图 찾다 | 最 zuì 图 가장, 제일 | 合理 hélǐ 圀 합리적이다 | 方法 fāngfǎ 圀 방법 | 工作 gōngzuò 圀 일, 업무 | 还 hái 图 그런대로, 그럭저럭 | 可以 kěyǐ 圀 괜찮다. 나쁘지 않다 | 并 bìng 图 결코 | 没有 méiyǒu 图 없다 | 想象 xiǎngxiàng 图 상상하다 | 那么 nàme 떼 그렇게 | 复杂 fùzá 圀 복잡하다 | 依 yī 전 ~에 근거하여

---

03 p. 150

2 적용

A	同事们都笑话我，以后经常拿这件事跟我开玩笑	A 동료들은 모두 나를 비웃었고, 그 후로도 자주 그 일로 나를 놀렸다
B	飞机起飞时，我紧紧抱住前面的座椅	B 비행기가 이륙할 때, 나는 앞 좌석 의자를 꽉 껴안았다
C	我第一次坐飞机的时候非常害怕	C 나는 처음으로 비행기를 탔을 때 너무 무서워서

CBA

🔑 **시크릿** 이야기의 시간 순서에 주목!

해설 **1단계** C – A, B, C 모두 주어가 있어 첫 번째 문장이 될 가능성이 있다.

2단계 B – C의 第一次坐飞机(처음으로 비행기를 타다) 다음에 B의 飞机起飞(비행기가 이륙하다)가 올 수 있으므로, C → B의 순서가 된다.

3단계 A – 비행기에서 무서워서 의자를 꼭 껴안고 있는 나의 모습(B)을 보고, 직장 동료들이 나를 자주 놀린다는 이야기였으므로, B → A의 순서가 된다.

따라서 어순 배열은 CBA가 된다.

단어 同事 tóngshì 圀 동료 | 笑话 xiàohua 图 비웃다, 조롱하다 | 以后 yǐhòu 圀 이후 | 经常 jīngcháng 图 자주, 종종 | 拿 ná 전 ~로써, ~에 대해서 | 事 shì 圀 일 | 跟 gēn 전 ~에게, ~을 향해 | 开玩笑 kāi wánxiào 图 놀리다 | 飞机 fēijī 圀 비행기 | 起飞 qǐfēi 图 이륙하다 | 时 shí 圀 때 | 紧紧 jǐnjǐn 图 바짝, 꽉 | 抱 bào 图 안다 | 前面 qiánmian 圀 앞 | 座椅 zuòyǐ 圀 (의자식) 좌석 | 第一次 dì yī cì 圀 맨 처음 | 坐 zuò 图 타다 | 时候 shíhou 圀 때, 무렵 | 非常 fēicháng 图 대단히, 매우 | 害怕 hàipà 图 무서워하다

---

04 p. 150

2 적용

A	男朋友转身对那个女孩儿说："别怕，你安全了。"	A 남자 친구는 몸을 돌려 그 여자에게 "무서워하지 마세요, 당신은 이제 안전해요"라고 말했다
B	我的男朋友跟小偷对打了半天	B 내 남자 친구는 도둑과 한참 동안 몸싸움을 하여
C	小偷终于被打跑了，消失在黑暗中	C 도둑은 결국 도망갔고, 어둠 속으로 사라졌다

BCA

해설 **1단계** B – 여기에서는 A의 **男朋友**(남자 친구), B의 **我的男朋友**(내 남자 친구), C의 **小偷**(도둑)가 모두 주어가 될 수 있다. 그런데 C의 문장에는 어떤 일의 최종 결과를 말해 주는 부사 **终于**가 있기 때문에 첫 번째 절이 될 수 없고, 문맥상 남자 친구를 **我的**(나의)라는 말로 제한한 B가 첫 번째 문장이 된다.

2단계 C – 한참 동안(半天) 몸싸움을 벌이다가 결국 도둑이 도망갔다는 내용의 C가 두 번째 문장이 된다.

3단계 A – 도둑이 도망간 후 내 남자 친구가 위험에 처해 있던 여자에게 안심하라고 위로해 주었다.

따라서 어순 배열은 BCA가 된다.

단어 **男朋友** nánpéngyou 명 남자 친구 | **转身** zhuǎnshēn 동 몸을 돌리다 | **女孩儿** nǚháir 명 여자(아이) | **别** bié 부 ~하지 마라 | **怕** pà 동 무서워하다 | **安全** ānquán 형 안전하다 | **小偷** xiǎotōu 명 도둑 | **对打** duìdǎ 동 서로 다투다 | **半天** bàntiān 명 한참 동안 | **终于** zhōngyú 부 마침내 | **打跑** dǎpǎo 동 때려 쫓다 | **消失** xiāoshī 동 사라지다 | **黑暗** hēi'àn 형 어둡다

05
p. 150

A 我当时怎么没想到呢？真是笨死了	A 나는 그 당시에 어째서 생각하지 못했던 걸까? 정말 바보 같다
B 刚刚小张告诉我答案时	B 방금 샤오장이 내게 답안을 알려 줄 때
C 我才发现这个题原来根本没有那么难	C 나는 이 문제가 사실 전혀 그렇게 어렵지 않다는 것을 비로소 알게 되었다
	BCA

해설 **1단계** B – 시간을 나타내는 표현은 昨天, 今天, 晚上과 같은 시간명사도 있지만, '동작 + 的时候/时'의 형식으로 吃饭的时候, 上课时와 같은 조합형 시간 표현도 있다. 시간 표현은 일반적으로 주어보다도 앞에 나오기 때문에 B가 첫 번째 문장이 된다.

2단계 C – 첫 번째 문장에서 시간 표현이 나왔기 때문에, 사람 주어인 我가 등장하는 문장이 두 번째 문장이 됨을 알 수 있다. 샤오장이 답안을 알려 주었을 때, 문제가 어렵지 않다는 것을 알게 되었다는 이야기 흐름대로 B → C의 어순이 된다.

3단계 A – 문제를 풀 때 어렵게만 생각한 자신의 모습을 후회하면서, 자신을 바보스럽다고 자책하고 있는 내용 A가 맨 마지막 문장으로 나오게 된다.

따라서 어순 배열은 BCA가 된다.

단어 **当时** dāngshí 명 당시 | **笨** bèn 형 멍청하다 | **刚刚** gānggāng 부 지금 막 | **答案** dá'àn 명 답안 | **才** cái 부 비로소 | **发现** fāxiàn 동 발견하다 | **原来** yuánlái 부 알고 보니 | **根本** gēnběn 부 전혀, 아예 | **那么** nàme 부 그렇게

DAY 14

✓ 정답   1. BCA   2. BCA   3. ABC   4. CBA   5. CBA

---

1 적용

01
p. 151

A 因为红色会更好地保护皮肤	A 왜냐하면 붉은색이 더 피부를 잘 보호할 수 있기 때문이다
B 按照一般人的经验，大家都认为夏天穿白色的衣服会更凉爽	B 보통 사람들의 경험에 따르면 모두들 여름에 흰색 옷을 입으면 더 시원할 것이라고 생각한다
C 但据有关研究证明，其实红色的衣服效果更好	C 그러나 관련 연구의 증명에 따르면, 사실 붉은색 옷의 효과가 훨씬 좋다
	BCA

해설 **1단계** B − 전치사 按照(~에 따라)는 주어 앞이나 뒤에 모두 나올 수는 있지만, 대부분 주어 앞부분에 나오는 경우가 많다. 또한 전치사구 뒤에 주어 大家(모두)까지 나와 있는 것으로 보아, 첫 번째 문장임을 확신할 수 있다. '전치사구(按照…), 주어(大家) + 부사 + 술어'의 어순을 숙지하자!

2단계 C − 대조를 이루는 두 문장을 살펴보면, 흰색 옷이 시원하다(B)는 것은 일반적인 사람들의 견해고, 붉은색 옷이 더 좋다(C)는 것은 연구 결과로 증명된 반전이다.

3단계 A − C의 붉은 옷의 효과가 더 좋다는 사실을 A가 부연 설명해 주고 있다.

따라서 어순 배열은 BCA가 된다.

단어 **因为** yīnwèi 젭 왜냐하면 | **红色** hóngsè 몡 붉은색 | **会** huì 조동 ~할 것이다 | **更** gèng 뷔 더욱 | **好** hǎo 혱 좋다 | **保护** bǎohù 동 보호하다 | **皮肤** pífū 몡 피부 | **按照** ànzhào 젠 ~에 따라 | **一般** yìbān 혱 일반적이다 | **经验** jīngyàn 몡 경험 | **大家** dàjiā 몡 모두 | **都** dōu 뷔 모두 | **认为** rènwéi 동 여기다, 생각하다 | **夏天** xiàtiān 몡 여름 | **穿** chuān 동 입다 | **白色** báisè 몡 흰색 | **衣服** yīfu 몡 옷 | **凉爽** liángshuǎng 혱 서늘하다 | **但** dàn 접 그러나 | **据** jù 젠 ~에 따르면 | **有关** yǒuguān 혱 관련이 있는 | **研究** yánjiū 동 연구하다 | **证明** zhèngmíng 동 증명하다 | **其实** qíshí 뷔 사실 | **效果** xiàoguǒ 몡 효과

 적용

02
p. 151

A 那就是一家只生一个孩子
B 为了控制中国人口的增长速度
C 政府制定了相关的法律

A 그것은 바로 한 가정에서 한 명의 아이만 낳는 것이다
B 중국의 인구 증가 속도를 제어하기 위해서
C 정부는 관련 법률을 제정했다

BCA

해설 **1단계** B − 전치사 为了(~을 위하여)는 목적을 강조하기 위해 주어 앞으로 나올 수 있으므로, 첫 번째 문장이 될 수 있다.

2단계 C − 전치사구가 포함된 문장은 '전치사구(为了…), 주어(政府) + 부사 + 술어'의 어순으로 쓰이므로, 非사람 주어 政府(정부)가 있는 C가 두 번째 문장이 된다.

3단계 A − 앞의 내용을 다시 언급할 때 사용하는 지시대사 那(그것)는 C의 法律(법률)를 지칭한다. 즉 한 가정에서 한 명의 아이만 낳도록 하는 법률 내용을 부연 설명하고 있다.

따라서 어순 배열은 BCA가 된다.

단어 **一家** yìjiā 몡 한 집 | **只** zhǐ 뷔 단지, 오직 | **生** shēng 동 낳다 | **孩子** háizi 몡 자녀 | **为了** wèile 젠 ~을 위하여 | **控制** kòngzhì 동 규제하다 | **中国** Zhōngguó 몡 중국 | **人口** rénkǒu 몡 인구 | **增长** zēngzhǎng 동 증가하다 | **速度** sùdù 몡 속도 | **政府** zhèngfǔ 몡 정부 | **制定** zhìdìng 동 제정하다 | **相关** xiāngguān 동 상관이 있다, 서로 관련되다 | **法律** fǎlǜ 몡 법률

 적용

03
p. 151

A 跟暖暖和和的春天比起来
B 我更加喜欢凉快的秋天
C 因为那时红叶似火，景色优美，很是浪漫

A 따뜻한 봄과 비교했을 때
B 나는 시원한 가을을 훨씬 좋아한다
C 그 때는 불길처럼 빨간 단풍과 아름다운 경치가 정말 낭만적이기 때문이다

ABC

해설 **1단계** A − 비교문 중에서도 '跟 + 비교 대상 + 比起来, 我更 + 술어'는 비교대상을 나타내는 구문을 주어보다도 앞에 위치시키는 특징을 가지고 있다. 따라서 A가 첫 번째 문장이 된다.

2단계 B − 화자는 봄과 가을을 비교하며, 자신은 가을을 더 좋아한다고 말하고 있다. '전치사구, 주어 + 술어'의 어순에 따라서, 전치사구가 첫 번째 문장에 나왔으니, 주어 我가 있는 B가 두 번째 문장이 된다.

3단계 C − 가을을 좋아하는 이유가 빨간 단풍과 경치가 낭만적으로 느껴지기 때문이라는 이유를 맨 마지막 문장에서 부연 설명하고 있다.

따라서 어순 배열은 ABC가 된다.

단어 暖和 nuǎnhuo 휑 따뜻하다 | 春天 chūntiān 휑 봄 | 凉快 liángkuài 휑 서늘하다 | 秋天 qiūtiān 휑 가을 | 红叶 hóngyè 휑 단풍 | 似 sì 휑 닮다 | 火 huǒ 휑 불 | 景色 jǐngsè 휑 풍경 | 优美 yōuměi 휑 우아하고 아름답다 | 浪漫 làngmàn 휑 낭만적이다

---

2 적용

p. 151

A 没想到它们竟然可以长到一公斤重	A 토마토는 예상 밖으로 1킬로 중량의 크기까지 자랄 수 있다
B 比如，每天都给西红柿听上三小时美妙的音乐	B 예를 들어, 매일 토마토에게 3시간씩 아름답고 즐거운 음악을 들려주면
C 报纸上说，轻松，愉快的音乐对植物生长有好处	C 신문에서 말하기를, 편안하고 유쾌한 음악은 식물의 성장에 도움이 된다고 한다
	CBA

🔒 시크릿 진술문이 첫 번째 문장에 등장! / 구체적 사물을 지칭하는 3인칭 '它们'의 위치에 주목!

해설 **1단계** C – 신문에서 음악이 식물의 성장에 도움이 된다는 사실을 말하고 있다. 이처럼 사실을 설명해 주고 있는 진술문이 첫 번째 문장이 된다.

2단계 B – 어떻게 음악이 식물의 성장에 도움이 되는 방법에 관한 내용을 예를 들어 설명하고 있는 B가 두 번째 문장이 된다.

3단계 A – 토마토에서 매일 음악을 들려주면 어떻게 성장하는지를 그 결과를 언급한 내용이 마지막 문장이 된다. 구체적인 사물 西红柿를 3인칭 它们으로 언급한 것도 힌트가 될 수 있다.

따라서 어순 배열은 CBA가 된다.

단어 竟然 jìngrán 휑 뜻밖에도 | 公斤 gōngjīn 휑 킬로그램 | 重 zhòng 휑 무겁다 | 比如 bǐrú 휑 예를 들다 | 西红柿 xīhóngshì 휑 토마토 | 美妙 měimiào 휑 아름답고 즐겁다 | 音乐 yīnyuè 휑 음악 | 报纸 bàozhǐ 휑 신문 | 轻松 qīngsōng 휑 홀가분하다, 가뿐하다 | 愉快 yúkuài 휑 기쁘다 | 植物 zhíwù 휑 식물 | 生长 shēngzhǎng 휑 자라다, 성장하다 | 好处 hǎochu 휑 장점

---

1 적용

p. 151

A 就能看出演员的表演水准	A 그의 연기 수준을 판단해 낼 수 있다
B 常常是通过演员一个小小的动作和表情	B 종종 연기자의 아주 작은 동작을 통해
C 观众在剧场观看话剧表演时	C 관중들이 극장에서 연극 공연을 볼 때
	CBA

🔒 시크릿 시간 표현이 주어보다 앞 절에 나와 첫 번째 문장이 될 수 있음에 주목!

해설 **1단계** C – 사람 주어가 되는 观众(관중)이 등장하고, 시간 표현을 나타내는 …时가 나오는 C가 첫 번째 문장이 된다.

2단계 B – 연극 공연을 볼 때, 연기자의 작은 움직임을 통해 연기 수준을 판단해 낼 수 있다는 이야기의 흐름을 따라서 CBA의 어순으로 나열하면 된다.

3단계 A – 특히 通过…就…(을 통해, 곧 ~) 결과 절을 이끄는 부사 就가 있는 A가 가장 맨 마지막에 나온다.

따라서 어순 배열은 CBA가 된다.

단어 演员 yǎnyuán 휑 배우, 연기자 | 表演 biǎoyǎn 휑 상연하다, 연기하다 | 水准 shuǐzhǔn 휑 수준 | 常常 chángcháng 휑 늘, 항상 | 通过 tōngguò 휑 ~을 통해 | 动作 dòngzuò 휑 동작 | 表情 biǎoqíng 휑 표정 | 观众 guānzhòng 휑 관중 | 剧场 jùchǎng 휑 극장 | 观看 guānkàn 휑 관람하다 | 话剧 huàjù 휑 연극

DAY 15　✓ 정답　　1. BAC　　2. BAC　　3. CBA　　4. ACB　　5. BCA

01　**1 , 3 적용**

p. 156

A 他觉得自己挺合适，就去试了试
B 这个大学要招聘的是博士生，而且要有工作经验
C 结果没想到竟然成功了

A 그는 자신이 꽤 적당하다고 생각해서, 한번 시도해 보았는데
B 이 대학이 모집하려는 건 박사생이고, 게다가 직장 경험도 있어야 한다
C 결과는 뜻밖에도 성공이었다

BAC

시크릿 이야기 흐름에 주목!

해설　**1단계** B – 사람 주어인 他와 非사람 주어인 这个大学가 모두 주어가 될 가능성이 있다.

2단계 A – 문맥상 B에서 직장 경험이 있는 박사생을 모집한다고 했으므로, 그 조건에 자신이 적합하다고 생각하여 응시해 보았다는 A가 두 번째로 나오는 것이 자연스럽다.

3단계 C – 최소 두 번째 이하의 절에 나올 수 있는 단어 结果(결과)가 있으므로, 맨 마지막 문장이 된다.

따라서 어순 배열은 BAC가 된다.

단어　**觉得** juéde 통 ~라고 느끼다 | **自己** zìjǐ 때 자신 | **挺** tǐng 퇴 매우, 꽤 | **合适** héshì 형 적합하다 | **试** shì 통 시험 삼아 해 보다 | **大学** dàxué 명 대학 | **要** yào 조통 ~할 것이다, ~해야 한다 | **招聘** zhāopìn 통 모집하다 | **博士生** bóshìshēng 명 박사 과정 학생 | **而且** érqiě 접 게다가, 그뿐만 아니라 | **有** yǒu 통 가지고 있다 | **工作** gōngzuò 명 일, 업무 | **经验** jīngyàn 명 경험 | **结果** jiéguǒ 명 결과 | **没想到** méixiǎngdào 생각지 못하다 | **竟然** jìngrán 퇴 뜻밖에도, 의외로 | **成功** chénggōng 통 성공하다

02　**1 적용**

p. 156

A 不但不能让读者正确理解作者的意思
B 这本小说写得不太好
C 而且故事内容也不够精彩

A 독자로 하여금 작가의 뜻을 이해할 수 없게 만들었을 뿐만 아니라
B 이 소설책은 그다지 잘 쓰여지지 않았다
C 게다가 이야기의 내용도 훌륭하지 않다

BAC

시크릿 非사람 주어! / 접속사 주목!

해설　**1단계** B – 사람 주어인 (读者)와 非사람 주어인 (这本小说) 모두 주어가 될 가능성이 있으나, 먼저 소설책이 그다지 잘 쓰여지지 않았다고 평가를 내리는 문장이 첫 번째 문장이 된다.

2단계 A – 뒤이어서 왜 그렇게 평가하는지 두 가지 이유를 들어 설명하고 있다.

3단계 C – A와 C는 점층을 나타내는 접속사 不但…而且(~일 뿐만 아니라, 게다가 ~이다)로 연결되어 있어서 A가 두 번째 문장이 되고, C가 세 번째 문장이 되는 것이 자연스럽다.

따라서 어순 배열은 BAC가 된다.

단어　**读者** dúzhě 명 독자 | **不但** búdàn 접 ~뿐만 아니라 | **不** bù 퇴 부정을 나타냄 | **而且** érqiě 접 게다가 | **作者** zuòzhě 명 지은이 | **故事** gùshi 명 이야기 | **内容** nèiróng 명 내용 | **不够** búgòu 형 모자라다 | **精彩** jīngcǎi 형 뛰어나다

03　**1 , 2 적용**

p. 156

A 也能让他们感到很幸福
B 即使只是陪他们聊聊天
C 有时间的时候偶尔回家看看爸妈

A 그래도 그분들로 하여금 행복을 느끼게 할 수 있다
B 설령 그저 그들과 담소를 나누는 것뿐일지라도
C 시간이 있을 때, 가끔씩 부모님을 뵈러 집에 간다면

CBA

해설 **1단계** C – 사람 주어는 나와 있지 않지만, 시간(有时间的时候)을 언급한 C가 첫 번째 문장이 될 수 있다.

2단계 B – 가설이나 양보를 나타내는 접속사를 문장에서 뽑아낼 수 있어야 한다. 即使…也…(설령 ~일지라도, ~한다) 구문의 即使가 있으므로 B가 A보다 앞서 나온다.

3단계 A – 也가 들어간 A가 B 다음에 위치한다.

따라서 어순 배열은 CBA가 된다.

단어 **能** néng 조동 ~할 수 있다 | **感到** gǎndào 동 느끼다, 여기다 | **幸福** xìngfú 형 행복하다 | **即使** jíshǐ 접 설령 ~하더라도 | **只是** zhǐshì 부 단지, 다만 | **陪** péi 동 동반하다, 모시다 | **聊天** liáotiān 동 잡담하다, 한담하다 | **时间** shíjiān 명 시간 | **时候** shíhou 명 때, 무렵 | **偶尔** ǒu'ěr 부 때때로, 간혹 | **回家** huíjiā 집으로 돌아가다

---

① , ③ 적용

04
p. 156

A	我提醒他，虽然这次生意失败了	A	나는 그에게 상기시켜 주기를, 비록 이번 사업은 실패했지만
B	重要的是要从这次失败中总结经验教训	B	중요한 것은 이번 실패에서 경험과 교훈을 정리해야 한다는 것이다
C	他还是一个成功的商人	C	그는 여전히 성공한 상인이다

ACB

해설 **1단계** A – A의 我(나), B의 重要的(중요한 것), C의 他(그) 모두 주어이므로 첫 번째 문장이 될 수 있으나, 접속사 虽然(비록 ~하지만)이 들어간 문장이 첫 번째 문장이 될 확률이 높다.

⚡Tip 虽然, 因为, 不但 등 앞 절에 나오는 접속사가 있으면 첫 번째 문장이 될 수 있다.

2단계 C – 사실에 따른 역접을 나타내는 접속사를 뽑아낼 수 있어야 한다. 虽然…但是…(비록 ~하지만, 그러나 ~하다)의 접속사 구문에서 但是 대신에 可是, 然而, 却, 也, 仍然, 还是 등이 등장할 수도 있다. 따라서 还是가 들어 있는 C가 A 뒤에 위치한다.

3단계 B – 重要的(중요한 것), 关键(관건) 등은 결론을 짓는 표현이므로, 마지막에 위치한다.

따라서 어순 배열은 ACB가 된다.

단어 **提醒** tíxǐng 동 일깨우다 | **虽然** suīrán 접 비록 ~하지만 | **生意** shēngyi 명 장사, 사업 | **失败** shībài 동 실패하다 | **重要** zhòngyào 형 중요하다 | **从** cóng 전 ~부터 | **总结** zǒngjié 동 총괄하다, 총정리하다 | **经验** jīngyàn 명 경험 | **教训** jiàoxùn 명 교훈 | **还是** háishi 부 여전히, 아직도 | **商人** shāngrén 명 상인

---

① , ② , ③ 적용

05
p. 156

A	他从来都不叫苦叫累	A	그는 여지껏 고생스럽다거나 힘들다는 소리를 한 적이 없다
B	小张工作的时候非常认真	B	샤오장은 일할 때 매우 열심이다
C	即使遇到不容易解决的难题	C	설령 해결하기 어려운 문제를 만나노

BCA

해설 **1단계** B – 사람 주어를 나타내는 小张과 他 모두 첫 번째 문장이 될 가능성이 있으나, 구체적인 인물의 이름이 첫 번째 문장이 된다. B는 샤오장이 어떤 사람인지를 진술하고 있다.

2단계 C – 어떠한 조건에서도 결론이 같음을 나타내는 접속사 即使…都가 함께 호응하고 있으므로, C가 두 번째 문장이 되고, A가 세 번째 문장이 된다.

3단계 A – B에서 언급한 샤오장에 대한 평가에 대한 근거를 C, A에서 부연 설명하고 있다.

따라서 어순 배열은 BCA가 된다.

단어 从来 cónglái 튄 여지껏 | 苦 kǔ 혱 쓰다 | 累 lèi 혱 힘들다 | 时候 shíhou 묑 때, 시각 | 认真 rènzhēn 혱 진지하다, 열심이다 | 即使 jíshǐ 쥅 설령 ~하더라도 | 遇到 yùdào 튕 만나다 | 解决 jiějué 튕 해결하다 | 问题 wèntí 묑 문제

DAY 16

✓ 정답   1. CBA   2. CBA   3. BCA   4. BAC   5. BAC

3 적용

01
p. 157

A 快擦擦，我去给你倒杯水
B 这种电影看多了对心脏也不好，你脸上有那么多汗
C 你既然不能看恐怖电影就别看了

A 어서 닦아 봐, 내가 물 한 잔 따라 줄게.
B 이런 영화는 너무 많이 보면 심장에도 안 좋아, 네 얼굴에 이 땀 좀 봐.
C 너는 공포 영화 못 보면 보지 마

CBA

🔍 **시크릿** 사람 주어에 주목! / 구체적 사물 표현과 이야기 흐름에 주목!

해설 **1단계** C – 非사람 주어인(这种电影)과 사람 주어인(你)가 모두 주어가 될 가능성이 있다.

2단계 B – B에서는 공포 영화를 많이 보면 심장에도 좋지 않다는 이유를 설명하고 있다. 또한 C에서 언급한 구체적인 명사 恐怖电影을 지시대사를 써서 这种电影으로 나타내고 있으므로 C가 첫 번째, B가 두 번째 문장이 되는 것이 옳다.

3단계 A – B에서 汗(땀)이 많이 났다는 표현이 있고, A에서 快擦擦(어서 닦으라고)를 권유하고 있다.

따라서 어순 배열은 CBA가 된다.

단어 擦 cā 튕 닦다 | 倒 dǎo 튕 넘어지다 | 杯 bēi 양 잔 | 心脏 xīnzàng 묑 심장 | 脸 liǎn 묑 얼굴 | 汗 hàn 묑 땀 | 既然 jìrán 쥅 ~된 바에야 | 恐怖 kǒngbù 묑 공포 | 别 bié 튄 ~하지 마라

1 적용

02
p. 157

A 可以提供皮肤必要的营养，对皮肤很有好处
B 例如，每天吃一到两个新鲜的西红柿
C 常吃西红柿可以解决一些健康问题

A 피부에 필요한 영양을 공급할 수 있어서, 피부에 아주 좋다
B 예를 들어, 매일 한두 개의 신선한 토마토를 먹으면
C 토마토를 자주 먹으면 일부 건강 문제를 해결할 수 있다

CBA

🔍 **시크릿** 非사람 주어 찾기! / 이야기 흐름에 주목!

해설 **1단계** C – 常吃西红柿(토마토를 자주 먹는 것)가 非사람 주어로 첫 번째 문장이 된다.

2단계 B – 첫 번째 문장에서는 토마토를 자주 먹으면 건강 문제를 해결할 수 있다는 큰 전제 사실을 말하고, 두 번째 문장에서는 매일 1~2개의 토마토를 먹으면 된다는 구체적인 방법을 소개해야 자연스럽다. 例如(예를 들면)는 최소 두 번째 이하 문장에 나오는 단어다.

3단계 A – B의 전제 조건에 대한 결과를 나타내므로 마지막 문장이 된다.

따라서 어순 배열은 CBA가 된다.

단어 可以 kěyǐ 조통 ~할 수 있다 | 提供 tígōng 튕 제공하다 | 皮肤 pífū 묑 피부 | 必要 bìyào 혱 필요로 하다 | 营养 yíngyǎng 묑 영양 | 对 duì 젼 ~에 대해 | 好处 hǎochu 묑 장점 | 例如 lìrú 튕 예를 들면 | 吃 chī 튕 먹다 | 新鲜 xīnxiān 혱 신선하다 | 西红柿 xīhóngshì 묑 토마토 | 常 cháng 튄 자주 | 解决 jiějué 튕 해결하다 | 一些 yìxiē 양 몇, 약간 | 健康 jiànkāng 묑 건강 | 问题 wèntí 묑 문제

03

p. 157

A 也想引起人们对气候变暖问题的关注
B "地球一小时"的活动是从2007年开始的
C 除了让人们节约用电以外

A 또 기후 온난화 문제에 대한 사람들의 관심을 불러 일으키려는 것이다
B '지구 1시간' 활동은 2007년부터 시작되었다
C 사람들이 전기 사용을 절약하게 하는 것 이외에

BCA

 시크릿 非사람 주어 찾기! / 접속사에 주목!

해설 **1단계** B – "地球一小时"的活动(지구 1시간 활동)이 非사람 주어로 첫 번째 문장이 된다.

2단계 C – 말한 것 이외에 다른 것을 보충한다는 의미의 접속사를 이해해야 한다. 접속사 除了…也…는 '~을 제외하고, 또 ~하다'라는 의미를 나타낸다. 따라서 除了가 있는 C가 A 앞에 위치한다.

3단계 A – 접속사 除了가 있는 C에 이어 호응하는 부사 也가 있는 A는 마지막에 배열된다.

따라서 어순 배열은 BCA가 된다.

단어 想 xiǎng 조동 ~하려고 하다 | 引起 yǐnqǐ 동 야기하다, 불러 일으키다 | 气候 qìhòu 명 기후 | 变 biàn 동 변하다, 바뀌다 | 暖 nuǎn 형 온화하다, 따뜻하다 | 关注 guānzhù 동 관심을 가지다 | 地球 dìqiú 명 지구 | 小时 xiǎoshí 명 시간 | 活动 huódòng 명 활동 | 从 cóng 전 ~부터 | 开始 kāishǐ 동 시작되다 | 除了 chúle 전 ~외에 | 节约 jiéyuē 동 절약하다 | 用 yòng 동 쓰다, 사용하다 | 电 diàn 명 전기 | 以外 yǐwài 명 이외

04

p. 157

A 你才能看出它们之间的关系怎样
B 只有按照一定的规律排列这些数字
C 要不然不容易看出来

A 너는 비로서 그것들의 관계가 어떤지를 발견할 수 있다
B 일정한 규칙에 따라 이 번호들을 배열해야지 만이
C 그렇지 않으면 알아내기 쉽지 않다.

BAC

 시크릿 접속사에 주목!

해설 **1단계** B – 사람 주어(你)가 나와 있는 A가 첫 번째 문장이 되는 것처럼 판단할 수 있지만, 조건절을 나타내는 접속사 只有…才로 연결되어 있으므로, B가 첫 번째 문장이 되고, A가 두 번째 문장이 된다.

2단계 A – B에서 这些号码(이러한 번호)라고 구체적으로 언급하고, A에서 지시대사로 它们이라고 언급하고 있으므로, A가 두 번째 문장으로 나오는 것이 옳다.

3단계 C – 要不然(그렇지 않으면)이라는 앞 절과 상반된 결과절을 이끌고 나온다.

따라서 어순 배열은 BAC가 된다.

단어 之间 zhījiān 명 사이 | 只有…才 zhǐyǒu…cái 접 단지 ~해야지만이, 비로서 | 按照 ànzhào 전 ~에 근거하여 | 一定 yídìng 형 일정하다 | 规律 guīlǜ 명 규율 | 排列 páiliè 동 배열하다

05

p. 157

A 而且价格也很便宜
B 在南方地区由于这种植物很常见
C 因此几乎每家都有几棵

A 게다가 가격 또한 매우 저렴하다
B 남방 지역에서는 이런 종류의 식물을 매우 흔하게 볼 수 있기 때문에
C 그래서 거의 매 집마다 몇 그루씩은 가지고 있다

BAC

🔒시크릿 장소를 나타내는 표현은 맨 앞에 위치! / 접속사 주목!

해설 **1단계** B – 非사람 주어(这种植物)가 있는 B가 첫 번째 문장이 된다. 시간이나 장소(在南方地区)를 나타내는 표현은 필요에 따라서 주어보다도 앞에 나올 수도 있다.

2단계 A – 원인과 결과를 나타내는 접속사 由于…因此(= 因为…所以)가 눈에 보이기 때문에 B → C순서로 연결된다고 판단할 수 있으나, 이 문제에서는 이러한 종류의 식물이 매우 흔하고, 가격도 저렴하다는 원인 두 가지를 먼저 설명하고 있기 때문에 A가 두 번째 문장으로 나오는 것이 옳다.

3단계 C – 두 가지 원인 뒤에 결과절을 이끄는 因此가 있는 C가 세 번째 문장이 되는 것이 자연스럽다.

따라서 어순 배열은 BAC가 된다.

단어 **而且** érqiě 쩝 게다가 | **价格** jiàgé 뎽 가격 | **便宜** piányi 혱 저렴하다 | **由于** yóuyú 쩝 ~때문에 | **植物** zhíwù 뎽 식물 | **常见** chángjiàn 뚱 자주 보다 | **南方地区** Nánfāng dìqū 뎽 남방 지역 | **因此** yīncǐ 쩝 이로 인하여, 그래서 | **几乎** jīhū 뿐 거의 | **棵** kē 뎽 그루

 DAY **17**   ✓ 정답   1. BAC   2. BCA   3. ACB   4. BAC   5. CAB

1, 3 적용

01
p. 161

A 上初中后，他常常跟同学去打篮球	A 중학교에 들어간 후, 그는 자주 친구들과 농구를 했다.
B 弟弟上小学时个子不高，当时家里人都担心他长不高	B 남동생이 <u>초등학교 다닐 때</u>는 키가 작았다. 그 당시 가족들은 모두 그가 키가 크지 않을까 걱정했다
C 现在个子差不多有一米八了	C 지금은 키가 거의 180센티미터쯤 된다
	BAC

🔒시크릿 이야기의 흐름과 시간의 흐름에 주목!

해설 **1단계** B – 시간을 나타내는 上小学时, 非사람 주어인 个子가 있는 B가 첫 번째 문장이 된다.

2단계 A – 초등학교 때, 동생의 키가 작아서 걱정했는데, 중학교 들어가면서 자주 농구를 했다는 이야기 흐름에 따라서 A가 두 번째 문장이 된다. B에서 언급한 구체적인 인물 弟弟(남동생)를 A에서는 3인칭 他(그)로 표현하고 있으므로 B → A의 어순이 된다.

3단계 C – 이야기가 上小学时(초등학교 다닐 때) → 上初中后(중학교 입학 후) → 现在(현재)의 순서로 진행되고 있다.

따라서 어순 배열은 BAC가 된다.

단어 **初中** chūzhōng 뎽 중학교 | **跟** gēn 쩐 ~와 | **同学** tóngxué 뎽 급우 | **打篮球** dǎ lánqiú 농구를 하다 | **小学** xiǎoxué 뎽 초등학교 | **高** gāo 혱 (키가) 크다 | **当时** dāngshí 뎽 당시 | **家里人** jiālirén 뎽 집안사람, 가족 | **担心** dānxīn 뚱 염려하다, 걱정하다 | **长** zhǎng 뚱 자라다 | **差不多** chàbuduō 혱 비슷하다 뿐 거의 | **米** mǐ 뎽 미터

1, 2 적용

02
p. 161

A 甚至有人说成熟就是一种感觉，没有什么标准	A 심지어 어떤 사람은 성숙이라는 것은 일종의 느낌이어서, 아무런 기준이 없다고 말한다
B 成熟的标准到底是什么	B <u>성숙하다는 것의 기준은</u> 도대체 무엇일까
C 每个人的回答都各不相同	C <u>사람들의 대답</u>은 모두 다를 것이다
	BCA

🔒시크릿 非사람 주어 찾기! / 이야기 흐름과 접속사에 주목!

해설 **1단계** B – 非사람 주어인 B의 成熟的标准(성숙한 기준)과 C의 每个人的回答(사람들의 대답)가 모두 첫 번째 문장에 올 수 있다.

2단계 C – 이야기의 흐름을 살펴보면 B에서는 성숙의 기준이 무엇이냐는 질문을 던지고, C에서는 사람들의 대답이 모두 다르다고 답하고 있으므로, 순서는 B → C여야 한다.

3단계 A – 甚至(심지어)는 최소 두 번째 문장 이하에 나오는 접속사로, 어떤 상황이 매우 심한 정도에 이르렀음을 설명한다.

따라서 어순 배열은 BCA가 된다.

단어 甚至 shènzhì 웹 심지어, ~까지도 | 有人 yǒurén 어떤 사람, 누군가 | 成熟 chéngshú 웹 성숙하다 | 感觉 gǎnjué 통 느끼다 | 没有 méiyǒu 통 없다 | 什么 shénme 때 무엇, 어떤 | 标准 biāozhǔn 웹 기준, 표준 | 到底 dàodǐ 웹 도대체 | 回答 huídá 통 대답하다 | 各不相同 gèbù xiāngtóng 웹 서로 다르다

03
p. 161

①, ③, ⑤ 적용

A 平时, 儿子总是在学校上课
B 只有放了假, 才有可能和我们一起去旅游
C 学习很紧张, 很少有时间出去玩儿

A 평소에 아들은 항상 학교에서 수업을 듣는다
B 방학이나 해야지, 비로소 우리와 함께 여행을 갈 수 있다
C 공부가 바빠서, 나가서 놀 시간이 매우 적어

ACB

🔒시크릿 사람 주어 찾기! / 이야기 흐름과 접속사에 주목!

해설 **1단계** A – 주어보다 앞에 위치할 수 있는 시간사 平时(평소)와 사람 주어 儿子(아들)가 있으므로 첫 번째 문장이 된다.

2단계 C – 이야기의 흐름을 살펴보면 A와 C는 모두 '공부'에 관해 언급했고, B에서 또 다른 화제인 '여행'이 언급되었다. 유사한 내용은 병렬되어 나올 확률이 높으므로, 어순은 A → C가 된다.

3단계 B – 접속사 只有…才…는 '~해야만 비로소 ~하다'의 뜻이다. 시간적 흐름을 살펴보면 평상시(平时)와 방학 기간(放假)의 상황이 다름을 알 수 있다. 따라서 방학이 되는 상황을 맨 마지막 문장에 놓아야 한다.

따라서 어순 배열은 ACB가 된다.

단어 平时 píngshí 웹 평소 | 儿子 érzi 웹 아들 | 总是 zǒngshì 웹 늘, 언제나 | 学校 xuéxiào 웹 학교 | 上课 shàngkè 통 수업을 듣다 | 只有 zhǐyǒu 웹 ~해야만 | 放假 fàngjià 방학하다 | 才 cái 웹 비로소 | 可能 kěnéng 웹 가능하다 | 一起 yìqǐ 웹 같이, 함께 | 旅游 lǚyóu 통 여행하다 | 学习 xuéxí 공부하다 | 紧张 jǐnzhāng 웹 바쁘다, 긴박하다 | 少 shǎo 웹 적다 | 时间 shíjiān 웹 시간 | 出去 chūqu 통 나가다 | 玩儿 wánr 통 놀다

04
p. 161

①, ③ 적용

A 请您听到广播以后
B 有哪位顾客丢失了一个黑色的手提包
C 马上到商场三楼服务台认领, 谢谢

A 이 방송을 들은 후에
B 검은색 핸드백을 잃어버린 고객께서는
C 바로 상가 3층 프런트에서 오셔서 찾아가시기 바랍니다. 감사합니다

BAC

🔒시크릿 사람 주어 찾기! / 이야기 흐름에 주목!

해설 **1단계** B – 사람 주어인 有哪位顾客(어느 고객님)가 있는 B가 첫 번째 문장이 된다.

2단계 A – B에서 언급한 顾客(고객)를 A에서는 2인칭 您으로 지칭하고 있으므로, A가 두 번째 문장이 된다.

3단계 C – 행위의 흐름을 살펴보면 丢失了手提包(핸드백을 잃어버리다) → 听到广播(방송을 듣다) → 认领(핸드백을 찾아가다)의 순서로 진행되고 있다.

따라서 어순 배열은 BAC가 된다.

단어 广播 guǎngbō 웹 방송 | 哪 nǎ 때 어느 | 位 wèi 웹 분 | 顾客 gùkè 웹 고객 | 丢失 diūshī 통 분실하다, 잃어버리다 | 黑色 hēisè 웹 검은색 | 手提包 shǒutíbāo 웹 핸드백 | 商场 shāngchǎng 웹 상점 | 楼 lóu 웹 층 | 认领 rènlǐng 찾아가다 | 服务 fúwù 웹 서비스

120

p. 161

05 **1, 3 적용**

A 没想到竟然获得了第一名	A 뜻밖에도 1등을 했고
B 这让我又吃惊又高兴	B 이 일은 나를 깜짝 놀라게도 그리고 기쁘게도 했다
C 我去参加比赛，本来只是想试一试	C 나는 본래 단지 시도나 한번 해 보자는 마음에 시합에 참가한 것인데

CAB

🔒 **시크릿** 사람 주어 찾기! / 이야기 흐름과 지시대사에 주목!

해설 **1단계** C – 사람 주어 我(나)가 있으므로 첫 번째 문장이 된다.

2단계 A – 이야기의 흐름을 살펴보자!

A 1등을 거머쥠 ——— B 놀라고 기쁨 ——— C 시합에 참가함
(C의 결과)　　　　　(A의 결과)　　　　　(첫 번째 문장)

시합에 참가해서 1등이라는 결과를 얻은 것이므로, A는 C 뒤에 위치해야 한다.

3단계 B – 지시대사 这(이것)는 A의 获得了第一名(1등을 했다)을 지칭하는 것이므로 A 다음 문장에 와야 한다.

따라서 어순 배열은 CAB가 된다.

단어 没想到 méixiǎngdào 생각지 못하다 | 竟然 jìngrán 🄫 뜻밖에도, 의외로 | 获得 huòdé 🄝 얻다, 취득하다 | 第一名 dì yī míng 🄧 1등 | 又…又… yòu…yòu… ~하기도 하고, ~하기도 하다 | 吃惊 chījīng 🄝 놀라다 | 高兴 gāoxìng 🄗 기쁘다 | 本来 běnlái 🄫 원래 | 只是 zhǐshì 🄫 단지 | 想 xiǎng 🄩 ~하려고 하다 | 试 shì 🄝 시험 삼아 해보다 | 参加 cānjiā 🄝 참가하다 | 比赛 bǐsài 🄧 시합, 경기

DAY 18

✓ 정답	1. BAC	2. CBA	3. CAB	4. CBA	5. BCA

---

01 **1, 2, 5 적용**

p. 162

A 因此养成好的习惯要坚持	A 그래서 좋은 습관을 기르는 것은 지속해야 한다
B 一个人的习惯不是一两天养成的	B 한 사람의 습관은 하루 이틀에 만들어진 것이 아니다
C 而改掉坏的习惯也一定要坚持	C 그리고 나쁜 습관을 고치는 것 또한 반드시 지속해야 한다

BAC

🔒 **시크릿** 非사람 주어 찾기! / 이야기 흐름과 접속사에 주목!

해설 **1단계** B – 非사람 주어 一个人的习惯(한 사람의 습관)이 있으므로 첫 번째 문장이 된다.

2단계 A – 이야기 흐름상 습관은 하루 이틀 만에 길러지는 것이 아니라는 기본 진술문 B가 먼저 나오고, 결과를 나타내는 접속사 因此(그래서)가 있는 A가 두 번째 문장이 된다.

3단계 C – A와 C에 要坚持(지속해야 한다)라는 동일한 내용이 나오는 것으로 보아, 두 문장이 병렬 관계임을 알 수 있다. 그런데 C에서 주어 뒤에 나오는 부사 也(또한)를 발견했다면, C가 맨 마지막 문장이 될 것임을 알 수 있다.

따라서 어순 배열은 BAC가 된다.

단어 因此 yīncǐ 🄦 그래서, 이 때문에 | 养成 yǎngchéng 🄝 길러지다 | 好 hǎo 🄗 좋다 | 习惯 xíguàn 🄧 습관 | 要 yào 🄩 ~해야 한다 | 坚持 jiānchí 🄝 유지하다, 지속하다 | 而 ér 🄦 그리고 | 改掉 gǎidiào 🄝 고치다, 고쳐버리다 | 坏 huài 🄗 나쁘다 | 一定 yídìng 🄫 반드시

02

p. 162

A 晚上我们还有比这些更重要的事情要做

B 吃过午饭后请大家都充分休息休息

C 各位辛苦了，我们精心为大家准备了一顿午餐

A 저녁에 우리는 이것보다 더 중요한 일을 해야 합니다

B 점심 식사 후에는 모두들 푹 좀 쉬시오

C 모두 수고하셨습니다. 저희가 여러분을 위해 정성 들여 점심 식사를 준비했습니다

CBA

🔒 시크릿 사람 주어 찾기! / 이야기 흐름에 주목!

해설 **1단계 C** – 사람 주어인 各位(여러분), 我们(우리들)이 언급된 C가 첫 번째 문장이 된다.

2단계 B – 오전 내내 고생한 분들을 위해 점심 식사 후에 좀 쉬시라고 안내를 하고 있으니, 두 번째 문장은 B가 된다.

3단계 A – 내용을 살펴보면 准备午餐(점심을 준비하다) → 午饭后休息(점심 식사 후 휴식) → 晚上做事情(저녁에 일 처리)의 순서의 시간의 흐름으로 이야기가 전개된다.

따라서 어순 배열은 CBA의 순서가 된다.

단어 **晚上** wǎnshang 圆 저녁 | **重要** zhòngyào 형 중요하다 | **事情** shìqing 圆 일, 사건 | **午饭** wǔfàn 圆 점심 | **休息** xiūxi 동 휴식하다 | **各位** gèwèi 데 여러분 | **辛苦** xīnkǔ 형 고생스럽다 | **精心** jīngxīn 동 정성을 들이다 | **为** wèi 전 ~을 위해서 | **大家** dàjiā 데 모두

03

p. 162

A 所以那天的参观活动只好推迟了

B 再次举行的时间还没决定，让我们等通知

C 天气预报说八号有大雪

A 그래서 그날의 참관 행사는 어쩔 수 없이 연기되었다

B 참관 일정은 아직 결정되지 않았으며, 우리에게 통지를 기다리라고 하였다

C 일기 예보에서 8일에 많은 눈이 내린다고 한다

CAB

🔒 시크릿 非사람 주어 찾기! / 이야기 흐름에 주목!

해설 **1단계 C** – 非사람 주어인 天气预报(일기 예보)가 등장하는 C가 첫 번째 문장이 된다.

2단계 A – C에서 눈이 많이 내린다는 원인이 제시되고, A에서 참관 행사가 연기되었다는 결과가 제시되고 있다.

3단계 B – 내용을 살펴보면 有大雪(눈이 온다는 소식) → 活动推迟了(행사가 연기되었다) → 等通知(통지를 기다리다)의 순서로 이야기가 전개되고 있다.

따라서 어순 배열은 CAB가 된다.

단어 **所以** suǒyǐ 접 그래서 | **参观** cānguān 동 참관하다 | **活动** huódòng 명 활동 | **只好** zhǐhǎo 부 부득이 | **推迟** tuīchí 동 뒤로 미루다 | **再次** zàicì 재차, 다시 | **举行** jǔxíng 동 거행하다 | **决定** juédìng 동 결정하다 | **通知** tōngzhī 명 통지 | **天气预报** tiānqì yùbào 명 일기 예보

04

p. 162

A 它们都是中国的"母亲河"

B 长约6300公里，比黄河长800公里

C 长江是中国的第一长河

A 이들은 모두 중국의 '어머니 강'이다

B 약 6300km에 달하며, 황허보다 800km 더 길다

C 창장은 중국에서 가장 긴 강으로

CBA

🔒 시크릿 非사람 주어 찾기! / 이야기 흐름과 인칭대사에 주목!

해설 **1단계 C** – 非사람 주어 长江(창장)이 있으므로 첫 번째 문장이 된다.

2단계 B – 이야기의 흐름을 살펴보면, A의 它们(그것들)은 창장과 황허를 가리키고 B에서는 이 둘의 길이에 대해 말하며, C에서는 창장에 대해 말하고 있다. B의 주어는 长江인데, 이미 첫 번째 문장(C)에서 언급했으므로 생략되었다. 여기에서 6300km는 창장의 길이임을 알 수 있다.

3단계 A – 它们은 복수로 최소 2개 이상의 것을 대신하는 대사다. B에서 언급된 창장과 황허를 받으므로, B 뒤에 나와야 한다.

따라서 어순 배열은 CBA가 된다.

단어 中国 Zhōngguó 몡 중국 | 母亲河 mǔqīnhé 몡 젖줄, 어머니와 같은 강 | 长 cháng 몡 길이 | 约 yuē 튄 대개, 대략 | 公里 gōnglǐ 몡 킬로미터(km) | 比 bǐ 젠 ~에 비해, ~보다 | 黄河 Huánghé 몡 황허 | 长江 Chángjiāng 몡 창장, 양쯔강 | 第一 dìyī 혱 제일이다

1, 5 적용

05
p. 162

A 喜欢音乐是 他们5个人的共同爱好
B 很多年轻人都很喜欢 "五月天" 这个男孩组合
C 这个组合是由5个热情的男孩组成的

A 음악을 좋아하는 것이 그들 5명의 공통된 취미다
B 많은 젊은이들이 모두 '오월의 하늘'이라는 남자 그룹을 매우 좋아한다
C 이 그룹은 5명의 열정적인 남자 아이들로 구성되었고

BCA

🔒 시크릿 이야기 흐름과 인칭대사에 주목!

해설 **1단계** B – 非사람 주어 喜欢音乐(음악을 좋아하다)가 있는 A와 사람 주어 很多年轻人(많은 젊은이들)이 있는 B, 这个组合(이 그룹)가 있는 C가 모두 첫 번째 문장이 될 수 있다. 하지만 A의 인칭대사 他们(그들)과 C의 지시대사 这个는 앞에서 언급한 것을 가리키는 말이므로 B가 첫 번째 문장이 된다.

2단계 C – B의 组合(그룹)와 C의 组成(구성하다)은 유사한 단어이므로, 서로 나란히 병렬되어 나올 확률이 높다. C의 주어 这个组合(이 그룹)는 B의 "五月天(오월의 하늘)"을 지칭한다. 따라서 B → C의 순서가 된다.

3단계 A – C에서 팀의 구성원을 소개하고, A에서 그들의 취미를 구체적으로 말해 주고 있으므로 C → A의 순서가 된다.

따라서 어순 배열은 BCA가 된다.

단어 喜欢 xǐhuan 용 좋아하다 | 音乐 yīnyuè 몡 음악 | 共同 gòngtóng 혱 공통의 | 爱好 àihào 몡 취미 | 多 duō 혱 많다 | 年轻人 niánqīngrén 몡 젊은이 | 男孩 nánhái 몡 남자아이 | 组合 zǔhé 몡 그룹, 조합 | 由 yóu 젠 ~으로 | 热情 rèqíng 혱 열정적이다 | 组成 zǔchéng 용 구성하다, 결성하다

DAY 19

✓ 정답 1. ACB 2. ACB 3. BAC 4. CAB 5. ACB

---

1 적용

01
p. 166

A 有的父母对孩子的要求很严格
B 认为应该给孩子更多自己选择的机会
C 有的父母正好相反

A 어떤 부모는 아이에 대한 요구가 매우 엄격하고
B 아이에게 스스로 선택할 기회를 더 많이 줘야 한다고 생각한다
C 어떤 부모는 정반대로

ACB

🔒 시크릿 사람 주어 찾기! / 이야기 흐름에 주목!

해설 **1단계** A – 사람 주어(有的父母)가 있는 A와 C 중 하나가 첫 번째 문장이 되고, 나머지 하나는 병렬로 배치된다. '有的…, 有的…(어떤 이는 ~하고, 어떤 이는 ~한다)' 구문은 有를 두 번 사용하여, 의미가 상반되는 두 개의 상황이 있음을 표현한다.

2단계 C – C의 正好相反(정반대다)이 나오려면 앞에 기본 전제가 되는 문장이 있어야 하므로, A가 첫 번째 문장이 되고, C는 두 번째 문장이 된다.

3단계 B – C에서 A와 상반되는 부모가 있다고 하였으니, 마지막 문장으로는 A와 상반되는 것이 무엇인지 소개한 B가 와야 한다.

따라서 어순 배열은 ACB가 된다.

단어 | 有的 yǒude 때 어떤 사람 | 父母 fùmǔ 몡 부모 | 孩子 háizi 몡 아이, 자녀 | 要求 yāoqiú 몡 요구 | 严格 yángé 혱 엄격하다 | 认为 rènwéi 됭 여기다, 생각하다 | 应该 yīnggāi 조동 ~해야 한다 | 给 gěi 젠 (~에게) 주다 | 更 gèng 퇴 더욱 | 多 duō 혱 많다 | 自己 zìjǐ 때 자기, 자신 | 选择 xuǎnzé 됭 선택하다 | 机会 jīhuì 몡 기회 | 正好 zhènghǎo 퇴 마침, 공교롭게도 | 相反 xiāngfǎn 혱 상반되다

---

2 적용

02
p. 166

A 我一喝酒就什么都不知道了
B 这回请你提醒我一下别喝多了
C 上次就因为喝酒把钱包丢了

A 나는 술만 마시면 아무것도 몰라
B 이번에는 네가 나한테 많이 마시지 말라고 말 좀 해줘
C 저번에는 술 때문에 지갑을 잃어버렸어

ACB

🔒 시크릿 사람 주어 찾기! / 이야기의 시간 순서에 주목!

해설 **1단계** A – 사람 주어 我(나)가 있으므로 첫 번째 문장이 된다. 一…就…(~하자마자 ~한다) 접속사를 사용하여, 어떠한 습관을 묘사하였다.

2단계 C – 시간의 흐름을 파악해 보면 上次(저번)는 과거이고, 这回(이번)는 현재이므로 C → B의 순서가 된다.

3단계 B – 저번에 지갑을 잃어버린 경험이 있으니, 이번에는 자신이 술을 많이 마시지 않게 옆에서 좀 말려 달라고 부탁하는 내용이므로, B는 문맥상 C 뒤에 위치한다.

따라서 어순 배열은 ACB가 된다.

단어 喝 hē 됭 마시다 | 酒 jiǔ 몡 술 | 什么 shénme 때 무엇, 어떤 | 知道 zhīdào 됭 알다 | 提醒 tíxǐng 됭 일깨우다 | 别 bié 퇴 ~하지 마라 | 上次 shàngcì 몡 지난번 | 因为 yīnwèi 젭 ~때문에 | 钱包 qiánbāo 몡 지갑 | 丢 diū 됭 잃어버리다

---

❶ ❷ 적용

03
p. 166

A 一方面是由于她很注重饮食
B 罗阿姨看上去比实际年龄年轻很多
C 另一方面是她的性格很好，从来不生气

A 한편으로는 그녀가 먹는 것을 매우 신경 쓰기 때문이고
B 뤄 아주머니는 실제 나이보다 훨씬 젊게 보이는 것은
C 다른 한편으로는 그녀의 성격이 매우 좋아서, 절대로 화를 내지 않기 때문이다

BAC

🔒 시크릿 사람 주어 찾기! / 접속사 주목!

해설 **1단계** B – 사람 주어인 罗阿姨(뤄 아주머니)가 있는 B가 첫 번째 문장이 된다.

2단계 A – 두 개의 절을 연결하여 복문을 만드는 一方面…另一方面(한편으로 ~하고, 또 다른 한편으로 ~하다)의 어순에 따라서 배열한다.

3단계 C – 뤄 아주머니가 실제 나이보다 젊어 보이는 이유를 크게 2가지로 설명하고 있다. 하나는 음식을 신경 써서 먹고, 또 하나는 화를 내지 않는 좋은 성격을 지녔기 때문이다.

따라서 어순 배열은 BAC가 된다.

단어 一方面…另一方面… yìfāngmiàn…lìngyìfāngmiàn… 젭 한편으로 ~하고, 한편으로 ~하다 | 由于 yóuyú 젭 ~때문에 | 注重 zhùzhòng 됭 중시하다 | 饮食 yǐnshí 몡 음식 섭취 | 阿姨 āyí 몡 아주머니 | 看上去 kànshàngqù 퇴 보아 하니 | 比 bǐ 젠 ~보다 | 实际 shíjì 몡 실제 | 年龄 niánlíng 몡 연령 | 年轻 niánqīng 혱 젊다 | 性格 xìnggé 몡 성격 | 从来 cónglái 퇴 지금까지 | 生气 shēngqì 됭 화내다

2 적용

04

p. 166

A 我特地给你买了果汁，咖啡和一些你爱吃的饼干
B 就在车里，你下楼来拿吧
C 喂，听说你最近为了准备考试很辛苦

A 내가 특별히 너를 위해서 과일주스, 커피 그리고 네가 좋아하는 과자를 사 왔어.
B 차 안에 있으니, 너 내려와서 가져가도록 해.
C 여보세요, 너 요즘 시험 준비 때문에 매우 고생하고 있다고 들었어

CAB

시크릿 전화하는 상황에 주목! / 이야기 흐름 전개에 주목!

해설 **1단계** C – 사람 주어 我가 있는 A를 첫 번째 문장으로 생각할 수 있지만, 전화 통화를 하는 상황에서는 무조건 喂(여보세요)가 가장 먼저 나와야 하기 때문에 C가 첫 번째 문장이 된다.

2단계 A – 상대방이 시험 준비로 고생하는 줄 알고 좋아하는 음식을 사 왔다고 말하고 있으니, A가 두 번째 문장이 된다.

3단계 B – 내용을 살펴보면, 很辛苦(매우 고생하고 있다) → 买了东西(먹을 것을 사왔다) → 下楼拿(내려와서 가져가다)의 흐름으로 이야기가 전개되고 있다.

따라서 어순 배열은 CAB가 된다.

단어 **特地** tèdì 부 특별히 | **果汁** guǒzhī 명 과일 주스 | **爱** ài 동 ~하기를 좋아하다 | **饼干** bǐnggān 명 과자 | **下楼** xiàlóu 동 아래층으로 내려가다 | **拿** ná 동 쥐다, 가지다 | **喂** wéi 동 여보세요 | **听说** tīngshuō 동 듣자 하니 | **最近** zuìjìn 명 최근 | **为了** wèile 전 ~을 위하여 | **准备** zhǔnbèi 동 준비하다 | **考试** kǎoshì 명 시험 | **辛苦** xīnkǔ 형 고생스럽다

4 적용

05

p. 166

A 我告诉你，这种游戏方法非常简单
B 谁就赢得了比赛
C 谁在规定的时间内拿到的数量最多

A 내가 알려줄게, 이 게임 방식은 매우 간단해
B (그) 누군가가 바로 시합에서 이기는 거야
C 누군가가 규정된 시간 안에 가장 많이 갖게 되면

ACB

시크릿 사람 주어 찾기! / 이야기 흐름과 의문대사의 용법에 주목!

해설 **1단계** A – 사람 주어인 我(나)가 있으므로 첫 번째 문장이 된다.

2단계 C – 문맥상 C가 조건이고, 就가 이끄는 B가 결과이므로, C가 B 앞에 위치한다.

3단계 B – C 규정된 시간에 가져온 양이 가장 많은 사람 (B의 조건) ——— B 시합에서 이긴다 (C의 결과)

따라서 어순 배열은 ACB가 된다.

단어 **告诉** gàosu 동 알리다 | **游戏** yóuxì 명 게임 | **方法** fāngfǎ 명 방법 | **非常** fēicháng 부 대단히, 매우 | **简单** jiǎndān 형 간단하다 | **谁** shéi 대 누구 | **赢** yíng 동 승리하다 | **比赛** bǐsài 명 경기, 시합 | **规定** guīdìng 동 규정하다 | **时间** shíjiān 명 시간 | **拿** ná 동 얻다, 획득하다 | **数量** shùliàng 명 수량 | **最** zuì 부 가장, 제일

1 , 2 적용

01

p. 167

A 祝您旅行愉快，下次再见

B 各位旅客，我们的飞机已经安全抵达上海浦东机场

C 请您拿好自己的行李，按顺序下飞机

A 즐거운 여행 되시기 바라며, 다음에 다시 뵙겠습니다

B 여행객 여러분, 우리 비행기는 안전하게 상하이 푸동 공항에 도착하였습니다

C 자신의 짐을 잘 챙기시고, 순서에 따라 비행기에서 내리시기 바랍니다

BCA

🔒 **시크릿** 안내 방송임에 주목! / 이야기 흐름에 주목!

해설 **1단계** B - 지하철, 기차, 비행기 등 교통 안내 방송을 보면, 제일 처음에 各位旅客(여행객 여러분), 各位乘客(승객 여러분)라는 호칭이 가장 먼저 나오므로, B가 첫 번째 문장이 된다.

2단계 C - 비행기가 공항에 도착하였으니, 짐을 잘 챙겨서 내리라는 방송 멘트가 언급되고 있다. 두 번째 문장은 C가 된다.

3단계 A - 내용을 살펴보면, 抵达机场(공항에 도착) → 拿好行李(짐 챙기기), 下飞机(비행기에서 내리기) → 再见(다시 보다)의 흐름으로 이야기가 전개되고 있다.

따라서 어순 배열은 BCA가 된다.

단어 祝 zhù 동 빌다 | 旅行 lǚxíng 명 여행 | 愉快 yúkuài 형 기쁘다, 즐겁다 | 下次 xiàcì 명 다음 번 | 各位 gèwèi 명 여러분 | 旅客 lǚkè 명 여행객 | 安全 ānquán 형 안전하다 | 抵达 dǐdá 동 도착하다 | 机场 jīchǎng 명 공항 | 拿好 náhǎo 동 잘 챙기다 | 行李 xíngli 명 짐 | 按 àn 전 ~에 근거하여 | 顺序 shùnxù 명 순서

2 적용

02

p. 167

A 我儿子的个子长得非常快

B 今年就有几条不能再穿了

C 去年百货商店打折的时候我给他买了好几条裤子

A 우리 아들의 키는 아주 빨리 자라서

B 올해 벌써 몇 벌의 옷이 입을 수 없게 되었다

C 작년 백화점 세일 때 내가 그에게 여러 벌의 바지를 사 주었는데

ACB

🔒 **시크릿** 非사람 주어 찾기! / 이야기의 시간 순서에 주목!

해설 **1단계** A - 非사람 주어인 我儿子的个子(우리 아들의 키)가 있으므로 첫 번째 문장이 된다. 여기에서 我儿子的 (우리 아들의)는 주어가 아니라 수식하는 관형어고, 个子(키)가 수식을 받는 명사, 즉 주어다.

我儿子的 + 个子 + 长得非常快
　관형어　　주어　　　술어

2단계 C - 시간의 흐름을 살펴보면, C는 과거(去年)의 일이고, B는 현재(今年)의 일이다. 이미 발생한 과거의 일을 먼저 기술하고 나서 현재의 상황을 서술해야 하므로, C가 B 앞에 위치한다.

3단계 B - 작년에 여러 벌(好几条)의 바지를 사 주었는데, 올해 그중의 몇 벌(有几条)은 입지 못하게 되었다고 말하고 있다.

따라서 어순 배열은 ACB가 된다.

단어 儿子 érzi 명 아들 | 个子 gèzi 명 키 | 长 zhǎng 동 자라다 | 非常 fēicháng 부 대단히, 매우 | 快 kuài 형 빠르다 | 今年 jīnnián 명 올해 | 条 tiáo 양 긴 것을 세는 단위 | 能 néng 조동 ~할 수 있다 | 再 zài 부 또, 재차 | 穿 chuān 동 입다 | 去年 qùnián 명 작년 | 百货商店 bǎihuò shāngdiàn 명 백화점 | 打折 dǎzhé 동 할인하다 | 时候 shíhou 명 때, 무렵 | 给 gěi 전 ~에게 | 买 mǎi 동 사다 | 好几 hǎojǐ 수 여러, 몇 | 裤子 kùzi 명 바지

3 적용

03
p. 167

A 在原有的基础上，加上了文化交流的部分
B 王校长，我根据你的要求
C 把这篇报告稍微修改了一下

A 원래 있던 것을 기초로, 문화 교류 부분을 좀 추가하였습니다
B 왕 교장 선생님, 저는 교장 선생님의 요구에 따라
C 이 보고서를 조금 수정했는데

BCA

시크릿 사람 주어 찾기! / 이야기 흐름과 전치사구의 위치에 주목!

해설 **1단계** B – 王校长(왕 교장 선생님)은 상대방을 부르는 호칭이다. 사람 주어 我(나)가 있으므로 첫 번째 문장이 된다.

2단계 C – 기본어순 '주어 + 전치사구 + 술어…'에 따라 B의 전치사구 根据你的要求(당신의 요구에 따라) 다음에는 또 다른 전치사구가 나오거나 술어가 나와야 한다. 따라서 또 다른 전치사구가 있는 C는 주어가 있는 B 뒤에 온다.

B[我 + 根据你的要求] + C[把这篇报告 + 稍微修改了一下]
　　주어　　전치사구1　　　　전치사구2　　　술어부

3단계 A – A는 C의 보고서 수정에 대한 보충 설명이므로 맨 뒤에 위치해야 한다.

따라서 어순 배열은 BCA가 된다.

단어 原有 yuányǒu 图 원래부터 있다 | 基础 jīchǔ 圈 기초 | 加 jiā 图 더하다, 보태다 | 文化 wénhuà 圈 문화 | 交流 jiāoliú 图 교류하다 | 部分 bùfen 圈 부분 | 校长 xiàozhǎng 圈 학교장 | 根据 gēnjù 젠 ~에 근거하여, ~에 따라 | 要求 yāoqiú 圈 요구 | 篇 piān 图 편, 장(글을 셀 때 쓰임) | 报告 bàogào 圈 보고서 | 稍微 shāowēi 图 약간, 조금 | 修改 xiūgǎi 图 고치다, 수정하다

---

2 적용

04
p. 167

A 喂，小王你说的那个客人住在801号，对吗
B 为什么我敲了半天没有人出来
C 而且他的手机也一直打不通

A 여보세요? 샤오왕 네가 말한 그 손님이 801호에 묵고 있는 거 맞니
B 내가 한참 동안 문을 두드렸는데, 왜 사람이 안 나오는 거지
C 게다가 그의 휴대전화는 계속 연결이 되지 않아

ABC

시크릿 전화 통화 상황에 주목!

해설 **1단계** A – 전화 통화를 하고 있는 상황이라면, 무조건 喂(여보세요)가 가장 먼저 나오게 된다. 따라서 A가 첫 번째 문장이 된다.

2단계 B – 화자가 샤오왕에게 손님이 묵고 있는 방을 재차 확인하는 이유가 언급되고 있다. 첫째, 방에 노크를 해도 반응이 없고, 둘째, 아무리 전화를 해도 받지를 않기 때문이었다.

3단계 C – 而且(게다가)는 점층을 나타내는 접속사로 맨 마지막 문장에 위치하게 된다.

따라서 어순 배열은 ABC가 된다.

단어 喂 wéi 图 여보세요 | 客人 kèrén 圈 손님 | 为什么 wèishénme 때 왜, 어째서 | 敲 qiāo 图 두드리다 | 半天 bàntiān 圈 반나절 | 而且 érqiě 쩝 게다가 | 手机 shǒujī 圈 휴대폰 | 一直 yìzhí 图 줄곧 | 打不通 dǎbutōng 图 전화 연결이 안 되다

---

4 적용

05
p. 167

A 就会相应地梦到什么内容
B 比如，人的脚冷的时候会梦到自己在雪地行走
C 人在睡觉的时候，身体感觉到什么

A 곧 그것에 상응하는 어떠한 내용의 꿈을 꾸게 된다
B 예를 들어 사람의 발이 찰 때는 눈 위를 걷는 꿈을 꿀 수 있다
C 사람이 잠을 잘 때, 몸이 무언가를 느끼면

CAB

독해 제2부분　**127**

해설　**1단계** C – 시간을 나타내는 人在睡觉的时候(사람이 잠을 잘 때)와 주어 身体(몸)가 있으므로 첫 번째 문장이 된다.

　　　2단계 A – C에서의 什么는 의문을 나타내는 것이 아니라 임의의 것을 가리켜, …什么, 就…什么(무엇을 ~하면, 곧 무엇을 ~한다) 구문을 이룬다. 따라서 또 다른 什么가 있는 A가 두 번째 문장이 된다.

　　　3단계 B – 比如(예를 들면)는 앞에서 언급한 내용을 구체적인 예로 보충 설명하는 것이니, 맨 마지막에 나와야 한다.

　　　따라서 어순 배열은 CAB가 된다.

단어　会 huì 조동 ~할 것이다 | 相应 xiāngyìng 통 상응하다, 어울리다 | 梦 mèng 명 꿈 | 什么 shénme 대 무엇, 어떤 | 内容 nèiróng 명 내용 | 比如 bǐrú 통 예를 들다 | 脚 jiǎo 명 발 | 冷 lěng 형 차다 | 时候 shíhou 명 때, 무렵 | 自己 zìjǐ 대 자기, 자신 | 雪地 xuědì 명 눈으로 덮인 지면 | 行走 xíngzǒu 통 걷다 | 睡觉 shuìjiào 통 자다 | 身体 shēntǐ 명 몸, 신체 | 感觉 gǎnjué 통 느끼다

阅读 제3부분 단문 독해

DAY 21

✓ 정답	1. D	2. D	3. B	4. D

2, 4 적용

01
p. 172

成功是不受年龄限制的，只要你心中有希望，不怕辛苦，能够坚持不懈，<u>不断学习</u>，就一定能实现梦想，<u>获得成功</u>。

성공은 나이 제한을 받지 않는다. 마음에 희망이 있고, 고생을 두려워하지 않으며, 지치지 않고 끊임없이 공부할 수 있다면, 반드시 꿈을 이루고 성공할 수 있다.

★ 什么样的人能<u>获得成功</u>?

A 年轻的
B 爱劳动的
C 有梦想的
D 不断努力的

★ 어떤 사람이 성공할 수 있는가?

A 젊은 사람
B 노동을 좋아하는 사람
C 꿈이 있는 사람
D 끊임없이 노력하는 사람

 시크릿 핵심어 스캔 뜨기! / 부정부사에 주목!

해설 **1단계 문제의 핵심어 찾기**
문제의 获得成功(성공하다)을 스캔 떠서 지문에서 찾아보면, 지문의 마지막 부분에 있다.

2단계 정답 찾기
지문에서 찾은 핵심어의 앞부분을 읽어 보면 보기와 관련된 내용, 즉 不断学习(끊임없이 공부하다)를 찾을 수 있다.

3단계 단어 변환
지문의 不断学习(끊임없이 공부한다)가 보기에서는 유사한 의미인 不断努力(끊임없이 노력한다)로 바뀌어 제시되었다.

> **Tip** 지문에 제시된 내용이 동의어나 유의어로 바뀌어 보기에 제시될 확률이 높으므로, 동의어를 많이 외우고 있어야 한다.

단어 成功 chénggōng 몡 성공 | 受 shòu 동 받다 | 年龄 niánlíng 몡 연령, 나이 | 限制 xiànzhì 동 제한하다 | 只要 zhǐyào 접 ~하기만 하면 | 心中 xīnzhōng 몡 마음속 | 希望 xīwàng 몡 희망 | 怕 pà 동 두려워하다 | 辛苦 xīnkǔ 혱 고생스럽다 | 能够 nénggòu 조동 ~할 수 있다 | 坚持 jiānchí 동 견지하다, 고수하다 | 不懈 búxiè 혱 게으르지 않다 | 不断 búduàn 뷔 계속해서, 끊임없이 | 学习 xuéxí 동 공부하다 | 一定 yídìng 뷔 반드시, 꼭 | 能 néng 조동 ~할 수 있다 | 实现 shíxiàn 동 실현하다 | 梦想 mèngxiǎng 몡 꿈 | 获得 huòdé 동 얻다, 획득하다 | 什么样 shénmeyàng 때 어떠한 | 年轻 niánqīng 혱 젊다 | 爱 ài 동 좋아하다, 사랑하다 | 劳动 láodòng 몡 일, 노동 | 努力 nǔlì 동 노력하다

2, 3 적용

02
p. 172

各位乘客，飞机马上就要到达北京首都机场了。有需要去卫生间的乘客，请您在飞机着陆前使用，再过十分钟，<u>卫生间</u>将<u>停止使用</u>。感谢您的理解和支持。

승객 여러분, 비행기가 곧 베이징 수도공항에 도착합니다. 화장실을 이용하고 싶으신 승객께서는 비행기 착륙 전에 다녀오시기 바랍니다. 10분 후부터는 화장실 이용이 제한됩니다. 여러분들의 이해와 협조에 감사드립니다.

★ 再过十分钟后，<u>卫生间</u>将:

A 停水
B 进行打扫
C 继续使用
D 禁止使用

★ 10분이 지나고 나면 화장실은:

A 물이 끊긴다
B 청소를 시작하다
C 계속 사용한다
D 사용이 금지된다

해설　**1단계** 문제의 핵심어 찾기

문제의 핵심어 卫生间(화장실)은 지문의 셋째 줄에서 그대로 찾을 수 있다.

2단계 정답 찾기

스캔 뜨기 비법은 문제에서 나왔던 핵심어를 본문에서 찾고, 그 바로 뒷부분을 꼼꼼하게 읽어서 정답을 찾아내는 비법이다. 본문에서는 停止使用(사용이 금지된다)이라고 제시되어 있다.

3단계 단어 변환

지문의 停止使用(사용이 제한된다)이 보기에서 禁止使用(사용이 금지된다)으로 바꾸어 제시되었다.

단어　各 gè 떼 각 | 乘客 chéngkè 몡 승객 | 马上 mǎshàng 囝 곧, 바로 | 就要 jiùyào 곧 ~하려 한다 | 到达 dàodá 튕 도착하다 | 首都 Shǒudū 몡 수도 | 机场 jīchǎng 몡 공항 | 需要 xūyào 튕 필요로 하다 | 卫生间 wèishēngjiān 몡 화장실 | 着陆 zhuólù 튕 착륙하다 | 使用 shǐyòng 튕 사용하다 | 分钟 fēnzhōng 몡 분. ~동안 | 将 jiāng 囝 장차 | 停止 tíngzhǐ 튕 정지하다. 멈추다 | 理解 lǐjiě 튕 이해하다 | 支持 zhīchí 튕 지지하다 | 再 zài 囝 다시 | 过 guò 튕 지나다 | 停水 tíngshuǐ 튕 단수하다 | 进行 jìnxíng 튕 진행하다 | 打扫 dǎsǎo 튕 청소하다 | 继续 jìxù 囝 계속하여 | 禁止 jìnzhǐ 튕 금지하다

[03-04]

有个年纪轻轻的人去一个公司参加面试。到了面试地点以后他才发现，❸已经有三十多个人在前面排长队了。他想，我怎么做才能❹引起这家公司负责人的注意呢？怎么做就能让他不选择别人选择自己呢？最终他有了一个好主意。他在一张纸条上只写了一行字，然后让人交给了负责人。负责人看了之后大声笑了起来。原来纸条上是这样写的：先生，我目前排在第33位，在您给我面试之前，千万别先下决定要选谁。终于，他打败了所有面试者，获得了这份工作。

한 젊은이가 회사에 면접을 보러 갔다. 그가 면접 장소에 도착한 후에야 ❸자기 앞에 이미 30명이 넘는 사람들이 면접 대기로 길게 줄을 서 있다는 것을 발견하게 되었다. 어떻게 해야 ❹이 회사 책임자의 주목을 끌어서, 다른 사람을 선택하지 않고, 자신을 선택하게끔 할 수 있을까 고민했다. 마침내, 그는 아주 좋은 아이디어를 생각해 냈다. 그리하여 그는 쪽지 한 장을 꺼내어 그 위에 글을 적어 책임자에게 전달해 달라고 부탁했다. 책임자는 그걸 보고는 크게 웃기 시작했다. 알고 보니 쪽지에는 "선생님, 저는 33번째에 대기하고 있습니다. 당신이 저를 보시기 전까지는 부디 함부로 결정을 내리지 말아 주십시오."라고 써 있었다. 결국 그는 다른 모든 면접자를 물리치고, 이 직업을 얻게 되었다.

단어　公司 gōngsī 몡 회사 | 面试 miànshì 몡 면접 | 地点 dìdiǎn 몡 지점, 장소 | 发现 fāxiàn 튕 발견하다 | 排队 páiduì 튕 줄서다 | 引起 yǐnqǐ 튕 (주의를) 끌다 | 负责人 fùzérén 몡 책임자 | 注意 zhùyì 몡 주의, 시선 | 选择 xuǎnzé 튕 고르다. 선택하다 | 好主意 hǎo zhǔyi 몡 좋은 생각 | 纸条 zhǐtiáo 몡 쪽지 | 字 zì 몡 글자 | 然后 ránhòu 그런 후에 | 原来 yuánlái 몡 원래 | 之前 zhīqián 몡 이전 | 千万 qiānwàn 囝 제발, 절대로 | 决定 juédìng 튕 결정하다 | 打败 dǎbài 튕 싸워 이기다

1 , 2 , 3 , 4 적용

03

p. 172

★ 当他到面试地点时发现：

　A　面试已结束
　B　排队人多
　C　需要填表格
　D　没有座位了

★ 그가 면접 장소에 도착해서 알게 된 것은：

　A　면접이 이미 끝났다
　B　대기자가 많다
　C　표를 작성해야 한다
　D　자리가 없다

시크릿 핵심어 스캔 뜨기!

해설 **1단계** 문제의 핵심어 찾기

문제의 핵심어 到了面试地点以后他才发现(면접 장소에 도착 후에야 발견하게 되었다)을 지문에서 찾아보면, 첫 번째 줄에서 찾아낼 수 있다.

2단계 정답 찾기

정답은 핵심어 뒷부분에 제시되고 있다. 이 젊은이는 면접장에 도착하고 나서야. 已经有三十多个人在前面排长 队了(자기 앞에 이미 30명이 넘는 사람들이 면접 대기로 길게 줄을 서 있다)라는 것을 알게 되었다.

3단계 단어 변환

三十多个人(30여 명)을 人多로 바뀌어 제시되었다.

단어 结束 jiéshù 图 끝나다 | 填 tián 图 채우다 | 表格 biǎogé 圆 도표, 표 | 座位 zuòwèi 圆 좌석

---

②. ⑤ 적용

04
p. 172

★ 他为什么要给负责人写纸条?

A 取消面试
B 表示关心
C 想推迟面试
D 引起负责人注意

★ 그는 왜 책임자에게 쪽지를 전달했는가?

A 면접을 취소하기 위해
B 관심을 나타내기 위해
C 면접을 미루고 싶어서
D 책임자의 주목을 끌기 위해

 시크릿 핵심어 스캔 뜨기!

해설 **1단계** 문제의 핵심어 찾기

문제의 핵심어 给负责人写纸条(책임자에게 쪽지를 전달하다)는 지문 중간에서 찾아낼 수 있다.

2단계 정답 찾기

일반적으로 정답은 핵심어 뒤 절에 나올 확률이 높지만, 그렇다고 해서 반드시 그런 것은 아니다. 이 문제에서는 为什么라고 질문하며, 그렇게 행동한 이유나 원인을 묻고 있다. 이유는 핵심어 앞 절에 제시된 引起这家公司负责 人的注意(이 회사 책임자의 주목을 끌다)라는 것을 알 수 있다.

단어 取消 qǔxiāo 图 취소하다 | 表示 biǎoshì 图 나타내다 | 关心 guānxīn 圆 관심 | 推迟 tuīchí 图 미루다

DAY 22

✔ 정답   1. A   2. B   3. B   4. A

---

②. ③ 적용

01
p. 173

无论何时何地，只要有中国人的地方就永远都少不了饺子。饺子，不仅仅是一种美食，还是中华美食的代表。它常与思乡感情联系在一起，会让中国人看了就想起家来。

언제 어디서든, 중국인들이 있는 곳이라면 만두가 빠질 수가 없다. 만두는 맛있는 음식일 뿐만 아니라 중국의 대표 음식이다. 만두는 고향을 그리워하는 감정과 같이 연결되어 있어서, 중국인들은 만두를 보면 자신의 고향을 떠올리게 된다.

★ 中国人看到饺子会:

A 想家
B 想笑
C 不怕困难
D 忘掉烦恼

★ 중국인들은 만두를 보면:

A 고향을 떠올린다
B 웃고 싶다
C 어려움을 두려워하지 않는다
D 고민을 잊어버린다

해설 **1단계** 문제의 핵심어 찾기

문제의 핵심어 中国人看到饺子(중국인들은 만두를 보면)는 지문의 맨 마지막 부분에서 찾을 수 있다.

2단계 정답 찾기

핵심어 바로 뒷부분에 정답 想起家来(고향을 떠올리게 된다)를 발견할 수 있다. 想起家来는 想家(고향을 떠올린다)와 복합방향보어 起来(~하기 시작하다)의 결합된 형태이다.

Tip 방향보어의 어순

[동사+起来] 笑起来(웃기 시작하다) / 哭起来(울기 시작하다)

[동사+起+목적어 来] 说起话来(말을 하기 시작하다) / 吃起饭来(밥을 먹기 시작하다)

단어 无论 wúlùn 젭 ~을 막론하고 | 何时何地 héshí hédì 언제 어디서나 | 只要 zhǐyào 젭 ~하기만 하면 | 永远 yǒngyuǎn 형 영원히 | 饺子 jiǎozi 명 만두 | 不仅仅 bùjǐnjǐn 분 단순히 ~일뿐만 아니라 | 美食 měishí 명 맛있는 음식 | 中华 Zhōnghuá 명 중화 | 代表 dàibiǎo 명 대표 | 与 yǔ 전 ~와 | 思乡 sīxiāng 동 고향을 그리워하다 | 感情 gǎnqíng 명 감정 | 联系 liánxì 동 연결되다 | 想家 xiǎngjiā 동 집을 그리워하다 | 想 xiǎng 조동 ~하고 싶다 | 笑 xiào 동 웃다 | 怕 pà 동 두려워하다 | 困难 kùnnan 명 어려움, 곤란 | 忘掉 wàngdiào 동 잊어버리다 | 烦恼 fánnǎo 명 번뇌, 걱정

---

02 2, 4, 5 적용

p. 173

老李这几年做生意赚了不少钱，[但是他拿出很大一部用于帮助那些经济困难的人]，大家都很尊敬他。

라오리는 최근 장사를 해서 적잖은 돈을 벌었[지만], 그중 상당 부분을 경제적으로 어려운 사람을 돕는 데 사용해서, 모두가 [그를 존경한다].

★ 大家为什么尊敬老李?

A 很诚实
B 帮助穷人
C 他是富人
D 会做生意

★ 사람들은 왜 라오리를 존경하는가?

A 성실해서
B 가난한 사람을 도와서
C 부자여서
D 장사를 잘 해서

해설 **1단계** 문제의 핵심어 찾기

문제의 핵심어 尊敬老李(라오리를 존경한다)란 말을 지문에서 찾아보면, 마지막 부분에 尊敬他(그를 존경한다)라고 나와 있다.

2단계 정답 찾기

但是(그러나) 같은 역접의 접속사가 나오면 그 이하의 내용이 주된 내용이므로, 但是 뒷부분에서 정답을 찾으면 된다. 따라서 帮助那些经济困难的人(경제적으로 어려운 사람을 돕는다)이 답이 된다.

3단계 단어 변환

지문의 经济困难的人(경제적으로 어려운 사람)이라는 말이, 보기에서는 穷人(가난한 사람)이라고 제시되었다.

Tip 但是, 不过, 可是, 而과 같은 역접의 접속사가 나오면, 그 이하 부분을 주목해서 봐야 한다.

단어 几 jǐ 수 몇(10 이하의 수를 물을 때 쓰임) | 年 nián 명 년, 해 | 赚 zhuàn 동 (돈을) 벌다 | 不少 bùshǎo 형 적지 않다, 많다 | 钱 qián 명 돈 | 但是 dànshì 젭 그러나 | 拿 ná 동 (재물 등을) 내놓다, 제공하다 | 部分 bùfen 명 부분 | 用于 yòngyú 동 ~에 사용하다 | 经济 jīngjì 명 경제, 살림살이 | 困难 kùnnan 형 (생활이) 어렵다, 곤궁하다 | 大家 dàjiā 대 모두 | 尊敬 zūnjìng 동 존경하다 | 为什么 wèishénme 분 왜, 어째서 | 诚实 chéngshí 형 성실하다 | 帮助 bāngzhù 동 돕다 | 穷人 qióngrén 명 가난한 사람 | 富人 fùrén 명 부자 | 会 huì 조동 ~할 것이다 | 做生意 zuò shēngyi 동 장사하다

03

p. 173

2, 4, 5 적용

小时候，我曾经梦想长大后当一个乘务员，这样我可以一边工作,一边到世界各地旅行。但是，我最后却选择了警察这个职业，因为警察被称为人民的公仆，我想帮助更多需要帮助的人。

어릴 적, 나는 커서 승무원이 되길 바랐다. 승무원이 되면 일을 하면서 세계 곳곳을 여행할 수 있기 때문이다. 그러나 내가 결국 경찰이라는 직업을 선택한 것은 경찰은 민중의 지팡이라고 불리기 때문이다. 나는 도움의 손길이 더 필요한 사람들을 도와주고 싶다.

★ 他为什么选择了警察这个职业?

A 到世界各地旅行
B 帮助更多人
C 赚更多的钱
D 让别人羡慕

★ 그는 왜 경찰이라는 직업을 선택했는가?

A 세계 각지를 여행하기 위해
B 더 많은 사람들을 돕기 위해
C 더 많은 돈을 벌려고
D 다른 사람이 부러워하게 하려고

🔒 **시크릿** 핵심어 스캔 뜨기! / 병렬 문제 '대조 작업'하기

해설 **1단계 문제의 핵심어 찾기**
문제의 핵심어 选择了警察这个职业(경찰이라는 직업을 선택했다)를 지문의 중간 부분(셋째 줄)에서 찾아낼 수 있다.

2단계 정답 찾기
핵심어 뒤절에 보면 정답이 숨어 있는 경우가 많다. 특히 질문에서 为什么(왜)로 물었다면 지문에서 因为(왜냐하면)가 나오는 부분을 찾아가면 쉽게 정답을 찾을 수 있다. 그가 경찰을 직업으로 선택한 이유는 도움의 손길이 필요한 사람을 돕고 싶은 마음 때문이다.

단어 **小时候** xiǎoshíhòu 명 어릴 때 | **曾经** céngjīng 부 일찍이 | **梦想** mèngxiǎng 동 갈망하다 | **乘务员** chéngwùyuán 명 승무원 | **一边…一边…** yìbiān… yìbiān… 접 한편으로 ~하면서 ~하다 | **世界各地** shìjiè gèdì 세계 각지 | **旅行** lǚxíng 동 여행하다 | **最后** zuìhòu 명 마지막 | **却** què 부 오히려 | **选择** xuǎnzé 동 선택하다 | **警察** jǐngchá 명 경찰 | **职业** zhíyè 명 직업 | **被** bèi 전 (~에게) ~를 당하다 | **称为** chēngwéi 동 ~로 불리우다 | **人民** rénmín 명 인민 | **公仆** gōngpú 명 공복, 시민의 종, 시민의 지팡이 | **帮助** bāngzhù 동 돕다 | **让** ràng 동 ~하게 하다 | **羡慕** xiànmù 동 부러워하다

04

p. 173

2, 4, 5 적용

社会的发展离不开经济的发展。但是，在经济发展的同时，不能忘了保护环境。如果环境被污染了，经济再发展，也得不到一个美好的环境。

사회 발전은 경제 발전과 뗄 수 없다. 하지만 경제 발전과 동시에 환경 보호를 잊어선 안 된다. 만일 환경이 오염된다면, 경제가 아무리 발전해도 아름다운 환경을 가질 수 없을 것이다.

★ 这段话主要说的是经济发展和什么的关系?

A 环境保护 B 社会发展
C 交通条件 D 生活水平

★ 이 글에서 주로 이야기하는 것은 경제 발전과 무엇의 관계인가?

A 환경 보호 B 사회 발전
C 교통 조건 D 생활 수준

🔒 **시크릿** 핵심어 스캔 뜨기! / 역접의 접속사에 주목!

해설 **1단계 문제의 핵심어 찾기**
문제의 핵심어 经济发展(경제 발전)을 스캔 떠서 지문에서 찾아보면, 접속사 但是(그러나) 앞에 나와 있다.

2단계 정답 찾기
但是는 역접의 접속사로, 그 이하 부분에서 답을 찾으면 된다. 즉 不能忘了环境保护(환경 보호를 잊어선 안 된다)가 정답이 된다.

💡Tip 역접을 나타내는 접속사(但是)가 나오면 그 이하 부분에 주목하자!

단어   **社会** shèhuì 명 사회 | **发展** fāzhǎn 통 발전하다 | **离不开** líbukāi 통 떨어질 수 없다 | **经济** jīngjì 명 경제 | **但是** dànshì 접 그러나 | **同时** tóngshí 명 동시에 | **能** néng 조통 ~해도 된다, ~할 수 있다 | **忘** wàng 통 잊다, 소홀히 하다 | **环境** huánjìng 명 환경 | **保护** bǎohù 통 보호하다 | **如果** rúguǒ 접 만약 | **被** bèi 전 (~에게) ~를 당하다 | **污染** wūrǎn 통 오염되다 | **再** zài 부 더, 아무리 | **得** dé 통 얻다, 받다 | **不到** búdào 통 도달하지 못하다, 이르지 못하다 | **美好** měihǎo 형 아름답다 | **话** huà 명 이야기 | **主要** zhǔyào 부 주로 | **说** shuō 통 이야기하다 | **什么** shénme 대 무슨, 무엇 | **关系** guānxi 명 관계 | **交通** jiāotōng 명 교통 | **条件** tiáojiàn 명 조건 | **生活** shēnghuó 명 생활 | **水平** shuǐpíng 명 수준

DAY 23

✓ 정답   1. D   2. A   3. C   4. D

2, 3, 4 적용

p.177

熊猫是一种有着独特黑白相间毛色的活泼动物，它是熊科的一个分支。成年熊猫长约120到190厘米，体重85到125公斤，主要以竹子为食。

판다는 검은색과 흰색이 섞인 독특한 털을 가진 활달한 동물로, 곰 과에 속한다. 성년 판다의 몸 길이는 약 120~190cm이고, 체중은 85~125kg이며, 대나무를 주식으로 한다.

★ 关于熊猫，我们可以知道什么？

  A 主要吃草
  B 皮毛是黑色的
  C 身高不到120厘米
  D 成年后85公斤以上

★ 판다에 관해 우리가 알 수 있는 것은?

  A 주로 풀을 먹는다
  B 털이 검은색이다
  C 키는 120cm이 안 된다
  D 성년이 된 후에는 85kg 이상이다

🔒 시크릿 핵심어 스캔 뜨기! / 병렬된 정보 대조 작업하기!

해설   **1단계** 熊猫(판다)와 관련하여 지문과 일치하는 내용을 묻고 있으므로, '대조 작업'을 해야 한다.

      2단계 대조 작업을 통해 정답이 D라는 것을 알 수 있다.

	보기	지문	해설
A	主要吃草 주로 풀을 먹는다	主要以竹子为食 대나무를 주식으로 한다	대나무(竹子)는 나무이므로, 풀(草)이라고 하기엔 무리가 있다.
B	皮毛是黑色的 털이 검은색이다	黑白相间毛色 검은색과 흰색이 섞인 털 색	흑백의 털이 섞여 있다고 했으므로, 털이 검은색이라고 할 수 없다.
C	身高不到120厘米 키는 120cm이 안 된다	长约120到190厘米 몸 길이가 약 120~190cm이다	판다는 몸 길이가 120~190cm정도 된다고 했으므로, 120cm에 못 미친다(不到)는 말은 지문의 내용과 일치하지 않는다.
D	成年后85公斤以上 성년이 된 후에는 85kg 이상이다	体重85到125公斤 체중은 85~125kg	체중이 85~125kg이라고 했으므로 85kg 이상이라고도 말할 수 있다. 따라서 D가 정답이 된다.

단어   **熊猫** xióngmāo 명 판다 | **种** zhǒng 명 종, 종류 | **有着** yǒuzhe 통 가지고 있다 | **独特** dútè 형 독특하다 | **黑白** hēibái 명 흑백 | **相间** xiāngjiàn 통 서로 뒤섞이다 | **毛** máo 명 털 | **色** sè 명 색깔 | **活泼** huópo 형 활기차다, 활달하다 | **动物** dòngwù 명 동물 | **熊** xióng 명 곰 | **科** kē 명 과 (생물학상의 분류 명목) | **分支** fēnzhī 명 분파, 갈라져 나온 것 | **成年** chéngnián 명 성년 | **长** cháng 형 길다 | **约** yuē 부 대개, 대략 | **厘米** límǐ 명 센티미터(cm) | **体重** tǐzhòng 명 체중 | **到** dào 통 도달하다, 이르다 | **公斤** gōngjīn 양 킬로그램(kg) | **主要** zhǔyào 부 주로, 대부분 | **以… 为…** yǐ… wéi… ~을 ~으로 삼다 | **竹子** zhúzi 명 대나무 | **食** shí 명 음식 | **关于** guānyú 전 ~에 관해서 | **可以** kěyǐ 조통 ~할 수 있다 | **吃** chī 통 먹다 | **草** cǎo 명 풀 | **皮毛** pímáo 명 모피, 털가죽 | **黑色** hēisè 명 검은색 | **以上** yǐshàng 명 이상 | **身高** shēngāo 명 키, 몸 길이 | **不到** búdào 통 이르지 못하다 | **后** hòu 형 후의, 나중의

02
p. 177

昨天我和同事去逛街，看中了一条挺好看的牛仔裤，质量也不错，而且还打七折。可惜我的号卖完了，我只好让老板再帮我订了一条。

어제 나는 직장 동료와 쇼핑을 하다가, 아주 예쁜 청바지 하나가 마음에 들었다. 품질도 괜찮고, 게다가 30% 할인까지 했다. 아쉽게도 내 사이즈가 다 팔려서, 나는 어쩔 수 없이 사장님께 부탁해서 한 벌을 예약했다.

★ 关于那条牛仔裤，哪个不对?

A 样子一般
B 正在打折
C 质量很好
D 没有我要的号

★ 그 청바지에 관하여, 옳지 않은 것은?

A 디자인이 일반적이다
B 지금 할인 중이다
C 품질이 매우 좋다
D 내가 원하는 사이즈가 없다

🔒 시크릿 핵심어 스캔 뜨기! / 병렬된 정보 대조 작업하기!

해설 **1단계** 牛仔裤(청바지)에 관련하여, 지문과 일치하지 않는 정보를 묻고 있으므로, '대조 작업'을 해야 한다.

2단계 대조 작업을 통해 정답이 A라는 것을 알 수 있다.

	보기	지문	해설
A	样子一般 디자인이 일반적이다	看中了牛仔裤 청바지가 마음에 들었다	一般(일반적이다)은 다분히 부정적인 뉘앙스를 가지고 있으므로, 지문에 나오는 看中了(보았는데 눈에 쏙 들어왔다)의 긍정적 표현과는 상반된다. 따라서 A가 정답이 된다.
B	正在打折 지금 할인 중이다	打七折 30% 할인 중이다	공통적으로 打折라는 표현이 나오고 있다.
C	质量很好 품질이 매우 좋다	质量也不错 품질도 괜찮다	청바지의 품질에 대해서 평가하고 있다. 不错(괜찮다, 좋다)는 很好(매우 좋다)와 의미가 일맥상통한다.
D	没有我要的号 내가 원하는 사이즈가 없다	我的号卖完了 내 사이즈가 다 팔렸다	보기와 지문 모두 '원하는 사이즈가 없다'는 뜻으로, 의미가 일맥상통한다.

단어 同事 tóngshì 몡 동료 | 逛街 guàngjiē 통 쇼핑하다 | 看中 kànzhòng 마음에 들다 | 条 tiáo 양 가늘고 긴 것을 세는 단위 | 挺 tǐng 뷔 매우 | 牛仔裤 niúzǎikù 몡 청바지 | 质量 zhìliàng 몡 품질 | 而且 érqiě 젭 게다가 | 打折 dǎzhé 통 할인하다 | 可惜 kěxī 혱 애석하다, 아쉽다 | 号 hào 몡 호, 치수 | 卖完 màiwán 다 팔리다 | 只好 zhǐhǎo 뷔 부득이, 어쩔 수 없이 | 老板 lǎobǎn 몡 사장님 | 订 dìng 통 예약하다 | 样子 yàngzi 몡 모양, 디자인 | 一般 yìbān 혱 보통이다 | 正在 zhèngzài 뷔 지금 ~하는 중이다 | 要 yào 통 원하다

[03-04]

　　当被问到"什么才是真正的幸福"时，大家的回答都各不相同。其实认真对比一下，就会发现有很多共同点。举个例子，❸父母的健康、有好朋友在身边、有个好工作等等。一位作家曾经说过：大家想要的幸福其实都差不多，❹想要得到它，虽不简单，却也不难。不知道你的幸福又是什么呢？

　　누군가에게 "무엇이 진정한 행복인가"라는 질문을 받으면 사람들의 답은 모두 다를 것이다. 사실 그것을 자세하게 비교해 본다면 많은 공통점을 발견할 수 있다. 예를 들어, ❸부모의 건강, 좋은 친구가 곁에 있는 것, 좋은 직업을 가지는 것 등등이다. 한 작가가 이렇게 말했다. 여러분이 바라는 행복은 사실 모두 비슷하다. ❹행복을 얻는 것은 쉬운 것은 아니지만, 그렇다고 어려운 것도 아니다. 당신의 행복이란 또 무엇인지 모르겠네요.

단어 当…时 dāng…shí 몡 ~할 때 | 被 bèi 젠 ~에게 당하다 | 真正 zhēnzhèng 혱 진정한 | 幸福 xìngfú 몡 행복 | 各不相同 gèbù xiāngtóng 셍 서로 다르다 | 其实 qíshí 뷔 사실 | 发现 fāxiàn 통 발견하다 | 共同点 gòngtóngdiǎn 몡 공통점 | 例子 lìzi 몡 예 | 父母 fùmǔ 몡 부모 | 健康 jiànkāng 혱 건강하다 | 作家 zuòjiā 몡 작가 | 差不多 chàbuduō 혱 비슷하다 | 得到 dédào 통 얻다 | 它 tā 때 그것(사물을 지칭) | 虽 suī 젭 비록 ~이지만 | 简单 jiǎndān 혱 간단하다 | 却 què 뷔 하지만 | 难 nán 혱 어렵다

03

1, 2, 5 적용

p. 177

★ 下列哪个不是说话人认为的"幸福"?

A 父母健康
B 工资满意
C 特别富有
D 有好同事

★ 다음 중 화자가 생각하는 행복이 아닌 것은 무엇인가?

A 부모님이 건강하다
B 월급이 만족스럽다
C 매우 부유하다
D 좋은 동료가 있다

시크릿 핵심어 스캔 뜨기! / 병렬된 정보 대조 작업하기!

해설 **1단계** 핵심어는 幸福(행복)이다. 행복의 기준은 사람마다 다르겠지만, 공통적으로 생각하는 행복에 대해서 나열하고 있으므로, 대조 작업을 통해서 정답을 찾아낼 수 있다.

2단계 대조 작업을 통해 정답은 C라는 것을 알 수 있다.

	보기	지문	해설
A	父母健康 부모님이 건강하다	父母的健康 부모의 건강	지문과 보기의 내용이 일치한다.
B	工资满意 월급이 만족스럽다	好工作 좋은 직업	工资满意(월급이 만족스럽다)와 好工作(좋은 직업)는 의미가 일맥상통한다.
C	特别富有 매우 부유하다	×	일반적으로 부유한 것을 행복의 기준으로 생각할 수 있지만, 지문에서는 언급되지 않았으므로, 정답은 C가 된다.
D	有好同事 좋은 동료가 있다	好朋友在身边 좋은 친구가 곁에 있다	좋은 동료라 하면, 좋은 친구를 의미하는 것이므로 보기와 지문 내용이 일치한다.

단어 工资 gōngzī 몡 월급 | 满意 mǎnyì 혱 만족하다 | 特别 tèbié 틘 매우, 특별히 | 富有 fùyǒu 혱 부유하다

04

2, 3, 4 적용

p. 177

★ 关于幸福, 我们可以知道:

A 很难获得
B 标准很高
C 没有区别
D 不难得到

★ 행복에 관해, 우리가 알 수 있는 것은:

A 얻기 어렵다
B 기준이 매우 높다
C 차이가 없다
D 얻기 어렵지 않다

시크릿 지문 전체 내용, 중심 사상 파악하기!

해설 이 글의 글쓴이는 다른 작가의 말을 빌어서, 자신이 전하고자 하는 메시지를 전달하고 있다. 행복은 虽不简单, 却也不难(쉬운 것은 아니지만, 그렇다고 어려운 것도 아니다)인 것이다. 따라서 정답은 D가 된다.

1 , 3 , 5 적용

01

p. 178

每年6月上旬，上海都会举行国际电影节。来自世界各地的著名导演、明星们会受邀来到这里，同时，精彩的活动也会吸引很多普通市民前来参观。

매년 6월 상순에 상하이에서는 국제 영화제를 연다. 세계 각지의 유명한 감독과 스타들이 이곳에 초청 받아 온다. 또한, 다채로운 공연 행사가 있어서 많은 일반 시민들의 참관을 이끈다.

★ 根据上海国际电影节，哪个没有提到?

A 有精彩的活动
B 世界很多明星参加
C 在6月举办
D 吸引很多外国人

★ 상하이 국제 영화제에 관하여 언급하지 않은 것은?

A 다채로운 행사가 있다
B 세계의 많은 스타들이 참여한다
C 6월에 열린다
D 많은 외국인을 매료시킨다

시크릿 핵심어 스캔 뜨기! / 병렬된 정보 대조 작업하기!

해설 **1단계** 上海国际电影节(상하이 국제 영화제)에 대해서 언급하고 있다. 언제 개최되고, 어떤 사람들이 참석하고, 어떠한 행사가 열리는지에 대해서 보기와 지문을 하나씩 대조하면 정답을 찾을 수 있다.

2단계 행사가 많은 일반 시민들까지 와서 참관하게 했다고 하였지만, 많은 외국인이 온다고 직접적인 언급이 없었으므로, 정답은 D가 된다.

	보기	지문	해설
A	有精彩的活动 다채로운 행사	精彩的活动 다채로운 행사	精彩的活动(다채로운 행사)은 보기와 지문에 동일하게 제시되어 있다.
B	世界很多明星参加 세계의 많은 스타들이 참여한다	世界各地的明星会邀请来到这里 세계 각지의 스타들이 이곳에 초대되어 온다	邀请来到这里(초청 받아 온다)와 参加(참가하다)는 의미가 일맥상통한다.
C	在6月举办 6월에 열린다	每年6月上旬 매년 6월 상순	6월 상순, 중순, 하순 모두 6월에 포함된다.
D	吸引很多外国人 많은 외국인을 매료시킨다	吸引很多普通市民前来参观 많은 일반 시민들의 참관을 이 끈다	吸引很多人(많은 사람을 매료시켰다)은 말은 맞다. 하지만, 普通市民(일반 시민)이 참관하러 온다고 언급되었지, 外国 人(외국인)이라고 하지는 않았다. 따라서 정답은 D가 된다.

단어 每年 měinián 명 매년 | 上旬 shàngxún 명 상순 | 上海 Shànghǎi 명 상하이 | 举行 jǔxíng 통 거행하다, 개최하다 | 国际 guójì 명 국제 | 电影节 diànyǐngjié 영화제 | 来自 láizì 통 ~부터 오다 | 世界各地 shìjiè gèdì 세계 각지 | 明星 míngxīng 명 연예인, 유명 스타 | 受邀 shòuyāo 통 초청을 받다 | 同时 tóngshí 명 동시, 같은 시기 | 精彩 jīngcǎi 형 뛰어나다 | 活动 huódòng 명 행사 | 吸引 xīyǐn 통 흡인하다, 매료시키다 | 参观 cānguān 통 참관하다 | 精彩 jīngcǎi 형 뛰어나다 | 世界 shìjiè 명 세계 | 参加 cānjiā 통 참가하다 | 举办 jǔbàn 통 거행하다, 개최하다 | 外国人 wàiguórén 명 외국인

02 p. 178

中国有56个民族，与汉族相比，其他民族的人数非常少，习惯上被叫做"少数民族"，这些少数民族都有着自己的习惯和文化，其中许多民族还有自己的语言和文字。

중국에는 56개 민족이 있다. 한족(漢族)에 비해 다른 민족들의 인구는 매우 적어서, 통상 소수민족이라 부른다. 이들 소수민족은 모두 자신만의 풍습과 문화가 있으며, 그중 많은 민족들이 자신들의 언어와 문자를 가지고 있기도 하다.

★ 根据这段话，中国少数民族：

A 习惯差不多
B 比汉族人数多
C 有不同的文化
D 都没有文字和语言

★ 이 글에 따르면, 중국의 소수민족은:

A 풍습이 비슷하다
B 한족보다 인구가 많다
C 서로 다른 문화를 가지고 있다
D 모두 문자와 언어가 없다

🔒 시크릿 핵심어 스캔 뜨기! / 병렬된 정보 대조 작업하기!

해설 **1단계** 문제에서 少数民族(소수민족)에 관한 포괄적인 내용을 묻고 있으므로, '대조 작업'이 필요하다.

2단계 대조 작업을 통해 정답이 C라는 것을 알 수 있다.

	보기	지문	해설
A	习惯差不多 풍습이 비슷하다	有着自己的习惯和文化 자신만의 풍습과 문화가 있다	习惯(풍습)이라는 단어가 제시되기는 했지만, 내용이 정반대다.
B	比汉族人数多 한족보다 인구가 많다	人数非常少 인구가 매우 적다	한족과 비교했을 때, 소수민족의 인구는 매우 적다고 하였다.
C	有不同的文化 서로 다른 문화를 가지고 있다	有着自己的习惯和文化 자신만의 풍습과 문화가 있다	민족마다 자신의 문화가 있다는 것은 서로 다른 문화가 있다는 뜻이다. 따라서 정답은 C다.
D	都没有文字和语言 모두 문자와 언어가 없다	其中许多民族还有自己的语言和文字 그중 많은 민족이 자신들의 언어와 문자를 가지고 있다	많은 민족들이 여전히 자신들의 언어와 문자를 가지고 있다고 언급되었다.

단어 中国 Zhōngguó 몡 중국 | 民族 mínzú 몡 민족 | 与 yǔ 젭 ~와 | 汉族 Hànzú 몡 한족 | 相比 xiāngbǐ 동 비교하다 | 其他 qítā 때 기타 | 人数 rénshù 몡 사람 수 | 少 shǎo 혱 적다 | 习惯 xíguàn 몡 습관, 풍습 | 叫做 jiàozuò 동 ~라고 불리다 | 少数民族 shǎoshù mínzú 몡 소수민족 | 自己 zìjǐ 때 자신 | 文化 wénhuà 몡 문화 | 其中 qízhōng 때 그중 | 许多 xǔduō 혱 매우 많다 | 还 hái 뷔 여전히, 아직 | 文字 wénzì 몡 문자 | 差不多 chàbuduō 혱 비슷하다 | 比 bǐ 젠 ~에 비해, ~보다 | 不同 bùtóng 혱 다르다

---

03 p. 178

根据地图显示，现在有两条路通往泰山山顶。请大家看一下地图，左边这条路虽然长一些，但是不那么危险，下山也比较容易。所以我个人建议从右上山从左下山，你们觉得怎么样？

지도에 표시된 바에 따르면, 두 갈래 길이 태산 산정상으로 통하고 있다. 여러분 지도를 한번 봐 주세요. 왼쪽 길은 비록 멀기는 하지만 그렇게 위험하지 않고 하산하기가 비교적 쉬워요. 그래서 제 생각으로는 오른쪽 길로 등산하고, 왼쪽 길로 하산하는 게 좋을 거 같은데, 당신들 생각은 어떠신가요?

★ 左边那条路：

A 没有路灯   B 更安全
C 环境美丽   D 容易迷路

★ 왼쪽 길은:

A 가로등이 없다   B 훨씬 안전하다
C 환경이 아름답다   D 쉽게 길을 잃는다

해설　태산에 등산하면서 어느 쪽 길로 가야 하는지 상의하고 있는 내용이다. 화자가 판단하기에 왼쪽 길이 멀지만, 덜 위험하고 하산하기에 적합하므로 왼쪽 길로 하산하기를 제안하고 있다. 지문에 나온 不那么危险(그렇게 위험하지 않다)을 보기에서는 更安全(훨씬 안전하다)으로 단어를 변환시켜 제시하였다. 따라서 정답은 B가 된다.

단어　根据 gēnjù 젠 ~에 근거하여 | 地图 dìtú 몡 지도 | 显示 xiǎnshì 동 나타내 보이다 | 条 tiáo 양 가늘고 긴 것을 세는 양사 | 路 lù 몡 길 | 通往 tōngwǎng 동 ~로 통하다 | 泰山 Tàishān 타이산, 태산 | 山顶 shāndǐng 몡 산꼭대기 | 虽然 suīrán 젭 비록 ~하지만 | 长 cháng 혱 길다 | 危险 wēixiǎn 혱 위험하다 | 比较 bǐjiào 閉 비교적 | 容易 róngyì 혱 쉽다 | 建议 jiànyì 동 건의하다, 제안하다 | 安全 ānquán 혱 안전하다 | 环境 huánjìng 몡 환경 | 美丽 měilì 혱 아름답다 | 迷路 mílù 동 길을 잃다

---

p.178

1, 3, 4 적용

这家商店专门销售各式筷子，用各种材料和多种颜色制成的筷子，品种多样，质量也不错。既可以放在家里用，也可以买来送给亲朋好友，因此受到了顾客们的欢迎。

이 상점은 각종 젓가락을 전문적으로 판매한다. 여러 가지 재료와 색으로 만들어진 젓가락들은 품종이 다양하고, 품질도 좋다. 가정에서 사용할 수도 있고, 구입해서 가까운 이들에게 선물할 수도 있어, 소비자에게 인기를 얻었다.

★ 这家店的筷子怎么样?

A 非常贵　　　B 质量很好
C 品种单一　　D 不能用做礼物

★ 이 상점의 젓가락은 어떠한가?

A 무척 비싸다　　　B 품질이 좋다
C 품종이 단일하다　D 선물로 사용할 수 없다

해설　1단계 이 상점의 젓가락(筷子)에 관한 포괄적인 내용을 묻고 있으므로, '대조 작업'을 해야 한다.

　　　2단계 대조 작업을 통해 정답이 B라는 것을 알 수 있다.

	보기	지문	해설
A	非常贵 무척 비싸다	×	가격에 대해서는 지문에 언급되지 않았다.
B	质量很好 품질이 좋다	质量也不错 품질도 좋다	不错라는 말에 부정부사(不)가 있어서 부정적인 단어라고 착각할 수 있지만, 不错는 '괜찮다, 좋다'라는 의미로 보기의 很好와 같은 뜻이다. 따라서 정답은 B다.
C	品种单一 품종이 단일하다	品种多样 품종이 다양하다	单一(단일하다)는 多样(다양하다)과 반대되는 단어다.
D	不能用做礼物 선물로 사용할 수 없다	可以买来送给亲朋好友 가까운 이들에게 선물할 수 있다	지문의 送(선물하다)은 보기의 礼物와 상통하는 의미로 지문에서는 이 젓가락을 친척과 친구들에게 선물할 수 있다고 하였다.

단어　家 jiā 양 집, 점포 등을 세는 단위 | 商店 shāngdiàn 몡 상점 | 专门 zhuānmén 閉 전문적으로 | 销售 xiāoshòu 동 판매하다 | 各式 gèshì 혱 각종의 | 筷子 kuàizi 몡 젓가락 | 用 yòng 동 쓰다, 사용하다 | 各种 gèzhǒng 혱 각종의 | 材料 cáiliào 몡 재료 | 和 hé 젠 ~와 | 颜色 yánsè 몡 색깔 | 制 zhì 동 만들다, 제조하다 | 品种 pǐnzhǒng 몡 품종, 제품의 종류 | 多样 duōyàng 혱 다양하다 | 质量 zhìliàng 몡 품질, 질 | 不错 búcuò 혱 좋다, 괜찮다 | 既…也… jì…yě… ~하고 (또) ~하다 | 可以 kěyǐ 조동 ~할 수 있다 | 放 fàng 동 놓아두다 | 家里 jiāli 몡 집, 집안 | 买 mǎi 동 사다 | 送 sòng 동 주다, 선물하다 | 亲朋 qīnpéng 몡 친척과 친구 | 好友 hǎoyǒu 몡 친한 친구 | 因此 yīncǐ 젭 이 때문에, 그래서 | 受到 shòudào 동 받다 | 顾客 gùkè 몡 손님 | 欢迎 huānyíng 동 환영하다 | 店 diàn 몡 상점 | 怎么样 zěnmeyàng 어떠하다 | 贵 guì 혱 비싸다 | 单一 dānyī 혱 단일하다 | 能 néng 조동 ~할 수 있다 | 用做 yòngzuò 동 ~에 쓰이다 | 礼物 lǐwù 몡 선물

---

3 . 4 적용

01

p. 185

真正的友谊并不是要天天见面，时时联系，而是互相都很了解。即使很久没见，见面之后仍然有说不完的话。即使不常联系，但你遇到任何困难，他都会永远支持你，帮助你。

진정한 우정이란 결코 매일 만나거나 늘 연락하는 것이 아니라, 서로를 잘 이해하는 것이다. 설령 오래 만나지 않았어도, 만나면 여전히 할말이 많은 것이다. 설령 연락은 자주 하지 않아도, 당신이 어떤 어려움에 처하면, 친구는 언제나 당신을 지지하고 도와줄 것이다.

★ 关于真正的友谊，可以知道什么?

- A 经常聚会
- B 没有误会
- C 坚持联系
- D 互相支持

★ 진정한 우정에 대해 알 수 있는 것은?

- A 자주 모인다
- B 오해가 없다
- C 연락을 지속한다
- **D 서로 지지해 준다**

🔑 **시크릿** 핵심어 스캔 뜨기! / 접속사에 주목!

해설 **1단계** 문제 분석

핵심어는 真正的友谊(진정한 우정)이다. 진정한 우정이 무엇을 의미하는지 파악해야 한다.

2단계 접속사 분석

并은 '결코'라는 뜻으로 부정문을 강조한다. 선택의 접속사 不是 A 而是 B 는 'A가 아니라, 오히려 B이다'라는 뜻으로 뒤에 나오는 내용을 선택해야 한다.

3단계 정답 찾기

진정한 우정이란 매일 만나는 것이 중요한 것이 아니라, 서로에 대한 깊은 이해가 있어야 하고 永远支持(영원히 지지하다)라고 말하고 있다. 따라서 정답은 D가 된다.

단어 真正 zhēnzhèng 혱 진정한 | 友谊 yǒuyì 몡 우정 | 联系 liánxì 동 연락하다 | 互相 hùxiāng 뷔 서로 | 了解 liǎojiě 동 자세하게 알다 | 即使 jíshǐ 젭 설령 ~하더라도 | 久 jiǔ 오래다 | 仍然 réngrán 뷔 여전히 | 常 cháng 뷔 늘, 항상 | 遇到 yùdào 동 만나다 | 任何 rènhé 데 어떠한 | 困难 kùnnan 어려움 | 永远 yǒngyuǎn 혱 영원히 | 支持 zhīchí 동 지지하다 | 帮助 bāngzhù 동 돕다 | 经常 jīngcháng 뷔 자주 | 聚会 jùhuì 동 모이다, 뭉치다 | 误会 wùhuì 몡 오해 | 坚持 jiānchí 동 지속하다

---

3 . 4 적용

02

p. 185

飞机比火车快，那是理所当然的，但有时坐火车会比坐飞机更快，因为一般城市的飞机场都要比火车站远很多，加上去的时间，坐火车有时会更快。

비행기가 기차보다 빠른 것이 당연하지만, 어떤 때는 기차를 타는 것이 비행기를 타는 것보다 빠르다. 왜냐하면 일반적으로 도시의 공항은 기차역보다 매우 멀리 떨어져 있어서, 가는 시간을 더하면, 때로는 기차를 타는 것이 더 빠를 수도 있다.

★ 坐火车为什么更快?

- A 飞机太慢
- B 火车站更近
- C 机场正在施工
- D 火车速度更快

★ 왜 기차를 타는 것이 더 빠른가?

- A 비행기가 너무 느려서
- **B 기차역이 더 가까워서**
- C 공항이 공사 중이어서
- D 기차 속도가 더 빨라서

해설 **1단계 문제 분석**

핵심어는 火车更快(기차가 더 빠르다)이며, 기차를 타는 것이 더 빠른 이유를 찾아야 한다.

2단계 접속사 분석

为什么(왜, 어째서)는 因为(왜냐하면)와 함께 나온다. 지문에서 因为를 찾아가면, 기차를 타는 것이 비행기를 타는 것보다 더 빠른 이유가 나와 있다.

3단계 정답 찾기

지문의 '공항이 기차역보다 많이 멀다(飞机场都要比火车站远很多)'라는 말이, 보기에서는 '기차역이 더 가깝다(火车站更近)'라는 말로 바뀌어 제시되었다.

단어 飞机 fēijī 몡 비행기 | 比 bǐ 젠 ~에 비해, ~보다 | 火车 huǒchē 몡 기차 | 快 kuài 혱 빠르다 | 理所当然 lǐsuǒdāngrán 졩 당연히 그렇다 | 有时 yǒushí 뷔 때로, 간혹 | 坐 zuò 됭 타다 | 更 gèng 뷔 더, 훨씬 | 因为 yīnwèi 쩹 왜냐하면 | 一般 yìbān 혱 일반적이다 | 城市 chéngshì 몡 도시 | 飞机场 fēijīchǎng 몡 공항 | 要 yào 조동 ~할 것이다 | 火车站 huǒchēzhàn 몡 기차역 | 远 yuǎn 혱 멀다 | 加 jiā 됭 더하다 | 时间 shíjiān 몡 시간 | 太 tài 뷔 너무 | 会 huì 조동 ~할 것이다 | 慢 màn 혱 느리다 | 近 jìn 혱 가깝다 | 机场 jīchǎng 몡 공항 | 正在 zhèngzài 뷔 지금 ~하고 있다 | 施工 shīgōng 됭 공사하다 | 速度 sùdù 몡 속도

[03-04]

最近很多年轻人不愿意花父母的钱，自己打工赚钱去旅行。那有什么方法能买到价格便宜的机票呢？第一，买得❸越早越便宜。航班起飞前十天内，打折的机票就不会剩太多了。第二，❸周一周二或者节假日之后的票会更便宜，因为那几天出发的人一般较少。第三，在网上购买机票也会❹节约不少钱。

요즘 많은 젊은이들은 부모님의 돈을 쓰기 싫어하고, 스스로 아르바이트를 해서 번 돈으로 여행을 간다. 그럼 어떤 방법으로 가격이 저렴한 비행기 표를 살 수 있을까? 첫째, ❸일찍 살수록 더 저렴하다. 항공편이 출발하기 열흘 전에는 할인된 항공권이 그리 많이 남아 있지 않을 것이다. 둘째, ❸월요일, 화요일 또는 명절 이후의 비행기 표가 더 저렴할 수 있는데, 이때는 여행을 떠나는 사람들이 일반적으로 많지 않기 때문이다. 셋째로, 인터넷상에서 항공권을 구입하는 것도 ❹돈을 많이 절약할 수 있다.

단어 最近 zuìjìn 몡 최근 | 愿意 yuànyì 됭 원하다 | 花钱 huāqián 됭 쓰다 | 打工 dǎgōng 됭 아르바이트하다 | 赚钱 zhuànqián 됭 돈을 벌다 | 旅行 lǚxíng 됭 여행하다 | 价格 jiàgé 몡 가격 | 便宜 piányi 혱 싸다 | 机票 jīpiào 몡 비행기 표 | 越…越… yuè…yuè… 뷔 ~할수록 ~하다 | 航班 hángbān 몡 항공편 | 起飞 qǐfēi 됭 이륙하다 | 打折 dǎzhé 됭 할인하다 | 剩 shèng 됭 남다 | 或者 huòzhě 쩹 혹은 | 节假日 jiéjiàrì 몡 경축일과 휴일 | 因为 yīnwèi 쩹 ~때문에 | 一般 yìbān 혱 일반적이다 | 较 jiào 뷔 비교적 | 购买 gòumǎi 됭 사다, 구매하다 | 节约 jiéyuē 됭 절약하다

❶, ❹ 적용

03

p. 185

★ 根据上文，机票的价格跟什么有关？

★ 본문에 근거하면, 비행기 표의 가격은 무엇과 연관이 있는가?

A 气候
B 想去的地方远近
C 起飞时间
D 买票时间

A 기후
B 목적지의 거리
C 이륙 시간
D 티켓 구매 시간

해설 **1단계** 문제 분석

机票的价格(비행기 표의 가격)가 어떤 것과 연관이 있는지를 찾아내는 문제이다.

2단계 접속사 분석

접속사는 아니지만, 第一(첫째), 第二(둘째), 第三(셋째)을 활용하여 설명의 근거를 하나씩 제시하기도 한다.

3단계 정답 찾기

价格便宜的机票(가격이 싼 항공권)를 사려면, 越早越便宜(일찍 살수록 더 저렴하다), 周一周二或者节假日之后(월요일, 화요일 또는 명절 이후)의 표가 싸다고 설명해 주고 있다. 따라서 항공권 가격은 표를 구입하는 시간과 관련이 있으므로 정답은 D가 된다.

단어 **气候** qìhòu 몡 기후 | **远近** yuǎnjìn 몡 거리 | **时间** shíjiān 몡 시간

---

4 , 5 적용

p. 185

★ 网上购票有什么好处?　　　　★ 인터넷 티켓 구매는 어떤 장점이 있는가?

A 过程简单　　　　A 과정이 간단하다

B 花钱少　　　　**B 돈을 적게 쓴다**

C 可免费取消　　　　C 무료로 취소할 수 있다

D 可推迟付款　　　　D 지불을 미룰 수 있다

해설 **1단계** 문제 분석

핵심어 网上购票(인터넷 티켓 구매)를 지문의 마지막 부분에서 찾을 수 있다.

2단계 정답 찾기

인터넷상에서 항공권을 구입하면 节约不少钱(돈을 많이 절약할 수 있다)이라고 나와 있으니, B의 花钱少(돈을 적게 쓴다)와 의미가 일맥상통하다. 따라서 정답은 B가 된다.

단어 **过程** guòchéng 몡 과정 | **简单** jiǎndān 휑 간단하다 | **免费** miǎnfèi 통 무료로 하다 | **取消** qǔxiāo 통 취소하다 | **推迟** tuīchí 통 뒤로 미루다 | **付款** fùkuǎn 통 돈을 지불하다

DAY 26

✓ 정답　　1. B　　2. D　　3. B　　4. C

---

1 , 3 , 4 적용

p. 186

不管是经济、政治还是社会，对一个国家的发展都会起到非常重要的作用。但最关键的还是教育。

경제, 정치든 아니면 사회든, 모두 한 국가의 발전에 아주 중요한 역할을 한다. 그러나 가장 관건은 역시 교육이다.

★ 这段话在讨论什么?　　　　★ 이 글은 무엇에 대해 논하는가?

A 经济不重要　　　　A 경제는 중요치 않다

B 教育最重要　　　　**B 교육이 가장 중요하다**

C 政治才是关键　　　　C 정치가 바로 관건이다

D 除了教育，没有重要的　　　　D 교육 이외에는 중요한 것이 없다

해설　**1단계** 문제 분석

이 글에서 무엇을 논하고 있는지(讨论什么)를 알아야 한다.

2단계 접속사 분석

但是(그러나)는 역접의 접속사로, 그 뒤에 나오는 내용이 핵심이다. 역접의 접속사가 나오면 뒤의 내용을 집중적으로 봐야 한다. 但是 뒤에서 가장 관건은 역시 교육(最关键的还是教育)이라고 말하고 있다.

> ❗Tip 본문에 언급된 또 다른 접속사 不管…都는 '~에 관계없이 모두'라는 의미로, 조건 관계를 나타내는 접속사다.

3단계 정답 찾기

가장 중요한 관건은 교육(教育)이라고 했으므로 B가 정답임을 알 수 있다. D에는 교육(教育)이라는 단어가 제시되어 있지만 교육이 관건이라는 말이 나머지 것들이 중요하지 않다는 것은 아니므로 정답이 될 수 없다.

단어　**不管 A 还是 B** bùguǎn A háishi B 젭 A든지 아니면 B든지 | **经济** jīngjì 몡 경제 | **政治** zhèngzhì 몡 정치 | **社会** shèhuì 몡 사회 | **对** duì 쩐 ~에 대해 | **国家** guójiā 몡 국가 | **发展** fāzhǎn 됭 발전하다 | **都** dōu 凰 모두, 전부 | **会** huì 조동 ~할 것이다 | **起到** qǐdào 됭 초래하다, 일으키다 | **非常** fēicháng 凰 대단히, 아주 | **重要** zhòngyào 톙 중요하다 | **作用** zuòyòng 몡 작용 | **最** zuì 凰 가장, 제일 | **关键** guānjiàn 몡 관건, 핵심 | **教育** jiàoyù 몡 교육 | **讨论** tǎolùn 됭 토론하다 | **才** cái 凰 비로소, 겨우 | **除了** chúle 쩐 ~을 제외하고

S1, S3, S4 적용

02
p. 186

一个人是否成熟，不是看他的年龄，而是看他是否能很好地解决问题。不管遇到什么事情，都能沉着稳重，不慌张，冷静地处理好事情，解决问题，这才是最关键的。

한 사람의 성숙 여부는 나이가 아니라 문제 해결을 잘 할 수 있는지 여부에 의해 결정된다. 어떤 일을 만나도 침착하고 신중하며, 당황하지 않고 냉정하게 일을 잘 처리할 수 있는가. 이것이야말로 가장 중요하다.

★ 一个人成熟是看:

　A　职业　　　　B　外貌
　C　年龄大小　　D　能不能解决问题

★ 한 사람의 성숙 여부를 보는 것은:

　A　직업　　　　　　B　외모
　C　나이의 많고 적음　D　문제를 해결할 수 있는가

해설　**1단계** 문제 분석

핵심어는 成熟(성숙하다)다. '어떤 사람을 성숙하다'라고 판단할 수 있는 기준이 무엇인지 찾아야 한다.

2단계 접속사 분석

不是 A 而是 B는 'A가 아니라 B다'라는 의미로, B부분의 내용이 핵심이 된다.

3단계 정답 찾기

성숙한 사람을 판단하는 것은 나이(不是 이하 부분)가 아니라 문제를 잘 해결할 수 있느냐(而是 이하 부분)다.

> ❗Tip 본문에 언급된 또 다른 접속사 不管…都는 '~에 관계없이 ~하다'라는 의미로, 조건 관계를 나타낸다.

단어　**一个人** yí ge rén 한 사람 | **是否** shìfǒu 凰 ~인지 아닌지 | **成熟** chéngshú 톙 성숙하다 | **不是 A 而是 B** búshì A érshì B A가 아니라 B다 | **看** kàn ~라고 보다, ~에 달리다 | **年龄** niánlíng 몡 나이 | **解决** jiějué 됭 해결하다 | **问题** wèntí 몡 문제 | **遇到** yùdào 됭 만나다 | **事情** shìqing 몡 일, 사건 | **沉着** chénzhuó 톙 침착하다 | **稳重** wěnzhòng 톙 신중하다 | **慌张** huāngzhāng 톙 당황하다 | **冷静** lěngjìng 톙 냉정하다, 침착하다 | **处理** chǔlǐ 됭 처리하다 | **职业** zhíyè 몡 직업 | **外貌** wàimào 몡 외모 | **大小** dàxiǎo 몡 크기(나이의 많고 적음) | **能** néng 조동 ~할 수 있다

1 , 3 적용

03

p. 186

大家都有梦想，可不是所有的梦想都能实现。梦想不能太高太远，而是应该符合实际。另外，梦想也不能只停留在嘴上，必须积极去做，按计划一点一点进行，在进行过程中不断总结经验教训。这样才可以明确前进的道路和方向。

누구나 꿈을 가지고 있지만, 그러나 모든 꿈을 다 이룰 수 있는 것은 아니다. 꿈은 너무 크고 너무 멀면 안 되고, 마땅히 현실에 부합해야 한다. 또한 꿈은 입으로만 얘기할 것이 아니라, 반드시 적극적으로 실행해 옮겨야 하며, 계획에 따라 조금씩 조금씩 진행해야 한다. 진행하는 과정 중에 끊임없이 자신의 경험에서 얻은 교훈을 정리해 보아야 한다. 그렇게 해야만 나아갈 길과 방향이 명확해질 수 있다.

★ 梦想要成真应该怎么样?

A 只说不做
B 符合实际的
C 不用积极去做
D 有很大的理想

★ 꿈을 이루려면 어떻게 해야 하는가?

A 말만하고 하지 않는다
B 현실에 부합해야 한다
C 적극적으로 실천할 필요가 없다
D 큰 꿈을 가져야 한다

🔒 **시크릿** 핵심어 스캔 뜨기! / 역접의 접속사 주목!

해설　**1단계 문제 분석**

문제의 핵심어 梦想要成真(꿈을 이루려면)을 지문의 첫 번째 줄에서 찾아낼 수 있다.

2단계 접속사 분석

접속사 '不能 A 而 B'는 'A하면 안 되고, 오히려 B해야 한다'는 의미를 지니는 선택의 접속사이다. 당연히 뒤에 나오는 B를 선택해야 한다.

3단계 정답 찾기

理想不能太高太远(꿈이 너무 크고 멀면 안 된다) 마땅히 符合实际(현실에 부합하다)라고 하였으니, 정답은 D가 된다.

단어　梦想 mèngxiǎng 몡 꿈 | 所有 suǒyǒu 혱 모든 | 实现 shíxiàn 동 실현하다 | 应该 yīnggāi 조동 마땅히 ~해야 한다 | 符合 fúhé 동 부합하다, 맞다 | 实际 shíjì 몡 실제, 현실 | 另外 lìngwài 떼 별도의, 뜻밖의 | 只 zhǐ 뷘 단지 | 停留 tíngliú 동 머물다 | 嘴 zuǐ 몡 입 | 必须 bìxū 뷘 반드시 ~해야 한다 | 积极 jījí 혱 적극적이다 | 按 àn 젠 ~에 의해 | 计划 jìhuà 몡 계획 | 进行 jìnxíng 동 진행하다 | 过程 guòchéng 몡 과정 | 不断 búduàn 뷘 끊임없이, 부단히 | 总结 zǒngjié 동 총괄하다, 총결산하다 | 经验 jīngyàn 몡 경험 | 教训 jiàoxun 몡 교훈 | 明确 míngquè 혱 명확하다 | 前进 qiánjìn 동 전진하다

---

1 , 3 , 5 적용

04

p. 186

张家界国家森林公园是中国第一个国家森林公园，离市区大概三十公里左右。因为公园里有很多树，所以空气质量极高，夏天也很凉爽，冬天暖和，总是让人感到十分舒服。

장가계 국가 삼림공원은 중국의 첫 번째 국가 지정 삼림공원이며, 거리는 시내에서 대략 30킬로미터밖에 안 된다. 공원 안에는 많은 나무가 있어서, 공기가 매우 좋고, 여름에도 시원하며 겨울에는 따뜻해서 매우 편안함을 느끼게 해 준다.

★ 张家界国家森林公园:

A 离市区很近
B 门票免费
C 空气新鲜
D 不允许照相

★ 장가계 국가 삼림 공원은:

A 시내에서 매우 가깝다
B 입장료가 무료이다
C 공기가 매우 신선하다
D 사진 촬영이 금지되어 있다

해설　**1단계** 문제 분석

　　　문제에 제시된 핵심어는 张家界国家森林公园(장가계 국가 삼림공원)이다. 이 공원에 대한 적절한 설명을 찾아내야 한다.

　　2단계 접속사 분석

　　　접속사 因为…所以는 '왜냐하면 ~때문에, 그래서 ~하다'라는 원인과 결과를 나타내는 접속사이다.

　　3단계 정답 찾기

　　　공원 안에 나무가 많아서 空气质量极其高(공기가 매우 좋다)라고 설명되어 있으니, 정답은 C가 된다.

단어　张家界 Zhāngjiājiè 교 장가계 | 森林 sēnlín 몡 삼림 | 离 lí 젠 ~에서, ~로부터 | 市区 shìqū 몡 시내 지역 | 公里 gōnglǐ 떙 킬로미터 | 因为 yīnwèi 젭 ~때문에 | 公园 gōngyuán 몡 공원 | 树 shù 몡 나무 | 所以 suǒyǐ 젭 그리하여, 그래서 | 空气 kōngqì 몡 공기 | 极其 jíqí 몜 지극히, 매우 | 夏天 xiàtiān 몡 여름 | 凉爽 liángshuǎng 혱 시원하고 상쾌하다 | 冬天 dōngtiān 몡 겨울 | 暖和 nuǎnhuo 혱 따뜻하다 | 十分 shífēn 몜 매우 | 舒服 shūfu 혱 편안하다 | 门票 ménpiào 몡 입장권 | 免费 miǎnfèi 됭 무료로 하다 | 新鲜 xīnxiān 혱 신선하다 | 允许 yǔnxǔ 됭 허락하다 | 照相 zhàoxiàng 됭 사진을 찍다

DAY 27

✓ 정답　　　1. B　　　2. D　　　3. C　　　4. B

①②적용

p. 190

最近手机的功能越来越强大，现在很多人 出门时 都不习惯带现金了。因为现在很多地方都可以扫码付款。 其实 ，我还是觉得出门时身上总得带点零钱，因为有些地方真的只收现金。

요즘 휴대전화의 기능이 점점 더 좋아지면서, 많은 사람들이 외출 시 에 현금을 가지고 다니는 것이 익숙하지 않다. 왜냐하면 최근 들어 많은 곳에서는 QR코드로 지불이 가능하기 때문이다. 사실 나는 그래도 외출할 때는 항상 잔돈을 챙기는 것이 좋다고 생각한다. 왜냐하면 어떤 곳은 정말 현금만 받기 때문이다.

★ 说话人建议 出门怎么做 ?

A　注意节约
B　带零钱
C　多带现金
D　只带手机

★ 화자는 외출할 때 어떻게 할 것 을 제안하는가?

A　절약에 신경을 쓴다
B　**잔돈을 챙긴다**
C　현금을 많이 가지고 간다
D　휴대전화만 가지고 다닌다

해설　**1단계** 出门时(외출할 때), 现金(현금)을 지니고 챙겨서 나가는 것에 대한 화자의 견해를 나타내는 지문이다.

　　2단계 독해 지문에서 역접이나 앞의 내용을 보충 수정하는 접속사 可是, 但是, 不过, 其实 등이 등장하면 그 이하 부분에 정답이 숨어 있을 가능성이 높다. 본문에서 其实(사실은), 尤其是(특히나, 더욱이) 표현 이하 부분을 정독하면 정답을 찾아낼 수 있다.

　　3단계 휴대전화 QR코드로 결제가 보편화되면서, 사람들이 현금을 잘 가지고 다니지 않는다. 하지만, 화자는 현금만 받는 곳도 있기 때문에 외출 시 잔돈을 챙겨 가는 것이 좋겠다고 제안하고 있다. 따라서 정답은 B가 된다.

단어　手机 shǒujī 몡 휴대전화 | 出门 chūmén 됭 외출하다 | 习惯 xíguàn 됭 습관이 되다 | 扫码 sǎomǎ 됭 QR코드를 식별하다 | 付款 fùkuǎn 됭 돈을 내다 | 带 dài 됭 지니다 | 现金 xiànjīn 몡 현금 | 其实 qíshí 몜 사실은 | 还是 háishi 몜 아무래도 ~하는 게 좋다 | 觉得 juéde 됭 ~라고 느끼다 | 身上 shēnshang 몡 몸에 | 零钱 língqián 몡 잔돈 | 地方 dìfang 몡 지방 | 只 zhǐ 몜 단지 | 收 shōu 됭 받다 | 建议 jiànyì 됭 제기하다 | 注意 zhùyì 됭 신경 쓰다 | 节约 jiéyuē 됭 절약하다

02

p. 190

有一个人去应聘的时候，经过走廊时看见有一个纸杯掉在地上，就捡起来扔进了垃圾桶里。那家公司的经理看到了这一切，就录用了这个人。经理对他说："有一个好习惯是非常重要的。"

어떤 사람이 회사에 면접을 보러 갔을 때, 복도를 지나다가 땅에 떨어진 종이컵을 보고는 바로 주워서 쓰레기통에 넣었다. 이 모든 것을 지켜 본 사장은 그를 바로 고용했다. 사장은 그에게 "좋은 습관을 갖는 것은 아주 중요한 것이죠." 라고 말했다.

★ 他为什么被录用了?

A 外貌好　　　　B 很会打扫
C 成绩优秀　　　D 有好的习惯

★ 그는 왜 채용되었는가?

A 잘 생겨서　　　B 청소를 잘해서
C 성적이 우수해서　**D 좋은 습관을 갖고 있어서**

🔒 **시크릿** 중요 단어(重要)에 주목!

해설 1단계 그가 채용된(被录用了) 이유를 찾아야 한다.

2단계 지문에서 중요 단어는 사장의 말에 있다.

3단계 정답 찾기

지문 마지막의 사장의 말에서 사장이 重要(중요)하다고 생각하는 것, 즉 好习惯(좋은 습관)을 그가 가졌기 때문에 입사하게 되었다는 것을 알 수 있다. 따라서 정답은 D가 된다.

단어 应聘 yìngpìn 图 지원하다 | 时候 shíhou 몡 때, 무렵 | 经过 jīngguò 图 지나다 | 走廊 zǒuláng 몡 복도 | 看见 kànjiàn 图 보다 | 纸杯 zhǐbēi 종이컵 | 掉 diào 图 떨어지다 | 地上 dìshàng 몡 땅 | 捡 jiǎn 图 줍다 | 扔 rēng 图 던지다 | 垃圾桶 lājītǒng 쓰레기통 | 家 jiā 몡 집, 점포 등을 세는 단위 | 公司 gōngsī 몡 회사 | 经理 jīnglǐ 몡 사장 | 看到 kàndào 图 보다 | 一切 yíqiè 떼 모든, 전부 | 录用 lùyòng 图 채용하다 | 有 yǒu 图 있다 | 习惯 xíguàn 몡 습관 | 外貌 wàimào 몡 외모 | 好 hǎo 톙 훌륭하다, 아름답다 | 会 huì 조통 ~을 잘하다 | 打扫 dǎsǎo 图 청소하다 | 成绩 chéngjì 몡 성적 | 优秀 yōuxiù 톙 우수하다

[03-04]

　　要想减肥，一定要❸❹少吃，多运动。少吃不代表不吃，要吃东西，而且要科学地吃。关键是多运动，并❸❹不是每天都要运动，每个星期有❸两三次就可以。减肥❹一定要坚持，如果运动几天就算了，那是没有效果的。

다이어트를 하고 싶으면, 반드시 ❸❹적게 먹고 운동을 많이 해야 한다. 적게 먹는다는 것은 굶는 것이 아니다. 음식을 먹어야 하고, 게다가 과학적으로 섭취해야 한다. 중요한 것은 운동을 많이 하는 것인데, ❸❹매일 해야 하는 것은 아니고, 일주일에 ❸2~3번이면 충분하다. 다이어트는 ❹반드시 꾸준히 해야 하며, 며칠 운동하다 포기하면 효과를 거둘 수 없다.

단어 减肥 jiǎnféi 图 살을 빼다, 다이어트하다 | 一定 yídìng 튀 반드시, 꼭 | 要 yào 조통 ~해야 한다 | 吃 chī 图 먹다 | 运动 yùndòng 몡 운동 | 代表 dàibiǎo 图 나타내다, 대표하다 | 东西 dōngxi 몡 사물, 물건 | 而且 érqiě 쩹 게다가 | 科学 kēxué 톙 과학적이다 | 关键 guānjiàn 몡 관건, 핵심 | 并 bìng 튀 결코, 전혀 | 星期 xīngqī 몡 주, 주일 | 可以 kěyǐ 톙 좋다, 나쁘지 않다 | 坚持 jiānchí 图 유지하다, 견지하다 | 如果 rúguǒ 쩹 만약 | 算 suàn 图 그만두다 | 没有 méiyǒu 图 없다 | 效果 xiàoguǒ 몡 효과

03

p. 190

★ 减肥要怎么样?

A 不吃
B 呆在家里
C 一周运动几次
D 每天都要运动

★ 다이어트는 어떻게 해야 하는가?

A 굶는다
B 집에 있는다
C 일주일에 몇 차례 운동한다
D 매일 운동해야 한다

🔒 **시크릿** 핵심어 스캔 뜨기! / 중요 단어(关键)에 주목!

해설　**1단계** 减肥(다이어트)를 하려면 어떻게 해야 하는지를 찾아야 한다.

　　　　2단계 핵심어 减肥(다이어트)가 나오는 부분에서 중요 단어 关键(중요한 것)을 찾을 수 있다.

　　　　3단계 정답 찾기

　　　　매일 운동해야 하는 것이 아니라 **每个星期有两三次就可以**(일주일에 2~3번이면 된다)고 했으므로, 답은 C가 된다.

　　　　　　　Tip 단어 변환: 每个星期 매주 = 一周 일주일 / 两三次 두세 번 = 几次 몇 번

단어　呆 dāi 동 머물다 | 家里 jiāli 명 집, 집안 | 周 zhōu 명 주, 주일

S1, **S3** 적용

04
p. 190

★ 减肥想要有 效果 , 要怎么样?　　　　　　★ 다이어트 효과 를 거두려면 어떻게 해야 하는가?

A　每天跑步　　　　　　　　　　　　　A　매일 달린다
B　坚持下去　　　　　　　　　　　　　**B　꾸준히 한다**
C　少吃不运动　　　　　　　　　　　　C　적게 먹고 운동하지 않는다
D　多吃有营养的　　　　　　　　　　　D　영양가 있는 음식을 많이 먹는다

🔒 **시크릿** 핵심어 스캔 뜨기! / 병렬된 정보 대조 작업하기!

해설　**1단계** 다이어트의 效果(효과)를 거두려면 어떻게 해야 하는지 찾아야 하므로, '대조 작업'을 해야 한다.

　　　　2단계 대조 작업을 통해 정답이 B라는 것을 알 수 있다.

	보기	지문	해설
A	每天跑步 매일 달린다	不是每天都要运动 매일 운동해야 하는 것은 아니다	지문에서는 운동을 매일 할 필요는 없다고 말했다.
B	坚持下去 꾸준히 한다	一定要坚持 반드시 꾸준히 해야 한다	다이어트는 꾸준히 해야 한다고 언급하였다. 따라서 정답은 B다.
C	少吃不运动 적게 먹고 운동하지 않는다	要少吃，多运动 적게 먹고, 운동을 많이 해야 한다	적게 먹으라는 내용은 일치하지만, 지문에서는 운동을 많이 해야 한다고 했다.
D	多吃有营养的 영양가 있는 음식을 많이 먹는다	×	지문에 언급되지 않은 내용이다.

단어　跑步 pǎobù 동 달리다 | 营养 yíngyǎng 명 영양

1, 2, 3 적용

01 p. 191

新闻报道中的数字是用来说明的, 因此必须十分准确, 不能有错误。数字准确, 才能表现出新闻报道的"真", 因此数字对新闻来说非常重要。

뉴스 보도의 수치는 설명을 위한 것이기 때문에, 반드시 매우 정확해야 하고 착오가 있어서는 안 된다. 수치가 정확해야만 뉴스 보도의 '진실성'이 표현될 수 있으므로, 뉴스에 있어 수치는 아주 중요한 것이다.

★ 新闻报道中的数字应该怎样?

A 多一点　　　　B 随便使用
C 不能出错　　　D 尽量不要出现

★ 뉴스 보도의 수치는 어떠해야 하는가?

A 많아야 한다　　　B 마음대로 사용한다
C 잘못되면 안 된다　D 되도록 없어야 한다

🔑 시크릿 핵심어 스캔 뜨기! / 중요 단어(조동사)에 주목!

해설　1단계 핵심어는 报道中的数字(보도의 수치)다.

　　　2단계 문제에 제시된 应该(마땅히 ~해야 한다)를 지문에서 찾아보면, 지문에는 必须(반드시 ~해야 한다), 不能(~해서는 안 된다)이라는 말로 바뀌어서 나왔다.

　　　3단계 정답 찾기
　　　지문에 有错误(착오가 생기다)라고 제시된 내용이, 보기에는 出错(잘못되다)라고 바뀌어 제시되었다. 따라서 정답은 C다.

단어　新闻 xīnwén 몡 뉴스 | 报道 bàodào 몡 보도 | 数字 shùzì 몡 숫자 | 用来 yònglái 통 ~에 쓰다 | 说明 shuōmíng 통 설명하다 | 因此 yīncǐ 쩝 그래서, 이 때문에 | 必须 bìxū 뷔 반드시 ~해야 한다 | 十分 shífēn 뷔 매우, 아주 | 准确 zhǔnquè 톙 정확하다 | 能 néng 조통 ~할 수 있다 | 有 yǒu 통 있다, 생기다 | 错误 cuòwù 톙 잘못, 착오 | 才 cái 뷔 비로소 | 表现 biǎoxiàn 통 표현하다, 나타내다 | 真 zhēn 톙 진실이다, 사실이다 | 对…来说 duì…láishuō ~에게 있어서 | 非常 fēicháng 뷔 아주, 대단히 | 重要 zhòngyào 톙 중요하다 | 应该 yīnggāi 조통 ~해야 한다 | 随便 suíbiàn 뷔 마음대로, 아무렇게나 | 使用 shǐyòng 통 사용하다 | 出错 chūcuò 통 실수하다, 잘못되다 | 尽量 jǐnliàng 뷔 가능한 한, 되도록 | 要 yào 조통 ~해야 한다 | 出现 chūxiàn 통 나타나다, 출현하다

---

1 적용

02 p. 191

现在很多人都感觉自己并不老, 想趁着年轻拼命赚钱, 却忽视了身体健康的问题。等到年纪大了, 却花着大笔的钱跑医院。身体健康才是第一! 千万不要先用身体去赚钱, 再用钱买个好身体。

요즘 많은 사람들은 자신이 결코 늙지 않았다고 느낀다. 젊을 때 필사적으로 돈을 벌어야 한다고만 생각하고, 건강 문제는 중요하게 생각하지 않는다. 나이가 들고 나서야 큰 돈을 써가며 병원을 다닌다. 건강이야말로 제일 중요하다! 먼저 몸을 써서 돈을 벌고, 그 다음 돈으로 건강한 몸을 사는 짓은 절대로 하지 말아야 한다.

★ 根据上文, 可以知道:

A 要努力赚钱
B 不用运动
C 钱能买到生命
D 健康最重要

★ 본문에 근거하여 알 수 있는 것은?

A 열심히 돈을 벌어야 한다
B 운동할 필요 없다
C 돈으로 생명을 살 수 있다
D 건강이 가장 중요하다

🔑 시크릿 중요 단어(第一)에 주목!

해설　화자는 돈보다도 身体健康才是第一(건강이야말로 제일 중요하다)라고 주장하고 있다. 절대 자신이 건강을 잃어가며 열심히 돈을 벌고, 또 나중에 건강을 되찾기 위해 돈을 쓰는 어리석은 행동을 하지 말라고 말해 주고 있다. 따라서 정답은 D가 된다.

단어　感觉 gǎnjué 통 느끼다 | 并 bìng 퇴 결코 | 趁着 chènzhe (때·기회를) 이용해서 | 年轻 niánqīng 형 젊다 | 拼命 pīnmìng 통 필사적으로 하다 | 赚钱 zhuànqián 돈을 벌다 | 却 què 퇴 오히려 | 健康 jiànkāng 형 건강 | 千万 qiānwàn 퇴 제발, 절대로 | 不要 bùyào 퇴 ~하지 말아라 | 生命 shēngmìng 명 생명 | 重要 zhòngyào 형 중요하다

1, 2 적용

03
p. 191

不少人总是羡慕他人的成功，却怎么也看不到他人背后为此付出的努力。最终成为怎样的人，重要的是看你把时间用在羡慕的情绪上，还是用在学习别人的成功经验上。

많은 사람들은 항상 다른 사람의 성공을 부러워하면서 그들이 성공하기 위해 뒤에서 쏟아 부은 노력은 보지 않는다. 최후에 어떤 사람이 되는지에 있어서 중요한 것은 당신이 시간을 부러워하는 감정에 쓰는지, 아니면 다른 사람의 성공 경험을 배우는 데 쓰는가에 달려 있다.

★ 要想成功，应该：

A 羡慕他人
B 努力学习
C 做好准备
D 学习成功经验

★ 성공하려면 마땅히 어떻게 해야 하는가?

A 다른 사람을 부러워한다
B 열심히 공부한다
C 준비를 잘한다
D 성공 경험을 배운다

🔒 시크릿　중요 단어(重要的)에 주목!

해설　**1단계** 성공하기 위해서는 어떻게 해야 하는지에 관한 내용이다.

2단계 지문에 등장한 핵심어 重要的(중요한 것)라는 단어 이하 부분을 정독하면 정답을 쉽게 찾아낼 수 있다.

3단계 다른 사람의 성공한 결과에만 부러워하지 말고, 用在学习别人的成功经验上(다른 사람의 성공 경험을 배우는 데 쓰다) 해야 한다고 말하고 있다. 따라서 정답은 D가 된다.

단어　总是 zǒngshì 퇴 늘, 언제나 | 羡慕 xiànmù 통 부러워하다 | 他人 tārén 명 타인, 다른 사람 | 成功 chénggōng 명 성공 | 背后 bèihòu 명 뒤쪽, 배후 | 此 cǐ 대 이, 이것 | 付出 fùchū 통 지급하다 | 努力 nǔlì 통 노력하다 | 成为 chéngwéi 통 ~이 되다 | 重要 zhòngyào 형 중요하다 | 还是 háishi 퇴 아니면 | 经验 jīngyàn 명 경험

1, 3 적용

p. 191

压力是个很有意思的东西，当你感到压力的时候，你会不想做任何事，压力很大的时候，工作效率就会变得很低。

스트레스란 아주 흥미로운 것이다. 당신이 스트레스를 받았을 때는 아무것도 하고 싶지 않고, 스트레스가 심할 때는 업무 효율이 아주 낮아진다.

★ 压力大时，我们：

A 情绪低落　　B 想做任何事
C 工作效果差　D 觉得很有趣

★ 스트레스가 심할 때, 우리는：

A 기분이 가라앉는다　　B 뭐든지 하고 싶다
C 업무 효과가 떨어진다　D 흥미롭다고 느낀다

🔒 시크릿　핵심어 스캔 뜨기! / 중요 단어(부정부사)에 주목!

해설　**1단계** 스트레스가 심할 때(压力大时) 어떠한지를 찾아야 한다. 지문에 压力大라는 말이 언급된 부분을 찾아 간다.

2단계 대조 작업을 통해 정답이 C라는 것을 알 수 있다.

	보기	지문	해설
B	想做任何事 뭐든지 하고 싶다	不想做任何事 아무것도 하고 싶지 않다	지문에는 부정부사가 함께 나와 不想(~하기 싫다)이라고 언급되었으므로, 보기는 지문과 반대되는 내용이다.
C	工作效果差 업무 효과가 떨어진다	工作效率就会变得很低 업무 효율이 아주 낮아진다	지문의 效率(효율)라는 말이, 보기에서는 效果(효과)라고 바뀌어 제시되었다. 따라서 정답은 C다.

단어   压力 yālì 몡 스트레스 | 有意思 yǒu yìsi 몡 재미있다 | 东西 dōngxi 몡 물건, 사물 | 当…的时候 dāng…de shíhou ~
일 때 | 感到 gǎndào 통 느끼다, 여기다 | 会 huì 조통 ~할 것이다 | 想 xiǎng 조통 ~하고 싶다 | 做 zuò 통 하다 | 任何 rènhé
때 어떠한 | 事 shì 몡 일 | 工作 gōngzuò 몡 근무, 업무 | 效率 xiàolǜ 몡 능률, 효율 | 变 biàn 통 변화하다 | 低 dī 혱 낮다, 뒤
떨어지다 | 情绪 qíngxù 몡 정서, 기분 | 低落 dīluò 통 떨어지다, 하락하다 | 效果 xiàoguǒ 몡 효과 | 差 chà 혱 나쁘다, 좋지 않
다 | 觉得 juéde 통 ~라고 느끼다 | 有趣 yǒuqù 혱 재미있다

DAY 29

S1 . 2 적용

01

p. 195

虽然我们现在是输了，但是这并不代表着我们永远都是输的。只要我们努力练习，不断奋进，一定会有赢的那一天。大家加油吧！

비록 우리는 지금 졌지만, 그러나 이것은 결코 우리가 영원히 졌다는 것을 나타내는 것은 아니다. 우리가 열심히 연하고 계속해서 힘차게 나아간다면 반드시 승리하는 날이 있을 것이다. 모두들 힘내자!

★ 说话人在做什么：

A 观看比赛
B 鼓励大家
C 说明动作
D 讨论失败原因

★ 화자는 무엇을 하고 있는가?

A 경기를 관람하고 있다
B 모두를 격려하고 있다
C 동작을 설명하고 있다
D 실패 원인에 대해 토론하고 있다

🔒 시크릿 전체 내용 파악하기!

해설   **1단계 문제 분석**
화자가 팀원들에게 무슨 말을 하고 있는지 파악하는 문제이다.

2단계 의미 파악, 정답 찾기
화자는 경기를 관람 중이거나 실패의 원인을 찾고 있는 것이 아니므로, A와 D는 정답에서 제외된다. 화자는 한 번의 실패가 영원한 실패를 의미하는 것이 아니니, 열심히 해 보자고 팀원들을 격려하고 있다.

3단계 단어 변환
大家加油(모두들 힘내라)와 鼓励(격려하다)는 서로 의미가 상통하므로, 정답은 B가 된다. 어휘가 변환되어 나와도 정답을 찾을 수 있도록 단어력을 향상시켜야 한다.

단어   输 shū 통 지다 | 并不 bìngbù 분 결코 ~하지 않다 | 代表 dàibiǎo 통 대표하다 | 永远 yǒngyuǎn 혱 영원히 | 只要 zhǐyào
접 단지 ~하기만 하면 | 努力 nǔlì 통 노력하다 | 练习 liànxí 통 연습하다 | 不断 búduàn 분 끊임없이 | 奋进 fènjìn 기운을
떨쳐 나아가다 | 一定 yídìng 분 반드시 | 赢 yíng 통 승리하다 | 加油 jiāyóu 통 힘내다 | 观看 guānkàn 통 관람하다 | 比赛
bǐsài 몡 시합 | 鼓励 gǔlì 통 격려하다 | 讨论 tǎolùn 통 토론하다 | 失败 shībài 통 패배하다 | 原因 yuányīn 몡 원인

02

p. 195

有时理发会遇到这样的问题，本来就是要稍稍修一下，理发师却硬是让你换个发型，改变一下形象。如果你听了他的建议，结果却是钱没少花，但做出来的效果却不一定适合你。

가끔 이발을 하다가 이런 문제를 만날 수 있다. 원래는 머리를 약간만 다듬고 싶었으나 이발사는 억지로 헤어스타일도 바꾸고, 이미지를 좀 바꿔보라고 한다. 만일 당신이 그의 제안을 받아들인다면, 적지 않은 돈을 쓰고도 결과물이 당신에게 꼭 어울리지 않을 수도 있다.

★ 有时候理发师的建议：

A 十分详细
B 不够理想
C 不够专业
D 让人满意

★ 때로는 이발사의 제안은：

A 매우 상세하다
B 그다지 만족스럽지 않다
C 전문성이 부족하다
D 사람을 만족시킨다

🔒 **시크릿** 핵심어 스캔 뜨기!

해설

1단계 문제 분석

이발사가 당신에게 머리 모양에 변화를 주라는 제안이 어떠한지를 파악하는 문제이다.

2단계 의미 파악

사실 자신의 머리 모양을 가장 잘 아는 사람은 수십 년 동안 머리를 다듬어 온 자기 자신일 것이다. 머리 모양 변신이라는 도전은 높은 이발 비용도 지불해야 할 뿐만 아니라, 자신에게 어울리지도 않을 수 있는 상황도 연출될 수 있다고 말하고 있다. 물론 항상 그렇다는 것은 아니고, 有时(가끔) 그럴 수 있다는 것이다.

3단계 단어 변환

지문에서 나왔던 不一定适合你(당신에게 꼭 어울리지 않을 수도 있다)는 보기에서 不够理想(이상적이지 않다, 만족스럽지 않다)으로 바뀌어 제시되었다. 따라서 정답은 B가 된다.

단어 理发 lǐfà 통 이발하다 | 遇到 yùdào 통 우연히 만나다 | 本来 běnlái 명 본래 | 稍稍 shāoshāo 부 조금, 약간 | 修 xiū 통 다듬다 | 理发师 lǐfàshī 명 이발사 | 硬 yìng 부 억지로 | 换 huàn 통 바꾸다, 교환하다 | 发型 fàxíng 명 헤어스타일 | 建议 jiànyì 명 제안, 제의 | 结果 jiéguǒ 명 결과 | 却 què 부 오히려 | 花 huā 통 돈을 쓰다 | 效果 xiàoguǒ 명 효과 | 不一定 bù yídìng 부 반드시 그렇지는 않다 | 适合 shìhé 통 적합하다 | 十分 shífēn 부 매우 | 详细 xiángxì 통 상세하다 | 不够 búgòu 형 모자라다 | 理想 lǐxiǎng 명 이상, 꿈 | 专业 zhuānyè 명 전공 | 满意 mǎnyì 통 만족하다

[03-04]

❸有一个胖人想减肥，他去找医生寻找解决办法。医生建议他每天跑8公里，跑300天就能减34公斤。❹300天后那个人打电话说："大夫，我真的减下来了，但我❹离家有2400公里了，我应该怎么回家呢？"

❸한 뚱보가 다이어트를 하려고, 의사를 찾아가 방법을 물었다. 의사는 그에게 매일 8km씩 달리면 300일 동안 34kg을 감량할 수 있을 거라고 제안했다. ❹300일이 지나고 그 뚱보는 전화를 걸어 말하기를 "선생님, 정말 살이 빠졌어요! 그런데 ❹집에서부터 2400km나 달려왔으니, 이제 어떻게 집으로 돌아가나요?"라고 했다.

단어 胖 pàng 형 뚱뚱하다 | 想 xiǎng 조동 ~하고 싶다 | 减肥 jiǎnféi 통 살을 빼다 | 找 zhǎo 통 찾다 | 医生 yīshēng 명 의사 | 寻找 xúnzhǎo 통 찾다, 구하다 | 解决 jiějué 통 해결하다 | 办法 bànfǎ 명 방법 | 建议 jiànyì 통 제안하다, 건의하다 | 跑 pǎo 통 달리다 | 公里 gōnglǐ 양 킬로미터(km) | 能 néng 조동 ~할 수 있다 | 减 jiǎn 통 빼다, 줄이다 | 公斤 gōngjīn 양 킬로그램(kg) | 后 hòu 형 뒤의, 후의 | 打电话 dǎ diànhuà 전화하다 | 说 shuō 통 말하다 | 真 zhēn 부 실제로, 확실히 | 但 dàn 접 그러나 | 应该 yīnggāi 조동 ~해야 한다 | 回家 huíjiā 통 집으로 돌아가다

03
p. 195

★ 那个人为什么要跑步?

A 太胖了 　　 B 去旅行
C 参加比赛 　　 D 锻炼身体

★ 그 사람은 왜 달리기를 했는가?

A 너무 뚱뚱해서 　　 B 여행 가려고
C 대회에 참가해서 　　 D 체력 단련을 하려고

 시크릿 전체 내용 파악하기! / 힌트어 간접 제시!

해설 **1단계** 문제 분석
　　 이 사람이 달리기를 하려고 하는 이유를 찾아야 한다.

　　 2단계 정답 찾기
　　 지문의 첫 부분에 한 뚱보가 다이어트를 하려고 한다(有一个胖人想减肥)고 언급되었다.

단어 跑步 pǎobù 图 달리다 | 太 tài 图 너무, 아주 | 旅行 lǚxíng 图 여행하다 | 参加 cānjiā 图 참가하다 | 比赛 bǐsài 图 경기 | 锻炼 duànliàn 图 (몸을) 단련하다 | 身体 shēntǐ 图 신체

04
p. 195

★ 他跑完之后出现了什么新问题?

A 身体变差
B 离家太远
C 浪费了时间
D 体重没有变化

★ 달리기가 끝나자 어떤 문제가 생겼는가?

A 몸이 약해졌다
B 집에서 너무 멀어졌다
C 시간을 낭비했다
D 체중 변화가 없었다

시크릿 전체 내용 파악하기!

해설 **1단계** 문제 분석
　　 이 사람에게 새롭게 생긴 문제(新问题)가 무엇인지를 찾아야 한다. 지문에 문제(问题)라는 단어가 직접적으로 제시
　　 되지 않았으므로, 전체적인 내용을 이해해야만 답을 찾을 수 있다.

　　 2단계 의미 파악 / 정답 찾기
　　 이 사람은 의사에게 전화해서 집에서 2400km 떨어진 곳에 있다면서, 어떻게 집에 돌아가냐고 묻고 있다. 이 말의
　　 의미는 달리기를 하다가 집에서 너무 먼 곳까지 왔다는 의미이므로, 정답은 B가 된다.

단어 完 wán 图 끝내다, 완수하다 | 之后 zhīhòu 图 ~후, ~ 다음 | 出现 chūxiàn 图 나타나다 | 新 xīn 图 새롭다 | 问题 wèntí 图 문제 | 变 biàn 图 변화하다, 바뀌다 | 差 chà 图 나쁘다, 좋지 않다 | 远 yuǎn 图 멀다 | 浪费 làngfèi 图 낭비하다 | 时间 shíjiān 图 시간 | 体重 tǐzhòng 图 체중 | 变化 biànhuà 图 변화

---

1 , 3 적용

01

p. 196

很多人都说便宜没好货，好货不便宜。其实好的东西也可以用很便宜的价钱买下来。比如，春天的时候，冬天的衣服都开始打折，那时候买到的衣服质量又好，价钱又便宜。

많은 사람들은 흔히 '싼 게 비지떡'이고 좋은 물건은 비싸다고 하지만, 사실 좋은 물건도 얼마든지 싸게 살 수 있다. 예를 들어 봄철에는 겨울 옷이 모두 세일에 들어가는데, 이때 옷을 사면 품질도 좋고 가격도 저렴하다.

★ 质量好的东西怎么样?

A 太贵了
B 不打折
C 价格很高
D 有时很便宜

★ 품질이 좋은 물건은 어떠한가?

A 너무 비싸다
B 세일하지 않는다
C 가격이 매우 높다
D 어떤 때는 무척 싸다

🔒 **시크릿** 핵심어 스캔 뜨기! / 의미 파악하기!

해설 **1단계** 문제 분석
질이 좋은 물건(质量好的东西)이 어떠한지를 찾아야 한다.

2단계 핵심내용 파악
其实(사실)는 역접의 의미를 가진 부사로, 뒤에 오는 내용이 핵심이 된다. 其实 뒷부분을 중점적으로 파악해 보자.

3단계 정답 찾기
예를 든 내용(比如 이하 부분)을 보면 봄에 질 좋은 겨울 옷을 싸게 살 수 있다고 언급했으므로, 때로는 질이 좋은 물건도 싸게 살 수 있다는 의미다.

단어 便宜 piányi 형 (값이) 싸다 | 好货 hǎohuò 명 좋은 물건 | 其实 qíshí 튄 사실 | 东西 dōngxi 명 물건 | 可以 kěyǐ 조동 ~할 수 있다 | 用 yòng 동 쓰다, 사용하다 | 买 mǎi 동 사다 | 比如 bǐrú 동 예를 들다 | 春天 chūntiān 명 봄 | 时候 shíhou 명 때, 무렵 | 冬天 dōngtiān 명 겨울 | 衣服 yīfu 명 옷 | 开始 kāishǐ 동 시작하다 | 打折 dǎzhé 동 할인하다 | 质量 zhìliàng 명 질, 품질 | 又 yòu 튄 또한, 더하여 | 贵 guì 형 비싸다 | 价格 jiàgé 명 가격 | 高 gāo 형 높다 | 有时 yǒushí 튄 때로, 어떤 때

---

1 , 2 , 3 적용

02

p. 196

我有一个苹果，你有一个香蕉，把我的给你，把你的给我，我们还是仅有一个水果。我有一个想法，你有一个想法，把我的想法告诉你，把你的想法告诉我，我们就有了两个想法。

나에게 사과가 하나 있고, 너에게 바나나가 하나 있다. 내 것을 너에게 주고 네 것을 나에게 준다 해도, 우리는 여전히 하나의 과일을 가졌을 뿐이다. 나에게 생각이 하나 있고, 너에게 생각이 하나 있다. 내가 가진 생각을 너에게 말해주고 네가 가진 생각을 나에게 말해 주면, 우리는 두 가지의 생각을 갖게 된다.

★ 这段话说了什么?

A 多吃水果
B 友谊的宝贵
C 交流的重要性
D 把秘密告诉别人

★ 이 글에서 말하는 것은?

A 과일을 많이 먹어야 한다
B 우정의 소중함
C 교류의 중요성
D 남에게 비밀을 말해야 한다

해설 **1단계** 문제 분석

지문에서 이야기하고자 하는 바가 무엇인지를 파악해야 한다. 이 문제는 전체 글을 읽고 내용을 이해해야만 답을 고를 수 있다.

2단계 의미 파악

지문에서는 두 사람이 서로의 생각을 나누는 것(交流)이 물질을 나눠 갖는 것보다 의미있다는 이야기를 하고 있으므로, 정답은 C가 된다.

단어 苹果 píngguǒ 몡 사과 | 香蕉 xiāngjiāo 몡 바나나 | 给 gěi 동 (~에게) ~을 주다 | 还是 háishi 뷔 여전히, 아직도 | 仅有 jǐnyǒu 동 오직 ~밖에 없다 | 水果 shuǐguǒ 몡 과일 | 想法 xiǎngfǎ 몡 생각 | 友谊 yǒuyì 몡 우정 | 宝贵 bǎoguì 혱 중시하다, 소중하다 | 交流 jiāoliú 동 교류하다 | 重要性 zhòngyàoxìng 몡 중요성 | 秘密 mìmì 몡 비밀 | 告诉 gàosu 동 알리다 | 别人 biéren 때 남, 타인

---

① , ② 적용

03
p. 196

陈教授的突然出现让大家很激动。因为我们之前邀请她的时候，她说那个时候她可能还在香港出差，大家都以为她无法参加会议了，没想到她还是赶来了。

천 교수님의 갑작스러운 출현은 모두를 흥분시켰다. 우리가 그 전에 그녀를 초청했을 때, 그녀가 홍콩에 출장 중일지도 모른다고 말해서, 모두들 그녀는 회의에 참석할 수 없을 거라고 생각했기 때문이다. 하지만, 뜻밖에도 그녀는 서둘러 시간에 맞춰 와 주었다.

★ 关于 陈教授，可以知道：

A 突然不见了
B 参加了会议
C 提了很多意见
D 去香港旅游了

★ 천 교수에 관해, 우리가 알 수 있는 것은:

A 갑자기 보이지 않았다
B 회의에 참석했다
C 많은 의견을 제시했다
D 홍콩으로 여행갔다

해설 **1단계** 문제 분석

陈教授(천 교수님)에 대한 내용을 파악하는 문제이다.

2단계 의미 파악

이번 회의에 천 교수님을 초대했으나, 홍콩 출장으로 인해 참석이 어려울 거라 생각했는데, 천 교수님은 일을 서둘러 보고, 회의 시간에 맞춰 와 주었다는 내용이다. 정답은 B가 된다.

단어 教授 jiàoshòu 몡 교수 | 突然 tūrán 뷔 갑자기 | 出现 chūxiàn 동 출현하다 | 激动 jīdòng 혱 흥분되다 | 因为 yīnwèi 접 ~때문에 | 邀请 yāoqǐng 동 초청하다 | 可能 kěnéng 뷔 아마도 | 香港 Xiānggǎng 몡 홍콩 | 出差 chūchāi 동 출장 가다 | 以为 yǐwéi 동 ~라고 잘못 여기다 | 无法 wúfǎ 방법이 없다 | 参加 cānjiā 동 참가하다 | 会议 huìyì 몡 회의 | 没想到 méixiǎngdào 생각지 못하다 | 赶来 gǎnlái 동 서둘러 오다 | 提 tí 동 제시하다, 내놓다 | 意见 yijiàn 몡 의견 | 旅游 lǚyóu 동 여행하다

p. 196

04

1, 2, 3 적용

有句话说得好，失败是成功之母。要想成功，<u>关键要先能够接受失败。只要勇敢地面对失败并能坚持努力下去</u>，就能获得最终胜利。但很多人成功不了，就是因为遇到失败时马上就选择了放弃。

실패는 성공의 어머니라는 좋은 말이 있다. 성공하고 싶다면, 관건은 실패를 받아들일 줄 알아야 한다. 용기 있게 실패를 대하고, 포기하지 않고 노력해 나가면, 최후의 성공을 거둘 수 있다. 그러나 많은 사람들은 성공할 수 없는 것은 실패했을 때 바로 포기를 택했기 때문이다.

★ 上文告诉我们应该怎么做？

★ 본문에서 우리가 마땅히 어떻게 해야 한다고 알려 주는가?

A 接受失败并努力
B 做好计划
C 别害怕改变
D 失败时马上放弃

A 실패를 받아들이고 노력한다
B 계획을 잘 세워야 한다
C 변화를 두려워하지 말아라
D 실패했을 때 바로 포기한다

🔒 **시크릿** 전체 내용 파악하기! / 접속사에 주목!

해설

1단계 문제 분석

실패를 대하는 자세가 어떠해야 하는지 파악해야 하는 문제이다.

2단계 의미 파악

지문에서 우선 能够接受失败(실패를 받아들일 줄 알아야 한다)라고 말한다. 또 이어서 나오는 유일한 조건을 나타내는 접속사 只要…就는 '~하기만 하면 ~한다'는 뜻이다. 지문에서는 먼저 勇敢地面对失败(용기 있게 실패를 대하다)하고 并能坚持努力下去(포기하지 않고 노력해 나가다)하면 성공을 거둘 수 있다고 말하고 있다. 따라서 정답은 A가 된다.

단어 失败 shībài 몡 실패 | 成功 chénggōng 몡 성공 | 关键 guānjiàn 몡 관건, 키포인트 | 接受 jiēshòu 동 받아들이다 | 只要 zhǐyào 젭 ~하기만 하면 | 勇敢 yǒnggǎn 혱 용감하다 | 坚持 jiānchí 동 견지하다, 고수하다 | 努力 nǔlì 동 노력하다 | 最终 zuìzhōng 몡 맨 마지막, 최후 | 马上 mǎshàng 뮈 곧, 바로 | 选择 xuǎnzé 동 고르다 | 放弃 fàngqì 동 포기하다 | 计划 jìhuà 몡 계획 | 别 bié 뮈 ~하지 말아라 | 害怕 hàipà 혱 겁내다

 **실전 모의고사**

✓ 정답

1. E	2. F	3. C	4. A	5. B
6. F	7. A	8. E	9. D	10. B

[01-05]

A 提供	B 羡慕	A 제공하다	B 부러워하다
C 印象	D 坚持	C 인상	D 견지하다
E 详细	F 一共	E 상세하다	F 전부

단어 提供 tígōng 통 제공하다 | 羡慕 xiànmù 통 부러워하다 | 印象 yìnxiàng 몡 인상 | 坚持 jiānchí 통 견지하다, 지속하다 | 详细 xiángxì 혱 상세하다, 자세하다 | 一共 yígòng 囝 모두, 전부

01
p. 197

这篇文章, (   ) 介绍了国际经济的发展方向, 值得阅读。

이 글은 국제 경제의 발전 방향을 (E 상세하게) 소개해서 읽어 볼 가치가 있다.

🔑 **시크릿** 술어 介绍了 앞에 위치하는 부사어로는 '어떻게' 소개했는지를 묘사하는 형용사가 나올 확률이 높다.

해설 어떤 동작을 '꼼꼼하게 하다'는 仔细라는 표현을 쓰지만, '내용이 자세하고 상세하다'는 详细를 써야 한다.

단어 篇 piān 양 편 | 文章 wénzhāng 몡 글, 문장 | 介绍 jièshào 통 소개하다 | 国际 guójì 몡 국제 | 经济 jīngjì 몡 경제 | 发展 fāzhǎn 통 발전하다 | 方向 fāngxiàng 몡 방향 | 值得 zhíde 통 ~할만한 가치가 있다 | 阅读 yuèdú 통 (출판물을) 읽다, 보다

02
p. 197

我算过了, (   ) 5辆车, 肯定超过100人了。

내가 계산해 봤는데 (F 전부) 5대의 차량이니까, 분명 100명을 초과할 거야.

🔑 **시크릿** 명사 술어 5辆车 앞은 부사 자리다.

해설 수량사는 그 자체로 명사 술어문이 될 수 있다. 수량사와 함께 나올 수 있는 부사로는 一共(전부), 至少(적어도), 几乎(거의), 差不多(거의)가 있으니 꼭 암기해 둔다.

단어 算 suàn 통 계산하다 | 过 guo 조 ~한 적이 있다 | 辆 liàng 양 대 | 肯定 kěndìng 囝 틀림없이, 확실히 | 超过 chāoguò 통 초과하다

03
p. 197

她和我第一次约会的时候, 就给我留下了很好的 (   )。

그녀는 처음 나와 데이트할 때 나에게 아주 좋은 (C 인상)을 남겼다.

🔑 **시크릿** 구조조사 的 이하 부분의 빈칸에는 명사가 와야 한다.

해설 동사 留下(남기다)와 어울리는 목적어는 印象(인상)이 된다. 'A 给 B 留下…印象(A가 B에게 ~한 인상을 남기다)'이라는 표현은 4급뿐 아니라 5급에서도 자주 출제되는 구문이므로, 반드시 외워 두어야 한다.

단어 第一次 dì yī cì 몡 맨 처음 | 约会 yuēhuì 몡 약속, 데이트 | 就 jiù 囝 바로 | 留下 liúxià 통 남기다

04
p. 197

我们学校为在校学生（　　　）了最好的住宿条件。

우리 학교는 재학생들을 위해 가장 좋은 기숙 조건을 (A 제공한다).

> **시크릿** 문장 중간에 나오는 了는 동작의 상태를 나타내는 '동태조사'이다. 따라서 빈칸에는 당연히 동사가 나와야 한다. (동사) + (목적어)의 호응 구조를 고려하여 판단한다.

해설　条件은 형용사 술어와도 호응하는데, 条件 + 很高(조건이 매우 까다롭다), 条件 + 很好(조건이 매우 좋다)라고도 쓰인다. 주어진 빈칸은 동사 자리이므로, 적절한 동사를 고르기 위해서는 목적어와의 호응 관계를 봐야 한다. 목적어 条件은 종종 符合 + 条件(조건에 부합하다), 提供 + 条件(조건을 제공하다)과 호응한다. 학교에서 학생들을 위해 최고의 기숙 조건을 제공하였음을 알 수 있다.

단어　为 wèi 젠 ~을 위해서 | 最好 zuìhǎo 형 가장 좋다 | 住宿 zhùsù 동 묵다, 숙박하다 | 条件 tiáojiàn 명 조건

05
p. 197

小王和他妻子一直很喜欢旅行，他们的旅行经历真让人（　　　）。

샤오왕과 그의 아내는 줄곧 여행하는 것을 매우 좋아한다. 그들의 여행 경험은 정말 사람들로 하여금 (B 부럽게 만든다)

> **시크릿** '주어 + 让 + 대상 + 동작'의 어순에 따라 빈칸에는 동사가 와야 한다.

해설　사역동사 让, 叫, 使 등은 '~을 시키다'의 뜻을 갖는다. 시키는 주체가 나오고 그 주체가 다른 사람에게 어떤 일을 시켰거나, 어떻게 만들었다는 뜻으로, 빈칸에는 동사가 나와야 한다. 그들이 자주 여행을 다니는데, 사람들은 그 경험들을 매우 羡慕(부러워한다)인 것을 알 수 있다.

단어　妻子 qīzi 명 아내 | 一直 yìzhí 부 줄곧, 내내 | 旅行 lǚxíng 동 여행하다 | 经历 jīnglì 명 경험, 경력 | 真 zhēn 형 정말, 참으로 | 让 ràng 동 ~하게 하다

[06-10]

A 扔	B 份	A 던지다	B 부
C 温度	D 安排	C 온도	D 배정하다
E 确实	F 准时	E 정말로	F 시간에 맞다

단어　扔 rēng 동 던지다, 내버리다 | 份 fèn 양 부(신문·간행물·문서 등을 세는 데 쓰임) | 温度 wēndù 명 온도 | 安排 ānpái 동 배치하다, 배정하다 | 确实 quèshí 부 정말로, 확실히 | 准时 zhǔnshí 형 (규정된) 시간에 맞다

06
p. 198

A: 您可真够（　　　）的，正好8点。
B: 那就好，我还以为迟到了。

A: 정말 (F 시간을 딱 맞추셨네요). 딱 8시예요.
B: 그렇다면 다행이네요. 저는 지각하는 줄 알았어요.

> **시크릿** 부사 可, 真够 뒤의 빈칸은 형용사 술어 자리다.

해설　뒤 절의 正好(딱)와 일맥상통하는 형용사 准时(시간에 맞다)가 타당하다.

단어　够 gòu 부 제법, 비교적 | 正好 zhènghǎo 형 (시간·수량·정도 등이) 딱 좋다, 꼭 알맞다 | 以为 yǐwéi 동 여기다, 생각하다 | 迟到 chídào 동 지각하다

p. 198

07

A: 把铅笔和词典都放书包里，收拾好，别到处乱（　　　）。

B: 爸爸，您说话越来越像妈妈了。

A: 연필과 사전을 모두 가방에 넣고 잘 정리해. 아무 데나 (**A 던져두지**) 말고.

B: 아빠, 아빠가 하시는 말씀이 점점 엄마와 똑같아져요.

🔒 **시크릿** 부사 乱 다음에는 동사 술어가 와야 한다.

해설 앞 절에서는 가방 안에 물건을 잘 챙겨 넣으라고 당부하고, 뒤 절에서는 '～하지 마라'라고 했으니 앞의 收拾好(잘 정리하다)와 상반되는 표현인 扔(던져두다)이 답이 된다.

단어 铅笔 qiānbǐ 몡 연필 | 词典 cídiǎn 몡 사전 | 放 fàng 동 놓다 | 书包 shūbāo 몡 책가방 | 收拾 shōushi 동 정리하다 | 到处 dàochù 몡 도처, 곳곳 | 乱 luàn 唱 제멋대로, 마구 | 越来越 yuèláiyuè 唱 점점 더

---

p. 198

08

A: 我女儿可真爱小猫，连笔盒、橡皮上的图画也要猫。

B: 她性格也（　　　）像个小猫。

A: 우리 딸은 정말 고양이를 좋아한다. 필통, 지우개 위에 그려진 그림까지 모두 고양이다.

B: 그녀의 성격까지도 (**E 정말로**) 고양이를 닮았다.

🔒 **시크릿** 她性格 + （　） + 像 + 小猫。
　　　　주어 + (부사) + 동사 + 목적어

해설 주어와 술어 사이에는 다양한 부사어(부사, 조동사, 전치사구)가 올 수 있다. 전치사구는 반드시 '전치사 + 명사'의 어순으로 쓰이기 때문에 빈칸 뒤에 명사가 없으므로, 전치사는 정답에서 제외된다. 确实는 형용사로 '확실하다'의 의미와 부사로 '확실히, 정말로'라는 의미를 지닌다. 이 문제에서는 부사적 용법으로 쓰였다.

단어 小猫 xiǎomāo 몡 새끼 고양이 | 连 lián 전 ～조차도, ～까지도 | 笔盒 bǐhé 몡 필통 | 橡皮 xiàngpí 몡 지우개 | 图画 túhuà 몡 그림 | 性格 xìnggé 몡 성격 | 像 xiàng 동 닮다, 비슷하다

---

p. 198

09

A: 张小姐，我们上午9点半有个活动，请给我们（　　　）一个会议室。

B: 好的，您估计有多少人参加?

A: 미스 장. 오전 9시 반에 행사가 있으니, 회의실을 하나 (**D 배정해**) 줘.

B: 알겠습니다. 대략 몇 명이나 참석할 것 같으세요?

🔒 **시크릿** 전치사구인 给我们 이하 부분에는 동사 술어가 나와야 한다.

해설 동사 安排(배정하다, 안배하다)는 时间(시간)·工作(일)·人员(인원)·会议室(회의실) 등을 적절하게 배정할 때 쓸 수 있다.

단어 活动 huódòng 몡 활동, 행사 | 会议室 huìyìshì 몡 회의실 | 估计 gūjì 동 예측하다 | 多少 duōshao 때 얼마(수량을 물을 때 쓰임) | 参加 cānjiā 동 참가하다

---

p. 198

10

A: 你帮我把这些文章复印一下吧，要3（　　　）。

B: 办公室的打印机坏了，我去楼下复印，一会儿给您送去。

A: 나 대신 이 글들을 복사 좀 해줘. 3(**B 부**)가 필요해.

B: 사무실의 프린터가 고장이 났어요. 제가 아래층에 가서 복사해서 좀 이따가 갖다 드릴게요.

🔒 **시크릿** '수사 + 양사'의 어순에 따라 수사 뒤에는 양사가 나와야 한다.

해설 复印(복사하다)에 사용하는 양사로는 张, 份이 있다. 张은 낱장을 뜻하고, 份은 여러 장이 한 세트나 묶음으로 된 것을 의미한다. 앞 절에서 这些文章(이 글들)이라며 복수로 말했으므로, 份을 쓴다.

단어 **帮** bāng 图 돕다 | **这些** zhèxiē 떼 이것들 | **文章** wénzhāng 图 글, 문장 | **复印** fùyìn 图 복사하다 | **办公室** bàngōngshì 图 사무실 | **打印机** dǎyìnjī 图 프린터 | **坏** huài 图 고장 나다 | **楼下** lóuxià 图 아래층 | **送** sòng 图 보내다

✓ 정답
11. CBA   12. BAC   13. CAB   14. ACB   15. CAB
16. ABC   17. ACB   18. BAC   19. BAC   20. ABC

11

p. 199

A 结果第二天就感冒了，又是咳嗽，又是发烧
B 所以在外边儿玩了很长时间
C 她从来没见过这么大的雪，特别兴奋

A 결국 이튿날 감기에 걸려 기침도 하고 열도 났다
B 그래서 밖에서 오랫동안 놀았는데
C 그녀는 그렇게 많은 눈을 본 적이 없어서 매우 신이 났다

CBA

🔒 시크릿 사람 주어 찾기! / 접속사에 주목!

해설 **1단계** C – 사람 주어 她(그녀)가 있으므로 첫 번째 문장이 된다.

2단계 B – 접속사 所以(그래서)는 최소 두 번째 문장에 와야 하는 접속사다.

3단계 A – 밖에서 오랫동안 논 결과로 다음 날 감기에 걸렸다. 结果(결과)는 일반적으로 맨 마지막 문장에 나온다.

따라서 어순 배열은 CBA가 된다.

단어 **结果** jiéguǒ 图 결과, 결국 | **感冒** gǎnmào 图 감기에 걸리다 | **咳嗽** késou 图 기침하다 | **发烧** fāshāo 图 열이 나다 | **所以** suǒyǐ 젭 그래서 | **外边** wàibian 图 바깥쪽, 밖 | **从来** cónglái 囝 지금까지, 여태껏 | **雪** xuě 图 눈 | **特别** tèbié 囝 유달리, 특히 | **兴奋** xīngfèn 图 흥분하다

12

p. 199

A 但听话并不是判断孩子是否懂事的仅有的标准
B 许多孩子因不听家长的话而被批评
C 其实，不听话并不是缺点，有时候他们更有自己的想法

A 그러나 말을 듣는다는 것이 아이가 철이 들었는지에 대한 유일한 기준은 결코 아니다
B 많은 아이들은 부모님의 말을 듣지 않는다고 꾸지람을 듣는다
C 사실 말을 듣지 않는 것은 결코 결점이 아니며, 때로는 그런 아이들이 훨씬 자신만의 생각을 가지고 있다

BAC

🔒 시크릿 사람주어 찾기! / 유사한 내용에 주목!

해설 **1단계** B – 许多는 很多(많은)는 뜻으로 명사 주어 孩子(아이)를 수식해 주고 있다. 따라서 B는 사람 주어로 첫 번째 문장이 된다.

2단계 A – 첫 번째 문장과 상반된 내용을 끌고 나오려면 역접의 접속사 但(是), 可(是)를 사용할 수 있다.

3단계 C – 不听话(말을 듣지 않는다) 하여 혼을 내거나, 철이 들지 않았다고 판단하지만, 사실은 자신만의 주관이나 생각을 갖고 있는 경우도 있다는 부연 설명을 해 주고 있다.

따라서 어순 배열은 BAC가 된다.

단어 **听话** tīnghuà 图 말을 듣다 | **判断** pànduàn 图 판단하다 | **是否** shìfǒu 囝 ~인지 아닌지 | **懂事** dǒngshì 图 철들다, 세상 물정을 알다 | **标准** biāozhǔn 图 표준, 기준 | **许多** xǔduō 图 대단히 많은 | **被** bèi 젠 (~에게) ~를 당하다 | **批评** pīpíng 图 비평하다, 비판하다 | **其实** qíshí 囝 사실은 | **缺点** quēdiǎn 图 결점, 단점 | **更** gèng 囝 더, 더욱 | **想法** xiǎngfǎ 图 생각, 의견

p. 199

A 它通过两个年轻人的爱情故事
B 反映了当时的社会情况
C 《红楼梦》是中国著名的长篇小说

A 그것은 두 젊은이의 사랑 이야기를 통해
B 당시의 사회 상황을 반영했다
C 「홍루몽」은 중국의 유명한 장편 소설이다

CAB

🔒 시크릿 非사람 주어 찾기! / 지시대사에 주목!

해설 **1단계** C – 「홍루몽」이라는 책 이름이 非사람 주어다. 일반 서술문이므로 첫 번째 문장이 될 가능성이 크다.

2단계 A – 대사 它(그것)가 들어 있는 문장은 두 번째 이하 부분에 나와야 한다. 通过…故事는 '전치사 + 명사'의 구조이므로 술어가 필요하다.

3단계 B – A의 술어인 反映了(반영했다)가 나와 있어 세 번째 문장이 된다.

따라서 어순 배열은 CAB가 된다.

단어 通过 tōngguò 젠 ~를 통해 | 年轻人 niánqīngrén 명 젊은이 | 爱情 àiqíng 명 사랑 | 故事 gùshi 명 이야기 | 反映 fǎnyìng 통 반영하다 | 当时 dāngshí 명 당시 | 社会 shèhuì 명 사회 | 情况 qíngkuàng 명 상황 | 著名 zhùmíng 형 저명하다, 유명하다 | 长篇 chángpiān 명 장편 | 小说 xiǎoshuō 명 소설

14

p. 199

A 游泳和爬山都是很好的运动
B 都会收到很好的效果
C 选择其中任何一个并且坚持下去

A 수영과 등산은 모두 좋은 운동이다
B 모두 좋은 효과를 얻을 수 있다
C 그중 하나를 선택하여 꾸준히 지속하면

ACB

🔒 시크릿 非사람 주어 찾기! / 지시대사에 주목!

해설 **1단계** A – 명사 游泳和爬山(수영과 등산)이 非사람 주어로 첫 번째 문장이 된다.

2단계 C – 앞에 나온 수영과 등산 중 선택을 하는 것이므로 두 번째 문장이 된다.

3단계 B – 收到很好的效果(좋은 효과를 얻을 수 있다)라는 문장이 결론이 된다.

따라서 어순 배열은 ACB가 된다.

단어 游泳 yóuyǒng 명 수영 | 爬山 páshān 명 등산 | 运动 yùndòng 명 운동 | 收到 shōudào 통 얻다 | 效果 xiàoguǒ 명 효과 | 选择 xuǎnzé 통 선택하다 | 其中 qízhōng 대 그중 | 任何 rènhé 대 어떠한 | 并且 bìngqiě 접 게다가 | 坚持 jiānchí 통 견지하다

15

p. 200

A 你现在改变主意
B 她肯定会非常失望的
C 上个星期六你就说女儿生日时要带她去游乐园

A 당신이 지금에 와서 생각을 바꾼다면
B 그녀는 분명 많이 실망할 거예요
C 지난주 토요일에 당신은 딸 생일날 놀이동산에 데려 간다고 말해 놓고

CAB

🔒 시크릿 사람 주어 찾기! / 이야기의 시간 순서에 주목!

해설 **1단계** C – 시간사 上个星期(지난주)와 주어 你(당신)가 함께 있으므로 첫 번째 문장이 된다.

2단계 A – 시간사의 흐름을 잡아야 한다. '上个星期(과거) → 现在(현재) → 会…的(미래의 추측)'의 순서대로 A가 두 번째 문장이 된다.

3단계 B – 아직 발생하지 않은 미래를 추측하는 조동사 会…的(~할 것이다)가 있으므로, 맨 마지막 문장이 된다.

따라서 어순 배열은 CAB가 된다.

단어 　現在 xiànzài 몡 지금 | 改变 gǎibiàn 통 변하다, 바꾸다 | 主意 zhǔyi 몡 생각 | 肯定 kěndìng 믠 확실히 | 非常 fēicháng 믠 대단히, 많이 | 失望 shīwàng 통 실망하다 | 生日 shēngrì 몡 생일 | 游乐园 yóulèyuán 몡 유원지, 놀이동산

16
p. 200

A 秋冬季节，皮肤容易干燥
B 这是很多人都烦恼的事
C 为了远离这一烦恼，我们应该注意多喝水

A 가을, 겨울철에 피부는 쉽게 건조해진다
B 이것은 많은 사람들이 고민하는 일이다
C 이 고민으로부터 멀어지기 위해서 우리는 물을 많이 마셔야 한다

ABC

🔒시크릿! 非사람 주어 찾기! / 지시대사에 주목!

해설　**1단계** A – 시간사 秋冬季节(가을, 겨울철)와 非사람 주어 皮肤(피부)가 있으므로 첫 번째 문장이 된다.

2단계 B – 지시대사 这(이것)는 A의 '피부가 건조해지는 것'을 의미하므로, 두 번째 문장이 된다.

3단계 C– 고민을 해결하기 위해서 해야할 일은 물을 많이 마시는 거라고 결론짓고 있다.

따라서 어순 배열은 ABC가 된다.

단어　秋 qiū 몡 가을 | 冬 dōng 몡 겨울 | 季节 jìjié 몡 계절 | 皮肤 pífū 몡 피부 | 容易 róngyì 혱 쉽다 | 干燥 gānzào 혱 건조하다 | 烦恼 fánnǎo 혱 고민스럽다, 걱정스럽다 | 远离 yuǎnlí 통 멀어지다 | 应该 yīnggāi 조통 마땅히 ~해야 한다 | 注意 zhùyì 통 주의하다 | 喝 hē 통 마시다 | 水 shuǐ 몡 물

17
p. 200

A 只有尝过了生活中的酸、甜、苦、辣之后
B 最后变得成熟起来
C 我们才能更清楚地认识自己

A 삶의 신맛 · 단맛 · 쓴맛 · 매운맛을 맛본 후에야
B 마지막에는 성숙하게 변한다
C 우리는 비로소 자신을 더 정확하게 알 수 있고

ACB

🔒시크릿! 사람 주어 찾기! / 시간사의 위치에 주목!

해설　**1단계** A – 사람 주어 我们(우리)이 있는 C가 첫 번째 문장이 될 것이라 생각할 수 있지만, 시간을 나타내는 표현 …之后(~후에)가 단독으로 구문을 이룬 A가 첫 번째 문장이 된다.

2단계 C – '시간사 → 주어'의 순서에 의거하여, 사람 주어 我们(우리)이 있는 C가 두 번째 문장이 된다.

3단계 B – 最后(마지막에, 최후에)라는 표현도 일반적으로 맨 마지막 문장에 잘 나오니 꼭 암기해 두자.

따라서 어순 배열은 ACB가 된다.

단어　只有 zhǐyǒu 쩹 ~해야만 | 尝 cháng 통 맛보다 | 生活 shēnghuó 몡 생활 | 酸 suān 혱 시다 | 甜 tián 혱 달다 | 苦 kǔ 혱 쓰다 | 辣 là 혱 맵다 | 之后 zhīhòu 몡 ~후에 | 最后 zuìhòu 몡 최후, 맨 마지막 | 变 biàn 통 변하다 | 成熟 chéngshú 혱 성숙하다 | 更 gèng 믠 더욱 | 清楚 qīngchu 혱 뚜렷하다 | 认识 rènshi 통 인식하다

18
p. 200

A 每天都吸引了大量游客
B 动物园的这几只熊猫
C 在寒暑假的时候，来参观的游客尤其多

A 매일 많은 여행객을 끌어모으는데
B 동물원의 이 몇 마리 판다는
C 겨울 방학과 여름 방학 때 오는 여행객이 특히 많다

BAC

해설　1단계 B – 动物园的这几只熊猫(동물원의 이 몇 마리 판다)라는 주어구가 있으므로 첫 번째 문장이 될 수 있다.

2단계 A – 판다가 여행객을 끌어들인다는 첫 번째 문장의 술어가 되므로 두 번째 문장이 된다.

3단계 C – 여행객은 늘 많지만, 특히 여름 방학과 겨울 방학이라고 말하고 있다.

따라서 어순 배열은 BAC가 된다.

단어　吸引 xīyǐn 동 매료시키다, 사로잡다 | 大量 dàliàng 형 대량의 | 游客 yóukè 명 여행객 | 动物园 dòngwùyuán 명 동물원 | 几 jǐ 수 몇 | 只 zhī 양 마리 | 熊猫 xióngmāo 명 판다 | 寒暑假 hánshǔjià 명 여름 방학과 겨울 방학 | 参观 cānguān 동 참관하다 | 尤其 yóuqí 부 특히, 더욱이

19
p. 200

A 但他们有着相同的兴趣爱好
B 尽管这个团队的成员年纪都相差很多
C 最后发展出了超越年龄的深厚友谊

A 그러나 그들은 서로 같은 흥미와 취미를 가지고 있다
B 비록 이 팀의 구성원들의 나이 차이가 많이 날지라도
C 나중에는 나이를 뛰어넘는 깊은 우정으로 발전되었다
BAC

해설　1단계 B – 문장의 맨 앞부분만 보고서는 사람 주어나 非사람 주어를 찾을 수 없다. 그렇다면 접속사의 호응 관계에서 첫 번째에 나오는 접속사는 첫 번째 문장이 될 수도 있다. 예를 들어, 尽管(=虽然)…但是, 因为…所以, 如果…就, 即使…也의 접속사에서 尽管(=虽然), 因为, 如果, 即使가 나오는 문장은 첫 번째 문장이 될 수도 있다.

2단계 A – 접속사의 호응 구조인 尽管…但是(=虽然…但是 비록 ~일지라도, 그러나)를 찾아내면 쉽게 두 번째 문장을 찾아낼 수 있다. 또한 첫 번째 문장에서 등장했던 这个团队的成员(이 팀의 구성원)을 인칭대사 他们(그들)으로 표현했으므로, 두 번째 문장임을 확신할 수 있다.

3단계 C – 最后(최후에는, 결국에는)와 같은 표현은 일반적으로 맨 마지막 문장에 나온다.

따라서 어순 배열은 BAC가 된다.

단어　相同 xiāngtóng 형 서로 같다, 똑같다 | 兴趣 xìngqù 명 흥미, 재미 | 爱好 àihào 명 취미 | 尽管 jǐnguǎn 접 비록 ~일지라도 | 团队 tuánduì 명 단체 | 成员 chéngyuán 명 구성원 | 年纪 niánjì 명 연령, 나이 | 相差 xiāngchà 동 서로 차이가 나다 | 最后 zuìhòu 명 최후, 맨 마지막 | 发展 fāzhǎn 동 발전하다 | 深厚 shēnhòu 형 (감정이) 깊고 두텁다 | 友谊 yǒuyì 명 우정

20
p. 200

A 最能说的人不一定是最有能力的人
B 这是因为我们有两只耳朵、一张嘴
C 本来就是让我们多听少说的

A 가장 말을 잘하는 사람이 가장 능력 있는 사람이라고는 할 수 없다
B 이것은 우리가 두 개의 귀와 하나의 입을 가진 이유가
C 원래 많이 듣고 적게 말하라는 것이기 때문이다
ABC

해설　1단계 A　사람 주어 最能说的人(가장 말을 질하는 사람)이 있으므로 첫 번째 문장이 된다.

2단계 B – 지시대사 这(이것)가 있으므로 두 번째 문장이 된다.

3단계 C – 두 개의 귀와 하나의 입이 있는 이유가 많이 듣고 적게 말하라는 의미임을 밝히고 있다.

따라서 어순 배열은 ABC가 된다.

단어　最 zuì 부 가장 | 能 néng 조동 ~할 수 있다 | 不一定 bù yídìng 부 반드시 ~는 아니다 | 能力 nénglì 명 능력 | 因为 yīnwèi 접 왜냐하면 | 本来 běnlái 부 본래, 원래 | 让 ràng 동 ~하게 하다 | 多 duō 형 많다 | 听 tīng 동 듣다 | 少 shǎo 형 적다

21

p. 201

很多时候，我们要做一些自己不愿意做甚至很讨厌的事情，这个时候，就需要我们要有耐心，有责任心，并且要有一个愉快的心情。

아주 많은 경우에, 우리는 우리가 원하지 않는 일이나 심지어 싫어하는 일까지 해야 하는 경우가 있다. 이때 우리는 인내심과 책임감 그리고 유쾌한 마음가짐을 가질 필요가 있다.

★ 遇到不喜欢做的事情应该：

A 有耐心
B 有勇气
C 放弃不做
D 给别人做

★ 하기 싫은 일을 만났을 때 우리는：

A 인내심을 가져야 한다
B 용기가 있어야 한다
C 포기하고 하지 말아야 한다
D 다른 사람을 시켜야 한다

🔒 **시크릿** 핵심어 스캔 뜨기! / 전체 내용 파악하기!

해설 문제에 제시된 不喜欢做的事情(하기 싫은 일)은 지문의 不愿意做(원하지 않는 일), 讨厌的事情(싫어하는 일)과 의미가 상통한다. 또한 원하지 않는 일을 할 때는 인내심과 책임감 그리고 유쾌한 마음을 가져야 한다고 했으므로 정답은 A다. 耐心(인내심)의 뜻을 잘 몰랐더라도, '스캔 뜨기' 비법을 사용하여 답을 골라낼 수 있다.

단어 一些 yìxiē 명 약간 | 愿意 yuànyì 통 바라다, 원하다 | 甚至 shènzhì 부 심지어 | 讨厌 tǎoyàn 통 싫어하다 | 需要 xūyào 통 필요하다 | 耐心 nàixīn 명 인내심 | 责任心 zérènxīn 명 책임감 | 并且 bìngqiě 접 게다가 | 愉快 yúkuài 형 유쾌하다, 기쁘다 | 遇到 yùdào 통 만나다 | 勇气 yǒngqì 명 용기 | 放弃 fàngqì 통 포기하다

22

p. 201

我买了新房子搬进去之后，想把原来的老房子租出去，可奇怪的是一直都没有人给我打电话。后来看了一眼我写的广告才发现，我的电话号码中少了一个数字。

나는 새집을 사서 이사 온 후에 원래 살던 집을 세 놓으려했으나, 이상하게도 나한테 전화를 하는 사람이 줄곧 한 명도 없었다. 나중에 내가 쓴 광고를 한 번 보고서야 내 전화번호에 숫자 하나가 빠져 있는 것을 발견했다.

★ 为什么没有人给他打电话？

A 家具太破
B 房子太小
C 地方不好
D 号码写错了

★ 왜 그에게 전화하는 사람이 없었는가？

A 가구가 너무 낡아서
B 집이 너무 작아서
C 위치가 좋지 않아서
D 번호를 잘못 적어서

🔒 **시크릿** 핵심어 스캔 뜨기! / 전체 내용 파악하기!

해설 집을 세 놓았지만 나에게 전화하는 사람이 없어(没有人给我打电话) 이상하게 여겼는데, 알고 보니 자신이 낸 광고에 전화번호 숫자 하나가 빠져 있었다. 즉 전화번호를 잘못 쓴 것이다. '스캔 뜨기' 비법을 사용하여 지문의 내용과 의미가 상통하는 정답을 보기에서 골라낼 수 있다.

단어 新 xīn 형 새롭다 | 房子 fángzi 명 집 | 搬 bān 통 이사하다 | 之后 zhīhòu ~뒤, ~후 | 原来 yuánlái 부 알고 보니, 원래 | 租 zū 통 세내다 | 可是 kěshì 접 그러나 | 奇怪 qíguài 형 이상하다 | 电话 diànhuà 명 전화 | 后来 hòulái 부 나중, 훗날 | 广告 guǎnggào 명 광고 | 发现 fāxiàn 통 발견하다 | 号码 hàomǎ 명 번호 | 家具 jiājù 명 가구 | 破 pò 통 해지다, 낡다 | 地方 dìfang 명 장소, 곳

23

p. 201

这个杂志的内容还算精彩，照片也很漂亮，但它的缺点是价格定得太高。通过对人们的调查发现，人们往往是因为感觉太贵而放弃买这本杂志。

이 잡지는 내용도 재미있는 편이고 사진도 예쁘지만 가격을 너무 비싸게 정했다는 단점이 있다. 사람들을 대상으로 한 조사를 통해서, 사람들은 이 잡지가 너무 비싸다고 생각해서, 구입을 포기하는 경우가 많다는 것을 발견할 수 있었다.

★ 这本杂志怎么样?

A 有缺点　　　　B 内容不好
C 很受欢迎　　　D 是关于健康的

★ 이 잡지는 어떠한가?

A 단점이 있다　　B 내용이 안 좋다
C 사랑받는다　　D 건강에 관한 것이다

🔒 시크릿 핵심어 스캔 뜨기! / 역접의 접속사에 주목!

해설　앞 부분에서 이 잡지(这个杂志)는 내용도 좋은 편이고, 사진도 예쁘다고 장점을 말하지만 역접의 접속사 但(그러나) 이하 부분에 이 잡지는 가격이 너무 높게 책정되어 있다는 단점(它的缺点是价格定得太高)이 언급되어 있다.
　　　💡Tip 但(그러나) 같은 역접의 접속사가 나오면 그 이하의 내용이 핵심이므로, 접속사 뒷부분에서 답을 찾으면 된다.

단어　杂志 zázhì 몡 잡지 | 内容 nèiróng 몡 내용 | 精彩 jīngcǎi 혱 멋지다 | 照片 zhàopiàn 몡 사진 | 漂亮 piàoliang 혱 예쁘다 | 但 dàn 졥 그러나 | 缺点 quēdiǎn 몡 단점 | 价格 jiàgé 몡 가격 | 定 dìng 동 정하다 | 通过 tōngguò 젠 ~을(를) 통해 | 调查 diàochá 동 조사하다 | 发现 fāxiàn 동 발견하다 | 因为 yīnwèi 졥 ~해서, ~때문에 | 感觉 gǎnjué 동 느끼다 | 放弃 fàngqì 동 포기하다 | 受 shòu 동 받다 | 欢迎 huānyíng 동 환영하다 | 关于 guānyú 젠 ~에 관해서 | 健康 jiànkāng 몡 건강

24

p. 202

西红柿的味道很好。我们通过"西"可以知道，它最早不是中国的，是从西方传过来的。西红柿又叫"洋柿子"，看"洋"我们也可以知道，它来自西方。

토마토는 맛이 아주 좋다. 우리는 '서(西)'라는 단어를 통해, 토마토의 원산지가 중국이 아니라 서양이라는 것을 알 수 있다. 토마토는 또한 서양 감(洋柿子)이라고도 하는데 여기에서 '양(洋)'이라는 단어를 보면, 역시 토마토가 서양에서 온 것임을 알 수 있다.

★ 根据这段话，我们可以知道西红柿:

A 很难吃　　　　B 没有叶子
C 没有营养　　　D 从西方来的

★ 이 글에 의하면 토마토는:

A 맛이 없다　　　B 잎이 없다
C 영양이 없다　　D 서양에서 왔다

🔒 시크릿 핵심어 스캔 뜨기! / 핵심 문장에 주목!

해설　西红柿를 글자 그대로 풀이하면 서양(西)에서 들여온 붉은(红) 감(柿)이라는 뜻이다. 서양에서 온 것이라는 의미를 나타내는 말이 지문에 2번(从西方传过来的, 来自西方)이나 언급되어 있다.
　　　💡Tip 우리나라에서는 토마토를 과일처럼 먹는 경우가 많지만, 중국에서는 요리에 많이 사용한다. 그중 西红柿炒鸡蛋(토마토 계란 볶음)은 만들기도 쉽고 맛도 좋아 가정에서 즐겨 먹는 음식이다.

단어　西红柿 xīhóngshì 몡 토마토 | 味道 wèidao 몡 맛 | 通过 tōngguò 젠 ~을(를) 통해 | 从 cóng 젠 ~부터 | 西方 xīfāng 몡 서쪽 | 洋 yáng 몡 서양 | 柿子 shìzi 몡 감 | 叶子 yèzi 몡 잎 | 营养 yíngyǎng 몡 영양

25

p. 202

年轻人穿衣打扮很喜欢追求流行的东西，但是流行总是在变，你不可能一直跟着流行走。只要选择适合自己的，看起来很舒服，就可以了。

젊은 사람들은 유행에 따라 옷을 입고 꾸미는 것을 좋아한다. 하지만 유행은 늘 변하기 때문에, 계속 유행만을 쫓아갈 수는 없다. 그저 자신에게 맞고, 편안하게 보이는 옷을 선택하면 된다.

★ 穿衣应该选择:

A 漂亮的 　　B 流行的
C 朴素的 　　D 适合自己的

★ 옷을 입을 때 선택해야 하는 것은:

A 예쁜 것 　　B 유행하는 것
C 소박한 것 　　D 자신에게 맞는 것

🔒 시크릿 핵심어 스캔 뜨기! / 접속사에 주목!

해설　옷을 입을 때 마땅히 어떤 선택을 해야 하는지를 찾아내야 한다. 중심 생각은 마지막 부분에 나올 가능성이 높다. 옷은 자신에게 어울리고 편해 보이면 된다고 했으므로 정답은 D가 된다.

단어　年轻人 niánqīngrén 몡 젊은이 | 穿 chuān 됭 입다 | 衣 yī 몡 옷 | 打扮 dǎban 됭 꾸미다, 치장하다 | 追求 zhuīqiú 됭 추구하다 | 流行 liúxíng 혱 유행하다 | 总是 zǒngshì 믱 늘 | 一直 yìzhí 믱 계속 | 只要 zhǐyào 젭 ~하기만 하면 | 选择 xuǎnzé 됭 선택하다, 고르다 | 适合 shìhé 됭 적합하다 | 看起来 kànqǐlái 보아하니 ~하다 | 舒服 shūfu 혱 편안하다 | 朴素 pǔsù 혱 소박하다, 화려하지 않다

26

p. 202

孩子受多方面的影响，其中最重要的影响来自父母。父母的生活方式和教育方式有着直接，长久的影响。想要孩子优秀，大家先要成为合格的家长。

아이는 여러 방면의 영향을 받는다. 그중 가장 중요한 영향은 부모에게서 받는다. 부모의 생활 방식과 교육 방식은 직접적이고 오랜 영향을 준다. 아이가 우수하길 원한다면 여러분 스스로 먼저 합격할 수 있는 부모가 되어야만 한다.

★ 关于孩子，下列哪个正确?

A 不易受影响
B 最容易受老师的影响
C 父母对孩子的影响不重要
D 受多方面影响

★ 아이에 관해, 다음 어느 것이 옳은가?

A 쉽게 영향을 받지 않는다
B 선생님의 영향을 가장 쉽게 받는다
C 부모가 아이에게 주는 영향은 중요하지 않다
D 다방면의 영향을 받는다

🔒 시크릿 전체 내용 파악하기! / 부정부사에 주목!

해설　이 문장은 학부모들을 일깨워 주기 위해서 쓰여진 문장이다. 아이들은 한가지 방면이 아니라, 여러 방면에서 영향을 받는데, 그 중에서 부모에게서 받는 영향이 가장 크다고 말하고 있다. 따라서 우수한 아이로 키우고 싶다면, 먼저 스스로가 우수한 부모가 되라는 메시지를 주고 있다. 따라서 정답은 D가 된다.

단어　受 shòu 됭 받다, 받아들이다 | 方面 fāngmiàn 몡 방면, 방향 | 影响 yǐngxiǎng 몡 영향 | 其中 qízhōng 때 그중 | 重要 zhòngyào 혱 중요하다 | 来自 láizì 됭 (~에서) 나오다 | 生活 shēnghuó 몡 생활 | 方式 fāngshì 몡 방식, 방법 | 教育 jiàoyù 몡 교육 | 直接 zhíjiē 혱 직접적인 | 优秀 yōuxiù 혱 우수하다, 뛰어나다 | 成为 chéngwéi 됭 ~으로 되다 | 合格 hégé 됭 합격하다 | 不易 búyì 혱 쉽지 않다 | 容易 róngyì 혱 쉽다

年龄的增长并不代表越来越成熟。很多人20多岁
了还是不能照顾自己，而有些人十几岁就步入社
会，赚钱养家。穷人的孩子早当家，他们也许没
有很多钱，却可能比富人家的孩子经历得更多。

나이가 많아진다고 해서, 점점 더 성숙해 지는 것은 결코
아니다. 많은 사람들이 20살이 넘어서도 자기 자신조차
보살피지 못하는가 하면, 열몇 살 밖에 안 되어 사회에 진
출해 돈을 벌고 가장의 노릇을 하는 이들도 있다. 가난한
집안의 아이들은 일찍부터 집안일을 맡아서 하기 때문에,
돈은 아마 많지는 않겠지만, 부유한 집안의 아이들보다는
오히려 경험이 훨씬 많다.

★ 穷人家的孩子：

A 很可怜	B 经验丰富
C 都很聪明	D 都很辛苦

★ 가난한 집안의 아이들은：

A 매우 불쌍하다	**B 경험이 많다**
C 매우 똑똑하다	D 다들 고생한다

🔒 **시크릿** 핵심어 스캔 뜨기! / 중요 단어에 주목!

해설　가난한 아이들은 일찍부터 사회로 나가 돈을 벌고 가족을 부양하기 때문에, 비록 많은 돈은 없을지라도 부잣집의 아이들
보다 경험이 많다고 말하고 있다. 却(하지만, 오히려) 같은 부사가 나오면 그 이하의 내용이 핵심이므로, 却 뒤의 부분에
서 답을 찾으면 된다. 지문에 经历得更多(경험이 더 많다)라고 나온 말이 보기에서는 经验丰富(경험이 많다)라고 제시되
었다.

단어　**年龄** niánlíng 몡 연령 | **增长** zēngzhǎng 동 증가하다 | **并** bìng 閉 결코 | **代表** dàibiǎo 동 대표하다 | **越来越** yuèláiyuè
閉 점점 더 | **成熟** chéngshú 혱 성숙하다 | **照顾** zhàogù 동 보살피다 | **步入** bùrù 동 걸어 들어가다, 진입하다 | **社会** shèhuì
몡 사회 | **赚钱** zhuànqián 동 돈을 벌다 | **养家** yǎngjiā 동 (가족을) 부양하다 | **穷人** qióngrén 몡 가난한 사람 | **当家** dāngjiā
동 집안일을 맡아 처리하다 | **也许** yěxǔ 閉 어쩌면, 아마 | **却** què 閉 오히려, 반대로 | **经历** jīnglì 몡 경력 | **可怜** kělián 혱 가련
하다 | **丰富** fēngfù 혱 풍부하다 | **聪明** cōngming 혱 똑똑하다 | **辛苦** xīnkǔ 혱 고생스럽다

读书的时候有两种不好的做法：一个是读什么信
什么，一个是信什么读什么。第一种做法会让我
们缺少多想多问的能力，另一种做法会让我们的
阅读范围变得很窄。

책을 읽을 때 두 가지 좋지 않은 버릇이 있다. 하나는 책
을 읽고 뭐든지 믿는 것과, 하나는 믿는 것만 읽는 것이다.
첫 번째 방법은 많이 생각하고 질문하는 능력을 감소시키
고, 두 번째 방법은 우리들의 독서 범위를 좁게할 수 있다.

★ 读书应该：

A 信任读者
B 快速阅读
C 去图书馆
D 扩大阅读范围

★ 책을 읽을 때는 마땅히：

A 독자를 믿어야 한다
B 빨리 읽어야 한다
C 도서관에 가야 한다
D 독서 범위를 넓혀야 한다

🔒 **시크릿** 전체 내용 파악하기! / 중요 단어에 주목!

해설　제시된 2가시 독서 방법은 모두 잘못된 것이다. 첫 번째 방법은 사고하고 묻는 능력이 부족해질 수 있고, 두 번째 방법은
책 읽는 범위가 좁아질 수 있다고 했으므로 이러한 좋지 않은 결과가 나오지 않도록 하려면 책 읽는 범위를 넓혀야 한다.

　　　💡**Tip** 의문대사를 2번 사용하여, 임의의 어떤 것을 지칭할 수 있다.

　　　　读什么信什么：[직역] 무엇을 읽으면, 무엇을 믿는다 → 읽는 것마다 모두 믿는다

　　　　信什么读什么：[직역] 무엇을 믿으면, 무엇을 읽는다 → 믿는 것만 읽는다

단어　**读书** dúshū 동 독서하다 | **做法** zuòfǎ 몡 방법 | **信** xìn 동 믿다 | **缺少** quēshǎo 동 부족하다 | **能力** nénglì 몡 능력 | **另**
lìng 혱 다른 것 | **阅读** yuèdú 동 읽다 | **范围** fànwéi 몡 범위 | **窄** zhǎi 혱 (폭이) 좁다 | **信任** xìnrèn 동 신뢰하다 | **读者**
dúzhě 몡 독자 | **快速** kuàisù 혱 빠르다 | **图书馆** túshūguǎn 몡 도서관 | **扩大** kuòdà 동 확대하다, 넓히다

29

p. 203

自然界的动物和植物，为了保护自己，会随着环境的变化改变自己的样子或颜色，来适应周围环境。

자연계의 동식물은 자신을 보호하기 위하여, 환경의 변화에 따라 자신의 모양과 색깔을 바꿔 주변의 환경과 조화를 이룬다.

★ 动植物改变自己的颜色是为了：

A 变漂亮
B 更健康
C 引起注意
D 不被发现

★ 동식물이 자신의 색깔을 바꾸는 것은：

A 예뻐지기 위해서다
B 더욱 건강해지기 위해서다
C 시선을 끌기 위해서다
D 발견되지 않기 위해서다

🔒 시크릿 핵심어 스캔 뜨기!

해설 문제에서 为了(위하여)가 나왔으므로, 지문에서도 为了가 있는 부분을 찾으면 된다. 동식물들은 천적의 먹잇감이 되지 않기 위해 몸의 색깔이나 모양을 변화시킨다. 즉 保护自己(자신을 보호하다)는 천적에게 발견되지 않기 위함임을 유추할 수 있어야 한다. 지문에서 为了保护自己라고 나온 말이 보기에서는 不被发现(발견되지 않는다)이라고 제시되었다.

단어 自然界 zìránjiè 圀 자연계 | 动物 dòngwù 圀 동물 | 植物 zhíwù 圀 식물 | 为了 wèile 젠 ~을 위하여 | 保护 bǎohù 동 보호하다 | 随着 suízhe 젠 ~을 따라서 | 环境 huánjìng 圀 환경 | 变化 biànhuà 圀 변화 | 改变 gǎibiàn 동 변하다, 바꾸다 | 样子 yàngzi 圀 모양 | 颜色 yánsè 圀 색깔 | 适应 shìyìng 동 적응하다 | 周围 zhōuwéi 圀 주위 | 健康 jiànkāng 톙 건강하다 | 引起 yǐnqǐ 동 (주의를) 끌다 | 注意 zhùyì 동 주의하다 | 被 bèi 젠 ~에 의해 | 发现 fāxiàn 동 발견하다

30

p. 203

这个演员长得很帅，唱歌、跳舞也很好，但是演戏演得真不怎么样。我看过他演的几部片子，真的很一般。

이 배우는 잘생기고 노래도 잘하고 춤도 잘 추는데, 연기력은 정말 별로다. 그가 연기한 영화를 몇 편 봤는데 정말 평범했다.

★ 关于这个演员，我们可以知道什么？

A 唱歌不行
B 长得太丑
C 不太有名
D 演得不好

★ 이 배우에 관해, 알 수 있는 것은？

A 노래를 못한다
B 너무 못생겼다
C 별로 유명하지 않다
D 연기를 못한다

🔒 시크릿 핵심어 스캔 뜨기! / 접속사에 주목!

해설 앞부분에 나온 이 연기자의 3가지 장점 长得很帅, 唱歌、跳舞也很好에 의하면 A와 B는 답이 될 수 없다. 독해에서는 但是, 可是(그러나)와 같은 역접의 접속사가 아주 중요한데, 핵심 내용이 이 접속사 이하 부분에 나오기 때문이다. 이 연기자는 연기자로서 가장 중요한 연기를 잘하지 못한다고 했고, 不怎么样(별로다), 一般(평범하다)은 不太好, 不好(좋지 않다)와 의미가 일맥상통한다.

단어 演员 yǎnyuán 圀 배우 | 长 zhǎng 동 생기다 | 帅 shuài 톙 잘생기다 | 唱歌 chànggē 동 노래 부르다 | 跳舞 tiàowǔ 동 춤을 추다 | 但是 dànshì 젭 그러나 | 演戏 yǎnxì 동 연기하다 | 不怎么样 bù zěnmeyàng 톙 별로다 | 部 bù 양 부(서적·영화·등을 셀 때 쓰임) | 片子 piānzi 圀 영화 | 一般 yìbān 톙 보통이다, 평범하다 | 丑 chǒu 톙 못생기다 | 有名 yǒumíng 톙 유명하다

31

p. 203

哥哥和他的女朋友一开始就遭到父母的反对。可是经过五年的努力和坚持，父母终于同意了。他们下个月就要结婚了，我真为他们高兴。

오빠와 오빠의 여자 친구는 처음에 부모님의 반대가 있었다. 그러나 5년 동안 포기하지 않는 노력을 통해 부모님은 결국 허락하셨다. 그들은 다음달에 곧 결혼한다. 나도 그들 덕분에 정말 기쁘다.

★ 哥哥和他的女朋友:

A 下个月结婚
B 五年后结婚
C 五年前结婚了
D 父母一直反对

★ 오빠와 오빠의 여자 친구는:

A 다음달에 결혼한다 ·
B 5년 후에 결혼한다
C 5년 전에 결혼했다
D 부모님이 계속 반대하신다

🔒 **시크릿** 전체 내용 파악하기! / 대조 작업하기!

해설 몇 가지 내용에 초점을 맞추어 파악해 보자. 첫째, 오빠와 여자 친구는 처음에는 부모님의 반대가 있었다. 둘째, 그들은 5년간의 포기하지 않는 사랑을 했고, 결국 부모님의 허락을 얻었다. 셋째, 그들은 다음달에 결혼한다. '시간 + 就要…了'은 그 시간에 곧 임박했음을 의미한다. 따라서 정답은 A다.

단어 反对 fǎnduì 图 반대하다 | 经过 jīngguò 图 경과하다, 지나다 | 努力 nǔlì 图 노력하다 | 坚持 jiānchí 图 견지하다, 고수하다 | 终于 zhōngyú 图 마침내, 끝내 | 同意 tóngyì 图 동의하다 | 下个月 xià ge yuè 다음달 | 结婚 jiéhūn 图 결혼하다 | 为 wèi 图 ~때문에

32

p. 203

遇到困难并一时无法解决时，人的脾气往往会变得很坏。但是这个时候，不要发脾气，首先要冷静，想想问题究竟出在哪里。然后，尽量让自己轻松一下，出去呼吸一下新鲜空气，散散步。

어려운 문제에 부딪쳐 일시적으로 해결할 수 없을 때, 사람들의 성격은 종종 나빠지곤 한다. 하지만 이럴 때 화를 내지 말고 먼저 냉정하게 어디가 잘못되었는지 생각해 봐야 한다. 그런 다음 최대한 마음을 편안히 하고, 밖으로 나가서 신선한 공기를 마시고 산책을 한다.

★ 遇到困难首先要做什么?

A 放松下来
B 以后再说
C 找警察帮忙
D 找到问题的原因

★ 어려움이 닥쳤을 때 우선 무엇을 해야 하는가?

A 마음을 편히 가진다
B 나중에 말한다
C 경찰을 찾아 도움을 청한다
D 문제의 원인을 찾는다

🔒 **시크릿** 핵심어 스캔 뜨기! / 접속사에 주목!

해설 문제에 있는 부사 首先(먼저)이 있는 부분을 찾아가면 힌트를 찾을 수 있다. 어려움에 부딪쳤을 때는 침착하게 문제점이 어디에 있는지 찾아야 한다고 말했다. 轻松一下(마음을 편하게 갖는다)는 문제의 원인을 찾은 다음에 해야 할 행동이므로 A는 정답이 아니다. 접속사 首先…然后…(먼저 ~하고, 나중에 ~하다)에 유의한다.

단어 遇到 yùdào 图 만나다 | 困难 kùnnan 형 어려움, 곤란 | 而且 érqiě 접 게다가, ~뿐만 아니라 | 一时 yìshí 图 잠시, 일시적으로 | 无法 wúfǎ 图 방법이 없다 | 解决 jiějué 图 해결하다 | 脾气 píqì 명 성격 | 坏 huài 형 나쁘다, 좋지 않다 | 首先 shǒuxiān 图 먼저 | 冷静 lěngjìng 图 냉정하다 | 问题 wèntí 명 문제 | 究竟 jiūjìng 图 도대체 | 尽量 jǐnliàng 图 가능한 한 | 轻松 qīngsōng 형 홀가분하다, 편안하다 | 呼吸 hūxī 图 호흡하다 | 新鲜 xīnxiān 图 신선하다 | 散步 sànbù 图 산책하다 | 以后 yǐhòu 명 이후 | 再说 zàishuō 图 나중에 다시 이야기하다 | 警察 jǐngchá 명 경찰 | 帮忙 bāngmáng 图 돕다, 도와주다

p. 204

33

随着使用微信的人越来越多，人们更愿意发语音而不是发短信。因为他们在交流时感到发短信费时费力。发语音不仅操作简单，而且可以节约时间，走路时也能进行。

위챗을 사용하는 사람들이 점점 많아짐에 따라, 사람들은 문자를 보내는 것보다 음성을 보내는 것을 더 원한다. 왜냐하면 그들은 소통할 때 문자를 보내는 것이 시간과 에너지가 소모되는 일이라고 느끼기 때문이다. 음성을 보내는 것은 조작이 간편할 뿐만 아니라, 시간을 절약할 수 있으며, 길을 걸으면서도 할 수 있다.

★ 关于发语音，以下哪一项错误：

A 微信可以发语音信息
B 人们更喜欢发语音信息
C 走路的时候也能发语音信息
D 发语音信息费时费力

★ 음성을 보내는 것에 관해, 다음 중 틀린 것은:

A 위챗은 음성 정보를 보낼 수 있다
B 사람들은 음성 정보 보내는 것을 더 좋아한다
C 길을 걸을 때도 음성 정보를 보낼 수 있다
D 음성 정보를 보내는 것은 시간과 에너지가 소모된다

시크릿 전체 내용 파악하기! / 대조 작업하기!

해설 틀린 내용을 찾는 문제이다. 문제에 있는 发语言(음성을 보내는 것)이 나와 있는 부분을 찾아가면 힌트를 찾을 수 있다. 음성을 보내는 것은 조작이 간편하고 게다가 可以节约时间(시간을 절약할 수 있다)이라고 하였으므로 시간과 에너지가 소모된다고 나와 있는 D가 틀린 내용이다. 따라서 정답은 D이다.

Tip 위챗(Wechat)은 중국에서 가장 보편적으로 사용되고 있는 SNS 소통 수단이다. 위챗은 음성 발송 기능이 있어서, 문자창을 길게 꾹~ 누른 상태에서 메시지를 얘기하고 손을 떼기만 하면 음성 정보가 발송된다. 이 기능 덕분에 최근 많은 중국인들은 운전을 하거나 업무를 하면서도 다른 사람과 수월하게 소통할 수 있게 되었다.

단어 随着 suízhe 젠 ~을 따라서 | 越来越 yuèláiyuè 뮈 점점, 더욱더 | 更 gèng 뮈 더, 더욱 | 愿意 yuànyì 통 바라다, 원하다 | 发 fā 통 보내다, 부치다 | 语音 yǔyīn 명 말소리, 언어의 음성 | 短信 duǎnxìn 명 메시지 | 交流 jiāoliú 통 교류하다 | 费时 fèishí 통 시간을 소비하다 | 费力 fèilì 통 힘을 소비하다 | 不仅 bùjǐn 젭 ~뿐만 아니라 | 操作 cāozuò 통 조작하다 | 简单 jiǎndān 형 간단하다 | 而且 érqiě 젭 게다가 | 节约 jiéyuē 통 절약하다 | 进行 jìnxíng 통 진행하다, (어떠한 활동을) 하다 | 信息 xìnxī 명 정보

p. 204

34

茶在中国有上千年的历史，是人们最常喝的饮料。中国人喝茶不喜欢在茶中加牛奶、糖，就喜欢茶的那种自然的香味。

차는 중국에서 천 년이 넘는 역사를 갖고 있고, 사람들이 가장 자주 마시는 음료다. 중국 사람은 차를 마실 때 차에 우유나 설탕을 넣는 것을 싫어하고, 차의 자연 그대로의 향을 좋아한다.

★ 通过这段话，我们可以知道中国人喝茶：

A 很普遍
B 历史不长
C 喜欢加糖
D 喜欢在家喝

★ 이 글에서 중국인이 차를 마시는 것에 대해 알 수 있는 것은:

A 보편적이다
B 역사가 길지 않다
C 설탕 넣는 것을 좋아한다
D 집에서 마시길 좋아한다

해설   정답이 지문에 직접적으로 표현되지 않은 문제로, 내용을 읽고 유사한 어휘로 전환할 수 있는 능력이 필요하다. 이러한 문제는 먼저 옳지 않은 보기를 하나씩 제거해 나가는 방식으로 풀어야 한다.

	보기	지문	해설
B	历史不长 역사가 길지 않다	有上千年的历史 천 년이 넘는 역사를 가지고 있다	천 년이 넘는 역사는 길다고 할 수 있다.
C	喜欢加糖 설탕 넣는 것을 좋아한다	不喜欢在茶中加牛奶、糖 차에 우유나 설탕 넣는 것을 좋아하지 않는다	중국인들은 차의 자연 그대로의 향을 좋아한다고 했다.

차는 중국 사람들이 가장 자주 마시는 음료라고 말했고, 달리 말하면 普遍(보편적이라고)이라고 할 수 있으므로, 정답은 A다.

단어   茶 chá 몡 차 | 历史 lìshǐ 몡 역사 | 常 cháng 혱 늘, 자주 | 喝 hē 동 마시다 | 饮料 yǐnliào 몡 음료 | 加 jiā 동 첨가하다, 넣다 | 牛奶 niúnǎi 몡 우유 | 糖 táng 몡 설탕 | 自然 zìrán 몡 자연 | 香味 xiāngwèi 몡 향 | 普遍 pǔbiàn 혱 보편적이다

[35-36]

一位③父亲很晚才下班回家，非常累。刚进门，发现7岁的儿子还在门口等着他。"爸爸，我可以问你一个问题吗？""什么问题？"父亲很不耐烦。"爸爸，您一小时可以赚多少钱？"儿子问。"我一小时可以赚20元钱。"父亲说。儿子接着又说："爸爸，可以借我10元钱吗？"尽管父亲不太愿意，但还是给了儿子。"谢谢您，爸爸！"③儿子从自己的兜里拿出了10元钱，加上父亲给的10元钱，把这20元钱一边给父亲，一边说："爸爸，我现在有20元钱了，③我可以买您的一个小时吗？明天晚上请早点回家，③我想和你一起吃晚饭。"

어떤 ③아버지가 늦게 퇴근해서, 지친 몸으로 집에 도착했다. 막 문을 들어서는데 7살 된 아들이 아직 문 앞에서 그를 기다리고 있는 걸 발견하였다. "아빠 뭐 하나 물어봐도 되나요?" "뭔데?" 아빠는 매우 귀찮았다. "아빠는 1시간에 얼마를 벌 수 있어요?" 아들이 물었다. "1시간에 20위안을 벌 수 있어" 아빠가 대답했다. 아들이 이어서 "아버지 저한테 10위안을 빌려주실 수 있나요?"라고 말했다. 아버지는 비록 별로 내키지는 않았지만, 아들에게 10위안을 주었다. "감사해요, 아빠!" ③아들은 자신의 주머니에서 10위안을 꺼내더니 아빠가 준 10위안에 보태서 20위안을 아빠한테 주며 말했다. "아빠 저한테 지금 20위안이 있으니, ③제가 아빠의 1시간을 살 수 있을까요? 내일 저녁 일찍 들어오세요. ③저는 아빠와 저녁을 같이 먹고 싶거든요."

단어   父亲 fùqīn 몡 아버지 | 晚 wǎn 혱 늦다 | 才 cái 부 방금 | 下班 xiàbān 동 퇴근하다 | 回家 huíjiā 동 귀가하다 | 刚 gāng 부 막 | 进门 jìnmén 동 문으로 들어가다 | 发现 fāxiàn 동 발견하다 | 门口 ménkǒu 몡 현관 | 等 děng 동 기다리다 | 问 wèn 동 묻다 | 问题 wèntí 몡 문제 | 不耐烦 bú nàifán 귀찮다, 성가시다 | 赚 zhuàn 동 돈을 벌다 | 多少 duōshao 대 얼마나 | 接着 jiēzhe 부 이어서 | 借 jiè 동 빌리다 | 尽管 jǐnguǎn 접 비록 ~일지라도 | 愿意 yuànyì 동 원하다, 바라다 | 但 dàn 접 그러나 | 还是 háishì 부 여전히 | 兜 dōu 몡 호주머니 | 拿出 náchū 동 꺼내다 | 加 jiā 동 더하다, 보태다 | 晚饭 wǎnfàn 몡 저녁밥

35
p. 204

★ 儿子原来有多少钱？

  A 5元   B 10元
  C 20元   D 100元，

★ 아들은 원래 얼마를 갖고 있었는가？

  A 5위안   B 10위안
  C 20위안   D 100위안

해설   아들은 아빠의 시급이 20위안임을 알고 나서 아빠에게 10위안을 빌렸다. 원래 자신에게 10위안이 있었기 때문이다. 즉 아들은 아빠의 시급을 아빠에게 주어, 1시간을 아빠와 함께 보내고 싶어 하는 것을 알 수 있다.

단어   原来 yuánlái 부 원래

★ 通过这段话，我们可以知道父亲:

A 工作很忙
B 不喜欢儿子
C 经常不回家
D 很喜欢工作

★ 이 글에서 아버지에 대해서 알 수 있는 것은:

A 일이 바쁘다
B 아들을 좋아하지 않는다
C 집에 자주 들어오지 않는다
D 일을 좋아한다

🔑시크릿 전체 내용 파악하기! / 중요 단어에 주목!

해설 아들은 아빠가 항상 바쁘고 피곤해서 자신과 함께 밥 먹을 시간도 없자, 아빠의 시간을 사려고 한 것이다.

단어 通过 tōngguò 젠 ~을 통하여, ~에 의해 | 工作 gōngzuò 몡 업무, 임무 | 忙 máng 톙 바쁘다 | 喜欢 xǐhuan 동 좋아하다 |
경常 jīngcháng 閉 항상, 늘

[37-38]

　　快过年了，放假的那天，㊲老李开着新买的车回家。因为他太着急了，所以开得很快。走到一个十字路口的时候，交通警察让他停车。他一下车，忙向警察道歉: "很抱歉，我开得太快了。" ㊳警察说: "不是，是你飞得太低了。"

　　곧 새해를 맞이하는, 연휴가 시작된 날 ㊲라오리는 새로 산 차를 몰고 고향에 갔다. 그는 너무 급했기 때문에, 차를 빨리 운전했고, 한 사거리에 도착했을 때 교통경찰이 그의 차를 세웠다. 그는 차에서 내려 급히 경찰에게 사과를 하였다. "죄송합니다. 제가 너무 빨리 달렸죠." ㊳경찰이 말했다. "아니요, 당신은 너무 낮게 날았습니다."

단어 快…了 kuài…le 閉 곧 ~하다 | 过年 guònián 동 설을 쇠다 | 放假 fàngjià 동 방학하다 | 那天 nàtiān 떼 그날 | 因为…所以…
yīnwèi…suǒyǐ… 접 왜냐하면 ~때문에, (그래서) ~하다 | 着急 zháojí 동 초조하다, 조급하다 | 开 kāi 동 운전하다 | 十字路口 shízilùkǒu
몡 사거리 | 交通警察 jiāotōng jǐngchá 몡 교통경찰 | 让 ràng 동 ~하게 하다 | 停车 tíngchē 동 정차하다, 차를 세우다 | 道歉 dàoqiàn
동 사과하다 | 抱歉 bàoqiàn 동 미안해하다, 미안하게 생각하다 | 飞 fēi 동 날다 | 低 dī 톙 낮다

★ 从这段话，我们可以知道老李:

A 很感动
B 错过了航班
C 刚买了新车
D 开车去亲戚家

★ 이 글에서 라오리에 관해서 알 수 있는 것은:

A 감동 받았다
B 비행기를 놓쳤다
C 새 차를 샀다
D 차를 몰고 친척 집에 간다

🔑시크릿 전체 내용 파악하기! / 중요 단어에 주목!

해설 설을 고향에서 지내기 위해, 휴가가 시작되는 날 라오리는 新买的车(새로 산 차)를 타고 고향으로 가고 있었다.

단어 感动 gǎndòng 동 감동하다 | 错过 cuòguò 동 (시기·대상을) 놓치다 | 航班 hángbān 몡 (비행기나 배의) 정기편, 운항편 |
刚 gāng 閉 이제 막, 지금 | 亲戚 qīnqi 몡 친척

★ 警察对老李是什么态度?

A 表扬　　　B 批评
C 怀疑　　　D 后悔

★ 경찰은 라오리에 대해 어떤 태도인가?

A 칭찬한다　　　**B 비난한다**
C 의심한다　　　D 후회한다

해설   속도 위반을 한 라오리가 경찰에게 사과하자, 경찰은 不是(아니요)라고 말하고 있다. 왜일까? 경찰이 你飞得太低了(당신은 너무 낮게 날았어요)라고 말한 것은 라오리가 잘못을 하지 않았다는 게 아니라 차를 몰던 속도가 비행기처럼 빨랐다는 것을 비꼬아 표현한 것이다. 따라서 경찰은 라오리를 비난하고 있다는 것을 알 수 있다.

단어   **态度** tàidu 몡 태도 | **表扬** biǎoyáng 툉 칭찬하다 | **批评** pīpíng 툉 비평하다, 지적하다 | **怀疑** huáiyí 툉 의심하다 | **后悔** hòuhuǐ 툉 후회하다

[39–40]

> ❸❾北风和南风因为争论谁的力量大而吵了起来，于是他们举行了一场比赛，谁能把过路的人的大衣吹下来，谁就是胜者。北风先开始，他用力地吹着，大风让那个人感觉更冷了，所以那个人没把衣服脱下来，而是把衣服裹得更紧了。南风一吹，春暖花开。风轻轻地吹着，太阳暖暖地照着，不久那个人觉得太热了，就把衣服脱了下来。结果是南风赢了。

> ❸❾북풍과 남풍이 누구의 힘이 더 강한가에 대해 논쟁을 벌이다가 싸우기 시작하였다. 그리하여 그들은 길을 가는 사람의 옷을 벗길 수 있는 사람이 승자가 되는 시합을 하게 되었다. 북풍이 먼저 시작하였다. 그(북풍)는 있는 힘껏 불었지만, 큰 바람은 그 사람이 더 춥다고 느끼게 했고, 그 사람은 옷을 벗지 않고 더 여미었다. 남풍이 불자 꽃이 피고 날씨가 따뜻해졌다. 바람이 부드럽게 불고 태양도 따뜻하게 비추자 얼마 지나지 않아 그 사람은 너무 더워 옷을 벗었다. 결국 남풍이 이긴 것이다.

단어   **北风** běifēng 몡 북풍 | **南风** nánfēng 몡 남풍 | **争论** zhēnglùn 툉 논쟁하다, 쟁론하다 | **谁** shéi 떼 누구 | **力量** lìliang 몡 힘 | **吵** chǎo 툉 말다툼하다 | **于是** yúshì 젭 그래서 | **举行** jǔxíng 툉 거행하다, 실시하다 | **比赛** bǐsài 몡 시합 | **过路** guòlù 툉 길을 지나가다 | **大衣** dàyī 몡 외투 | **吹** chuī 툉 입으로 힘껏 불다 | **胜者** shèngzhě 몡 승자 | **用力** yònglì 툉 힘을 내다(쓰다) | **感觉** gǎnjué 툉 느끼다 | **更** gèng 뮈 더욱 | **冷** lěng 혱 춥다 | **所以** suǒyǐ 젭 그래서 | **脱** tuō 툉 벗다 | **裹** guǒ 툉 (종이나 천 등으로) 싸매다, 휘감다 | **紧** jǐn 혱 (바짝) 죄다, (팽팽히) 잡아당기다 | **春暖花开** chūnnuǎnhuākāi 쳉 화창하고 꽃 피는 봄날의 경관 | **暖** nuǎn 혱 따뜻하다 | **觉得** juéde ~라고 여기다 | **热** rè 혱 덥다 | **赢** yíng 툉 이기다

39

p. 205

★ 北风和南风为什么吵了起来?

  A 太热了
  B 觉得无聊
  C 春天来了
  D 比谁更厉害

★ 북풍과 남풍은 왜 싸우기 시작했는가?

  A 너무 더워서
  B 심심해서
  C 봄이 와서
  D 누가 더 강한지 겨루려고

해설   문제에 为什么(왜)가 나올 경우, 지문에서 因为(왜냐하면)를 찾으면 정답을 쉽게 찾을 수 있다. 북풍과 남풍은 누구의 힘이 더 강한가에 관해 논쟁을 하고 있었다.

단어   **为什么** wèishénme 떼 왜, 무엇 때문에 | **无聊** wúliáo 혱 무료하다, 지루하다 | **春天** chūntiān 몡 봄 | **比** bǐ 툉 비교하다, 겨루다 | **厉害** lìhai 혱 대단하다

40

p. 205

★ 这段话告诉我们做事应该:

  A 争吵
  B 注意方法
  C 注意顺序
  D 重视结果

★ 이 글이 우리에게 말해 주는 것은 일할 때 마땅히:

  A 말다툼 해야 한다
  B 방법에 주의해야 한다
  C 순서에 주의해야 한다
  D 결과를 중시해야 한다

해설 이 글에서 주는 교훈은 북풍처럼 강제로 옷을 벗기는 방법이 아니라, 남풍처럼 사람으로 하여금 스스로 옷을 벗게 만드는 게 효과적이라는 것이다. 즉 어떤 일을 함에 있어 힘이 중요한 것이 아니라, 지혜롭게 문제를 해결하는 방법이 중요하다는 것을 말해 주고 있다.

단어 告诉 gàosu 통 알리다, 말하다 | 应该 yīnggāi 조통 마땅히 ~해야 한다 | 争吵 zhēngchǎo 통 말다툼하다 | 注意 zhùyì 통 주의하다 | 方法 fāngfǎ 명 방법 | 顺序 shùnxù 명 순서 | 重视 zhòngshì 통 중시하다 | 结果 jiéguǒ 명 결과

쓰기 해설

제1부분 어순 배열하기

DAY 1

✓ 정답
1. 他对自己的成绩很满意。
2. 他这次考试的成绩非常糟糕。
3. 这两个姐妹的性格完全相反。
4. 那家饭馆的服务特别好。
5. 现在去大使馆的路特别堵。/ 去大使馆的路现在特别堵。

---

② . ③ 적용

01

p. 216

对　很　自己的成绩　他　满意

他对自己的成绩很满意。 | 그는 자신의 성적에 매우 만족한다.

🔒 **시크릿** 전치사(对)의 위치

해설 **1단계 주어를 찾아라!**
명사는 주어나 목적어 혹은 전치사구가 될 수 있다.
· 自己的成绩(자신의 성적): 목적어나 전치사구로 쓰일 가능성이 높다.
· 他(그): 인칭대사로, 사람 주어가 될 수 있다.

2단계 술어를 찾아라!
· 满意(만족하다): 마음에 들어 흡족한 모습을 나타내는 형용사로, 술어가 될 수 있다.

3단계 부사와 전치사를 삽입하라!
· 很(매우): 정도부사로, 술어 앞에 위치한다. → 很满意(매우 만족한다)
· 对(~에 대해서): 전치사이므로, 명사와 결합하여 술어 앞에 위치한다. → 对自己的成绩(자신의 성적에)
→ 他对自己的成绩很满意。(그는 자신의 성적에 매우 만족한다.)

단어 对 duì 전 ~에 대해 | 自己 zìjǐ 대 자신, 자기 | 成绩 chéngji 명 성적 | 满意 mǎnyì 형 만족하다

---

① . ③ 적용

02

p. 216

这次考试的　非常　他　成绩　糟糕

他这次考试的成绩非常糟糕。 | 그는 이번 시험의 성적이 매우 엉망이다.

🔒 **시크릿** 복잡한 수식어의 어순

해설 **1단계 주어를 찾아라!**
· 这次考试的(이번 시험의): 수식어 / 他(그): 인칭대사 / 成绩(성적): 명사
복잡한 수식어의 어순은 '소유명사/대사 + 지시대사 + 수량사 + 명사'다.
→ 他这次考试的成绩(그의 이번 시험의 성적)

2단계 술어를 찾아라!
· 糟糕(엉망이다, 망치다): 시험을 잘 못 보거나 그르친 상태를 나타내는 형용사로, 술어가 될 수 있다.

3단계 부사를 삽입하라!
· 非常(매우): 정도부사는 형용사 술어 앞에 위치한다. → 非常糟糕(매우 엉망이다)
→ 他这次考试的成绩非常糟糕。(그는 이번 시험의 성적이 매우 엉망이다.)

단어 考试 kǎoshì 명 시험 | 非常 fēicháng 부 매우, 아주 | 成绩 chéngjì 명 성적 | 糟糕 zāogāo 형 망치다, 엉망이다

p. 216

03 ① , ② , ③ 적용

| 性格 | 完全 | 姐妹的 | 相反 | 这两个 |

| 这两个姐妹的性格完全相反。 | 이 두 자매의 성격은 완전히 상반된다. |

🔒 **시크릿** 수식어의 어순

해설 **1단계 주어를 찾아라!**
- 性格(성격): 명사로 문장에서 주어가 될 수 있다.
- 姐妹的(자매의): 구조조사 的는 수식어와 피수식어를 연결하는 접착제 역할을 한다. '수식어 + 的 + 명사'의 형식이므로, 명사와 연결해 주면 된다.
- 这两个(이 두 명): '지시대사 + 수사 + 양사' 형식으로, 명사를 꾸며 주는 관형어 역할을 한다.
→ 这两个姐妹的性格(이 두 자매의 성격은)
Tip 관형어의 어순 [지시대사 + (수사) + 양사 + 수식어 + 的] + [명사]

2단계 술어를 찾아라!
- 相反(상반되다): 형용사로, 술어가 될 수 있다.

3단계 부사를 삽입하라!
- 完全(완전히): 부사는 주어 뒤, 술어 앞에 위치시킨다. → 完全相反(완전히 상반되다)
→ 这两个姐妹的性格完全相反。(이 두 자매의 성격은 완전히 상반된다.)

단어 性格 xìnggé 명 성격 | 完全 wánquán 부 완전히 | 姐妹 jiěmèi 명 자매 | 相反 xiāngfǎn 형 상반되다

---

04 ① , ② 적용

| 饭馆的 | 好 | 那家 | 特别 | 服务 |

| 那家饭馆的服务特别好。 | 그 음식점의 서비스는 특히 좋다. |

🔒 **시크릿** 양사(家) / 정도부사(特别)의 위치

해설 **1단계 주어를 찾아라!**
- 饭馆的(음식점의): 관형어 / 那家(그 가게): 수량사 / 服务(서비스): 명사
- 家는 음식점·회사·상점 등을 셀 때 쓰는 양사이므로, 饭馆(음식점)과 결합한다. 구조조사 的 이하 부분에는 의미상 服务(서비스)가 위치해야 한다.
→ 那家饭馆的服务(그 음식점의 서비스)

2단계 술어를 찾아라!
- 好(좋다): 형용사로, 술어가 될 수 있다.

3단계 부사를 삽입하라!
- 特别(특히): 정도부사로, 형용사 앞에 나올 수 있다. → 特别好(특히 좋다)
→ 那家饭馆的服务特别好。(그 음식점의 서비스는 특히 좋다.)

단어 饭馆 fànguǎn 명 음식점 | 特别 tèbié 부 매우, 특히 | 服务 fúwù 명 서비스

05

p. 216

现在　　特别　　去大使馆的　　堵　　路

现在去大使馆的路特别堵。
去大使馆的路现在特别堵。

지금 대사관에 가는 길은 매우 막힌다.
대사관에 가는 길은 지금 매우 막힌다.

🔒 시크릿 정도부사(特别)의 위치

해설　**1단계 주어를 찾아라!**

- 现在(지금): 시간을 나타내는 시간명사는 주어의 앞뒤에 모두 올 수 있다. 예를 들어, '나는 오늘 ~', '오늘 나는 ~' 모두 가능하다.
- 去大使馆的(대사관에 가는): 구조조사 的가 있으니, 명사를 수식하는 관형어임을 알 수 있다.
- 路(길): 명사로 관형어와 결합하여 주어를 만든다.
- → 现在去大使馆的路 / 去大使馆的路现在(지금 대사관에 가는 길은)

2단계 술어를 찾아라!

- 堵(막히다): '길이 막힌다'는 뜻으로 형용사 술어가 된다.

3단계 기타 성분을 삽입하라!

- 特别(특히, 매우): 정도의 높음을 나타내는 정도부사는 형용사 앞에 위치한다. → 特别堵(매우 막힌다)

→ 现在去大使馆的路特别堵。(지금 대사관에 가는 길은 매우 막힌다.)
　去大使馆的路现在特别堵。(대사관에 가는 길은 지금 매우 막힌다.)

💡Tip 정도부사는 有点儿, 比较, 很, 非常, 十分, 特别 등이 있으며, 형용사 술어 앞에 쓰여 정도의 낮음에서 높음을 나타내 준다.

단어　特别 tèbié 🅱 특히, 매우 | 大使馆 dàshǐguǎn 🅼 대사관 | 堵 dǔ 🅗 막히다 | 路 lù 🅼 길

✓ 정답
1. 小镇的晚上十分热闹。
2. 下雨后空气很湿润。
3. 小王的身体一直不太好。
4. 南方的气候比北方更湿润。
5. 今天的西红柿汤有点儿酸。

01

p. 216

热闹　　小镇的　　十分　　晚上

小镇的晚上十分热闹。

작은 마을의 저녁 시간은 매우 떠들썩하다.

🔒 시크릿 부사(十分)의 위치

해설　**1단계 주어를 찾아라!**

- 小镇的(작은 마을의): 관형어 / 晚上(저녁): 명사
  구조조사 的 이하 부분에는 명사를 삽입해야 한다.
- → 小镇的晚上(작은 마을의 저녁)

2단계 술어를 찾아라!

- 热闹(떠들썩하다): 형용사로, 술어가 된다.

3단계 부사를 삽입하라!

- 十分(매우): 정도부사로, 주로 형용사 앞에 위치한다. → 十分热闹(매우 떠들썩하다)

→ 小镇的晚上十分热闹。(작은 마을의 저녁 시간은 매우 떠들썩하다.)

단어　热闹 rènao 🅗 떠들썩하다, 붐비다 | 镇 zhèn 🅼 진(중국의 지방 행정 단위) | 十分 shífēn 🅱 매우 | 晚上 wǎnshang 🅼 저녁

02

p. 216

空气　湿润　后　很　下雨

下雨后空气很湿润。

| 비 온 후의 공기는 매우 습하다.

🔒 시크릿 정도부사(很)의 위치와 시간을 나타내는 표현(后)

해설

1단계 주어를 찾아라!
· 空气(공기): 명사로, 주어가 될 수 있다.

2단계 술어를 찾아라!
· 湿润(습윤하다): 습기가 많은 느낌을 나타내는 형용사이므로, 술어가 된다. → 空气湿润(공기가 습하다)

3단계 부사를 삽입하라!
· 很(매우): 정도부사는 술어 앞에 위치시킨다. → 空气很湿润(공기는 매우 습하다)

4단계 나머지를 해결하라!
· 下雨后(비 온 후): 시간을 나타내는 표현이므로, 주어 앞에 위치할 수 있다.
→ 下雨后空气很湿润。(비 온 후의 공기는 매우 습하다.)

단어 空气 kōngqì 몡 공기 | 湿润 shīrùn 혱 습윤하다, 축축하다 | 后 hòu 몡 (시간상으로) 뒤, 후 | 下雨 xiàyǔ 동 비가 오다

03

p. 216

小王的　不太　一直　身体　好

小王的身体一直不太好。

| 샤오왕의 건강은 줄곧 그다지 좋지 않다.

🔒 시크릿 부사(不太 / 一直)의 위치

해설

1단계 주어를 찾아라!
· 小王的(샤오왕의): 명사와 결합하는 구조조사 的가 있다.
· 身体(몸, 건강): 명사
→ 小王的身体(샤오왕의 건강)

2단계 술어를 찾아라!
· 好(좋다): 형용사로, 술어가 된다.

3단계 부사를 삽입하라!
· 不太(그다지): 부정부사 / 一直(줄곧, 계속): 일반부사
일반부사와 부정부사가 함께 나오면 부정부사가 술어에 더 가까이 위치한다.
→ 一直不太好(줄곧 그다지 좋지 않다)
→ 小王的身体一直不太好。(샤오왕의 건강은 줄곧 그다지 좋지 않다.)

단어 不太 bútài 그다지 ~하지 않다 | 一直 yìzhí 閉 계속, 줄곧 | 身体 shēntǐ 몡 몸, 건강 | 好 hǎo 혱 좋다

p.216

更	南方	的	湿润	气候	比北方

南方的气候比北方更湿润。

남쪽의 기후는 북쪽보다 더 습하다.

🔒 시크릿 비교부사(比)의 위치

해설 **1단계 주어를 찾아라!**
· 南方(남쪽): 명사 / 的(~의): 명사와 결합하는 구조조사 / 气候(기후): 명사 / 比北方(북쪽보다): 전치사구
주어 南方的气候(남쪽의 기후)를 만들어 주고, 주어 뒤에 전치사구 比北方(북쪽보다)을 위치시킨다.
→ 南方的气候比北方(남쪽의 기후는 북쪽보다)

2단계 술어를 찾아라!
· 湿润(습윤하다): 습기가 많은 느낌을 나타내는 형용사이므로, 술어가 된다.

3단계 부사를 삽입하라!
· 更(훨씬): 비교를 나타내는 부사로, 술어 앞에 위치시킨다.

→ 南方的气候比北方更湿润。(남쪽의 기후는 북쪽보다 더 습하다.)
🔹Tip 정도부사 很이나 비교부사 更은 전치사구가 있어도 전치사 앞에 위치하지 않고, 술어 앞에서 술어를 강조해 준다.

단어 更 gèng 🔣 더욱 | 南方 nánfāng 🔣 남쪽, 남부 | 气候 qìhòu 🔣 기후 | 北方 běifāng 🔣 북쪽, 북부

---

p.216

西红柿汤	酸	的	有点儿	今天

今天的西红柿汤有点儿酸。

오늘의 토마토 탕은 약간 새콤하다.

🔒 시크릿 정도부사(有点儿)의 위치

해설 **1단계 주어를 찾아라!**
· 西红柿汤(토마토 탕): 명사로 주어가 될 수 있다.
· 的(~의): 구조조사는 수식어와 명사를 결합시키는 역할을 한다.
· 今天(오늘): 명사로 西红柿汤을 꾸며 주는 수식어가 된다.
→ 今天的西红柿汤(오늘의 토마토 탕)

2단계 술어를 찾아라!
· 酸(시다, 새콤하다): 형용사로, 술어가 될 수 있다.

3단계 부사를 삽입하라!
· 有点儿(조금, 약간): 정도부사는 형용사 술어 앞에 나온다. → 有点儿酸(약간 새콤하다)

→ 今天的西红柿汤有点儿酸。(오늘의 토마토 탕은 약간 새콤하다.)
🔹Tip 형용사 술어문은 '비교적 복잡한 주어 + 정도부사 + 형용사'의 어순으로 배열하면 된다. 형용사는 목적어를 끌고 나올 수 없기 때문에 문장 구조가 매우 단순하다. 그래서, 주어에 여러 가지 수식어가 붙거나, 형용사 앞에 정도부사를 붙여서 나오는 경우가 많다.

단어 西红柿 xīhóngshì 🔣 토마토 | 汤 tāng 🔣 탕, 국 | 酸 suān 🔣 시다, 새콤하다 | 有点儿 yǒudiǎnr 🔣 조금, 약간 | 今天 jīntiān 🔣 오늘

---

1 , 4 적용

 01

p. 223

已经　　进步　　有了　　一定的　　学生　　我的

我的学生已经有了一定的进步。	내 학생은 이미 어느 정도의 발전이 있다.

🔒시크릿 **주어와 목적어를 수식하는 관형어**

해설 **1단계 주어를 찾아라!**
- 学生(학생): 명사 / 我的(나의): 명사와 연결하는 구조조사 的가 있다.
- 进步(진보, 발전): 명사
- 一定的(일정한, 어느 정도의): 명사와 연결하는 구조조사 的가 있다.
  의미상 我的와 学生이 결합하여 我的学生(내 학생)이라는 주어가 되고, 一定的와 进步가 결합하여 一定的进步(어느 정도의 발전)라는 목적어가 된다.

2단계 술어를 찾아라!
- 有了(생겼다): 동태조사 3형제 了·着·过 중 了가 붙어 있으므로, 동사 술어임을 알 수 있다.

3단계 부사를 삽입하라!
- 已经(이미): 부사이므로, 술어 有了 앞에 위치해야 한다.

→ 我的学生已经有了一定的进步。 (내 학생은 이미 어느 정도의 발전이 있다.)

단어 已经 yǐjing 🖐 이미, 벌써 | 进步 jìnbù 🖐 진보, 발전 | 一定 yídìng 🖐 꽤, 어느 정도의

---

1 , 2 , 4 적용

 02

p. 223

就要　　这场　　结束　　篮球比赛　　了

这场篮球比赛就要结束了。	이번 농구 경기는 곧 끝날 것이다.

🔒시크릿 **지시대사 + 양사(这场) 수식어의 위치**

해설 **1단계 주어를 찾아라!**
- 这场(이 한 번의): '지시대사 + 양사'의 형태로, 명사 앞에서 명사를 꾸며 주는 관형어 역할을 한다.
- 篮球比赛(농구): 명사이므로, 这场과 결합시켜 주어로 만든다.
  → 这场篮球比赛(이번 농구 경기)

2단계 술어를 찾아라!
- 结束(마치다, 끝나다): 동사로, 술어가 될 수 있다.

3단계 기타 성분을 삽입하라!
- 就要…了는 '곧, ~할 것이다'라는 고정 구문으로, 두 어휘 사이에 동사 술어를 넣어 주면 된다.
  → 就要结束了(곧 끝날 것이다)

→ 这场篮球比赛就要结束了。 (이번 농구 경기는 곧 끝날 것이다.)

단어 就要 jiùyào 🖐 곧, 머지않아 | 结束 jiéshù 🖐 끝나다 | 篮球 lánqiú 🖐 농구 | 比赛 bǐsài 🖐 경기, 시합

1 . 2 . 4 적용

03

p. 223

400米　　这座　　高度　　超过了　　电视塔的	
这座电视塔的高度超过了400米。	이 TV 송신탑의 높이는 400미터가 넘는다.

 시크릿 목적어의 위치

해설 **1단계 주어를 찾아라!**
- 这座(이 한 동의): 지시대사 + 양사 / 高度(높이): 명사 / 电视塔的(TV 송신탑의): 명사 + 구조조사 的
  电视塔的 뒤에는 명사가 나와야 하므로, 电视塔的高度(TV 송신탑의 높이)로 배열한다.
- 这座는 '지시대사 + 양사'의 형태로 电视塔的高度를 꾸며 줄 수 있으므로, 这座电视塔的高度(이 TV 송신탑의 높이)의 형태로 결합하여 주어가 된다.
  → 这座电视塔的高度(이 TV 송신탑의 높이는)

2단계 술어를 찾아라!
- 超过了(초과했다): 동태조사 3형제 了 · 着 · 过 중 了가 붙어 있으므로, 동사 술어임을 알 수 있다.

3단계 목적어와 연결하라!
- 400米(400미터): '수사 + 양사'로, 문장 속에서 목적어로 쓰여 술어 뒤에 위치할 수 있다.
  → 超过了400米(400미터를 초과했다)
- → 这座电视塔的高度超过了400米。(이 TV 송신탑의 높이는 400미터가 넘는다.)

단어 米 mǐ 앱 미터(m) | 高度 gāodù 앱 높이 | 超过 chāoguò 동 초과하다, 넘다 | 电视塔 diànshìtǎ 앱 TV 송신탑

---

1 . 2 . 4 적용

04

p. 223

人与人之间的　　网络　　缩短了　　距离	
网络缩短了人与人之间的距离。	인터넷은 사람과 사람 사이의 거리를 줄였다.

시크릿 주어와 목적어의 구분

해설 **1단계 주어를 찾아라!**
- 人与人之间的(사람과 사람 사이의): 명사와 연결하는 구조조사 的가 있으므로, 명사와 결합하여 수식어가 될 수 있다.
- 网络(인터넷): 명사로, 非사람 주어가 될 수 있다.
- 距离(거리): 명사로, 의미상 人与人之间的와 더 잘 어울린다.
  → 人与人之间的距离(사람과 사람 사이의 거리)

2단계 술어를 찾아라!
- 缩短了(단축하다): 동태조사 3형제 了 · 着 · 过 중 了가 붙어 있으므로, 동사 술어임을 알 수 있다.

3단계 술어를 주어와 목적어 사이에 삽입하라!
- → 网络缩短了人与人之间的距离。(인터넷은 사람과 사람 사이의 거리를 줄였다.)

단어 人 rén 앱 사람 | 与 yǔ 젠 ~와, ~과 | 之间 zhījiān 앱 (~의) 사이 | 网络 wǎngluò 앱 인터넷 | 缩短 suōduǎn 동 단축하다, 줄이다 | 距离 jùlí 앱 거리

05
1, 2, 4 적용

p. 223

起了	很大的	他出的	这个主意	作用

他出的这个主意起了很大的作用。 | 그가 제시한 이 아이디어는 큰 작용을 일으켰다.

 시크릿 주어와 목적어를 수식하는 관형어

해설 **1단계 주어를 찾아라!**
- 他出的(그가 제시한): 명사와 연결하는 구조조사 的가 있으므로, 관형어임을 알 수 있다. 뒤에 수식을 받는 명사와 결합해야 한다.
- 这个主意(이 아이디어): '지시대사 + 양사 + 명사'의 형태로 의미상 他出的와 결합하여 주어로 쓰일 수 있다.
 → 他出的这个主意(그가 제시한 이 아이디어)
- 很大的(매우 큰): 관형어로 的 이하에 명사와 결합해야 한다.
- 作用(작용, 영향): 명사로 很大的와 결합하여 목적어가 될 수 있다.
 → 很大的作用(큰 작용)

2단계 술어를 찾아라!
- 起了(일으켰다): 동태조사 3형제 了·着·过 중 了가 붙어 있으므로, 동사 술어임을 알 수 있다.
 Tip 起…作用(작용을 일으키다)의 구조로 자주 사용된다.

→ 他出的这个主意起了很大的作用。 (그가 제시한 이 아이디어는 큰 작용을 일으켰다.)
 Tip 他出的, 很大的처럼 구조조사 的가 2개 나온다면, 하나는 주어를 꾸며 주고, 나머지 하나는 목적어를 꾸며 줄 가능성이 높다. 술어와 호응 관계에 있는 作用을 목적어로 삼으면 된다.

단어 起 qǐ 图 일으키다 | 出 chū 图 아이디어를 내다 | 主意 zhǔyi 몡 아이디어 | 作用 zuòyòng 몡 작용, 영향

DAY 4

✓ 정답
1. 那个湖看上去好像一面镜子。/ 看上去那个湖好像一面镜子。
2. 这位病人暂时没有生命危险。
3. 我们不再相信他的任何理由了。
4. 这篇文章没有语法错误。
5. 那几个人的付出获得了很完美的成功。

01
1, 2, 4 적용

p. 223

看上去	那个湖	一面	好像	镜子

那个湖看上去好像一面镜子。 | 그 호수는 보기에 마치 거울 같다.
看上去那个湖好像一面镜子。 | 보기에 그 호수는 마치 거울 같다.

 시크릿 삽입어(看上去)의 위치

해설 **1단계 주어를 찾아라!**
- 那个湖(그 호수): 지시대사 + 양사 + 명사
- 一面(하나의): '수사 + 양사'의 형태로, 面은 거울이나 깃발 같이 평평한 물건을 셀 때 쓰는 양사이므로, 镜子와 결합하는 것이 옳다.
- 镜子(거울): 명사
 '그 호수가 거울 같은지' 아니면 '거울이 그 호수 같은지'를 생각해서 주어와 목적어의 위치를 잡는다. 의미상 那个湖(그 호수)가 주어가 되며, 一面镜子(거울 하나)가 목적어가 된다.

2단계 술어를 찾아라!
- 好像(마치 ~과 같다): 부사적 용법도 있지만, 이 문장에서는 술어 역할을 한다.

3단계 기타 성분을 삽입하라!
- 看上去(보아하니): '동사 + 방향보어'의 형태로, 看样子, 看起来와 비슷한 뜻이다. 상황을 근거로 추측할 때 사용되는 삽입어로 주어 앞, 뒤에 모두 올 수 있다.

→ 那个湖看上去好像一面镜子。(그 호수는 보기에 마치 거울 같다.)
看上去那个湖好像一面镜子。(보기에 그 호수는 마치 거울 같다.)

단어 看上去 kànshàngqù 통 보아하니 ~하다 | 湖 hú 명 호수 | 好像 hǎoxiàng 통 마치 ~과 같다, 비슷하다 | 镜子 jìngzi 명 거울

---

② ③ ④ 적용

02 病人   危险   这位   暂时   没有   生命

p. 223 这位病人暂时没有生命危险。　　　　　| 이 환자는 당분간 생명의 위험은 없다.

🔒 시크릿 긴밀하게 연결되는 수식어

해설 **1단계 주어를 찾아라!**
- 病人(환자): 사람을 나타내는 명사로 주어가 될 확률이 높다.
- 这位(이 한 분): 사람을 세는 양사는 个, 位를 사용하는데, 나이가 많거나 높임을 하고자 할 때는 位를 쓴다. '지시대사 + (수사) + 양사'의 형태로, 관형어의 역할을 하며, 명사를 수식한다.
- → 这(一)位病人(이 한 분의 환자)
  ❗Tip 숫자 一(하나)는 생략되어 없어도, '하나'임을 나타내기 때문에 종종 생략된다.
- 危险(위험), 生命(생명): 이 2개의 명사는 수식어와 피수식어가 한 단어처럼 긴밀하게 쓰이므로, 구조조사 的 없이도 결합이 가능하다. 이미 사람 주어가 나왔으므로, 목적어 역할이 가장 적합하다.
- → 生命危险(생명의 위험)

2단계 술어를 찾아라!
- 没有(~가 없다): 没有는 동작을 부정하는 부사적 용법(~하지 않음)과, 소유하지 않음을 나타내는 동사적 용법(~가 없다)이 있다. 제시된 어휘에는 동사 술어가 없기 때문에 여기에서는 没有가 동사적 용법으로 쓰여야 함을 알 수 있다.

3단계 기타 성분을 삽입하라!
- 暂时(잠시, 당분간): 부사로 주어 뒤, 술어 앞에 위치해야 한다.

→ 这位病人暂时没有生命危险。(이 환자는 당분간 생명의 위험은 없다.)

단어 病人 bìngrén 명 환자 | 危险 wēixiǎn 명 위험 | 暂时 zànshí 부 잠시 | 生命 shēngmìng 명 생명

---

① ② ③ 적용

03 了   任何理由   我们   他的   相信   不再

p. 223 我们不再相信他的任何理由了。　　　| 우리는 더 이상 그의 어떤 이유도 믿지 않게 되었다.

🔒 시크릿 복잡한 수식어

해설 **1단계 주어를 찾아라!**
- 我们(우리): 인칭대사로 주어가 될 수 있다.
- 他的(그의): 구조조사 的를 보고, 명사를 수식하는 관형어(수식어)임을 알 수 있다.
- 任何理由(어떠한 이유): '대사 + 명사'의 형태로, 명사구에 해당하므로 주어나 목적어가 될 수 있다.
- → 他的任何理由(그의 어떠한 이유)

2단계 술어를 찾아라!
- 相信(믿다): 동사로, 술어가 될 수 있다.

3단계 기타 성분을 삽입하라!
- 不再…了(더 이상 ~하지 않게 되었다): 2개의 부사가 결합된 不再(부정부사 + 빈도부사)는 주어 뒤, 술어 앞에 위치해야 한다.
  ❗Tip 了는 2가지 용법이 있다. 了(1)은 동작의 완료를 나타내는 동태조사로 쓰이고, 了(2)는 동작의 변화를 나타내는 어기조사로 문장 맨 끝에 위치해야 한다. 이 문제에서는 了(2)의 용법으로, 원래는 믿었으나 이제 더 이상 믿지 않게 되었다는 상황의 변화를 의미한다.

→ 我们不再相信他的任何理由了。(우리는 더 이상 그의 어떤 이유도 믿지 않게 되었다.)

단어 任何 rènhé 대 어떠한 | 理由 lǐyóu 명 이유 | 相信 xiāngxìn 통 믿다

没有　　这篇　　错误　　文章　　语法

p. 223　　这篇文章没有语法错误。　　　　　　　이 글은 어법 오류가 없다.

🔒 시크릿 '지시대사 + 양사' 수식어 / 的가 없는 관형어

해설　**1단계 주어를 찾아라!**

・这篇(이 한 편): 지시대사 + 양사 / 错误(오류): 명사 / 文章(글): 명사 / 语法(어법): 명사

篇은 글을 세는 양사이므로 文章과 결합한다. → 这篇文章(이 글)

语法와 错误는 의미상 구조조사 的 없이도 결합할 수 있는 긴밀한 수식 관계다. → 语法错误(어법 오류)

의미상 这篇文章(이 글)이 주어가 되며, 语法错误(어법 오류)가 목적어가 된다.

2단계 술어를 찾아라!

・没有는 '~하지 않다'라는 뜻의 부사도 되고, '없다'라는 뜻의 동사도 된다. 이 문장에서는 동사 술어가 되므로, 주어와 목적어 사이에 위치한다.

→ 这篇文章没有语法错误。(이 글은 어법 오류가 없다.)

단어　没有 méiyǒu 图 없다 | 错误 cuòwù 몡 착오, 실수 | 文章 wénzhāng 몡 글, 문장 | 语法 yǔfǎ 몡 어법

获得了　　很　　完美的　　成功　　人的付出　　那几个

p. 223　　那几个人的付出获得了很完美的成功。　　그 몇몇 사람의 노력은 매우 훌륭한 성공을 이루었다.

🔒 시크릿 복잡한 수식어

해설　**1단계 주어를 찾아라!**

・完美的(훌륭한, 완벽한): 형용사 뒤에 구조조사 的가 붙어 있는 형태로 관형어 역할을 한다. 뒤에 명사와 결합하여, 주어나 목적어를 만들 수 있다.

・成功(성공): 명사로 의미상 完美的와 결합하여 목적어가 될 수 있다.

→ 完美的成功(매우 훌륭한 성공)

・那几个(그 몇 명의): '지시대사 + 수사 + 양사'의 형태로 사람을 수식하는 관형어 역할을 한다.

・人的付出(사람의 노력): 付出(노력 따위를 들이다, 기울이다)는 동사지만, 여기에서는 관형어의 수식을 받는 명사 형태로 쓰여 주어가 될 수 있다.

→ 那几个人的付出(그 몇몇 사람의 노력은)

2단계 술어를 찾아라!

・获得了(얻었다): 완료를 나타내는 동태조사 了를 보고, 获得가 동사임을 유추할 수 있다.

3단계 기타 성분을 삽입하라!

・很(매우): 정도부사로, 형용사와 결합한다. → 很完美的成功(매우 훌륭한 성공)

→ 那几个人的付出获得了很完美的成功。(그 몇몇 사람의 노력은 매우 훌륭한 성공을 이루었다.)

단어　获得 huòdé 图 획득하다, 얻다 | 完美 wánměi 혱 완벽한 | 成功 chénggōng 몡 성공 | 付出 fùchū 몡 노력 图 바치다, 들이다

---

3 . 4 적용

| 我 | 特别 | 发现 | 干 | 我的头发 |

p. 230

我发现我的头发特别干。　　　　　　　　　　나는 나의 머리카락이 매우 건조하다는 것을 발견했다.

🔒 **시크릿** 주술구를 목적어로 취하는 동사(发现)

해설　**1단계 주어를 찾아라!**
　　　• 我(나): 인칭대사 / 我的头发(나의 머리카락): 명사구
　　　　모두 문장 속에서 주어가 될 수 있다.

　　2단계 술어를 찾아라!
　　　• 发现(발견하다): 주술구나 동사구를 목적어로 취할 수 있는 특별한 동사여서, 문장 전체의 술어가 되므로 앞쪽에
　　　　위치시킨다.
　　　• 干(건조하다): 형용사로, 我的头发(나의 머리카락)의 술어가 될 수 있다.
　　　→ 发现我的头发干(나의 머리카락이 건조하다는 것을 발견하다)

　　3단계 부사를 삽입하라!
　　　• 特别(매우): 정도부사로, 동사가 아닌 형용사 앞에만 나오는 특징이 있다. → 特别干(매우 건조하다)
　　→ 我发现我的头发特别干。(나는 나의 머리카락이 매우 건조하다는 것을 발견했다.)

단어　发现 fāxiàn 통 발견하다 | 干 gān 형 건조하다, 마르다 | 头发 tóufa 명 머리카락, 두발

---

3 . 4 적용

| 认为 | 大家都 | 复杂了 | 太 | 他的计划 |

p. 230

大家都认为他的计划太复杂了。　　　　　　　모두들 그의 계획이 너무 복잡하다고 여겼다.

🔒 **시크릿** 형용사구를 목적어로 취하는 동사(认为)

해설　**1단계 주어를 찾아라!**
　　　• 大家都(모두들): '인칭대사 + 범위부사'의 형태로, 주어가 될 수 있다.
　　　• 他的计划(그의 계획): '인칭대사 + 的 + 명사'의 형태로, 목적어가 될 수 있다.

　　2단계 술어를 찾아라!
　　　• 认为(~라고 여기다): 복잡한 목적어구를 끌고 나올 수 있는 특별한 동사로, 문장 전체의 술어가 될 수 있다.
　　　• 复杂了(복잡하다): 형용사는 목적어를 끌고 나올 수 없으므로, 이 문제에서는 전체 술어가 될 수 없고, 목적어구
　　　　안에서의 술어가 될 수 있다.

　　3단계 부사를 삽입하라!
　　　• 太(매우, 대단히): 정도부사로, 형용사와 결합할 수 있다. 太…了는 호응 구조와 함께 쓰인다. → 太复杂了(너무
　　　　복잡하다)

　　→ 大家都认为他的计划太复杂了。(모두들 그의 계획이 너무 복잡하다고 여겼다.)

　　🔖 **Tip** 이 문제의 어순은 '주어 + 특별동사 + 목적어구(주어 + 정도부사 + 형용사)'가 된다.

단어　认为 rènwéi 통 ~라고 여기다 | 大家 dàjiā 대 모두들 | 复杂 fùzá 형 복잡하다 | 计划 jìhuà 명 계획

3 적용

03

p. 230

提高	那个公司	商品的	决定	质量

那个公司决定提高商品的质量。	그 회사는 상품의 질을 향상시키기로 결정했다.

🔒**시크릿** 동사구를 목적으로 취하는 동사(决定)

해설 **1단계 주어를 찾아라!**
- 那个公司(그 회사): '지시대사 + 양사 + 명사'의 형태로, 주어가 될 수 있다.
- 商品的(상품의): '명사 + 的'의 형태로, 명사와 결합하는 구조조사 的가 있으므로, 뒤에 명사가 와야 한다.
- 质量(품질): 명사로, 의미상 商品的와 결합할 수 있다.
  → 商品的质量(상품의 질)

2단계 술어를 찾아라!
- 提高(향상시키다): 동사로, 명사 质量(품질)과 호응하여 동사구를 만든다. → 提高商品的质量(상품의 질을 향상시키다)
- 决定(결정하다): 주술구나 동사구를 목적어로 취할 수 있는 특별한 동사로, 문장 전체의 술어가 된다.
  → 那个公司决定提高商品的质量。(그 회사는 상품의 질을 향상시키기로 결정했다.)

단어 提高 tígāo 图 향상시키다 | 公司 gōngsī 圀 회사 | 商品 shāngpǐn 圀 상품 | 决定 juédìng 图 결정하다 | 质量 zhìliàng 圀 질, 품질

3, 4 적용

04

p. 230

按时	这项任务	我	保证	完成

我保证按时完成这项任务。	나는 이 임무를 제때에 완성할 것을 보장한다.

🔒**시크릿** 동사구를 목적어로 취하는 동사(保证)

해설 **1단계 주어를 찾아라!**
- 我(나): 사람을 가리키는 대사이므로, 사람 주어가 될 확률이 높다.
- 这项任务(이 임무): '지시대사 + 양사 + 명사'의 형태.

2단계 술어를 찾아라!
- 保证(보증하다): 주술구나 동사구를 목적어로 취할 수 있는 특별한 동사로, 문장 전체의 술어가 된다.
- 完成(완성하다): 동사로, 명사 任务(임무)와 호응하여 동사구를 만든다.
  → 保证完成这项任务(이 임무를 완성할 것을 보장하다)

3단계 부사를 삽입하라!
- 按时(제때에): 부사로, 술어 앞에서 동사 술어를 수식한다. 동사 保证과 完成 앞에 모두 올 수 있는데, 어느 자리에 더 어울리는지 의미를 파악해야 한다. 按时는 '제때에'라는 시간적 마감 기한이 있다는 의미를 내포하고 있으므로 문맥상 完成 앞에 와야 한다.
  → 我保证按时完成这项任务。(나는 이 임무를 제때에 완성할 것을 보장한다.)

단어 按时 ànshí 图 제때에, 시간에 맞추어 | 任务 rènwu 圀 임무 | 保证 bǎozhèng 图 확실히 책임지다, 보증하다 | 完成 wánchéng 图 끝내다, 완성하다

3 적용

05

p. 230

获得　希望　谅解　他　大家的

他希望获得大家的谅解。

그는 모두의 양해를 얻길 희망한다.

🔒 시크릿 동사구를 목적어로 취하는 동사(希望)

해설 **1단계 주어를 찾아라!**

· 他(그): 인칭대사로 주어가 될 수 있다.

· 大家的(모두의): '인칭대사 + 구조조사'의 형태로 的 이하에 명사(피수식어)가 나와야 한다.

· 谅解(양해): '양해하다'라는 동사의 역할과 '양해'라는 명사적 역할이 가능하다. 이 문제에서는 大家的와 결합하여 大家的谅解(모두의 양해)로 쓰이는 것이 적합하다.

2단계 술어를 찾아라!

· 希望(희망하다): 복잡한 목적어구를 끌고 나올 수 있는 특별한 동사로, 전체 술어가 될 수 있다.

· 获得(얻다): 동사로 술어가 될 수 있으므로 大家的谅解를 목적어로 갖는다.

→ 他希望获得大家的谅解。

💡 Tip 이 문제의 어순은 '주어 + 특별동사 + 목적어구(동사 + 수식어 + 的 + 목적어)'가 된다.

단어 获得 huòdé 图 획득하다 | 希望 xīwàng 图 희망하다 | 谅解 liàngjiě 图 양해하다 | 大家 dàjiā 때 모두들

DAY 6

✓ 정답　1. 医院打算招聘一位主任医师。　2. 叔叔打算6月底去上海旅行。
3. 我希望能给她留下美好的印象。　4. 代表们决定提前一天回国。
5. 1.2米以下的儿童不需要买车票。

---

3 적용

01

p. 230

主任医师　医院　打算　招聘　一位

医院打算招聘一位主任医师。

병원에서는 수석 의사 한 분을 모집할 계획이다.

🔒 시크릿 동사구를 목적어로 취하는 동사(打算)

해설 **1단계 주어를 찾아라!**

· 主任医师(수석 의사): 명사 / 医院(병원): 명사

· 一位(한 분의): '수사 + 양사'의 형태로, 位는 사람을 높일 때 쓰는 양사이므로 主任医师(수석 의사)와 결합한다.

→ 一位主任医师(수석 의사 한 분)

2단계 술어를 찾아라!

· 招聘(모집하다): 동사로, 술어로 쓰이면 채용 대상인 사람(一位主任医师)이 목적어가 되고, 인재를 모집하는 회사나 기관(医院)이 주어가 된다. → 医院招聘一位主任医师(병원은 수석 의사 한 분을 모집한다)

· 打算(~할 계획이다): 동사구를 목적어로 취할 수 있는 특별한 동사로, 주어 바로 뒤에서 전체 문장의 술어가 된다.

→ 医院打算招聘一位主任医师。 (병원에서는 수석 의사 한 분을 모집할 계획이다.)

단어 主任医师 zhǔrèn yīshēng 수석 의사 | 医院 yīyuàn 阌 병원 | 打算 dǎsuan 图 ~할 계획이다 | 招聘 zhāopìn 图 모집하다, 채용하다

02

> 3 적용

p. 230

上海　叔叔　打算　去　旅行　6月底	
叔叔打算6月底去上海旅行。	삼촌은 6월 말에 상하이로 여행 갈 계획이다.

🔒시크릿 동사구를 목적어로 취하는 동사(打算)

해설　**1단계 주어를 찾아라!**
- 叔叔(삼촌): 사람을 나타내는 명사로, 주어가 될 가능성이 높다.
- 6月底(6월 말): 시간을 나타내는 시간명사로, 행위를 하는 동사 앞에 놓아야 한다.
- 上海(상하이): 장소를 나타내는 명사로, 去, 来와 같은 왕래 발착 동사의 목적어로 쓰인다.

2단계 술어를 찾아라!
- 打算(~할 계획이다): 동사나 동사구를 끌고 나올 수 있는 특별한 동사로, 문장 전체의 술어가 된다.
- 去(가다): 왕래 발착 동사로 여러 개의 동사가 등장하는 연동문에서 첫 번째 동사가 될 가능성이 높다.
- 旅行(여행하다): 목적어를 수반할 수 없는 자동사이므로 반드시 '去 + 장소 + 旅行'의 형태로 써야 한다.
- → 打算去上海旅行(상하이로 여행 갈 계획이다)
→ 叔叔打算6月底去上海旅行。(삼촌은 6월 말에 상하이로 여행 갈 계획이다.)

⚡Tip 旅行 + 上海(X) : 작문할 때 오류가 발생하지 않도록 주의하도록 한다.

단어　上海 Shànghǎi 명 상하이 | 叔叔 shūshu 명 삼촌 | 打算 dǎsuan 동 ~할 계획이다 | 旅行 lǚxíng 동 여행하다 | 底 dǐ 명 말, 끝

03

> 2 적용

p. 230

留下　希望　能给她　我　印象　美好的	
我希望能给她留下美好的印象。	나는 그녀에게 좋은 인상을 남길 수 있기를 바란다.

🔒시크릿 심리동사(希望)와 조동사 + 전치사구의 위치

해설　**1단계 주어를 찾아라!**
- 我(나): 인칭대사로, 문장에서 사람 주어가 될 수 있다.
- 印象(인상): 명사로, 의미상 美好的(좋은)의 수식을 받는 목적어가 될 수 있다.
- 美好的(좋은): 관형어로, 구조조사 的를 가지고 있으므로, 뒤에 수식을 받는 명사가 나와야 한다.
- → 美好的印象(좋은 인상)

2단계 술어를 찾아라!
- 留下(남기다): 동사로, 문장에서 목적어(印象)와 호응하는 술어가 된다.
- 希望(희망하다): 또 다른 동사구를 끌고 나올 수 있는 심리동사로 문장 전체의 술어가 된다.
- → 我希望留下美好的印象(나는 좋은 인상을 남기기를 바란다)

3단계 조동사와 전치사를 삽입하라!
- 能给她(그녀에게 ~할 수 있다): '조동사 + 전치사구'로, '조동사 + 전치사구 + 술어'의 어순에 따라 배열한다.
- → 能给她留下(그녀에게 남길 수 있다)
→ 我希望能给她留下美好的印象。(나는 그녀에게 좋은 인상을 남길 수 있기를 바란다.)

단어　留 liú 동 남기다, 전하다 | 希望 xīwàng 동 희망하다, 바라다 | 印象 yìnxiàng 명 인상 | 美好 měihǎo 형 좋다, 아름답다

p. 230

决定　提前　回国　代表们　一天

代表们决定提前一天回国。

대표들은 하루 앞당겨 귀국하기로 결정했다.

🔒 시크릿 동사(决定)와 시량보어(一天)의 위치

해설

1단계 주어를 찾아라!
- 代表们(대표들): 사람들을 지칭하는 명사로, 문장에서 주어가 될 수 있다.

2단계 술어를 찾아라!
- 决定(결정하다): 동사구나 절을 목적어로 끌고 나올 수 있는 특별한 동사로, 문장 전체의 술어가 되어야 하므로, 주어 바로 뒤에 위치한다.
- 提前(앞당기다): 동사로, '예정된 시간이나 기한을 앞당긴다'는 뜻이다. 뒤에 시간이나 시량보어를 자주 끌고 나온다.
- 回国(귀국하다): 역시 동사로 시간 순서로 보아 선행되는 동사를 앞에 쓰면 된다. '날짜를 앞당긴 후, 귀국을 한다'의 순서여야 하므로, 提前 + 回国의 순서가 된다.
  → 代表们决定提前回国(대표들은 앞당겨 귀국하기로 결정했다)

3단계 기타 성분을 삽입하라!
- 一天(하루): 시량보어로, 동사 뒤에 놓인다. 시간과 관련 있는 동사 提前과 어울려 提前一天(하루 앞당기다)이 된다.
  → 代表们决定提前一天回国。(대표들은 하루 앞당겨 귀국하기로 결정했다.)

단어　决定 juédìng 통 결정하다 | 提前 tíqián 통 앞당기다 | 回国 huíguó 통 귀국하다 | 代表 dàibiǎo 명 대표

05

p. 230

买车票　1.2米　不需要　以下的　儿童

1.2米以下的儿童不需要买车票。

키 1.2미터 이하의 아동은 차표를 살 필요가 없다.

🔒 시크릿 동사구를 목적어로 취하는 동사(需要)

해설

1단계 주어를 찾아라!
- 儿童(아동): 사람을 나타내는 명사로, 주어가 될 가능성이 높다.
- 1.2米以下的(1.2미터 이하의): 구조조사 的 이하에는 수식을 받는 명사가 필요하므로 儿童과 결합한다.
  → 1.2米以下的儿童(키 1.2미터 이하의 아동)

2단계 술어를 찾아라!
- 不需要(~할 필요가 없다): 需要는 동사구를 목적어로 끌고 나올 수 있는 특별한 동사로, 문장 전체의 술어가 될 수 있다.
- 买车票(차표를 사다): 동사구로 不需要의 목적어로 쓰인다.
  → 不需要买车票(차표를 살 필요가 없다)
  → 1.2米以下的儿童不需要买车票。(키 1.2미터 이하의 아동은 차표를 살 필요가 없다.)

단어　米 mǐ 양 미터(단위) | 需要 xūyào 통 필요로 하다 | 以下 yǐxià 명 이하 | 儿童 értóng 명 아동

DAY 7

> ✓ 정답　　1. 我的条件完全符合公司的招人要求。
> 　　　　　2. 这学期我要获得奖学金。/ 我这学期要获得奖学金。
> 　　　　　3. 我的教授对中国京剧非常感兴趣。
> 　　　　　4. 研究人员对中小学生家长进行了问卷调查。
> 　　　　　5. 他从来没有放弃过自己的梦想。

---

④ 적용

招人要求　　公司的　　条件　　我的　　符合　　完全

p. 237

| 我的条件完全符合公司的招人要求。 | 나의 조건은 회사의 채용 요구에 완전히 부합한다. |

🔒 **시크릿** 부사(完全)의 위치에 주목!

해설　**1단계 주어를 찾아라!**
　　招人要求(채용 요구): 명사구 / 公司的(회사의): 관형어
　　관형어와 명사구가 결합하여 목적어가 될 수 있다. → 公司的招人要求(회사의 채용 요구)
　　条件(조건): 명사 / 我的(나의): 관형어
　　관형어와 명사가 결합하여 주어가 될 수 있다. → 我的条件(나의 조건)

　　2단계 술어를 찾아라!
　　符合(부합하다): 동사로, 술어가 된다. 동사 符合와 호응하는 招人要求를 목적어로 가지고 나오는 것이 타당하다. → 我的条件符合公司的招人要求。(나의 조건은 회사의 채용 요구에 부합한다.)

　　3단계 기타 성분을 삽입하라!
　　完全(완전히): 부사는 주어 뒤, 술어 앞에 위치시킨다.

　→ 我的条件完全符合公司的招人要求。(나의 조건은 회사의 채용 요구에 완전히 부합한다.)

단어　招人 zhāorén 동 구인하다 | 要求 yāoqiú 명 요구 | 条件 tiáojiàn 명 조건 | 符合 fúhé 동 부합하다

---

① , ③ 적용

奖学金　　获得　　这学期　　我　　要

p. 237

| 这学期我要获得奖学金。
我这学期要获得奖学金。 | 이번 학기에 나는 장학금을 받을 것이다.
나는 이번 학기에 장학금을 받을 것이다. |

🔒 **시크릿** 시간사(这学期)와 조동사(要)의 위치

해설　**1단계 주어를 찾아라!**
　　奖学金(장학금): 명사 / 我(나): 인칭대사
　　모두 주어나 목적어 역할을 할 수 있지만, 인칭대사가 주어가 될 가능성이 높다.
　　这学期(이번 학기): 시간명사로, 주어의 앞뒤에 위치할 수 있다.

　　2단계 술어를 찾아라!
　　获得(획득하다): 동사로, 명사 奖学金과 짝꿍(搭配)을 이룬다. → 获得奖学金(장학금을 받다)

　　3단계 조동사를 삽입하라!
　　要(~할 것이다): 의지를 나타내는 조동사로 주어 뒤, 술어 앞에 삽입한다.

　→ 这学期我要获得奖学金。(이번 학기에 나는 장학금을 받을 것이다.)
　　我这学期要获得奖学金。(나는 이번 학기에 장학금을 받을 것이다.)

단어　奖学金 jiǎngxuéjīn 명 장학금 | 获得 huòdé 동 얻다, 획득하다 | 学期 xuéqī 명 학기 | 要 yào 조동 ~할 것이다

03

p. 237

中国京剧　对　我的教授　感兴趣　非常

我的教授对中国京剧非常感兴趣。　나의 교수님은 중국 경극에 대단히 관심이 많다.

시크릿 정도부사(非常)의 위치

해설　**1단계 주어를 찾아라!**
- 中国京剧(중국 경극): 명사구 / 我的教授(나의 교수님): 명사구
  일반적으로 사람이 주어가 될 가능성이 높다.

2단계 술어를 찾아라!
- 感兴趣(흥미를 느끼다): 동사구로, 동사 感(~을 느끼다)과 명사 兴趣(흥미)가 조합된 형태. 일반적으로 흥미를 느끼는 대상을 끌고 나오기 위해, 전치사 对(~에 대해)를 사용한다.
  흥미를 느끼는 주체자는 我的教授(나의 교수님)이고, 흥미 대상은 中国京剧(중국 경극)이므로, 我的教授对中国京剧感兴趣(나의 교수님은 중국 경극에 관심이 많다)라고 배열할 수 있다.

3단계 부사를 삽입하라!
- 非常(매우): 정도부사로, 전치사구 뒤 술어 앞에 위치시킨다.

> **Tip** 일반적으로 조동사와 부사는 전치사구의 앞과 뒤에 모두 놓일 수 있지만, 很이나 非常 같은 정도부사는 전치사구 뒤 술어 앞에 놓인다.
>
> **예** 他对我很热情。 그는 나에게 매우 친절하다.
>
> 他对自己非常严格。 그는 자신에게 대단히 엄격하다.

→ 我的教授对中国京剧非常感兴趣。(나의 교수님은 중국 경극에 대단히 관심이 많다.)

단어　中国 Zhōngguó 몡 중국 | 京剧 jīngjù 몡 경극 | 对 duì 젠 ~에 대해 | 教授 jiàoshòu 몡 교수 | 感兴趣 gǎn xìngqù 관심이 있다, 좋아하다 | 非常 fēicháng 뷔 대단히, 매우

04

p. 237

对　进行了　中小学生家长　研究人员　问卷调查

研究人员对中小学生家长进行了问卷调查。　연구원들은 초·중등학생의 학부모를 대상으로 설문 조사를 진행했다.

시크릿 전치사(对)의 위치

해설　**1단계 주어를 찾아라!**
- 中小学生家长(초·중등학생 학부모): 명사구 / 研究人员(연구원): 명사 / 问卷调查(설문 조사): 명사구
  명사 덩어리가 3개가 있으면 문장에서 각각 주어, 목적어, 전치사구가 될 가능성이 높다.

2단계 술어를 찾아라!
- 进行了(진행했다): 동태조사 了를 보고 동사라는 것을 쉽게 알 수 있다. 목적어 问卷调查(설문 조사)와 짝꿍을 이룬다. → 进行了问卷调查(설문 조사를 진행했다)

3단계 전치사를 삽입하라!
- 对(~에 대해서): 전치사로, 설문 조사의 대상인 中小学生家长(초·중등학생 학부모)과 결합하여 전치사구를 이루는 것이 적당하므로, 对中小学生家长(초·중등학생 학부모에 대해)으로 쓸 수 있다. 그렇다면 研究人员(연구원들)이 설문 조사를 하는 주체자로 주어 자리에 와야 한다.

→ 研究人员对中小学生家长进行了问卷调查。(연구원들은 초·중등학생의 학부모를 대상으로 설문 조사를 진행했다.)

단어　进行 jìnxíng 동 진행하다 | 家长 jiāzhǎng 몡 학부모 | 研究 yánjiū 동 연구하다 | 问卷 wènjuàn 몡 설문 | 调查 diàochá 몡 조사

05

p. 237

放弃过　　从来　　没有　　自己的　　梦想　　他

他从来没有放弃过自己的梦想。 | 그는 지금껏 자신의 꿈을 포기해 본 적이 없다.

🔒 **시크릿** 일반부사(从来)와 부정부사(没有)의 위치

해설　**1단계 주어를 찾아라!**

- 自己的(자신의): 관형어 / 梦想(꿈): 명사
  관형어와 명사가 결합하여 목적어가 될 수 있다. → 自己的梦想(자신의 꿈)
- 他(그): 인칭대사로, 주어가 될 가능성이 매우 높다.

　2단계 술어를 찾아라!

- 放弃过(포기한 적이 있다): 동작의 경험을 나타내는 동태조사 过를 보고 放弃가 동사 술어임을 짐작할 수 있다.
  🔹**Tip** 동태조사 3형제: 了(완료), 着(진행), 过(경험)는 동사 바로 뒤에 위치한다.

　3단계 기타 성분을 삽입하라!

- 从来(지금껏): 부사로 주어 뒤, 술어 앞에 위치한다. 일반적으로 부정부사와 결합하여 '从来不…', '从来没有 + 동사 + 过'의 형태로 쓰인다.
- 没有(~하지 않았다): 부정부사로 주어 뒤, 술어 앞에 위치한다.
  🔹**Tip** 2개의 부사가 동시에 나왔을 경우에는 '일반부사 + 부정부사'의 순서로 배열한다.

→ 他从来没有放弃过自己的梦想。(그는 지금껏 자신의 꿈을 포기해 본 적이 없다.)

단어　放弃 fàngqì 통 포기하다 | 从来 cónglái 부 여지껏 | 梦想 mèngxiǎng 명 꿈

DAY 8　✔ 정답

1. 他恐怕看过那个电子邮件了。/ 恐怕他看过那个电子邮件了。
2. 这里离火车站还有10多公里。　3. 我对现在的这份工作感到非常满意。
4. 抽烟对身体没有任何好处。　5. 我以前好像在什么地方见过他。

01

p. 237

恐怕　　电子邮件了　　他　　看过　　那个

他恐怕看过那个电子邮件了。
恐怕他看过那个电子邮件了。 | 그는 아마도 그 이메일을 봤을 것이다.
아마도 그는 그 이메일을 봤을 것이다.

🔒 **시크릿** 부사(恐怕)의 위치

해설　**1단계 주어를 찾아라!**

- 那个(그것): '지시대사 + 양사'의 형태로, 수로 셀 수 있는 电子邮件(이메일)과 결합시켜 큰 명사 덩어리를 만들어 놓는다. → 那个电子邮件了(그 이메일)
- 他(그): 인칭대사로, 문장에서 주어가 될 수 있다.

　2단계 술어를 찾아라!

- 看过(본 적이 있다): 동사로, 뒤에 있는 동태조사 3형제(了·着·过) 중 过를 찾아내면 쉽게 알아챌 수 있다. 의미상 他(그)가 주어, 那个电子邮件(그 이메일)이 목적어가 된다. → 他看过那个电子邮件了(그는 그 이메일을 본 적이 있다)

　3단계 부사를 삽입하라!

- 恐怕(아마도): 추측을 나타내는 부사로, 주어 앞이나 뒤에 위치시키면 된다.

→ 他恐怕看过那个电子邮件了。(그는 아마도 그 이메일을 봤을 것이다.)
　恐怕他看过那个电子邮件了。(아마도 그는 그 이메일을 봤을 것이다.)

단어　恐怕 kǒngpà 부 아마 ~일 것이다 | 电子邮件 diànzǐ yóujiàn 명 이메일, 전자우편

02

p. 237

离　　这里　　火车站　　10多公里　　还有	
这里离火车站还有10多公里。	여기에서 기차역까지는 10여 킬로미터 떨어져 있다.

🔒**시크릿** 전치사구의 위치

해설　**1단계 주어를 찾아라!**

- 这里(여기): 장소를 나타내는 지시대사로, 거리 간격의 기준이 되는 주어가 된다.
- 火车站(기차역): 명사로, 전치사와 결합하여 전치사구가 될 수 있다.
- 10多公里(10여 킬로미터): 수량사로, 이 문장에서는 목적어로 쓰인다.

　　🔵**Tip** 문장에서 명사 2개는 일반적으로 주어나 목적어로 쓰이고, 1개가 더 있다면 전치사와 결합하여 전치사구를 만든다.
　　어순: 주어　+　　전치사구　　+ 술어 + 목적어
　　　　(명사) + (전치사 + 명사) + 술어 + (명사)

2단계 술어를 찾아라!

- 还有(더 있다): 동사로 문장에서 술어가 될 수 있다.

3단계 기타 성분을 삽입하라!

- 离(~로부터): 전치사로 명사 火车站과 결합하여 동사 앞에 위치할 수 있다.

　　🔵**Tip** 전치사의 어순: '전치사 + 명사 + 동사'의 어순을 기억하자. 离는 기준점에서 대상까지의 거리 간격을 나타내므로 这里离火车站(여기에서 기차역까지는)의 형태로 결합한다.

→ 这里离火车站还有10多公里。(여기에서 기차역까지는 10여 킬로미터 떨어져 있다.)

단어　离 lí 젠 ~로부터 | 火车站 huǒchēzhàn 명 기차역 | 公里 gōnglǐ 명 킬로미터

03

p. 237

现在的　　这份工作　　非常满意　　我　　对　　感到	
我对现在的这份工作感到非常满意。	나는 현재의 이 일에 대해 매우 만족한다.

🔒**시크릿** 전치사(对)의 위치

해설　**1단계 주어를 찾아라!**

- 现在的(현재의): 관형어 / 这份工作(이 일): 명사구
'관형어 + 명사구'의 형태로 연결하여 큰 명사 덩어리로 만든다. → 现在的这份工作(현재의 이 일)
- 我(나): 인칭대사로, 문장에서 주어가 될 수 있다.

2단계 술어를 찾아라!

- 感到(느끼다): 동사로, 목적어에 느낀 내용이 나오게 된다. 따라서 형용사구를 끌고 나올 수 있는 특징이 있다.

　　🔵**Tip** 예 感到高兴 기쁘다고 느끼다 / 感到不安 불안하다고 느끼다 / 感到失望 실망스럽다고 느끼다

- 非常满意(매우 만족하다): 형용사구로, 목적어를 끌고 나올 수 없으므로 문장에서 맨 마지막에 위치한다.

→ 感到非常满意(매우 매우 만족한다)

3단계 전치사를 삽입하라!

- 对(~에 대하여): 전치사로, 만족의 대상인 现在的这份工作(현재의 이 일) 앞에 위치한다.

→ 我对现在的这份工作感到非常满意。(나는 현재의 이 일에 대해 매우 만족한다.)

단어　现在 xiànzài 명 지금, 현재 | 工作 gōngzuò 명 일, 업무 | 非常 fēicháng 부 대단히, 매우 | 满意 mǎnyì 형 만족하다 | 感到 gǎndào 동 느끼다

2 . 3 . 4 적용

04

p. 237

| 任何 | 好处 | 身体 | 对 | 没有 | 抽烟 |

| 抽烟对身体没有任何好处。 | 담배를 피우는 것은 건강에 어떠한 좋은 점도 없다. |

🔒 **시크릿** 전치사구의 위치

해설   **1단계 주어를 찾아라!**

- 任何好处(어떠한 좋은 점): '대명사 + 명사'의 결합으로 목적어가 될 수 있다.
- 身体(신체, 몸): 명사로, 전치사와 결합하여 전치사구가 될 수 있다.
- 抽烟(담배를 피우다): 동사구(동사 + 목적어)도 문장에서 주어가 될 수 있다.

   🔒 **Tip** 문제에 전치사(对)가 등장했다면, 주어, 목적어, 전치사구에 쓰일 3개의 명사가 필요하다는 것을 기억하자.

2단계 술어를 찾아라!

- 没有(없다): 没有는 '~이 없다'는 동사 역할과 '~하지 않은'의 부정부사 역할이 있다. 이 문제에서는 전체 술어가 될 동사가 없으므로 동사로 판단해야 한다. → 没有任何好处(어떠한 좋은 점도 없다)
- 对(~에 대해): 전치사로, 명사와 결합할 수 있다. 제시된 단어들을 결합하면 '담배를 피우는 것은 건강에 어떠한 좋은 점도 없다'가 가장 자연스럽기 때문에 对身体(건강에 ~)의 전치사구를 만들어 술어 앞에 위치시킨다.

→ 抽烟对身体没有任何好处。(담배를 피우는 것은 건강에 어떠한 좋은 점도 없다.)

단어   任何 rènhé 데 어떠한 | 好处 hǎochù 명 좋은 점 | 身体 shēntǐ 명 건강 | 抽烟 chōuyān 동 담배를 피우다

---

1 . 3 적용

05

p. 237

| 好像 | 我以前 | 什么地方 | 见过他 | 在 |

| 我以前好像在什么地方见过他。 | 나는 예전에 마치 어디선가 그를 본 적이 있는 것 같다. |

🔒 **시크릿** 부사(好像)의 위치

해설   **1단계 주어를 찾아라!**

- 我以前(나는 예전에): '인칭대사 + 시간명사'의 형태로, 인칭대사 我(나)는 문장에서 주어가 될 수 있고, 시간사는 주어 앞뒤에 위치할 수 있다.
- 什么地方(어느 곳): 명사로, 문장 속에서 목적어나 전치사구가 될 수 있다.

2단계 술어를 찾아라!

- 见过他(그를 본 적이 있다): '동사 + 동태조사 + 목적어' 형태의 동사구로, 동사 뒤에 쓰이는 동태조사 过가 있으므로 동사 술어가 됨을 알 수 있다. → 我以前见过他(나는 예전에 그를 본 적이 있다)

3단계 부사와 전치사를 삽입하라!

- 在(~에서): 전치사로, 장소를 나타내므로 명사 什么地方(어느 곳)과 어울려 전치사구를 이룬다.
- 好像(마치 ~같다): 부사로, 전치사구 앞에 위치시킨다. → 好像在什么地方(마치 어디선가)

→ 我以前好像在什么地方见过他。(나는 예전에 마치 어디선가 그를 본 적이 있는 것 같다.)

단어   好像 hǎoxiàng 부 마치 ~같다 | 以前 yǐqián 명 예전, 이전 | 地方 dìfang 명 장소, 곳

✓ 정답
1. 我没把用过的毛巾扔在镜子旁边。   2. 我好像把韩教授的中文姓名写错了。
3. 她竟然把信用卡的密码给忘记了。   4. 那名优秀学生被全校老师所称赞。
5. 昨天那棵大树被刮倒了。 / 那棵大树昨天被刮倒了。

---

1 , 3 적용

p. 243

| 扔在 | 我 | 把用过的 | 毛巾 | 没 | 镜子旁边 |

| 我没把用过的毛巾扔在镜子旁边。 | 나는 사용했던 수건을 거울 옆에 던져 놓지 않았다. |

🔒 시크릿 **부정부사(没)와 장소 결과보어(扔在)**

해설 **1단계 주어를 찾아라!**
- 我(나): 인칭대사로 문장 속에서 주어가 될 수 있다.

2단계 술어를 찾아라!
- 扔在(던져 놓다): '동사 + 결과보어'의 형태로 在 뒤에는 장소가 등장해야 한다. 따라서 镜子旁边(거울 옆)이 扔在 뒤에 나오는 것이 옳다. → 扔在镜子旁边(거울 옆에 던져 놓다)
  💡Tip 사물에 방위사를 붙이면 장소가 된다. 사물(镜子) + 방위사(旁边) = 장소(镜子旁边)

3단계 기타 성분을 삽입하라!
- 把用过的(사용했던): 관형어 / 毛巾(수건): 명사
  관형어와 명사는 결합할 수 있다. 전치사 把는 목적어를 앞으로 끌고 나오는 역할을 하며, 술어 앞에 놓아야 한다.
  → 把用过的毛巾(사용했던 수건을)
- 没(~하지 않다): 부정부사로, 부사어의 어순 '부사 + 조동사 + 전치사'의 어순에 따라 전치사 把 앞에 위치한다.

→ 我没把用过的毛巾扔在镜子旁边。(나는 사용했던 수건을 거울 옆에 던져 놓지 않았다.)

단어 扔 rēng 통 던지다, 내버리다 | 把 bǎ 전 ~을(를) | 毛巾 máojīn 명 수건 | 镜子 jìngzi 명 거울

---

1 , 3 적용

p. 243

| 好像 | 韩教授的 | 写错了 | 我 | 中文姓名 | 把 |

| 我好像把韩教授的中文姓名写错了。 | 나는 한 교수님의 중국어 이름을 잘못 쓴 거 같다. |

🔒 시크릿 **부사(好像)와 전치사(把)의 위치**

해설 **1단계 주어를 찾아라!**
- 我(나): 인칭대사로, 주어가 될 수 있다.
- 韩教授的(한 교수님의): 관형어로 的 이하에 수식을 받는 명사와 결합해야 한다.
- 中文姓名(중국어 이름): 韩教授的의 수식을 받을 수 있다. → 韩教授的中文姓名(한 교수님의 중국어 이름)

2단계 술어를 찾아라!
- 写错了(잘못 썼다): '동사 + 결과보어 + 동태조사'의 형태로 了를 보고 동사 술어임을 알 수 있다.

3단계 기타 성분을 삽입하라!
- 把(~을/를): 전치사로, 목적어를 술어 앞으로 끌고 나오는 역할을 한다. 韩教授的中文姓名와 결합시켜 전치사구를 만든 후, 주어 뒤 술어 앞에 위치시킨다. → 我把韩教授的中文姓名写错了(나는 한 교수님의 중국어 이름을 잘못 썼다)
- 好像(마치 ~인 듯 하다): 부사로, 부사어의 어순 '부사 + 조동사 + 전치사'에 따라, 전치사 把 앞에 위치한다.

→ 我好像把韩教授的中文姓名写错了。(나는 한 교수님의 중국어 이름을 잘못 쓴 거 같다.)

단어 好像 hǎoxiàng 튀 마치 ~과 같다 | 教授 jiàoshòu 명 교수 | 中文 Zhōngwén 명 중국의 언어와 문자 | 把 bǎ 전 ~을(를)

1, 3 적용

03

p. 243

把　　忘记了　　信用卡的密码　　她　　竟然　　给

她竟然把信用卡的密码给忘记了。 | 그녀는 뜻밖에도 신용 카드의 비밀번호를 잊어버렸다.

🔒 시크릿 부사(竟然)와 전치사(把)의 위치

해설　**1단계 주어를 찾아라!**
- 她(그녀): 인칭대사로, 주어가 될 수 있다.
- 信用卡的密码(신용 카드의 비밀번호): 명사구로, 전치사 把와 결합할 수 있다.

2단계 술어를 찾아라!
- 忘记了(잊어버리다): '동사 + 결과보어 + 동태조사'의 형태로 了를 보고 동사 술어임을 알 수 있다.

3단계 기타 성분을 삽입하라!
- 把(~을/를): 그녀가 잊어버린 대상인 信用卡的密码(신용 카드의 비밀번호)와 결합하여 동사 앞에 위치할 수 있다. → 她把信用卡的密码忘记了(그녀는 신용 카드의 비밀번호를 잊어버렸다)
- 竟然(뜻밖에도): 부사로, 전치사 앞에 위치하는데, 전치사인 把 앞에 놓아야 한다.
- 给(강조 용법): 把자문에서 给는 동사 앞에 놓여, 동작의 결과를 강조하는 역할을 한다. 이때 기본 뜻은 변하지 않는다.
  > !Tip 처치문의 어순: '주어 + 부사 + 把 + 처치 대상 + 给 + 동사 + 기타 성분'

→ 她竟然把信用卡的密码给忘记了。(그녀는 뜻밖에도 신용 카드의 비밀번호를 잊어버렸다.)

단어　把 bǎ 젠 ~을(를) | 忘记 wàngjì 통 잊어버리다 | 信用卡 xìnyòngkǎ 명 신용 카드 | 密码 mìmǎ 명 비밀번호 | 竟然 jìngrán 틧 뜻밖에도

2, 3 적용

04

p. 243

所称赞　　那名　　全校老师　　优秀学生　　被

那名优秀学生被全校老师所称赞。 | 그 우수한 학생은 전교 선생님들의 칭찬을 받았다.

🔒 시크릿 관형어의 기본 어순

해설　**1단계 주어를 찾아라!**
- 那名(그 한 명의): 지시대사 + 양사 / 优秀学生(우수한 학생): 수식어 + 명사
  관형어의 기본 어순 '지시대사 + 양사 + 기타 수식어 + 명사'의 어순에 맞춰 결합할 수 있다.
  → 那名优秀学生(그 우수한 학생)
- 全校老师(전교 선생님들): 명사구로, 복수를 나타내므로 那名과는 어울리지 않는다.

2단계 술어를 찾아라!
- 所称赞(칭찬하다): '조사 + 동사'의 형태로, 称赞이라는 어휘를 몰랐더라도 제시된 5개의 어휘 대부분이 명사고, 전치사 被를 제외하면 술어가 될만한 어휘는 称赞밖에 없으니 자신감을 가지고 유추해 보자.

3단계 전치사를 삽입하라!
- 被(~에 의해서): 전치사로, 동작 행위 주체자를 끌고 나와야 한다. 称赞(칭찬하다)을 하는 주체자는 전교 선생님들이 된다. → 被全校老师(전교 선생님들에 의해서)

→ 那名优秀学生被全校老师所称赞。(그 우수한 학생은 전교 선생님들의 칭찬을 받았다.)

단어　称赞 chēngzàn 통 칭찬하다 | 老师 lǎoshī 명 선생님 | 优秀 yōuxiù 휑 우수하다 | 学生 xuésheng 명 학생

05

p. 243

昨天　那棵大树　刮倒了　被

昨天那棵大树被刮倒了。 那棵大树昨天被刮倒了。	어제 그 큰 나무가 쓰러졌다. 그 큰 나무가 어제 쓰러졌다.

🔒 시크릿 전치사(被)의 위치

해설　**1단계 주어를 찾아라!**
　　　· 昨天(어제): 시간명사로, 주어의 앞과 뒤에 모두 놓일 수 있다.
　　　· 那棵大树(그 큰 나무): 명사구로, 문장 속에서 주어가 될 수 있다.

　　　2단계 술어를 찾아라!
　　　· 刮倒了(바람에 쓰러지다): '동사 + 결과보어 + 동태조사'의 형태로, 동태조사 了를 보고 동사임을 알 수 있다.

　　　3단계 전치사를 삽입하라!
　　　· 被(~에 의해서): 전치사로, 나무를 쓰러뜨린 행위 주체는 风(바람)이겠지만, 여기에서는 행위 주체자가 생략되어 전치사 被와 술어가 바로 연결된 형태다. → 被(风)刮倒了((바람에 의해) 쓰러졌다)

　　　→ 昨天那棵大树被刮倒了。(어제 그 큰 나무가 쓰러졌다.)
　　　　　那棵大树昨天被刮倒了。(그 큰 나무가 어제 쓰러졌다.)

단어　昨天 zuótiān 圆 어제 | 大树 dàshù 圆 큰 나무 | 刮 guā 图 (바람이) 불다 | 倒 dǎo 图 넘어지다 | 被 bèi 전 ~에 의해

DAY 10

✓ 정답
1. 别把笔记本电脑的说明书弄丢了。　2. 你把这份调查问卷复印80份。
3. 请将这些报纸按时间顺序排列好。　4. 我的杯子不小心被弟弟给打破了。
5. 大家被他的精神所感动。

01

p. 243

说明书　把　笔记本电脑的　弄丢了　别

别把笔记本电脑的说明书弄丢了。	노트북 컴퓨터의 설명서를 잃어버리지 말아라.

🔒 시크릿 주어 생략과 부사(别)의 위치

해설　**1단계 주어를 찾아라!**
　　　· 把자문은 주어 생략이 가능하므로 주어가 보이지 않으면 바로 다음 순서를 진행한다.
　　　· 笔记本电脑的(노트북의): 관형어 / 说明书(설명서): 명사
　　　　관형어와 的 이하 부분에 수식을 받는 명사 说明书를 결합시킨다. → 笔记本电脑的说明书(노트북의 설명서)

　　　2단계 술어를 찾아라!
　　　· 弄丢了(잃어버렸다): '동사 + 결과보어 + 동태조사'의 형태로 了를 보고 동사 술어임을 알 수 있다.

　　　3단계 기타 성문을 삽입하라!
　　　· 把(~을/를): 전치사로, 동작의 대상을 술어 앞으로 끌고 나올 수 있다. 전치사구 把笔记本电脑的说明书는 주어 뒤, 술어 앞에 위치시킨다.
　　　· 别(~하지 마라): 부정부사로 把 앞에 위치한다.

　　　→ 别把笔记本电脑的说明书弄丢了。(노트북 컴퓨터의 설명서를 잃어버리지 말아라.)

단어　说明书 shuōmíngshū 圆 설명서 | 把 bǎ 전 ~을(를) | 笔记本 bǐjìběn 圆 노트북 컴퓨터 | 电脑 diànnǎo 圆 컴퓨터 | 弄丢 nòngdiū 图 분실하다, 잃어버리다

1 , 3 적용

02　p. 243

调查问卷	你	复印	把这份	80份

你把这份调查问卷复印80份。	너는 이 설문지를 80부 복사해라.

🔒 **시크릿** 수량사의 위치

해설　**1단계 주어를 찾아라!**

・你(너): 인칭대사로, 주어가 될 수 있다.
・调查问卷(설문지): 명사로, 전치사와 결합하여 전치사구를 이룰 수 있다.
・80份(80부): '수사 + 양사'의 형태로 복사한 양을 나타내므로 동사 뒤에 목적어가 될 수 있다.

2단계 술어를 찾아라!

・复印(복사하다): 동사로, 술어가 될 수 있다.

3단계 기타 성분을 삽입하라!

・把这份(이 자료를): 전치사구로 동사 앞에 위치할 수 있다. 这(지시대사) + 份(양사) 뒤에 명사를 넣어서 전치사구를 완성해야 한다. → 把这份调查问卷(이 설문지를)

　　🔒 **Tip** 张은 종이 한 장을 의미하지만, 份은 여러 장이 묶여 있는 보고서, 프린트물, 신문 등을 세는 단위로 쓰이는 양사이다.

→ 你把这份调查问卷复印80份。(너는 이 설문지를 80부 복사해라.)

단어　调查 diàochá 图 조사하다 | 问卷 wènjuàn 圀 설문 | 复印 fùyìn 图 복사하다 | 份 fèn 圀 세트, 부

---

1 , 3 적용

03　p. 243

这些报纸	排列好	请	按时间顺序	将

请将这些报纸按时间顺序排列好。	이 신문들을 시간 순서에 따라 잘 배열해 주세요.

🔒 **시크릿** 把의 변형 형태인 将

해설　**1단계 주어를 찾아라!**

・将(把)자문은 주어 생략이 가능하므로 주어가 보이지 않으면 바로 다음 순서를 진행한다.
・这些报纸(이 신문들): '지시대사 + 양사 + 명사'의 형태로 将과 결합하여 전치사구가 될 수 있다.
　→ 将这些报纸(이 신문들을)

2단계 술어를 찾아라!

・请(청하다): 겸어문에서 요청할 때 쓰이는 동사 请은 첫 번째 동사가 될 수 있다. 원래 '我请你…'의 형태에서 주어가 생략되는 경우가 많다.
・排列好(잘 배열하다): '동사 + 결과보어'의 형태로 문장에서 술어가 될 수 있다.
　→ 请将这些报纸排列好(이 신문들을 잘 배열해 주세요)

3단계 기타 성분을 삽입하라!

・将(~을/를): 전치사로 把의 변형 형태이다. 처치 대상인 这些报纸와 결합하여 동사 앞에 위치할 수 있다.
・按时间顺序(시간 순서에 따라서): '전치사 + 명사'의 형태로, 동사 앞에 위치할 수 있다.

→ 请将这些报纸按时间顺序排列好。(이 신문들을 시간 순서에 따라 잘 배열해 주세요.)

단어　这些 zhèxiē 데 이러한 | 报纸 bàozhǐ 圀 신문 | 排列 páiliè 图 배열하다. 정렬하다 | 按 àn 젠 ~에 따라서 | 顺序 shùnxù 圀 순서 | 将 jiāng 젠 ~을(를)

쓰기 제1부분　**199**

被弟弟　　我的杯子　　给　　不小心　　打破了

p. 243

我的杯子不小心被弟弟给打破了。	내 컵은 남동생이 조심하지 않아서 깨트렸다.

🔒 **시크릿** 부사와 강조 용법의 위치

해설　**1단계 주어를 찾아라!**
- 我的杯子(내 컵): 명사구로, 주어가 될 수 있다. 피동문에서는 피해를 입은 대상이 주어가 된다.

2단계 술어를 찾아라!
- 打破了(깨졌다): '동사 + 결과보어 + 동태조사'로 술어가 될 수 있다.

3단계 기타 성분을 삽입하라!
- 被弟弟(남동생에 의해): 전치사구로, 주어 뒤 술어 앞에 위치한다.
- → 我的杯子被弟弟打破了(내 컵은 남동생에 의해 깨졌다)
- 不小心(조심하지 않아서): 부사로 쓰였으며, 被자문에서 부사는 被 앞에 위치한다.
- → 我的杯子不小心被弟弟打破了(내 컵은 남동생이 조심하지 않아서 깨트렸다)
- 给(강조 용법): 给는 처치문이나 피동문의 술어 앞에 쓰여 행위의 결과를 강조하는 역할을 하며, 의미상의 변화는 없다.

　　💡 **Tip** 피동문의 어순: '피해 대상 + 부사 + 被 + 가해자 + 给 + 동사 + 기타 성분'

→ 我的杯子不小心被弟弟给打破了。(내 컵은 남동생이 조심하지 않아서 깨트렸다.)

단어　被 bèi 젠 ~에 의해 | 弟弟 dìdi 몡 남동생 | 杯子 bēizi 몡 잔, 컵 | 小心 xiǎoxīn 됭 조심하다, 주의하다 | 破 pò 됭 찢어지다, 파손되다

感动　　被　　大家　　所　　他的精神

p. 243

大家被他的精神所感动。	모두 그의 정신에 감동했다.

🔒 **시크릿** 被 A 所 B

해설　**1단계 주어를 찾아라!**
- 大家(모두): 대사 / 他的精神(그의 정신): 명사구
- 각각 주어와 전치사구를 이룰 수 있다.

2단계 술어를 찾아라!
- 感动(감동하다): 동사로, 문장에서 술어 역할을 한다.

3단계 기타 성분을 삽입하라!
- 被(~에 의해서): 전치사로, 他的精神(그의 정신)과 결합한다. → 被他的精神(그의 정신에 의해)
- 所(~하는 바): 조사로, 행위자와 동작과의 관계를 강조하며, 동사 感动 앞에 위치시킨다.

→ 大家被他的精神所感动。(모두 그의 정신에 감동했다.)

단어　感动 gǎndòng 됭 감동하다, 감격하다 | 被 bèi 젠 ~에 의해 | 大家 dàjiā 때 모두 | 精神 jīngshén 몡 정신

DAY 11

1. 森林里住着很多老虎。
2. 客厅的墙上挂了一张地图。
3. 姐姐的普通话比我的更标准。
4. 这件衣服的颜色比那件稍微深一些。
5. 她的体重好像比上个月轻了很多。

 S1 , S2 적용

01

p. 250

很多　　住着　　森林里　　老虎

| 森林里住着很多老虎。 | 숲에는 많은 호랑이가 살고 있다. |

🔒 **시크릿!** 존현실문의 장소 주어

해설 **1단계 주어를 찾아라!**
- 森林里(숲속에): '명사 + 방위사'의 형태로, 존현문에서는 주어 자리에 위치시킨다. 존현문의 주어로는 장소 또는 시간이 온다.
- 老虎(호랑이): 명사로, 주어나 목적어가 될 수 있다. 여기에서는 목적어로 쓰인다.

2단계 술어를 찾아라!
- 住着(살고 있다): '동사 + 동태조사'의 형태로, 着를 보고 술어임을 짐작할 수 있다.

3단계 기타 성분을 삽입하라!
- 很多(많은): '부사 + 형용사'의 형태로 수량사의 의미를 갖는다. 따라서, 老虎(호랑이)와 결합시키는 것이 적당하다. → 很多老虎(많은 호랑이)
  > **Tip** 호랑이를 수량으로 표현하려면 양사를 사용하여 一只老虎(호랑이 한 마리), 两只老虎(호랑이 두 마리)처럼 표현할 수 있고, 수량의 많음을 나타내기 위해서 很多老虎(많은 호랑이), 许多老虎(많은 호랑이)처럼 표현할 수 있다는 것도 기억하자.

→ 森林里住着很多老虎。(숲에는 많은 호랑이가 살고 있다.)

단어 森林 sēnlín 몡 숲, 산림 | 老虎 lǎohǔ 몡 호랑이

 S1 , S2 적용

02

p. 250

一张　　客厅的　　墙上　　挂了　　地图

| 客厅的墙上挂了一张地图。 | 거실 벽에 한 장의 지도를 걸었다. |

🔒 **시크릿!** 존현실문의 장소 주어

해설 **1단계 주어를 찾아라!**
- 客厅的(거실의): 관형어 / 墙上(벽 위에): '명사 + 방위사'의 형태로, 존현문에서 장소는 주어 자리에 놓으면 된다. 관형어와 명사를 결합시킨다. → 客厅的墙上(거실 벽에)
- 一张(한 장)과 地图(지도): '수사 + 양사 + 명사'의 형태로 목적어가 될 수 있다. → 一张地图(한 장의 지도)
  > **Tip** 특정 목적어와 불특정 목적어: 这, 那와 같은 지시대사와 함께 나오면 특정한 것을 지칭하지만, 一, 两과 같이 나오면 수량사만 있으면 어떤 것인지 특정하지 않아 불특정 목적어가 된다. 불특정 한 것은 주어 자리에 올 수 없고, 목적어 자리에만 나올 수 있다.

2단계 술어를 찾아라!
- 挂了(걸었다): '동사 + 동태조사'의 형태로, 了를 보고 술어임을 알 수 있다.

→ 客厅的墙上挂了一张地图。(거실 벽에 한 장의 지도를 걸었다.)

단어 客厅 kètīng 몡 응접실 | 墙 qiáng 몡 벽 | 挂 guà 동 걸다 | 地图 dìtú 몡 지도

p. 250

标准　　我的　　姐姐的普通话　　比　　更

姐姐的普通话比我的更标准。　　　　　　　　언니(누나)의 보통화는 나보다 훨씬 표준적이다.

🔒 시크릿 비교문에서 부사(更)의 위치

해설　**1단계 주어를 찾아라!**

- 姐姐的普通话(언니(누나)의 보통화): 명사구로, 주어가 될 수 있다.
- 我的(나의): 명사구로, 的 이하에 普通话(보통화)가 생략된 형태이다. 비교문에서 주어와 비교 대상의 중복 단어는 생략 가능하다. 따라서 비교 대상의 위치에 올 수 있다.

2단계 술어를 찾아라!

- 标准(표준적이다): 형용사로, 술어가 될 수 있다.

3단계 기타 성분을 삽입하라!

- 比(~보다): 전치사로, 뒤에 비교 대상이 나와야 한다. → 比我的(나의 보통화보다)
- 更(더욱, 훨씬): 비교를 나타내는 부사로, 형용사 술어 앞에 위치해야 한다. → 更标准(훨씬 표준적이다)

  ⓘ Tip 비교문에서는 很, 非常 등의 정도부사를 쓸 수 없고, 비교의 의미를 지닌 更을 써야 한다. 更 대신 还, 还要가 쓰이기도 한다.

→ 姐姐的普通话比我的更标准。(언니(누나)의 보통화는 나보다 훨씬 표준적이다.)

단어　**标准** biāozhǔn 혭 표준적이다 | **普通话** pǔtōnghuà 뗑 보통화, 표준어 | **比** bǐ 젠 ~보다 | **更** gèng 뷔 더욱

---

p. 250

稍微　　颜色　　深一些　　比那件　　这件衣服的

这件衣服的颜色比那件稍微深一些。　　　　이 옷의 색깔은 저 옷보다 약간 더 진하다.

🔒 시크릿 부사(稍微…一些)의 위치에 주목!

해설　**1단계 주어를 찾아라!**

- 这件衣服的(이 옷의): 관형어 / 颜色(색깔): 명사

  관형어 这件衣服的(이 옷의)와 명사 颜色(색깔)가 결합하여 주어가 된다.

  → 这件衣服的颜色(이 옷의 색깔)

2단계 술어를 찾아라!

- 深一些(좀 진하다): '형용사 + 수량사'의 형태로, 술어가 될 수 있다.

3단계 부사와 전치사를 삽입하라!

- 比那件(저 옷보다): 비교를 나타내는 전치사구로 주어 뒤 술어 앞에 위치한다. 비교문에서 주어와 비교 대상의 중복 단어인 衣服的颜色는 생략이 가능하며, 비교 대상의 위치에 온다. → 这件衣服的颜色比那件(이 옷의 색깔은 저 옷보다)
- 稍微(약간): 부사로, 형용사 술어 앞에 위치해야 한다. 深一些(좀 진하다)와 결합하여 술어구를 이룬다.

  → 稍微深一些(약간 더 진하다)

  ⓘ Tip 부사 稍微는 단독으로 쓰이지 않고, 一点儿, 一些, 一下 등과 함께 쓰인다.

  뗴 稍微贵一点(조금 비싸다), 稍微高一些(조금 높다), 稍微等一下(잠시만 기다리다)

→ 这件衣服的颜色比那件稍微深一些。(이 옷의 색깔은 저 옷보다 약간 더 진하다.)

단어　**稍微** shāowēi 뷔 약간, 조금 | **颜色** yánsè 뗑 색깔 | **深** shēn 혭 깊다 | **一些** yìxiē 얭 약간 | **比** bǐ 젠 ~보다

05

p. 250

轻了　　她的体重　　比上个月　　好像　　很多

她的体重好像比上个月轻了很多。 | 그녀의 몸무게는 지난달보다 많이 가벼워진 것 같다.

🔒 시크릿 부사(好像)와 수량(很多)의 위치

해설　**1단계 주어를 찾아라!**
　　　・她的体重(그녀의 몸무게): 명사구로, 주어가 될 수 있다.

　　　2단계 술어를 찾아라!
　　　・轻了(가벼워졌다): '형용사 + 了'의 형태로, 술어임을 알 수 있다.

　　　3단계 기타 성분을 삽입하라!
　　　・比上个月(지난달보다): 비교를 나타내는 전치사구로 주어 뒤 술어 앞에 위치한다. → 比上个月轻了(지난달보다 가벼워졌다)
　　　・好像(마치 ~인 거 같다): 추측을 나타내는 부사 好像은 주어 뒤, 술어 앞에 위치한다. 특히 전치사가 있다면 전치사(比) 앞에 온다. → 好像比上个月轻了(지난달보다 가벼워진 것 같다)
　　　・很多(많이): 수량을 나타내며, 비교문에서 비교를 거친 수량의 값은 술어 뒤에 위치하게 된다.
　　　　Tip 很多 대신 一公斤(1kg), 三公斤(3kg)과 같은 구체적인 수량이 나올 수도 있다.
　　　→ 好像比上个月轻了很多(지난달보다 많이 가벼워진 거 같다)
　　　　Tip 비교문의 어순: '주어　＋부사＋　比 비교 대상　＋술어＋비교의 양'
　　　　　　　她的体重 + 好像 + 比上个月(的体重) + 轻了 + 　很多
　　　→ 她的体重好像比上个月轻了很多。(그녀의 몸무게는 지난달보다 많이 가벼워진 것 같다.)

단어　轻 qīng 혱 가볍다 | 体重 tǐzhòng 몡 몸무게 | 比 bǐ 젠 ~보다 | 好像 hǎoxiàng 틘 마치 ~같다

DAY 12

✔ 정답
1. 桌子上放着一盒巧克力蛋糕。　　　2. 奶奶的院子里有一棵葡萄树。
3. 我觉得南方的天气肯定比北方暖和得多。
4. 放寒假的时间比原计划推迟了一周。　5. 这种药的味道没有你想象的那么苦。

01

p. 250

放着　　巧克力蛋糕　　一盒　　桌子上

桌子上放着一盒巧克力蛋糕。 | 책상 위에 초콜릿 케이크 한 상자가 놓여져 있다.

🔒 시크릿 존현실문의 장소 주어

해설　**1단계 주어를 찾아라!**
　　　・桌子上(책상 위에): '명사 + 방위사'의 형태로, 장소를 나타낸다. 존현문은 시간 혹은 장소가 주어가 되는 특징이 있기 때문에 주어 자리에 놓아야 한다.
　　　・一盒(한 상자)와 巧克力蛋糕(초콜릿 케이크): '수사 + 양사 + 명사'의 형태로, 목적어가 될 수 있다.
　　　→ 一盒巧克力蛋糕(초콜릿 케이크 한 상자)
　　　　Tip 这, 那와 같은 지시대사로 특정하지 않고, 一, 两과 같은 숫자의 수식을 받으면 불특정함을 나타내어, 목적어 자리에 와야 한다.

　　　2단계 술어를 찾아라!
　　　・放着(놓여져 있다): '동사 + 동태조사'의 형태로, 술어의 역할을 한다.
　　　→ 桌子上放着一盒巧克力蛋糕。(책상 위에 초콜릿 케이크 한 상자가 놓여져 있다.)

단어　放 fàng 동 놓아두다 | 巧克力 qiǎokèlì 몡 초콜릿 | 蛋糕 dàngāo 몡 케이크 | 盒 hé 몡 갑, 통

02

p. 250

1 , 2 적용

院子里	有	奶奶的	一棵	葡萄树

奶奶的院子里有一棵葡萄树。	할머니의 정원에는 한 그루의 포도나무가 있다.

🔒 시크릿 존현실문의 장소 주어와 불특정 목적어

해설 **1단계 주어를 찾아라!**
- 奶奶的(할머니의): 관형어 / 院子里(정원 안에): '명사 + 방위사'의 형태로, 장소를 나타내며, 의미상 관형어 奶奶的와 결합하여 주어가 된다. → 奶奶的院子里(할머니의 정원에)
- 一棵(한 그루): '수사 + 양사'의 형태로, 뒤에 명사가 나와야 한다.
- 葡萄树(포도나무): 一棵와 결합하여, 불특정한 명사구가 되어 목적어가 될 수 있다.

2단계 술어를 찾아라!
- 有(~이 있다): 동사로, 술어가 될 수 있다.
→ 奶奶的院子里有一棵葡萄树。(할머니의 정원에는 한 그루의 포도나무가 있다.)

단어 院子 yuànzi 명 뜰, 정원 | 奶奶 nǎinai 명 할머니 | 棵 kē 양 그루, 포기(식물을 세는 단위) | 葡萄树 pútaoshù 명 포도나무

---

3 적용

03

p. 250

南方的天气	我觉得	比北方	肯定	暖和得多

我觉得南方的天气肯定比北方暖和得多。	내 생각에는 남방의 날씨는 분명히 북방보다 훨씬 따뜻한 거 같다.

🔒 시크릿 특별 동사(觉得)와 부사(肯定)의 위치

해설 **1단계 주어를 찾아라!**
- 我觉得(나는 ~라고 생각한다): 觉得는 뒤에 주술구 형태의 목적어를 끌고 나올 수 있는 특별한 동사이다.
- 南方的天气(남방의 날씨): 명사구로, 주어가 될 수 있다.
- 比北方(북방보다): 비교문을 나타내는 전치사구로, 주어 뒤 술어 앞에 위치한다. 여기에서 중복되는 的天气는 생략되어 제시되었다.
→ 我觉得南方的天气比北方(的天气) (내 생각에는 남방의 날씨는 북방보다)

2단계 술어를 찾아라!
- 暖和得多(매우 따뜻하다): 형용사 暖和는 술어가 되며, 得多는 정도보어로 정도가 높음을 나타낸다.

3단계 기타 성분을 삽입하라!
- 肯定(분명히): 부사어의 어순 '부사 + 조동사 + 전치사구'의 어순에 따라서, 전치사 比 앞에 놓아야 한다.
→ 我觉得南方的天气肯定比北方暖和得多。(내 생각에는 남방의 날씨는 분명히 북방보다 훨씬 따뜻한 거 같다.)

단어 南方 nánfāng 명 남쪽, 남부 | 觉得 juéde 동 ~라고 느끼다 | 比 bǐ 전 ~에 비해, ~보다 | 北方 běifāng 명 북쪽, 북부 | 肯定 kěndìng 부 확실히, 틀림없이 | 暖和 nuǎnhuo 형 따뜻하다

3 적용

04

p. 250

放寒假的　　推迟了　　原计划　　一周　　时间比

| 放寒假的时间比原计划推迟了一周。 | 겨울 방학을 하는 시기는 원래 계획보다 일주일 미뤄졌다. |

🔒 **시크릿** 비교 수량(一周)의 위치

해설 **1단계 주어를 찾아라!**
- 放寒假的(겨울 방학의): 관형어 / 时间比(시간은 ~보다): 관형어와 时间이 결합하여 주어가 된다.
- 原计划(원래 계획): 比와 결합하여 비교 대상이 된다.
- → 放寒假的时间比原计划(겨울 방학을 하는 시기는 원래 계획보다)

2단계 술어를 찾아라!
- 推迟了(미뤄졌다): '동사 + 동태조사'의 형태로, 술어가 될 수 있다.

3단계 기타 성분을 삽입하라!
- 一周(일주일): 수량구로 술어 뒤에 쓰여 비교의 양을 나타낸다.
- → 放寒假的时间比原计划推迟了一周。 (겨울 방학 하는 시기가 원래보다 일주일 미뤄졌다.)

단어 放 fàng 통 쉬다, 파하다 | 寒假 hánjià 명 겨울 방학 | 推迟 tuīchí 통 연기하다 | 原 yuán 형 원래의 | 计划 jìhuà 명 계획, 방안

---

4 적용

05

p. 250

你想像的　　这种药的味道　　没有　　那么　　苦

| 这种药的味道没有你想象的那么苦。 | 이런 약의 맛은 네가 상상한 것처럼 그렇게 쓰지는 않다. |

🔒 **시크릿** 비교문의 부정 형태

해설 **1단계 주어를 찾아라!**
- 这种药的味道(이런 종류의 약): '관형어 + 的 + 명사'의 형태로 주어가 될 수 있다.
- 你想象的(네가 상상한 것): 비교문에서 공통적으로 나오는 味道는 비교 대상에서 생략될 수 있다.

2단계 술어를 찾아라!
- 没有(~만큼 ~하지 않다): 没有가 비교문에 쓰일 때는 'A + 没有 + B + 那么 + 형용사'의 구조로, 비교문의 부정 형태로 쓰인다.
- 苦(쓰다): 형용사로 술어가 될 수 있다.

3단계 기타 성분을 삽입하라!
- 那么(그렇게): 대사로 형용사 苦 앞에 쓰여 정도가 높음을 나타낸다.
- → 这种药的味道没有你想像的那么苦。 (이런 약의 맛은 네가 상상한 것처럼 그렇게 쓰지는 않다.)

단어 想象 xiǎngxiàng 통 상상하다 | 药 yào 명 약 | 味道 wèidao 명 맛 | 那么 nàme 대 그렇게 | 苦 kǔ 형 쓰다

✓ 정답
1. 父亲总是领着我们去香山看红叶。
2. 爷爷有办法解决这样的问题。
3. 这条消息让所有的人都很激动。
4. 父母的鼓励使孩子恢复了自信。
5. 没人能替你办这件事。

 적용

01

p. 257

总是　看红叶　父亲　领着我们　去香山

| 父亲总是领着我们去香山看红叶。 | 아버지께서는 언제나 우리를 데리고 샹산에 가서 단풍 구경을 하신다. |

🔒 시크릿 동작의 발생 순서대로 나열하는 연동문

해설　**1단계 주어를 찾아라!**
　　　• 父亲(아버지): 명사로, 문장 속에서 주어가 된다.

　　　2단계 술어를 찾아라!
　　　• 领着我们(우리를 데리고): 동사구 / 去香山(샹산에 가서): 동사구 / 看红叶(단풍을 구경하다): 동사구
　　　　동사가 많다고 겁먹지 말자! 연동문에서는 동작을 발생 순서대로 나열하면 된다.
　　　→ 领着我们去香山看红叶(우리를 데리고 샹산에 가서 단풍을 구경하다)

　　　3단계 부사를 삽입하라!
　　　• 总是(늘, 언제나): 부사로, 연동문에서 부사는 1번 동사 앞에 위치한다. 따라서 领着我们 앞에 위치한다.

　　→ 父亲总是领着我们去香山看红叶。(아버지께서는 언제나 우리를 데리고 샹산에 가서 단풍 구경을 하신다.)

단어　**总是** zǒngshì 囝 늘, 언제나 | **红叶** hóngyè 몡 단풍 | **父亲** fùqīn 몡 아버지 | **领** lǐng 통 이끌다, 인솔하다

 1, 2 적용

02

p. 257

办法　有　这样的问题　解决　爷爷

| 爷爷有办法解决这样的问题。 | 할아버지는 이러한 문제를 해결할 방법이 있으시다. |

🔒 시크릿 有자 연동문

해설　**1단계 주어를 찾아라!**
　　　• 爷爷(할아버지): 명사로, 문장 속에서 주어가 된다.
　　　• 办法(방법): 명사 / 这样的问题(이러한 문제): 명사구
　　　　각각 목적어로 쓰일 수 있으니, 술어를 찾아 어울리는 동사와 연결시킨다.

　　　2단계 술어를 찾아라!
　　　• 有(있다): 동사로, 연동문에서 有는 1번 동사 자리에 위치해야 하며, 여기에서는 목적어 办法와 어울린다
　　　→ 有办法(방법이 있다)
　　　• 解决(해결하다): 동사로, 연동문의 2번 동사 자리에 놓여 목적어 这样的问题와 어울린다.
　　　→ 解决这样的问题(이러한 문제를 해결하다)

　　→ 爷爷有办法解决这样的问题。(할아버지는 이러한 문제를 해결할 방법이 있으시다.)

　　　💡Tip 有자 연동문과 有자 겸어문의 구분법
　　　목적어1이 뒤 절의 주어가 되면 겸어문이다. 이 문제에서는 목적어1(办法)이 解决(해결하다)의 주체자가 되지 못하므로, 겸어문이 아닌 연동문임을 알 수 있다.

단어　**办法** bànfǎ 몡 방법, 조치 | **问题** wèntí 몡 문제 | **解决** jiějué 통 해결하다 | **爷爷** yéye 몡 할아버지

03

p. 257

| 所有的人 | 这条消息 | 让 | 很激动 | 都 |

这条消息让所有的人都很激动。 | 이 소식은 모든 사람으로 하여금 매우 감격하게 했다.

🔒시크릿 겸어문의 어순

해설 **1단계 주어를 찾아라!**
- 这条消息(이 소식): '지시대사 + 양사 + 명사'의 형태로, 주어가 될 수 있다.
  - 💡Tip 겸어문에서 사람이 아닌, 礼物(선물), 成绩(성적), 消息(소식), 感情(감정), 记忆力(기억력) 등 사물이나 추상명사도 주어가 될 수 있음을 명심하자.
- 所有的人(모든 사람): 겸어문에서 让 뒤에 쓰여 시킴을 받는 대상이 된다.

2단계 술어를 찾아라!
- 让(~로 하여금 ~하게 하다): 사역동사 让은 항상 1번 동사 자리에 위치한다. 시킴을 받는 대상인 所有的人과 함께 쓰인다. → 让所有的人(모든 사람들로 하여금 ~하게 시키다)
- 很激动(매우 감격하다): 동사이므로, 겸어문에서는 2번 동사 자리에 위치한다.

3단계 기타 성분을 삽입하라!
- 都(모두): 부사로, 所有的人(모든 사람) 뒤에 쓰여, 복수의 범위를 나타낸다.

→ 这条消息让所有的人都很激动. (이 소식은 모든 사람으로 하여금 매우 감격하게 했다.)

단어 所有 suǒyǒu 혱 모든, 전부의 | 消息 xiāoxi 몡 소식 | 让 ràng 동 ~하게 하다 | 激动 jīdòng 동 감격하다

04

p. 257

| 自信 | 使 | 父母的鼓励 | 恢复了 | 孩子 |

父母的鼓励使孩子恢复了自信。 | 부모님의 격려는 아이의 자신감을 회복시켜 주었다.

🔒시크릿 겸어문의 어순

해설 **1단계 주어를 찾아라!**
- 父母的鼓励(부모님의 격려): 명사구 / 孩子(아이): 명사 / 自信(자신감): 명사
  문장에서 각각 주어나 목적어가 될 수 있다.

2단계 술어를 찾아라!
- 使(~로 하여금 ~하게 하다): 겸어문에서 사역동사 使는 1번 동사 자리에 위치한다. → 使孩子(아이로 하여금)
- 恢复了(회복시켰다): 동사로 겸어문에서는 2번 동사 자리에 와야 한다. → 恢复了自信(자신감을 회복시켰다)
  - 💡Tip 겸어문에서는 '무엇이 ~로 하여금 ~하게 하였는지'를 고민하여 어순을 배열하면 된다. 사람이 아닌 추상명사 鼓励가 주어가 될 수 있음에 유념하도록 하자.

→ 父母的鼓励使孩子恢复了自信. (부모님의 격려는 아이의 자신감을 회복시켜 주었다.)

단어 使 shǐ 동 (~에게) ~하게 하다 | 父母 fùmǔ 몡 부모 | 鼓励 gǔlì 동 격려하다 | 恢复 huīfù 동 회복하다 | 孩子 háizi 몡 자녀

4 적용

05

p. 257

没人　办　能　替你　这件事

没人能替你办这件事。　　　　　　　　너를 대신해서 이 일을 할 사람은 없다.

🔒시크릿 没(有)를 이용한 겸어문

해설　**1단계 주어를 찾아라!**
　　　　• 这件事(이 일): 명사구로, 목적어가 될 수 있다.

　　　　2단계 술어를 찾아라!
　　　　• 没人(사람이 없다): 동사구로, '没有 + 人'을 줄인 표현이다. 겸어문에서는 没(有)가 1번 동사가 된다.
　　　　• 能(~할 수 있다): 조동사 / 替你(너를 대신하여): 전치사구 / 办(처리하다): 동사
　　　　'조동사 + 전치사구 + 동사'의 어순에 맞게 배열한다. → 能替你办(너를 대신하여 할 수 있다)

　　→ 没人能替你办这件事. (너를 대신해서 이 일을 할 사람은 없다.)

단어　办 bàn 동 처리하다 | 能 néng 조동 ~할 수 있다 | 替 tì 전 ~를 대신하여, ~를 위하여

DAY 14

✓ 정답　1. 你应该找律师好好谈谈情况。　　2. 我的同事邀请我去参观他的新房。
　　　　3. 我没有理由给他发那样的短信。　　4. 祝贺你顺利地考上名牌大学。
　　　　5. 怎样才能让你的父母同意我们结婚呢?

---

1 적용

01

p. 257

你应该　好好谈谈　找　律师　情况

你应该找律师好好谈谈情况。　　　　너는 변호사를 찾아가서 사정을 잘 이야기해야 해.

🔒시크릿 동작의 발생 순서대로 나열하는 연동문

해설　**1단계 주어를 찾아라!**
　　　　• 你应该(너는 마땅히 ~해야 한다): '인칭대사 + 조동사'의 형태로, 인칭대사는 주어가 될 수 있다.
　　　　• 律师(변호사): 명사 / 情况(사정): 명사
　　　　연동문에서는 각 동사마다 목적어가 있을 수 있다.

　　　　2단계 술어를 찾아라!
　　　　• 找(찾다): 동사로, '찾아간다' → '이야기한다'의 순서여야 하므로 1번 동사가 되며, 목적어 律师와 어울린다. → 找 律师(변호사를 찾아간다)
　　　　• 好好谈谈(잘 이야기하다): 동사구로, 2번 동사가 되며 목적어 情况과 어울린다. → 好好谈谈情况(사정을 잘 이야기하다)

　　→ 你应该找律师好好谈谈情况. (너는 변호사를 찾아가서 사정을 잘 이야기해야 해.)

단어　应该 yīnggāi 조동 ~해야 한다 | 谈 tán 동 이야기하다 | 找 zhǎo 동 찾다, 구하다 | 律师 lǜshī 명 변호사 | 情况 qíngkuàng 명 형편, 사정

208

02

p. 257

邀请我　　我的同事　　　他的　　去参观　　新房

我的同事邀请我去参观他的新房。 | 직장 동료가 나를 초대하여 그의 새집을 구경하도록 했다.

🔒시크릿 겸어문의 어순

해설　**1단계 주어를 찾아라!**
- 我的同事(나의 직장 동료): 명사구로, 문장에서 주어가 될 수 있다.
- 他的(그의): 관형어 / 新房(새집): 명사
　관형어 他的와 명사 新房이 결합하여 목적어로 쓰일 수 있다. → 他的新房(그의 새집)

2단계 술어를 찾아라!
- 邀请我(나를 초청하다): 겸어문에서 요청 동사는 1번 동사 자리에 위치해야 한다.
- 去参观(가서 구경하다): 동사로, 겸어문에서는 2번 동사가 되어야 적절하다. 어떤 장소를 구경하는 것이므로, 장소를 나타내는 他的新房을 목적어로 끌고 나와야 한다.
　🔖Tip 겸어문에서는 '누가 ∼로 하여금 ∼하게 하였는지'를 고민하여 어순을 배열하면 된다.

→ 我的同事邀请我去参观他的新房。(직장 동료가 나를 초대하여 그의 새집을 구경하도록 했다.)

단어　邀请 yāoqǐng 통 초대하다 | 同事 tóngshì 명 동료 | 参观 cānguān 통 참관하다 | 新房 xīnfáng 명 새집

---

p. 257

给他　　我　　发　　那样的短信　　没有理由

我没有理由给他发那样的短信。 | 내가 그에게 그러한 메시지를 보낼 이유가 없다.

🔒시크릿 没有 연동문의 어순

해설　**1단계 주어를 찾아라!**
- 我(나): 인칭대사 / 那样的短信(그러한 메시지): 명사구
　문장에서 주어나 목적어로 쓰일 수 있다.

2단계 술어를 찾아라!
- 发(보내다): 동사 发는 다음과 같은 단어들과 호응하여 쓰인다.
　🔖Tip '发 + 资料(자료), 工资(월급), e-mail(이메일), 短信(문자)' 따라서, 那样的短信(그러한 메시지)을 목적어로 끌고 나오는 것이 가장 어울린다. → 发那样的短信(그러한 메시지를 보내다)
- 没有理由(∼할 이유가 없다): 有나 没有가 연동문에 쓰일 경우, 有, 没有가 1번 동사로 '동사1(有/没有) + 목적어1 + 동사2 + 목적어2'의 형태로 쓰인다.
- 没有理由发那样的短信(그러한 메시지를 보낼 이유가 없다)

3단계 기타 성분을 삽입하라!
- 给他(그에게): 전치사구로, '∼에게 ∼하다'의 의미가 필요한 술어 앞에 위치한다.
- 给他发那样的短信(그에게 그러한 메시지를 보내다)

→ 我没有理由给他发那样的短信。(내가 그에게 그러한 메시지를 보낼 이유가 없다.)

단어　发 fā 통 보내다, 발송하다 | 短信 duǎnxìn 명 문자 메시지 | 理由 lǐyóu 명 이유

p. 257

| 名牌大学 | 顺利地 | 祝贺 | 考上了 | 你 |

祝贺你顺利地考上了名牌大学。　　　네가 순조롭게 명문 대학에 합격한 것을 축하한다.

🔒 **시크릿** 겸어문의 어순

해설

1단계 주어를 찾아라!
- 你(너): 인칭대사 / 名牌大学(명문 대학): 명사
  문장에서 주어나 목적어가 될 수 있다.

2단계 술어를 찾아라!
- 祝贺(축하하다): 겸어문에서 사역, 부탁, 요청 등을 나타내는 동사로 1번 동사 자리에 놓는다.
  원래 원형은 我祝贺你(나는 너를 축하한다)이지만, 주어를 생략하여 祝贺你로만 제시되었다.
  💡**Tip** 祝贺(축하하다)의 주체는 대부분 我(나)가 되므로, 주어인 我는 종종 생략되어 나온다.
- 考上了(합격했다): 동사로, 2번 동사 자리에 놓는다. → 考上了名牌大学(명문 대학에 합격했다)

3단계 기타 성분을 삽입하라!
- 顺利地(순조롭게): 구조조사 地를 보고 술어 앞에 놓이는 부사어임을 알 수 있다. 考上了大学(대학에 합격한 것)
  가 순조롭게 되었다는 것을 의미하므로, 考上了 앞에 놓아 수식하도록 한다.

→ 祝贺你顺利地考上了名牌大学。(네가 순조롭게 명문 대학에 합격한 것을 축하한다.)

단어 名牌 míngpái 몡 지명도가 높은 사람이나 기관 | 顺利 shùnlì 톙 순조롭다 | 祝贺 zhùhè 동 축하하다

---

p. 257

| 你的父母 | 我们结婚 | 同意 | 怎样才能 | 让 | 呢 |

怎样才能让你的父母同意我们结婚呢？　　어떻게 해야만이 네 부모님께서 우리 결혼을 동의하실까?

🔒 **시크릿** 겸어문의 어순

해설

1단계 주어를 찾아라!
- 你的父母(네 부모님): 명사구 / 我们结婚(우리 결혼): 명사구
  문장에서 주어나 목적어가 될 수 있다.

2단계 술어를 찾아라!
- 让(~로 하여금 ~하게 하다): 사역동사로 1번 동사 자리에 위치해야 한다. → 让你的父母(네 부모님으로 하여금)
- 同意(동의하다): 동사로, 2번 동사 자리에 놓는다. → 同意我们的结婚(우리 결혼을 동의하다)

3단계 기타 성분을 삽입하라!
- 怎样才能(어떻게 해야만이): 부사어로서 사역동사 让 앞에 위치시켜야 하며, 문장 끝에 어기조사 呢와 호응하여
  쓰인다.

→ 怎样才能让你的父母同意我们结婚呢？(어떻게 해야만이 네 부모님께서 우리 결혼을 동의하실까?)

단어 父母 fùmǔ 몡 부모 | 结婚 jiéhūn 동 결혼하다 | 同意 tóngyì 동 동의하다, 찬성하다 | 怎样 zěnyàng 대 어떻게 | 才 cái
뷔 비로소 | 能 néng 조동 ~할 수 있다 | 让 ràng 동 ~하게 하다

✓ 정답
1. 你怎么连这个最基本的规定也不知道?
2. 我孙子是去年夏天出生的。
3. 这些菜是专为老年人提供的。
4. 他的肺炎是由抽烟引起的。
5. 抽烟对身体一点儿好处也没有。

---

1 적용

01

p. 264

这个最基本的　你怎么连　不知道　规定也

你怎么连这个最基本的规定也不知道?　| 너는 어째서 이렇게 가장 기본적인 규정도 모르니?

 连…也… 강조 구문

해설　**1단계 강조 구문임을 간파하라!**
　　　　• 제시된 어휘에서 连과 也를 보고 连…也… 강조 구문임을 간파할 수 있어야 한다. 이 문장에서는 강조되는 规定(규정)이 连 뒤에 위치한다.

　　　　　 Tip 기본 문장: 你怎么不知道这个最基本的规定? (너는 어째서 이렇게 가장 기본적인 규정을 모르니?)

　　　　2단계 주어를 찾아라!
　　　　• 你怎么连(너는 어째서): '인칭대사 + 의문대사 + 전치사'로, 인칭대사 你(너)가 사람 주어가 될 수 있다.

　　　　3단계 술어를 찾아라!
　　　　• 不知道(모른다): 동사로, 술어 역할을 하며, 连…也… 구문에서는 也 뒤에 위치한다.

　　 → 你怎么连这个最基本的规定也不知道?(너는 어째서 이렇게 가장 기본적인 규정도 모르니?)

　　　　　 Tip 의문대사 怎么가 있으니, 의문 부호를 넣어 준다.

단어　最 zuì 🖱 가장, 제일 | 基本 jīběn 🖱 기본적인 | 怎么 zěnme 🖱 어째서 | 连…也… lián…yě… ~조차도 ~하다 | 规定 guīdìng 🖱 규정

---

4 적용

02

p. 264

出生　是　我孙子　去年夏天　的

我孙子是去年夏天出生的。　| 내 손자는 작년 여름에 태어났다.

 是…的 강조 구문

해설　**1단계 강조 구문임을 간파하라!**
　　　　• 제시된 어휘를 보고 是…的 강조 구문임을 알 수 있다. 是…的 강조 구문은 시간·장소·대상·방식 등을 강조하므로 여기에서는 시간인 去年夏天(작년 여름)을 강조하여야 한다.

　　　　　 Tip 기본 문장: 我孙子去年夏天出生。(내 손자는 작년 여름에 태어났다.)

　　　　2단계 주어를 찾아라!
　　　　• 我孙子(내 손자): 명사구로, 주어가 될 수 있다.
　　　　• 去年夏天(작년 여름): 시간명사로, 강조하고자 하는 대상(시간)이다.

　　　　3단계 술어를 찾아라!
　　　　• 出生(태어나다): 동사로, 술어가 될 수 있다.

　　　　　 Tip 강조하고 싶은 내용 앞에 是를 써 주고, 동사 뒤에 的를 붙여 주면 된다.

　　 → 我孙子是去年夏天出生的。(내 손자는 작년 여름에 태어났다.)

단어　出生 chūshēng 🖱 태어나다, 출생하다 | 孙子 sūnzi 🖱 손자 | 去年 qùnián 🖱 작년 | 夏天 xiàtiān 🖱 여름

03

p. 264

专为　提供的　这些菜　老年人　是

| 这些菜是专为老年人提供的。 | 이 음식들은 특별히 노인을 위해 제공하는 것이다. |

 시크릿 是…的 강조 구문

해설 **1단계 강조 구문임을 간파하라!**
- 제시된 어휘를 보고 是…的 강조 구문임을 알 수 있다. 是…的 강조 구문은 시간·장소·대상·방식 등을 강조하므로, 여기에서는 대상이 되는 老年人(노인)을 강조하여야 한다.

2단계 주어를 찾아라!
- 这些菜(이 음식들): 명사구로, 주어가 될 수 있다.

3단계 기타 성분을 삽입하라!
- 专为(특별히 ~을 위해): 부사 + 전치사 / 老年人(노인): 명사
- 提供的(제공하는 것): 동사 + 구조조사 的
  전치사 为 뒤에 대상인 老年人(노인)을 써 주고, 술어 提供(제공하다)까지 연결해 준다.
  → 专为老年人提供的(특별히 노인을 위해 제공하는 것)
- 是(~이다): 강조 용법으로, 강조하고 싶은 내용 앞에 써 준다. 일반적으로 주어 뒤 부사 앞에 위치시킨다.
→ 这些菜是专为老年人提供的。(이 음식들은 특별히 노인을 위해 제공하는 것이다.)

단어 专 zhuān 🔒 특별히, 오로지 | 为 wèi 🔒 ~을 위하여 | 提供 tígōng 🔒 제공하다, 내놓다 | 菜 cài 🔒 요리 | 老年人 lǎoniánrén 🔒 노인

04

p. 264

引起的　由　他的肺炎　是　抽烟

| 他的肺炎是由抽烟引起的。 | 그의 폐렴은 흡연으로부터 기인한 것이다. |

🔒 시크릿 是…的 강조 구문

해설 **1단계 강조 구문임을 간파하라!**
- 제시된 어휘를 보고 是…的 강조 구문임을 알 수 있다.

2단계 주어를 찾아라!
- 他的肺炎(그의 폐렴): 명사구로, 주어가 될 수 있다.

3단계 기타 성분을 삽입하라!
- 引起的(기인한 것): '동사 술어 + 강조 구문의 的'의 형태이므로, 문장 끝에 배열한다.
- 由(~로부터): 전치사 / 抽烟(담배 피우는 것): 동사
  전치사 由와 원인을 나타내는 抽烟이 함께 결합하여 전치사구를 이룬다. 여기에서는 원인을 강조하는 것이기 때문에 由抽烟引起(흡연으로부터 기인하다)를 是…的 사이에 넣어 강조해야 한다.
- 是(~이다): 강조 용법으로, 강조하고 싶은 내용 앞에 써 준다.
  🔒Tip 是가 있다고 해서 무조건 술어라고 생각해서는 안 된다. 제시된 어휘를 보고 是…的 강조 구문임을 파악하라!
→ 他的肺炎是由抽烟引起的。(그의 폐렴은 흡연으로부터 기인한 것이다.)

단어 引起 yǐnqǐ 🔒 일으키다 | 由 yóu 🔒 ~로 인해, ~에 의해 | 肺炎 fèiyán 🔒 폐렴 | 抽烟 chōuyān 🔒 흡연하다

1 , 2 적용

05

p. 264

抽烟　一点儿好处　对身体　也没有

抽烟对身体一点儿好处也没有。	흡연은 건강에 이로운 점이 조금도 없다.

🔒시크릿 一点儿을 이용한 수량 강조 구문

해설　**1단계 강조 구문임을 간파하라!**

· 连…也… 강조 구문에서는 종종 连이 생략되기도 한다. 따라서 부사 也나 都만 보고도 강조 구문임을 간파할 수 있는 능력이 필요하다.

⚠Tip 기본 문장: 抽烟对身体没有好处。(흡연은 건강에 이로운 점이 없다.)

2단계 주어를 찾아라!

· 一点儿好处(조금의 이로운 점): '양사 + 명사'의 형태로, 목적어가 될 수 있다.

· 对身体(건강에 대해): '전치사 + 명사'의 형태로, 동사의 대상이 된다.

3단계 술어를 찾아라!

· 抽烟(흡연하다): 동사로, 술어뿐만 아니라 주어나 목적어가 될 수도 있다.

· 也没有(~도 없다): '부사 + 동사'의 형태로, 이 문장의 술어가 된다.

⚠Tip 수량을 강조할 때는 两个, 三个 등 특정 수는 안 되고, 최소한의 수량인 一个, 一点儿로 강조할 수 있다.

→ 抽烟对身体一点儿好处也没有。(흡연은 건강에 이로운 점이 조금도 없다.)

단어　抽烟 chōuyān 图 흡연하다 | 一点儿 yìdiǎnr 영 조금도, 전혀 | 好处 hǎochu 명 장점, 좋은 점 | 对 duì 전 ~에 대해 | 身体 shēntǐ 명 건강 | 没有 méiyǒu 图 없다

 DAY 16

✓ 정답

1. 你怎么连话都说不清楚?
2. 我儿子是2005年1月8号出生的。
3. 运动员是什么时候出场的?
4. 这件事一点儿也不能马虎。
5. 他困得连眼睛都睁不开了。

---

1 적용

01

p. 264

说不清楚　怎么　都　你　连话

你怎么连话都说不清楚?	너는 어째서 말조차 제대로 못하니?

🔒시크릿 连…都… 강조 구문

해설　**1단계 강조 구문임을 간파하라!**

· 제시된 어휘들을 보면 连과 都가 눈에 띈다. 강조 구문임을 염두에 두고 배열하자.

⚠Tip 기본 문장: 你怎么说不清楚话?(너는 어째서 말을 제대로 못하니?)

2단계 주어를 찾아라!

· 你(너): 인칭대사로, 문장에서 주어가 된다.

· 怎么(어떻게): 원인이나 이유를 묻는 의문대사로, 주어 뒤 전체 술어 앞에 위치시킨다. → 你怎么(너는 어떻게)

· 连话(심지어 말): 전치사 + 명사 / 都(~조차도): 부사

连…都…를 호응시켜 술어 앞에 놓는다. → 连话都(심지어 말조차도)

3단계 술어를 찾아라!

· 说不清楚(말을 정확하게 할 수 없다): '동사 + 不 + 형용사'의 형태로, 동사 술어 뒤에 가능보어의 부정형이 나온 형태다. 문장 속에서 술어 역할을 한다.

→ 你怎么连话都说不清楚?(너는 어째서 말조차 제대로 못하니?)

단어　清楚 qīngchu 형 정확하다, 분명하다 | 怎么 zěnme 때 어떻게

4 적용

02

p. 264

2005年1月8号	是	我儿子	出生的

我儿子是2005年1月8号出生的。	내 아들은 2005년 1월 8일에 태어났다.

🔒시크릿 是…的 강조 구문

해설 **1단계 강조 구문임을 간파하라!**
· 제시된 어휘를 보고 是…的 강조 구문임을 알 수 있다. 是…的를 이용하여 '시간'을 강조하는 문장이다.
　Tip 기본 문장: 我儿子2005年1月8号出生。(내 아들은 2005년 1월 8일에 태어났다.)

2단계 주어를 찾아라!
· 我儿子(내 아들): '인칭대사 + 명사'의 형태로, 주어가 될 수 있다.
· 2005年1月8号(2005년 1월 8일): 강조하고자 하는 대상(시간)이다.

3단계 술어를 찾아라!
· 是(~이다): 강조 용법으로, 강조하고자 하는 시간명사 앞에 배열한다.
· 出生的(태어났다): '동사 술어 + 강조 구문의 的'의 형태이므로, 문장 끝에 위치한다.

→ 我儿子是2005年1月8号出生的。(내 아들은 2005년 1월 8일에 태어났다.)

단어 儿子 érzi 명 아들 | 出生 chūshēng 동 태어나다

---

4 적용

03

p. 264

什么时候	是	运动员	出场的

运动员是什么时候出场的?	운동선수는 언제 출전한 것인가?

🔒시크릿 是…的 강조 구문

해설 **1단계 강조 구문임을 간파하라!**
· 제시된 어휘를 보고 是…的 강조 구문임을 파악할 수 있어야 한다.

2단계 주어를 찾아라!
· 运动员(운동선수): 명사로, 주어가 될 수 있다.
· 什么时候(언제): 강조하고자 하는 대상(시간)이므로 出场과 결합하여 是…的 사이에 넣어 강조해야 한다.

3단계 술어를 찾아라!
· 出场的(출장하는 것): '동사 술어 + 강조 구문의 的'의 형태이므로, 문장 끝에 위치한다.
· 是(~이다): 강조 용법으로, 강조하고 싶은 내용 앞에 써 준다.

→ 运动员是什么时候出场的? (운동선수는 언제 출전한 것인가?)

단어 运动员 yùndòngyuán 명 운동선수 | 出场 chūchǎng 동 (운동선수가) 출장하다

04

p. 264

一点儿也　　马虎　　不能　　这件事	
这件事一点儿也不能马虎。	이 일은 조금도 대충해서는 안 된다.

🔑 시크릿 一点儿을 이용한 수량 강조 구문

해설

1단계 강조 구문임을 간파하라!

· 连…也… 강조 구문에서는 连이 생략될 수 있으므로, 부사 也나 都만 보고도 강조 구문임을 알아야 한다.

🔗 Tip 기본 문장: 这件事不能马虎。(이 일은 대충해서는 안 된다.)

2단계 주어와 술어를 찾아라!

· 这件事(이 일): '지시대사 + 양사 + 명사'의 형태로, 주어가 될 수 있다.

· 不能(~해서는 안 된다): '부정부사 + 조동사'의 형태로, 뒤에 형용사 술어인 马虎(대충하다)를 배열한다.

· 一点儿也(조금도): '양사 + 부사'의 형태로, 강조하고자 하는 술어 앞에 위치시킨다.

→ 这件事一点儿也不能马虎。(이 일은 조금도 대충해서는 안 된다.)

단어 一点儿 yìdiǎnr 📖 조금도, 완전히 | 马虎 mǎhu 📖 대충하다, 건성으로 하다 | 能 néng 조동 ~할 수 있다

05

p. 264

困得　　他　　睁不开了　　连眼睛　　都	
他困得连眼睛都睁不开了。	그는 피곤해서 눈도 뜨지 못할 정도다.

🔑 시크릿 连…都… 강조 구문

해설

1단계 강조 구문임을 간파하라!

· 정도보어 得와 강조 구문 连…都…가 함께 쓰인 문장이다. 목적어 眼睛(눈)을 강조한 형태다.

🔗 Tip 기본 문장: 他困得睁不开眼睛。(그는 피곤해서 눈을 뜨지 못한다.)

2단계 주어와 술어를 찾아라!

· 他(그): 인칭대사로, 사람 주어가 된다.

· 困得(피곤해서): 뒤에 피곤한 정도를 강조하는 连…都… 구문이 들어간다. 목적어 眼睛이 포함된 连眼睛을 동사 睁不开了(뜨지 못하다) 앞에 배열한다.

→ 他困得连眼睛都睁不开了。(그는 피곤해서 눈도 뜨지 못할 정도다.)

단어 困 kùn 📖 피곤하다 | 睁 zhēng 📖 (눈을) 뜨다 | 连…都… lián…dōu… ~조차도 ~하다 | 眼睛 yǎnjing 📖 눈

✓ 정답
1. 填写的申请表都放在桌子上。
2. 我实在猜不出这个问题的答案。
3. 我们舒服地休息了一天。
4. 哥哥兴奋得睡不着觉。
5. 这场雨下得真及时。

---

 1 적용

01

都　申请表　填写的　桌子上　放在

p. 275

填写的申请表都放在桌子上。　　　작성한 신청서는 모두 책상 위에 놓아두었다.

🔒 시크릿 결과보어

해설　1단계 **주어를 찾아라!**
　　• 填写的(작성한): 관형어 / 申请表(신청서): 명사
　　관형어에 자주 보이는 구조조사 的가 있으니, 명사 申请表(신청서)와 결합하여 주어를 만든다.
　　　→ 填写的申请表(작성한 신청서)
　　• 桌子上(책상 위): '명사 + 방위사 = 장소'가 된다. 장소는 在(~에)와 함께 나온다는 점을 꼭 기억하자.

　　2단계 **술어를 찾아라!**
　　• 放在(~에 놓다): '동사 + 결과보어'의 형태로, 술어가 될 수 있다. 결과보어 在 뒤에는 동작이 행해진 장소가 나와야 한다. → 放在桌子上(책상 위에 놓아두었다)

　　3단계 **부사를 삽입하라!**
　　• 都(모두): 범위를 나타내는 부사로, 주어 뒤, 술어 앞에 위치한다.
　　→ 填写的申请表都放在桌子上。(작성한 신청서는 모두 책상 위에 놓아두었다.)

단어　**申请表** shēnqǐngbiǎo 몡 신청서 | **填写** tiánxiě 동 써 넣다, 기입하다

 S3 적용

02

猜不出　这个问题　的答案　实在　我

p. 275

我实在猜不出这个问题的答案。　　　나는 정말 이 문제의 답안을 짐작할 수 없다.

🔒 시크릿 가능보어의 부정

해설　1단계 **주어를 찾아라!**
　　• 我(나): 인칭대사 / 这个问题(이 문제): 명사구
　　문장에서 주어나 목적어로 쓰일 수 있다.
　　• 的答案(~의 답안): '的 + 答案'의 형태로, 단어를 결합하는 구조조사 的가 있으므로, 这个问题와 붙여서 목적어 자리에 놓는다.
　　　→ 这个问题的答案(이 문제의 답안)

　　2단계 **술어를 찾아라!**
　　• 猜不出(짐작할 수 없다): '동사 + 不出' 형태의 가능보어 부정형이므로, 술이가 될 수 있다.

　　3단계 **기타 성분을 삽입하라!**
　　• 实在(정말로): 부사로, 주어 뒤, 술어 앞에 위치한다.
　　→ 我实在猜不出这个问题的答案。(나는 정말 이 문제의 답안을 짐작할 수 없다.)

단어　**猜** cāi 동 추측하다, 알아맞히다 | **答案** dá'àn 몡 답안 | **实在** shízài 뷔 정말

03

p. 275

舒服地	休息	我们	一天	了

我们舒服地休息了一天。	우리는 편안하게 하루 쉬었다.

🔒 **시크릿** 시량보어

해설

1단계 주어를 찾아라!

- 我们(우리): 인칭대사로, 문장에서 주어가 된다.
- 一天(하루): '수사 + 양사'의 형태로, 시간의 양을 나타내며 술어 뒤에서 시량보어로 쓰일 수 있다.

2단계 술어를 찾아라!

- 休息(휴식하다): 동사 / 了(~했다): 동태조사
'동사 + 동태조사 + 시량보어'의 어순에 맞게 배열한다.　→ 休息了一天(하루 쉬었다)

3단계 기타 성분을 삽입하라!

- 舒服地(편안하게): '형용사 + 地'의 형태로, 부사어를 만드는 구조조사 地를 발견했다면 '부사어 + 술어'의 어순에 따라 舒服地(편안하게)는 술어 앞에 위치시켜야 한다.

→ 我们舒服地休息了一天。(우리는 편안하게 하루 쉬었다.)

단어 舒服 shūfu 톙 편안하다 | 休息 xiūxi 동 쉬다

04

p. 275

哥哥	得	睡不着觉	兴奋

哥哥兴奋得睡不着觉。	오빠(형)는 흥분해서 잠을 이루지 못할 정도다.

🔒 **시크릿** 정도보어

해설

1단계 주어를 찾아라!

- 哥哥(오빠, 형): 명사로, 문장에서 주어가 될 수 있다.

2단계 술어와 보어를 찾아라!

- 兴奋(흥분하다): 형용사 / 得(~하는 정도가): 구조조사 / 睡不着觉(잠을 이룰 수가 없다): 가능보어 부정형
동사나 형용사는 술어도 될 수 있고 보어도 될 수 있음을 명심하고, 문장의 의미에 맞게 나열한다.

→ 哥哥兴奋得睡不着觉。(오빠(형)는 흥분해서 잠을 이루지 못할 정도다.)

단어 哥哥 gēge 몡 오빠, 형 | 睡觉 shuìjiào 동 (잠을) 자다 | 兴奋 xīngfèn 톙 흥분하다

05

p. 275

雨　这场　真　下得　及时

这场雨下得真及时。　　　　　　　　　　　　이 비는 아주 적절한 때에 내렸다.

🔒 시크릿 **정도보어**

해설　**1단계 주어를 찾아라!**
- 这场(이번): 지시대사 + 양사 / 雨(비): 명사
  '수사 + 양사 + 명사' 어순에 따라 결합하여 주어를 만든다. → 这场雨(이 비는)

2단계 술어를 찾아라!
- 下得(내리는 정도): 동사 下는 '(비가) 내리다'의 의미이며, 정도보어를 나타내는 구조조사 得 이하에 동작의 정도를 나타내는 형용사를 넣어 주면 된다.
- 及时(적절하다): 형용사로, 구조조사 得 뒤에 쓰여 상태를 표현할 수 있다. → 下得及时(적절한 때에 내렸다)
- 真(매우): 정도부사로, 형용사 及时(적절하다)와 함께 쓰인다. → 真及时(매우 적절하다)

→ 这场雨下得真及时。(이 비는 아주 적절한 때에 내렸다.)

ⓘTip 정도보어의 어순
주어 + 술어 + 得 + 정도부사 + 형용사
　　　　　　　　　정도보어

단어　**及时** jíshí ⑱ 제때에, 적시에

✓ **정답**
1. 这间教室肯定坐不下五十个人。
2. 这张山水画适合挂在客厅里。
3. 请你再检查一遍你的e-mail地址。
4. 这件事发生得十分突然。
5. 这儿的环境被污染得很严重。

---

1 . 3 적용

01

p. 275

五十个人　肯定　这间　坐不下　教室

这间教室肯定坐不下五十个人。　　　　　　이 교실은 확실히 50명이 앉을 수 없다.

🔒 시크릿 **가능보어**

해설　**1단계 주어를 찾아라!**
- 这间(이 한 칸의): 지시대사 + 양사 / 教室(교실): 명사
  间은 '방, 교실'을 세는 양사이므로, 教室(교실)와 결합시켜 주어 자리에 놓는다. → 这间教室(이 교실)
- 五十个人(50명): 수량사로, 사람이라서 주어가 될 수 있을 것이라고 착각할 수 있지만, 50명은 구체적인 주체자가 아니라 단순한 수량만을 알려 주는 불특정한 명사이므로, 목적어로 쓰는 것이 타당하다.

2단계 술어와 보어를 찾아라!
- 坐不下(앉을 수 없다): '동사 술어 坐 + 不 + 방향보어 下'의 형태로, 가능보어의 부정 형식이다.

3단계 부사를 삽입하라!
- 肯定(확실히): 부사이므로, 술어 坐不下 앞에 놓는다. → 肯定坐不下(확실히 앉을 수 없다)

→ 这间教室肯定坐不下五十个人。(이 교실은 확실히 50명이 앉을 수 없다.)

단어　**肯定** kěndìng ⑱ 확실히, 분명히, 틀림없이 | **坐不下** zuòbuxià ⑧ 앉을 수 없다, 수용할 수 없다 | **教室** jiàoshì ⑲ 교실

02

p. 275

挂在　　客厅里　　山水画　　这张　　适合

| 这张山水画适合挂在客厅里。 | 이 산수화는 거실에 걸어 놓는 것이 어울린다. |

🔒 시크릿 결과보어

해설 **1단계 주어를 찾아라!**

- 这张(이 한 장의): 지시대사 + 양사 / 山水画(산수화): 명사
  관형어 这张(이 한 장의)과 山水画(산수화)를 결합시켜 주어 자리에 놓는다. → 这张山水画(이 한 장의 산수화)
- 客厅里(거실에): '명사 + 방위사 = 장소'가 된다. 장소는 在(~에)와 함께 나온다는 점을 꼭 기억하자.

2단계 술어를 찾아라!

- 适合(적합하다): 适合는 동사로, 목적어를 가지고 나올 수 있다.
- 挂在(~에 걸리다): '동사 + 결과보어'의 형태로, 在 뒤에는 장소가 나와야 하므로 客厅里(거실에)와 결합하는 것이 적절하다. → 挂在客厅里(거실에 걸리다)

→ 这张山水画适合挂在客厅里。(이 산수화는 거실에 걸어 놓는 것이 어울린다.)

단어 挂 guà 图 걸다 | 客厅 kètīng 명 거실, 응접실 | 山水画 shānshuǐhuà 명 산수화 | 适合 shìhé 图 적합하다, 알맞다

03

p. 275

检查　　请你　　你的e-mail地址　　再　　一遍

| 请你再检查一遍你的e-mail地址。 | 당신의 이메일 주소를 다시 한 번 확인해 주세요. |

🔒 시크릿 동량보어

해설 **1단계 주어를 찾아라!**

- 请你(네게 청하다): 원래 형태는 我请你(내가 당신에게 부탁한다)이다. 겸어문에서 요청할 때 쓰이는 동사 请이 등장하면 주어(我)는 종종 생략된다.
- 你的e-mail地址(당신의 이메일 주소): 명사구로, 문장에서 목적어로 쓰일 수 있다.

2단계 술어를 찾아라!

- 检查(검사하다): 동사로, 술어가 된다. → 检查你的e-mail地址(당신의 이메일 주소를 확인하다)

3단계 기타 성분을 삽입하라!

- 再(다시, 재차): 부사로, 술어 앞에 위치한다.
- 一遍(한 번): 동사 뒤에서 동작을 양을 나타내는 동량보어로 쓰인다.

→ 请你再检查一遍你的e-mail地址。(당신의 이메일 주소를 다시 한 번 확인해 주세요.)

단어 检查 jiǎnchá 图 확인하다, 검사하다 | 地址 dìzhǐ 명 주소

04

p. 275

发生　十分　这件事　得　突然

这件事发生得十分突然。

| 이 일은 매우 갑작스럽게 일어났다. |
| (이 일은 일어난 것이 매우 갑작스럽다) |

시크릿 정도보어

해설　**1단계 주어를 찾아라!**
- 这件事(이 일): '지시대사 + 양사 + 명사'의 형태로, 주어가 될 수 있다.

2단계 술어를 찾아라!
- 发生(일어나다): 동사로, 술어가 될 수 있다.
- 突然(갑작스럽다): 突然은 '갑자기'라는 뜻의 부사적 용법과, '갑작스럽다'라는 뜻의 형용사적 용법이 있다. 형용사는 정도부사와 자주 함께 나오므로, 제시된 단어 중 정도부사 十分이 있으므로 형용사적 용법일 가능성이 매우 높다.

3단계 기타 성분을 삽입하라!
- 得(~하는 정도가): 정도보어의 어순은 '술어 + 得 + 정도보어(정도부사 + 형용사)'의 형태로 자주 등장한다.
- 十分(매우): 정도부사로, 형용사인 突然(갑작스럽다)과 함께 결합하여, 동작이 어떠한 상태에 이르렀는지 알려주는 보어 역할을 한다.
- → 发生得十分突然(일어난 것이 매우 갑작스럽다)

→ 这件事发生得十分突然。(이 일은 매우 갑작스럽게 일어났다. / 이 일은 일어난 것이 매우 갑작스럽다.)

단어　发生 fāshēng 동 발생하다 | 十分 shífēn 부 매우 | 突然 tūrán 형 갑작스럽다

05

p. 275

严重　很　这儿的　被污染得　环境

这儿的环境被污染得很严重。

| 이곳의 환경은 매우 심각하게 오염되었다. |

시크릿 정도보어

해설　**1단계 주어를 찾아라!**
- 这儿的(이곳의): 관형어 / 环境(환경): 명사
  관형어 这儿的와 명사 环境을 결합시켜 주어를 만든다. → 这儿的环境(이곳의 환경)

2단계 술어를 찾아라!
- 被污染得(오염되어진 정도가): 污染이 술어가 되고, 구조조사 得 뒤에 정도의 높음을 나타내는 표현이 나올 수 있다.
  > Tip 피동문의 어순: '피해대상 + 被 + (가해 행위자) + 술어 + 기타 성분'
  > 이때, 가해자(행위자)를 모르거나 너무나 당연히 알고 있다면 被 뒤 행위자는 생략 가능하다. 환경을 오염시킨 것은 지구에 살고 있는 모든 사람들(人们)이기 때문에 생략해도 무방한 것이다.

3단계 기타 성분을 삽입하라!
- 严重(심각하다): 형용사로, 得 뒤에 쓰여 정도가 높음을 나타내는 정도보어로 쓰일 수 있다.
- 很(매우): 정도부사는 반드시 형용사 앞에 쓰여야 한다.
- → 被污染得很严重(오염되어진 정도가 매우 심각하다)

→ 这儿的环境被污染得很严重。(이곳의 환경은 매우 심각하게 오염되었다.)

단어　严重 yánzhòng 형 심각하다 | 被 bèi 전 (~에게) ~을 당하다 | 污染 wūrǎn 동 오염되다 | 环境 huánjìng 명 환경

DAY 19

2 적용

p. 282

모범 답안	
我的弟弟	내 남동생
一个孩子 / 这个孩子	한 아이 / 이 아이
(这个)小孩子	(이 한 명의) 어린 아이
(这个)小男孩子	(이 한 명의) 어린 남자아이
站在那儿的小男孩子	저기에 서 있는 어린 남자아이
背着书包的小男孩子	책가방을 메고 있는 어린 남자아이

🔒 **시크릿** 어린 남자아이

해설
- 친족 관계: 어린 남자아이는 我的弟弟(내 남동생)라고 가정할 수 있다.
- 수량사 수식어: 사진에 있는 사람은 孩子(아이)이므로, 수량사 一个를 넣어서 一个孩子(한 아이), 지시대사를 넣어서 这个孩子(이 아이)라고 할 수 있다.
- 간단한 수식어: '어리다'라는 뜻의 小를 붙여서 (这个)小孩子(어린 아이/이 한 명의 어린 아이), 성별을 구분해서 (这个) 小男孩子(어린 남자아이/이 한 명의 어린 남자아이)라고 할 수 있다.
- 복잡한 수식어: 가지고 있는 소지품이나 동작을 묘사해서 꾸며 줄 수 있다. 이 아이는 지금 서 있고(站在那儿的), 가방을 메고(背着书包的) 있다.

단어 弟弟 dìdi 명 남동생 | 孩子 háizi 명 아이

---

2 적용

p. 282

모범 답안	
我的妹妹	내 여동생
一个孩子 / 这个孩子	한 아이 / 이 아이
(这个)小孩子	(이 한 명의) 어린 아이
(这个)小女孩子	(이 한 명의) 어린 여자아이
戴着帽子的小女孩子	모자를 쓰고 있는 어린 여자아이
很可爱的小女孩子	매우 귀여운 어린 여자아이

🔒 **시크릿** 어린 여자아이

해설
- 친족 관계: 어린 여자아이는 我的妹妹(내 여동생)라고 가정할 수 있다.
- 수량사 수식어: 사진에 있는 사람은 孩子(아이)이므로, 수량사 一个를 넣어서 一个孩子(한 아이), 지시대사를 넣어서 这个孩子(이 아이)라고 할 수 있다.
- 간단한 수식어: '어리다'라는 뜻의 小를 붙여서 (这个)小孩子(어린 아이/이 한 명의 어린 아이), 성별을 구분해서 (这个) 小女孩子(어린 여자아이/이 한 명의 어린 여자아이)라고 할 수 있다.
- 복잡한 수식어: 이 아이는 모자를 쓰고(戴着帽子的) 있으며, 매우 귀여운(很可爱的) 모습을 하고 있다.

단어 妹妹 mèimei 명 여동생 | 戴 dài 동 (머리, 얼굴 등에) 쓰다, 착용하다 | 帽子 màozi 명 모자

03
p. 282

모범 답안	
我的爷爷	나의 할아버지
一位老人 / 这位老人	한 분의 노인 / 이 노인
正在看书的爷爷	책을 보고 있는 할아버지
坐在椅子上的老人	의자에 앉아 있는 노인

🔒 시크릿 나이 든 남자

해설
- 친족 관계: 연세가 높은 남자 어른은 我的爷爷(나의 할아버지)라고 가정할 수 있다.
- 수량사 수식어: 사진에 있는 사람은 老人(노인)이므로, 수량사 一位를 넣어서 一位老人(한 노인), 지시대사를 넣어서 这位老人(이 노인)이라고 할 수 있다.
- 복잡한 수식어: 노인은 지금 의자에 앉아서(坐在椅子上的) 책을 보고 있다(正在看书的). 이 모습을 관형어로 표현하여 풍성한 주어를 만들면 된다.

단어 爷爷 yéye 몡 할아버지 | 老人 lǎorén 몡 노인 | 看 kàn 동 읽다 | 书 shū 몡 책

04
p. 282

모범 답안	
我们姐妹	우리 자매
三个女孩子 / 这三个女孩子	세 명의 여자아이 / 이 세 명의 여자아이
一起拍照的三个女孩子	함께 사진을 찍는 세 여자아이
我的老朋友们	내 오랜 친구들

🔒 시크릿 세 명의 젊은 여자들

해설
- 친족 관계: 또래의 여자 여럿은 我们姐妹(나의 자매)라고 가정할 수 있다.
- 수량사 수식어: 사진에 있는 사람들은 女孩子(여자아이)다. 수량사 三个를 넣어서 三个女孩子(세 명의 여자 아이), 지시대사를 넣어서 这三个女孩子(이 세 명의 여자아이)라고 할 수 있다.
- 복잡한 수식어: 함께 있는 이 세 여자는 무슨 관계며(老朋友), 무엇을 하고 있는지(一起拍照的) 상상하여 관형어를 만들어 준다.

단어 我们 wǒmen 때 우리 | 姐妹 jiěmèi 몡 자매 | 女孩子 nǚháizi 몡 여자아이 | 拍照 pāizhào 동 사진을 찍다

📅 **DAY 20**

01
p. 282

모범 답안	
鞋	신발
一双鞋 / 这双鞋	신발 한 켤레 / 이 한 켤레의 신발
(一双)运动鞋	운동화 (한 켤레)
(一双)新买的鞋	새로 산 신발 (한 켤레)
朋友送给我的鞋	친구가 나에게 선물한 신발

시크릿 운동화 한 켤레

해설 ・수량사 수식어: '켤레'라는 의미를 가진 신발을 세는 양사 双을 넣어 一双鞋(신발 한 켤레), 지시대사를 넣어 这双鞋(이한 켤레의 신발)로 만들어 준다.

・복잡한 수식어: 사진의 신발은 구두가 아니라 운동화이므로, 一双运动鞋(운동화 한 켤레)라고 말할 수 있다. 새로 샀다(新买的), 누가 선물로 줬다(朋友送给我的), 어디에서 샀다(在百货商店里买的) 등을 관형어로 표현하여 주어를 풍성하게 만들 수 있다.

단어 鞋 xié 몡 신발 | 双 shuāng 양 쌍, 켤레 | 送 sòng 동 주다, 선물하다

---

④ 적용

 02 p. 282

모범 답안	
水果 / 一斤水果	과일 / 과일 한 근
一些水果 / 这些水果	약간의 과일 / 이 약간의 과일
我最喜欢吃的水果	내가 제일 좋아하는 과일
各种各样的水果	여러 가지 과일
在超市里买的水果	슈퍼마켓에서 산 과일
昨天在市场买的水果	어제 시장에서 산 과일

시크릿 여러 가지 과일

해설 ・수량사 수식어: 일반적으로 과일은 수로 셀 수 있으나, 사진 속에는 여러 가지 과일이 있으니, 정해지지 않은 양을 나타내는 양사 些를 사용하거나, 근을 나타내는 斤을 사용하여 표현할 수 있다.
→ 一些水果(약간의 과일), 这些水果(이 약간의 과일), 一斤水果(과일 한 근)

・복잡한 수식어: 과일을 구입한 시간이나 장소, 과일의 모양이나 색깔을 이용해서 주어를 풍성하게 만들 수 있다.
→ 我最喜欢吃的水果(내가 제일 좋아하는 과일), 各种各样的水果(여러 가지 과일), 超市里买的水果(슈퍼마켓에서 산 과일), 昨天在市场买的水果(어제 시장에서 산 과일), 红红的苹果(빨간 사과), 圆圆的苹果(동그란 사과)

단어 水果 shuǐguǒ 몡 과일 | 斤 jīn 양 근(무게의 단위) | 这些 zhèxiē 때 이것들, 이러한 | 各种各样 gèzhǒng gèyàng 각양각색이다 | 超市 chāoshì 몡 슈퍼마켓 | 市场 shìchǎng 몡 시장

---

④ 적용

03 p. 282

모범 답안	
手机 / 一部手机	휴대전화 / 휴대전화 한 대
一个手机 / 这个手机	휴대전화 하나 / 이 휴대전화
新买的手机 / 新上市的手机	새로 산 휴대전화 / 새로 나온 휴대전화
最近新出的手机	최근에 출시된 휴대전화
非常有用的手机	매우 쓸모 있는 휴대전화

시크릿 휴대전화

해설 ・수량사 수식어: 수량사를 넣어 一个手机(휴대전화 하나), 지시대사를 넣어 这个手机(이 휴대전화), 기계를 셀 때 쓰는 양사 部를 이용하여 一部手机(휴대전화 한 대)라고 쓸 수 있다.

・복잡한 수식어: 전자제품은 '새로 산, 새로 출시된' 등의 다양한 수식어를 만들어줄 수 있다.
→ 新买的手机(새로 산 휴대전화), 新上市的手机(새로 나온 휴대전화), 最近新出的手机(최근에 출시된 휴대전화), 非常有用的手机(매우 쓸모 있는 휴대전화)

단어 手机 shǒujī 몡 휴대전화 | 买 mǎi 동 사다 | 上市 shàngshì 동 출시되다, 시장에 나오다 | 有用 yǒuyòng 동 쓸모가 있다, 유용하다

모범 답안	
咖啡	커피
一杯咖啡 / 这一杯咖啡	커피 한 잔 / 이 한 잔의 커피
黑咖啡 / 我喜欢喝的黑咖啡	블랙커피 / 내가 좋아하는 블랙커피
免费提供的咖啡	무상 제공하는 커피

p. 282

🔒 시크릿 커피가 담긴 커피잔

해설 · 수량사 수식어: 커피를 담는 용기가 컵(杯子)이므로 양사는 杯(잔)를 쓴다. 수량사를 붙여 一杯咖啡(커피 한 잔), 지시대사까지 붙여서 这杯咖啡(이 한 잔의 커피)라고 할 수 있다.

· 복잡한 수식어: 블랙커피(黑咖啡), 내가 좋아하는 블랙커피(我喜欢喝的黑咖啡), 무상 제공하는 커피(免费提供的咖啡) 등의 수식어를 만들어 꾸며 주면 된다.

단어 咖啡 kāfēi 명 커피 | 杯 bēi 양 잔 | 免费 miǎnfèi 동 무료로 하다 | 提供 tígōng 동 제공하다

DAY 21

钥匙

p. 288

모범 답안	
我把房门钥匙还给房东了。	나는 방문 열쇠를 집주인에게 돌려주었다.
참고 답안	
弟弟不小心把钥匙弄丢了。	남동생은 부주의하여 열쇠를 잃어버렸다.
我把钥匙忘在房间里了，只好再配一把。	나는 열쇠를 방 안에 놓고 나와서, 어쩔 수 없이 다시 하나 맞춰야 한다.

🔒 시크릿 열쇠(钥匙)에 어울리는 동사 떠올리기

해설 钥匙(열쇠)는 '안경, 열쇠를 맞추다'라는 뜻의 동사 配를 써서 내용을 작문하면 된다. 그에게 열쇠를 돌려주었다(把钥匙还给他了), 열쇠를 가방 안에 놓았다(把钥匙放在书包里了), 열쇠를 방 안에 놓고 나왔다(把钥匙忘在房间里了), 열쇠를 잃어버렸다(把钥匙弄丢了), 열쇠 하나를 맞췄다(配了一把钥匙) 등으로 작문할 수 있다. 열쇠를 세는 양사는 손에 쥐는 물건을 셀 때 쓰는 把로 표현한다.

단어 钥匙 yàoshi 명 열쇠 | 把 bǎ 전 ~을(를) | 还 huán 동 돌려주다 | 房东 fángdōng 명 집주인 | 忘 wàng 동 잊다 | 在 zài 전 ~에(서) 동작, 행위와 관련 있는 장소를 나타냄 | 房间 fángjiān 명 방 | 只好 zhǐhǎo 부 어쩔 수 없이 | 配 pèi 동 맞추다 | 把 bǎ 양 열쇠를 세는 데 쓰임

售货员

p. 288

모범 답안	
她是一位热情的售货员，我们都很喜欢她。	그녀는 매우 친절한 판매원이다. 우리는 모두 그녀를 좋아한다.
참고 답안	
售货员正在给我买的东西结账。	판매원은 지금 내가 산 물건을 계산하고 있다.
听说，做售货员的忙得没有时间吃饭。	듣자 하니, 판매원이라는 직업은 밥 먹을 시간이 없을 정도로 바쁘다고 한다.

🔒시크릿 판매원(售货员)을 수식할 수 있는 표현 떠올리기

해설 售货员(판매원)은 사람을 존중해서 표현할 때 쓰는 양사 位를 사용할 수 있다. 그 사람을 수식하는 단어를 사용하여, 친절한 판매원(热情的售货员), 친근한 판매원(亲切的售货员), 착한 판매원(善良的售货员)이라고 표현할 수 있다.
　　─ 她是一位 + 수식어 + 的售货员。
또한, 자신이 성장해서 어떤 직업을 가진 사람이 되고 싶다고 표현해도 좋다.
　　─ 我长大以后，想当 + 직업。
또한 매우 바쁘다는 것을 다양한 방식으로 표현할 수 있다.
　　─ 很忙 / 忙得要命 / 忙得不得了 / 忙得颇有时间吃饭
　　💡Tip 직업과 관련된 명사인 警察(경찰), 记者(기자), 护士(간호사), 老师(선생님), 售货员(판매원) 등이 종종 출제되었다. 어떤 단어로 출제되더라도 응용해서 쓸 수 있는 모범 답안을 외우고 있으면 도움이 될 것이다.

단어 售货员 shòuhuòyuán 몡 점원, 판매원 | 热情 rèqíng 혱 친절하다 | 结账 jiézhàng 동 계산하다

---

3 적용

p. 288

毛巾

모범 답안	
他用毛巾擦了脸上的汗。	그는 수건을 사용하여 얼굴의 땀을 닦았다.
참고 답안	
他把用过的毛巾放在椅子旁边。 我觉得运动毛巾比普通毛巾更好。	그는 사용한 수건을 의자 옆에 놓았다. 나는 운동 수건(스포츠 타월)은 일반 수건에 비해 훨씬 좋은 것 같다고 느낀다.

🔒시크릿 수건(毛巾)과 어울리는 동사 떠올리기

해설 동사 擦(닦다)를 써서 몸을 닦거나 땀을 닦는다는 표현을 할 수 있다. 만약 땀(汗), 닦다(擦) 등의 단어가 잘 생각나지 않는다면, 수건을 가져오지 않았다(没带毛巾), 당신의 수건을 좀 빌려주세요(借给我用一下你的毛巾), 수건이 더러우니 빨아야 한다(毛巾很脏，该洗一洗了) 등의 좀 더 쉬운 문장을 떠올려 작문할 수 있다. 毛巾(수건)은 길고 가는 것을 셀 때 쓰는 양사 条를 쓸 수도 있다.
1번 문제에서 학습했던 표현을 응용하여 더 쉽게 작문도 가능하다.
　　─ 수건을 그에게 돌려주었다(我把毛巾还给他了), 수건을 방에 놓고 왔다(把毛巾忘在房间里了), 수건을 잃어버렸다(把毛巾弄丢了)
이처럼 한 단어가 아닌 여러 단어에 적용해서 사용할 수 있는 문장은 확실히 암기해 두어 실전에서 활용해야 한다.
　　💡Tip 최신 기출문제에서는 擦(닦다), 汗(땀), 毛巾(수건)과 같은 관련 단어들이 출제되었다.

단어 毛巾 máojīn 수건 | 擦 cā 동 닦다 | 脸 liǎn 몡 얼굴 | 汗 hàn 몡 땀 | 觉得 juéde 동 ~라고 느끼다 | 运动 yùndòng 몡 운동 | 比 bǐ 젠 ~보다 ~하다 | 更 gèng 뷔 더욱, 훨씬

---

3 적용

p. 288

密码

모범 답안	
我忘了密码，该怎么办呢?	나는 비밀번호를 잊어버렸는데, 어떻게 하지?
참고 답안	
信用卡的密码千万不要告诉别人。	신용 카드의 비밀번호는 절대로 다른 사람에게 알려 주면 안 된다.
她竟然把银行卡的密码给忘记了。	그녀는 은행 카드의 비밀번호를 잊어버렸다.

🔒시크릿 비밀번호(密码)와 어울리는 동사 떠올리기

해설 密码(비밀번호)는 은행에서 돈을 출금하거나 신용 카드를 사용할 때 자주 쓰는 단어다. 비밀번호를 잊어버렸다(忘了密码), 비밀번호는 다른 사람에게 알려 주면 안 된다(不要告别人) 등의 내용으로 작문할 수 있다.

단어　密码 mìmǎ 몡 비밀 | 忘 wàng 통 잊다 | 信用卡 xìnyòngkǎ 명 신용 카드 | 千万 qiānwàn 閈 제발, 절대로 | 不要 búyào
閈 ~하지 마라 | 告诉 gàosu 통 알려 주다 | 别人 biérén 몡 다른 사람 | 竟然 jìngrán 閈 뜻밖에도, 의외로

DAY 22

③ , ④ 적용

01
p. 288

饺子

모범 답안	
这是我做的饺子，快来尝尝，味道怎么样？	이건 내가 만든 만두야, 빨리 와서 맛을 좀 봐, 맛이 어때?
참고 답안	
妈妈做的饺子味道真好。我饿得不得了，一下子吃完了一盘饺子。	엄마가 만드신 만두는 정말 맛있다. 나는 너무 배가 고파서, 순식간에 만두 한 접시를 먹어 버렸다.

🔒 시크릿 만두(饺子)와 어울리는 동사 떠올리기

해설　만두와 함께 쓰이는 동사로 만두를 만들다(做饺子), 만두를 빚다(包饺子), 만두를 맛보다(尝尝饺子), 만두를 먹다(吃饺子) 등을 떠올려 볼 수 있다. 平时(평상시), 经常(자주), 有时候(가끔씩), 春节的时候(설날에), 今天晚上(오늘 저녁)과 같은 시간 관련 표현을 써서 풍성한 문장으로 작문할 수도 있다. 음식 관련 단어 중 빼놓을 수 없는 味道(맛)에 대한 평가는 好吃(맛있다), 好吃极了(너무 맛있다)뿐만 아니라, 香(맛있다), 很喜欢吃(먹는 걸 좋아한다)로 표현할 수도 있다.
　　만두를 낱개로 세는 양사는 个(개)이고, 한 접시를 세는 양사는 盘(접시)을 사용하여 一盘饺子라는 표현을 써도 좋다.

💡Tip 包子(찐빵, 만두), 饺子(만두), 饼干(비스킷), 巧克力(초콜릿), 蛋糕(케이크), 汤(탕, 국)과 같은 음식 관련 단어가 자주 출제된다. 어떠한 단어가 들어가도 정답이 될 수 있는 모범 답안을 외워 실전에 대비하자!

◎ 这是 + 누가 + 做的 + 음식。 이것은 + 누가 + 만든 + 음식 + 이다.
这个 + 음식 + 是在超市里买的。 이 + 음식(은) + 시장에서 산 것이다.
我很喜欢吃 + 음식。 나는 + 음식 + 먹는 것을 좋아한다.
我觉得这个 + 음식 + 真好吃。 나는 이 + 음식(은) + 정말 맛있다고 여긴다.

단어　饺子 jiǎozi 몡 만두 | 尝 cháng 통 맛보다 | 味道 wèidao 몡 맛 | 怎么样 zěnmeyàng 데 어떠한가 | 真 zhēn 閈 정말

③ 적용

02
p. 288

盐

모범 답안	
这个菜已经太咸了，不用再放盐。	이 요리는 이미 너무 짜서, 소금을 더 넣을 필요가 없다.
참고 답안	
吃太多盐对身体不好，你还是少放点儿吧！为了健康不要放太多盐。	소금을 많이 먹으면 건강에 좋지 않으니, 너는 아무래도 조금만 넣는 게 좋겠어! 건강을 위해 너무 많은 소금을 넣지 말아라.

🔒 시크릿 소금(盐)과 어울리는 동사 떠올리기

해설　음식에 무엇을 넣는 그림이 나올 때는 일반적으로 糖(설탕), 盐(소금) 두 가지가 제시어로 나올 가능성이 높다. 소금을 조금 넣다(放点儿盐), 소금을 많이 넣다(放很多盐), 소금을 적게 넣다(少放点儿盐), 소금을 넣지 말아라(不要放盐), 소금 넣는 것을 잊었다(忘了放盐), 소금을 가져오다(拿来盐) 등의 동작을 떠올릴 수 있다. 맛과 관련된 형용사 甜(달다), 咸(짜다), 淡(싱겁다)을 활용하여 작문하는 것도 좋다. 소금 섭취가 건강과 관련이 있음을 연상하여 为了健康(건강을 위해서), 对身体不好(건강에 좋지 않다) 등과 같이 문장을 만드는 것도 좋은 방법이다.

단어　盐 yán 몡 소금 | 菜 cài 몡 요리 | 已经 yǐjing 閈 이미 | 咸 xián 혱 짜다 | 放 fàng 통 넣다 | 为了 wèile 젠 ~을 위해서 |
健康 jiànkāng 몡 건강

3 적용

p. 288

功夫

모범 답안	
你学过中国功夫吗？听说动作都很难。	너는 중국 쿵후를 배워 본 적 있니? 듣자 하니 동작들이 매우 어렵다고 한다.
참고 답안	
功夫的动作看起来容易，做起来难。	쿵후의 동작은 보기에는 쉬운데, 하려면 어렵다.
他的功夫动作很标准，我要跟他学一学。	그의 쿵후 동작은 매우 좋으니, 그에게 좀 배워야겠다.

🔒 **시크릿** 쿵후(功夫)와 어울리는 동사 떠올리기

해설 남자가 쿵후 동작을 취하고 있는 모습이다. 쿵후를 배워 본 적이 있다(学过功夫), 쿵후 동작(功夫的动作), 매일 쿵후를 하면 건강에 매우 좋다(每天练功夫对身体非常好) 등의 단어를 떠올려 작문할 수 있다.

　🔴Tip 쿵후 외에도 태극권(太极拳), 요가(瑜伽) 등이 출제되었다. 어떤 단어가 제시되어도 응용해서 사용할 수 있는 모범 답안을 암기하여 작문에 성공하도록 하자.

단어 功夫 gōngfu 명 쿵후 | 听说 tīngshuō 통 듣자 하니 | 动作 dòngzuò 명 동작 | 看起来 kànqǐlái 보기에는 | 容易 róngyì 형 쉽다 | 做起来 zuòqǐlái 하기에는 | 标准 biāozhǔn 형 표준적이다

---

③, ④ 적용

p. 288

零钱

모범 답안	
他把零钱都放在钱包里了。	그는 잔돈을 모두 지갑 안에 넣어 두었다.
참고 답안	
最近带零钱的人越来越少。	요즘 잔돈을 가지고 다니는 사람이 점점 적어지고 있다.
这是找给您找的零钱，您数一下。	이것은 제가 거슬러 드린 잔돈인데, 한번 세어 보세요.

🔒 **시크릿** 잔돈(零钱)과 어울리는 동사 떠올리기

해설 잔돈을 가지고 있다(带零钱), 잔돈을 한번 세어 보다(数一下零钱), 잔돈을 거슬러 주다(找零钱给你), 잔돈을 거슬러 줄 필요 없다(不用找零钱了), 잔돈을 적금하다(存零钱), 잔돈을 빌려주다(借给我零钱) 등의 표현을 활용하여 작문할 수 있다. 최근에는 현금보다는 신용 카드나 알리페이를 쓰는 빈도가 더 높아져서 잔돈의 활용도가 낮아지고 있으므로 我不喜欢带零钱(나는 잔돈을 가지고 다니는 것을 좋아하지 않는다)과 같은 내용으로 작문할 수도 있다.

　🔴Tip 손 위에 零钱(잔돈)이 올려진 사진, 지갑 안에 现金(현금)이 없는 사진, 봉투 안에 돈이 들어 있는 사진 등이 출제된 적이 있다. 관련 단어가 나왔을 때 응용해서 활용할 수 있는 모범 답안을 외워 두도록 하자.

단어 零钱 língqián 명 잔돈 | 最近 zuìjìn 최근, 요즘 | 带 dài 통 지니다 | 越来越 yuèláiyuè 부 점점 더, 갈수록 | 少 shǎo 형 적다 | 找 zhǎo 통 거슬러주다, 찾다 | 数 shǔ 통 세다

쓰기 제2부분　**227**

①, ② 적용

p. 295

01

모범 답안	
这个箱子太重了，我一个人搬不了。	이 상자는 너무 무거워서, 나 혼자서 옮길 수가 없다.
참고 답안	
你的箱子看起来很重，我帮你拿吧。	너의 상자는 너무 무거워 보이는데, 내가 도와서 들어 줄게.
这个东西重得厉害，先放在这里吧。	이 물건은 매우 무거우니, 우선 이곳에 놓아라.

重

시크릿 정도부사 활용하기

해설 　들고 있는 무거운 물건은 箱子(상자), 东西(물건) 등으로 표현하면 된다. 제시어 重 앞에 정도부사를 사용하여 很重, 非常重, 太重了(매우 무겁다)라고 쓰거나, 重得厉害(매우 무겁다), 重得不得了(정말 무겁다)처럼 정도보어의 방식으로 표현할 수도 있다. 너무 무거워서 拿不动(들 수가 없다), 搬不了(옮길 수가 없다)하다는 표현과, 我来帮你(내가 도와줄게), 你可以帮我吗?(나를 도와줄 수 있니?) 등의 도움을 요청하는 표현과 함께 써도 좋다. 삽입어 看起来(보기에), 拿起来(들어보니) 등을 사용하여 문장을 풍성하게 표현할 수 있다.

Tip 重(무겁다)의 반의어인 轻(가볍다)도 출제된 적이 있다.

단어 　重 zhòng 휑 무겁다 | 箱子 xiāngzi 뗑 상자 | 看起来 kànqǐlái 보기에는 | 帮 bāng 뗑 돕다 | 厉害 lìhai 휑 (정도가) 심하다

①, ③, ④ 적용

p. 295

02

모범 답안	
面试时，我紧张得不得了。	면접을 볼 때 나는 매우 긴장한다.
참고 답안	
在她的面前，我心里很紧张。	그녀 앞에서 나는 마음이 매우 긴장된다.
他平时努力准备，好像不太紧张。	그는 평소에 열심히 준비해서, 별로 긴장하지 않은 것 같다.

紧张

시크릿 정도보어 만들기

해설 　형용사 紧张(긴장하다)을 정도보어 …得不得了를 이용하여 정도가 높음을 표현해 본다. '긴장'의 심리상태를 나타내므로 心里(마음)를 주어로 삼을 수 있다. 언제 긴장하는지(시험·발표·시합·면접), 어느 정도로 긴장했는지, 또는 긴장하지 않는지를 표현해 보고, 긴장하지 말라고 충고하는 표현을 작문해 보는 것도 좋다.

단어 　紧张 jǐnzhāng 휑 긴장하다, 불안하다 | 不得了 bùdéliǎo 휑 (정도가) 심하다 | 心里 xīnli 뗑 마음 | 好像 hǎoxiàng 뛴 마치 ～과 같다

1 , 2 적용

香

모범 답안	
男朋友送给我一束鲜花，真香。	남자 친구가 나에게 생화 한 다발을 선물해 주었다. 정말 향기롭다.

참고 답안	
这些花闻起来很香。	이 꽃들은 냄새를 맡아 보니 정말 향기롭다.
这种花叫什么名字? 又漂亮又香。	이 꽃의 이름이 뭐야? 예쁘고 향도 좋다.

🔒 **시크릿** 정도부사 활용하기

해설 제시어로 香(향기롭다)이라는 단어가 제시되었다면, 꽃과 관련된 사진이 나올 가능성이 높다. 一朵花(꽃 한 송이), 一束花(꽃 한 다발), 一些花(꽃들)와 같이 적절한 양사를 사용해 표현할 수 있다. 관련된 동사로는 买了一束花(꽃 한 다발을 샀다), 送给我一束花(나에게 꽃 한 다발을 선물해 주다)와 함께 쓰일 가능성이 높다. 형용사 香 앞에 정도부사 很, 非常, 真, 太…了, 好…啊 등을 사용하여 정도가 심함을 표현할 수 있다. 접속사 又…又…(~하기도 하고, ~하기도 하다)를 활용하여 꽃의 2가지 장점을 표현한다면 더 멋진 문장을 만들 수 있을 것이다.

💡**Tip** 꽃과 관련된 기출 문제로는 동사 闻(냄새를 맡다)과 양사 朵(송이)가 출제된 적이 있다.

단어 香 xiāng 쥉 향기롭다 | 男朋友 nánpéngyou 쥉 남자 친구 | 送 sòng 屠 주다, 선물하다 | 束 shù 다발 | 鲜花 xiānhuā 쥉 생화 | 闻 wén 屠 맡다 | 起来 qǐlái 屠 동사 뒤에 쓰여 어림 짐작하거나 어떤 일에 대한 견해를 나타냄

---

1 , 2 , 4 적용

乱

모범 답안	
我哥哥的房间总是很乱。	우리 오빠(형)의 방은 항상 지저분하다.

참고 답안	
办公室太乱了，快整理一下吧。	사무실이 너무 지저분하다. 어서 정리 좀 해라.
我的桌子太乱了，找不到文件。	나의 책상은 너무 어지러워서, 문서를 찾을 수가 없다.

🔒 **시크릿** 어울리는 장소 떠올리기

해설 乱은 '혼란하다, 어지럽다'라는 의미로, 청소 상태 등과 결합되어 '지저분하다' 등의 의미로도 해석된다. 房间(방), 办公室(사무실), 书桌(책상) 등의 장소를 설정하고, 정도부사를 써서 很乱, 非常乱, 太乱了(매우 지저분하다)처럼 정도가 심함을 표현할 수 있다. 지저분하기 때문에 找不到东西(물건을 찾을 수 없다), 找不到文件(문서를 찾을 수 없다)과 같은 불편함이 생기니 打扫(청소하다), 收拾(치우다), 整理(정리하다)와 같은 행동 방향을 제시하는 작문도 가능하다.

💡**Tip** 乱과 관련된 동사 整理(정리하다), 打扫(청소하다) 등이 출제된 적이 있다.

단어 乱 luàn 쥉 지저분하다, 어지럽다 | 办公室 bàngōngshì 쥉 사무실 | 整理 zhěnglǐ 屠 정리하다 | 桌子 zhuōzi 쥉 책상 | 找不到 zhǎobudào 찾을 수가 없다 | 文件 wénjiàn 쥉 문서

DAY 24

S1, 2, 4 적용

01

p. 295

暖和

모범 답안	
冬天喝一杯热咖啡，感觉很暖和。	겨울에 따뜻한 커피 한 잔을 마시면, 매우 따뜻하게 느껴진다.
참고 답안	
冬天喝一杯热茶，身体就会暖和的。	겨울에 따뜻한 차를 한 잔 마시면, 몸이 금세 따뜻해질 것이다.
外边太冷了，快进来暖和一下。	밖이 너무 추우니, 어서 들어와서 따뜻하게 해라(몸 좀 녹여라).

🔒 **시크릿** 계절적인 요소 떠올리기

해설　暖和는 天气暖和(날씨가 따뜻하다), 穿几件衣服, 很暖和(옷을 여러 개 입어서, 매우 따뜻하다) 등으로 활용될 수 있다. 제시된 사진은 목도리를 한 여자가 차를 마시고 있는 모습이다. 따라서, 작문할 때는 계절적인 부분과 차를 마시는 부분까지 언급하는 것이 좋다. 계절적 요소로 冬天(겨울), 大冷的天(매우 추운 날), 很冷的时候(매우 추울 때)등이 등장할 수 있으며, 마시는 음료로는 一杯热水(따뜻한 물 한 잔), 一杯热咖啡(따뜻한 커피 한 잔), 一杯热茶(따뜻한 차 한 잔), 一碗汤(따뜻한 국물 한 그릇) 정도가 나올 수 있다. 暖和는 동사 용법도 있어서 동량보어 一下와 함께 쓰거나 중첩하여 暖和暖和(따뜻하게 하다)라고 쓰기도 한다.

　　💡 Tip　暖和의 반의어인 凉快(시원하다, 서늘하다)가 선풍기를 쐬고 있는 모습이나 수영장에 있는 사진과 함께 출제되기도 하였다.

단어　暖和 nuǎnhuo 휑 따뜻하다 | 冬天 dōngtiān 휑 겨울 | 杯 bēi 양 잔 | 咖啡 kāfēi 커피 | 感觉 gǎnjué 동 ~라고 느끼다 | 热茶 rèchá 따뜻한 차 | 会…的 huì…de ~할 것이다

S1, 3, 4 적용

02

p. 295

开心

모범 답안	
我终于得了第一名，非常开心。	나는 드디어 1등을 하여서, 매우 기쁘다.
참고 답안	
这次比赛她得了第一名，她的父母开心得不得了。	이번 시합에서 그녀는 1등을 하여서, 그녀의 부모는 너무도 기뻐하신다.
看到你拿了冠军，我都替你开心。	네가 우승을 차지한 걸 보니, 내가 너를 대신해서 기쁘다.

🔒 **시크릿** 정도보어 활용하기

해설　开心은 '기쁘다, 즐겁다'라는 뜻의 형용사로 기분이나 상태 등을 나타낼 때 쓰인다. 사진은 여자가 달리기 시합에서 1등을 한 모습이 这次比赛(이번 시합), 赢了(이겼다), 得了第一名(1등 하다), 拿了冠军(우승을 차지하다) 등의 표현을 사용하여 작문할 수 있다. 기쁨을 누리는 주체지가 누구인지에 따라 她非常开心(그녀는 매우 기쁘다), 我替你开心(나는 너를 대신해 기쁘다), 她的父母很开心(그녀의 부모님이 너무도 기뻐하신다)으로도 작문할 수 있다. 정도의 극대화를 나타내는 정도보어를 사용하여 开心得不得了(대단히 기쁘다)와 같이 쓰는 것도 좋은 방법이다.

단어　开心 kāixīn 휑 기쁘다 | 终于 zhōngyú 튀 드디어, 마침내 | 得 dé 동 얻다, 획득하다 | 第一名 dì yī míng 1등 | 比赛 bǐsài 휑 시합 | 不得了 bùdéliǎo 휑 (정도가) 심하다 | 冠军 guànjūn 휑 우승

1, 2, 4 적용

03
p. 295

伤心

모범 답안 不要太伤心了，一切都会好的。	너무 상심하지 말아라. 모든 것이 다 좋아 질 거야.
참고 답안 她听到这个消息后，伤心得不得了。 什么事情让你这么伤心？	그녀는 이 소식을 듣고 나서, 매우 상심했다. 무슨 일이 너를 이렇게 상심하게 한 거야?

🔒 **시크릿** 정도부사 활용하기

해설 伤心은 마음을 다쳐 매우 슬프고 힘든 것을 뜻한다. 정도부사를 사용하여 很伤心, 非常伤心, 太伤心了(매우 상심하다)와 같이 정도의 심함을 표현하거나, 제지, 금지를 나타내기 위해서 别太伤心了, 不要伤心(상심하지 말아라)으로 작문할 수 있다. 상심한 원인이 될 수 있 跟男朋友分手了(남자 친구와 헤어졌다), 失败了(실패했다), 成绩不好(성적이 나쁘다), 丢了男朋友送的礼物(남자 친구가 준 선물을 잃어버렸다) 등의 부연 설명을 통해 문장을 풍성하게 만들 수 있다. 위로의 말로 都会好的(다 잘될 거야), 都会过去的(다 지나갈 거야) 등을 건넬 수도 있다.

단어 伤心 shāngxīn 웹 상심하다 | 不要 búyào 뛴 ~하지 마라 | 一切 yíqiè 댄 모든, 일체 | 消息 xiāoxi 몡 소식 | 不得了 bùdéliǎo 웹 (정도가) 심하다

1, 3, 4 적용

04
p. 295

兴奋

모범 답안 明天就要毕业了，她兴奋得睡不 着觉。	내일 곧 졸업이어서. 그녀는 흥분되어 잠 을 이룰 수가 없다.
참고 답안 终于拿到毕业证，她兴奋得跳起 来了。 听到这个好消息，我兴奋得流下 了眼泪。	드디어 졸업장을 받게 되었다. 그녀는 흥 분되어 펄쩍 뛰었다. 이 좋은 소식을 듣고, 나는 흥분해서 눈물 을 흘렸다.

🔒 **시크릿** 정도보어 활용하기

해설 兴奋은 형용사로 '흥분하다, 감격하다, 감동하다'의 의미다. 얼마나 흥분했는지 정도를 표현하기 위해서 흥분되어 잠을 이루지 못했다(兴奋得睡不着觉), 흥분해서 펄쩍 뛰었다(兴奋得跳起来了), 흥분해서 말이 나오지 않는다(兴奋得说不出话来), 흥분해서 눈물을 흘렸다(兴奋得流下了眼泪) 등으로 묘사할 수 있다. 또 别나 不要를 사용하여 别兴奋, 不要兴奋(너무 흥분하지 마라)이라는 조언을 해도 된다. 사진에 근거하여 흥분하게 된 원인으로 大学毕业(대학 졸업이다), 快要毕业了(곧 졸업이다), 拿到毕业证(졸업장을 받았다), 听到好消息(좋은 소식을 들었다) 등을 묘사할 수 있다.

💡 **Tip** '졸업하다'라는 뜻의 동사 毕业도 출제된 적이 있다.

단어 兴奋 xīngfèn 웹 흥분하다 | 就要…了 jiùyào…le 곧 ~하려 한다 | 终于 zhōngyú 뛴 결국, 마침내 | 毕业证 biyèzhèng 몡 졸업장 | 跳 tiào 동 뛰다 | 消息 xiāoxi 소식 | 流 liú 동 흘리다 | 眼泪 yǎnlèi 몡 눈물

01

p. 303

挂

모범 답안	
你把衣服和帽子挂在墙上吧！	너는 옷과 모자를 벽에 걸어라!

참고 답안	
我们把画儿挂在墙上。	우리는 그림을 벽에 건다.
请帮我把地图挂一下。	나를 도와 지도를 좀 걸어 줘.

🔒 시크릿 처치문과 결과보어 在 활용하기

해설　挂는 '걸다'라는 뜻으로, 호응하는 목적어로 衣服(옷), 帽子(모자), 画儿(그림), 地图(지도), 照片(사진) 등이 자주 출제된다. 전치사구 在墙上(벽에)을 술어 뒤에 나오는 결과보어로 써서 挂在墙上(벽에 걸다)이라고 쓸 수 있다. 만약 벽(墙)이라는 단어를 쓸 자신이 없다면 무리해서 쓰지 말고 다른 표현으로 대체하거나 장소를 생략하고 挂一下(좀 걸다)라고만 써도 된다.

단어　挂 guà 图 걸다 | 把 bǎ 图 ~을(를) | 墙 qiáng 图 벽 | 画儿 huàr 图 그림 | 请 qǐng 图 부탁하다 | 帮 bāng 图 돕다 | 地图 dìtú 图 지도

02

p. 303

寄

모범 답안	
我想把这封信寄给妈妈。	나는 이 편지를 어머니에게 보내고 싶다.

참고 답안	
我想把这些东西寄到中国。	나는 이 물건들을 중국으로 보내고 싶다.
这封信是从美国寄过来的。	이 편지는 미국에서 부쳐 온 것이다.

🔒 시크릿 처치문과 결과보어 到, 给 활용하기

해설　寄는 '(우편을) 보내다'라는 의미로 자주 함께 다니는 명사로는 信(편지), 包裹(소포)가 있다. 결과보어 给(~에게)를 써서 寄给妈妈(어머니에게 보내다), 寄给朋友(친구에게 보내다)처럼 보내는 대상을 나타낼 수도 있고, 결과보어 到(~까지)를 써서 寄到中国(중국으로 보내다), 寄到日本(일본으로 보내다)처럼 도착하는 장소를 나타낼 수도 있다. 방향보어 过来, 过去를 써서 寄过来(부쳐 오다), 寄过去(보내 주다)와 같은 표현을 만들 수도 있다. 把처치문은 목적어를 술어 앞으로 이끌어내는 역할을 하므로 '주어 + 조동사 + 把 + 처치 대상 + 동사 + 기타 성분'의 어순에 맞춰 작문한다면 멋진 문장을 만들 수 있다.

단어　寄 jì 图 부치다, 보내다 | 封 fēng 図 통(편지를 세는 단위)

03

p. 303

抬

모범 답안	
我们把沙发抬到电视对面吧。	우리 소파를 텔레비전 맞은편으로 옮기자.

참고 답안	
这个沙发很重，请帮我抬一下。	이 소파는 무거우니, 나를 도와서 좀 들어 줘.
他们两个人抬沙发都抬不动。	그들 두 명이 소파를 들었는데, 들 수가 없다.

해설 抬는 '(물건을) 들다'라는 의미로 사진에 등장한 명사 沙发(소파)와 함께 작문할 수 있다. 沙发很重(소파가 무겁다), 沙发不重(소파가 무겁지 않다)와 같이 상황을 설정하고, '좀 ~해 보다'의 시도의 의미가 있는 동량보어 一下를 써서 抬一下(좀 들다), 방향보어를 써서 抬起来(들어 올리다), 가능보어를 써서 抬得动(들 수 있다), 抬不动(들 수 없다), 장소의 이동한 결과를 나타내는 보어 到(~까지)를 써서 抬到对面(맞은편으로 옮기다)로 표현할 수 있다.

단어 抬 tái 통 들다 | 沙发 shāfā 명 소파 | 对面 duìmiàn 명 맞은편 | 重 zhòng 형 무겁다

STEP 1, 2 적용

04
p. 303

扔

모범 답안	
我把垃圾扔到垃圾桶里了。	나는 쓰레기를 쓰레기통에 버렸다.
참고 답안	
不可以乱扔东西。	함부로 물건을 버리면 안 된다.
能帮我把这些东西扔掉吗?	내 대신 이 물건들을 버려 줄 수 있겠니?

🔒시크릿 처치문과 결과보어 到 활용하기

해설 동사 扔은 '버리다'의 뜻이다. 把처치문으로 작문을 한다면 '주어 + 把 + 처치 대상 + 동사 + 기타 성분'의 어순으로 작문한다. 결과보어를 사용하여 '扔掉, 扔在 + 장소, 扔进 + 장소'로 다양하게 표현할 수 있다.
예 把垃圾扔在地上。 쓰레기를 땅바닥에 버렸다.
　　把垃圾扔进垃圾桶里了。 쓰레기를 쓰레기통 안에 버렸다.

단어 扔 rēng 통 버리다 | 垃圾 lājī 명 쓰레기 | 垃圾桶 lājītǒng 명 쓰레기통 | 掉 diào 통 ~해 버리다

DAY 26

STEP 1, 2 적용

01
p. 303

脱

모범 답안	
先把鞋子和袜子脱下来，然后去洗澡。	먼저 옷과 양말을 벗고, 샤워를 해라.
참고 답안	
我的哥哥一回家就脱鞋。	우리 오빠(형)는 집에 오자마자 신발을 벗는다.
5岁的孩子还不会自己脱衣服。	5살 된 아이는 아직 혼자서 옷을 벗을 줄 모른다.

🔒시크릿 처치문과 방향보어 활용하기

해설 동사 脱(벗다)는 뒤에 목적어로 衣服(옷), 鞋(신발), 袜子(양말) 등이 나올 수 있다. 분리, 이탈의 의미를 가진 방향보어 下来를 사용하여 你快把 + 명사 + 脱下来 형태로 작문할 수 있다. 太脏了(너무 더럽다), 天气太热了(날씨가 너무 덥다) 등의 원인을 언급해도 좋으며, 만약 어린아이가 나와서 옷을 벗는다면, 他会自己脱衣服(그는 혼자 옷을 벗을 수 있다), 他还不会脱衣服, 需要妈妈的帮忙(그는 아직 옷을 벗을 줄 몰라서, 엄마의 도움이 필요하다)라고 작문해 주면 된다.
⚠Tip 사진에 나와 있는 사물을 중국어로 쓸 수 있다면 과감하게 작문하면 되지만, 만약 쓰지 못할 경우에는 오자를 만들지 말고, 가급적 목적어 언급을 피하는 방법을 고려하자!

단어 脱 tuō 통 벗다 | 鞋子 xiézi 명 신발 | 袜子 wàzi 명 양말 | 洗澡 xǐzǎo 통 목욕하다

02

p. 303

醒

모범 답안	
要迟到了，快把他叫醒过来吧。	곧 지각이다. 어서 그를 불러 깨워라.

참고 답안	
孩子昨天睡得很晚，到现在还没醒过来。	아이는 어제 늦게 잠들어서, 지금까지도 아직 일어나지 않았다.
昨晚喝了很多酒，还没醒酒。	어젯밤에 술을 많이 마셔서, 아직까지 술이 깨지 않았다.

🔒 시크릿 처치문, 방향보어 활용하기

해설 醒은 동사로 '(마취, 취기, 잠, 의식 불명 등에서) 깨어나다'의 의미이다. 어떤 상태에서 깨어났는지를 나타내기 위해서 결과보어를 써서, 잠에서 깨다(睡醒), 술에서 깨다(酒醒), 시끄러워서 깨다(吵醒), 불러서 깨다(叫醒)처럼 쓸 수 있다. 결과보어의 부정은 没有로 没有睡醒(잠에서 깨지 않았다)이라고 표현한다. 비정상적인 상태에서 정상으로 돌아옴을 나타내는 방향보어 过来와 함께 써서, 醒来, 醒过来了, 还没醒过来(아직 깨어나지 않았다) 등으로 표현할 수 있다.

단어 醒 xǐng 툉 깨어나다 | 迟到 chídào 툉 지각하다 | 酒 jiǔ 명 술

03

p. 303

倒

모범 답안	
服务员正在给客人倒酒。	종업원이 손님에게 술을 따르고 있다.

참고 답안	
不要把红酒倒得太满。	포도주를 너무 가득 따르지 마세요.
他不小心把水倒在地上了。	그는 조심하지 못하여 물을 바닥에 쏟았다.

🔒 시크릿 처치문, 결과보어, 정도보어 활용하기

해설 倒는 동사로 '따르다, 붓다'의 의미로, 주로 啤酒(맥주), 红酒(포도주), 水(물), 茶(차), 垃圾(쓰레기) 등을 목적어로 끌고 나올 수 있다. 자주 쓰이는 문장 구조로는 倒给(대상), 倒在(장소), 倒得(정도)의 형식으로 문장을 만들 수 있다.

예 你不喝的话，把水倒给我吧。 당신 안 마시면, 물을 나에게 따라 주세요.
他把红酒倒给客人。 그는 포도주를 손님에게 따라 주었다.
我把茶倒在杯子里。 나는 차를 컵에 따랐다.
妈妈把垃圾倒在垃圾桶里了。 엄마는 쓰레기를 쓰레기통에 버리셨다.
他把酒倒得太多了。 그는 술을 너무 많이 따랐다.

단어 倒 dào 툉 따르다, 쏟다 | 红酒 hóngjiǔ 명 (붉은) 포도주 | 满 mǎn 혱 가득하다

04

p. 303

打扫

모범 답안	
妈妈把桌子下面打扫得很干净。	엄마는 책상 아래를 깨끗하게 청소하셨다.

참고 답안	
教室已经被学生们打扫干净了。	교실은 이미 학생들이 깨끗하게 청소했다.
他打扫了整天，可是打扫得不太干净。	그는 종일 청소를 했지만 청소 상태가 그다지 깨끗하지 않다.

🔒 시크릿 정도보어 활용하기

해설 打扫는 동사로 '청소하다'의 의미이다. 그렇다면 장소인 房间(방), 厨房(주방), 教室(교실), 桌子下面(책상 아래)을 사용하여 '동사 + 목적어' 구조로 打扫房间(방을 청소하다)이라는 문장을 만들 수도 있지만, 정도보어를 써서 '打扫得 + 정도보어'의 형태를 활용하여 打扫得很干净(깨끗하게 청소하였다)이라고 표현하면 더욱 좋다. 打扫得怎么样?(청소 잘했나요?) 등의 의문문이나 打扫得干干净净(깨끗하게 청소하다)처럼 중첩형을 써도 좋다. 중첩을 하면 이미 정도가 높다는 의미이므로 정도부사 很, 非常은 사용할 수 없다. 그밖에도 我的房间是妈妈给我打扫的(내 방은 엄마가 청소해 준 것이다), 这个房间, 我来打扫一下吧(이 방은, 내가 청소할게)라는 문장으로 작문할 수 있다.

> **Tip** 打扫(청소하다), 收拾(정리하다), 整理(정리하다) 등 유사한 어휘가 자주 등장하니, 3단어 모두를 활용해 작문 연습을 해 보자.

단어 打扫 dǎsǎo 图 청소하다 | 干净 gānjìng 图 깨끗하다 | 整天 zhěngtiān 图 종일

DAY 27

S1 적용

01
p. 309

减肥

모범 답안	
她为了减肥，每天早上跑4公里。	그녀는 다이어트를 위해, 매일 아침 4킬로미터를 달린다.
참고 답안	
她为了健康努力减肥，每天都运动三个小时。 总吃零食的话，减肥会很难成功。	그녀는 건강을 위해 열심히 다이어트를 한다. 매일 3시간씩 운동을 한다. 간식을 자주 먹으면, 다이어트는 성공하기 힘들다.

🔒 시크릿 전치사 为了, 시량보어 활용하기

해설 减肥(다이어트)를 언제부터 시작했는지, 다이어트를 위해 어떤 일을 하는지(예: 저녁을 안 먹는다, 운동을 한다, 달리기를 한다 등)를 작문하면 된다. 보어를 사용하여, 운동을 몇 시간이나 하는지, 달리기를 몇 km를 달리는지 부가적으로 알려 주면 더 멋진 문장이 탄생할 수 있다. 또한, 다이어트에 실패하는 경우를 언급해도 좋다. 국수나 빵 같은 간식을 많이 먹는다든지, 운동을 열심히 안 하면 다이어트에 성공하기 어렵다는 문장을 만들어도 좋다.

다음과 같은 문장으로 작문해도 된다. 每天我都在运动减肥(나는 매일 운동으로 다이어트를 한다), 减肥最好的方法是做适当的运动(다이어트의 가장 좋은 방법은 적당한 운동을 하는 것이다), 减肥不能太着急, 得慢慢来(다이어트는 너무 급하게 해서는 안 되고, 천천히 해야 한다)

단어 减肥 jiǎnféi 图 살을 빼다, 다이어트하다 | 为了 wèile 전 ~을 위하여 | 跑 pǎo 图 달리다, 뛰다 | 健康 jiànkāng 图 건강 | 零食 língshí 图 간식 | 成功 chénggōng 图 성공

S1 적용

02
p. 309

干杯

모범 답안	
为我们的友谊，干杯!	우리들의 우정을 위하여, 건배!
참고 답안	
祝我们合作成功，干杯! 喝不了的话不用干杯。	우리의 성공적인 합작을 위하여, 건배! 다 못 마시겠으면, 잔을 비울 필요 없어.

🔒 **시크릿** 전치사구 활용하기

해설 중국인들은 술을 마실 때 干杯를 외치는 경우가 많다. 干杯는 '잔을 비운다'는 뜻이며, 일반적으로 祝(축원하다), 为, 为了 (～을 위하여) 등의 단어를 이용해 소원이나 바람을 말하고, 干杯를 써서 작문할 수 있다.

단어 干杯 gānbēi 图 건배하다 | 友谊 yǒuyì 図 우정 | 合作 hézuò 図 합작 | 成功 chénggōng 图 성공하다

03
p. 309

1 , 3 적용

打招呼

모범 답안	
我向他打招呼，他好像没看到我。	나는 그를 향해 인사를 했지만, 그는 아마도 나를 보지 못한 거 같다.
참고 답안	
在学校见到老师要打招呼。	학교에서 선생님을 만나면, 인사를 해야 한다.
不要和陌生人打招呼。	낯선 사람과는 아는 척 하지 말아라.

🔒 **시크릿** 전치사 向, 跟, 和 활용하기

해설 전치사 向(～을 향해서)을 써서 '向 + 대상 + 打招呼'의 형식으로 내가 누군가를 향해 인사를 한다고 작문할 수 있다. 만약, 둘이 함께 인사를 나눈다는 것에 의미를 담아 작문할 때는 전치사 和나 跟을 써서 '和 / 跟 + 대상 + 打招呼'로 작문한다.

단어 打招呼 dǎ zhāohu 인사하다 | 陌生人 mòshēngrén 図 낯선 사람

04
p. 309

S , 4 적용

理发

모범 답안	
请按照这张照片给我理发。	이 사진에 따라 이발해 주세요.
참고 답안	
理发师把我的头发剪得很短。	이발사는 나의 머리카락을 아주 짧게 잘랐다.
头发太长了，今天下班后我要去理发。	머리카락이 너무 길어서, 오늘 퇴근 후에 이발하러 가야겠다.

🔒 **시크릿** 전치사 按照, 처치문, 정도보어 활용하기

해설 작문 내용으로는 '머리가 너무 길어서 잘라야 한다', '결혼식이 있어서 이발을 한다', '졸업이어서 이발을 하려 한다', '퇴근 후에 이발을 한다', '누구를 데리고 이발하러 간다' 등으로 할 수 있다. 자르고 싶은 스타일의 사진을 가지고 갔다면, 근거를 나타내는 전치사 按照를 활용하여, '按照这张照片…(이 사진에 따라 ～)'이라고 작문하면 된다. 부정문으로는 好久没理发(오랫동안 이발하지 않았다)라고 작문하면 된다.

단어 理发 lǐfà 图 이발하다 | 按照 ànzhào 젠 ～대로, ～에 따라 | 理发师 lǐfàshī 図 이발사, 미용사 | 剪 jiǎn 图 자르다 | 短 duǎn 図 쌃나 | 卜班 xiàbān 图 퇴근하다

4 적용

01
p. 309

出差

모범 답안	
我的爸爸经常去美国出差。	우리 아빠는 자주 미국으로 출장을 가신다.
참고 답안	
这个星期五我去北京出差，下个星期三能回来。 这个月我已经出过三次差了。	이번 금요일에 나는 베이징으로 출장 가는데, 다음 주 수요일에 돌아올 수 있어. 이번 달에 나는 벌써 출장을 세 번 다녀왔다.

🔒 **시크릿 연동문 만들기**

해설　出差(출장 가다, 파견 나가다)는 '동사 + 목적어' 구조의 이합동사로, 뒤에 또 다른 목적어를 가지고 나오지 못한다. 따라서 출장지를 나타내고 싶다면 去…出差라고 표현해야 한다. 몇 번 갔는지 나타내는 동량보어나 동태조사는 모두 出와 差 사이에 넣어 出过差(출장 갔었다), 또는 出一次差(출장을 한 번 가다)라고 표현해야 한다. 출장을 자주 간다면 经常, 자주 가지 않는다면 不常이라는 부사를 사용할 수 있다.

단어　出差 chūchāi 통 출장 가다 | 经常 jīngcháng 튀 자주, 늘 | 美国 Měiguó 고유 미국 | 已经 yǐjing 튀 이미, 벌써

---

4 적용

02
p. 309

毕业

모범 답안	
马上就要毕业了，我非常高兴。	곧 졸업을 하게 되어, 나는 무척 기쁘다.
참고 답안	
他已经毕业10年了。 去年我毕业于韩国大学，可是到现在还没找到工作。	그는 이미 졸업한 지 10년이 되었다. 작년에 나는 한국대학을 졸업했지만, 지금까지 아직도 직장을 구하지 못했다.

🔒 **시크릿 고정구문 활용하기**

해설　毕业(졸업하다)는 '동사 + 목적어' 구조로 된 이합동사로, 뒤에 다른 목적어를 가지고 나올 수 없다. 따라서 '○○대학을 졸업했다'라고 표현하고 싶다면, 毕业于○○大学, 또는 从○○大学毕业라고 표현한다. 아직 발생하지 않았지만 가까운 미래에 발생할 것임을 나타내는 快要…了나 就要…了를 사용하면 좋은 문장을 만들 수 있다.

단어　毕业 bìyè 통 졸업하다 | 马上 mǎshàng 튀 곧, 금방 | 已经 yǐjing 튀 이미 | 找 zhǎo 통 찾다, 구하다 | 工作 gōngzuò 명 일, 직업

---

4 적용

03
p. 309

出生

모범 답안	
我女儿是上个月出生的。	나의 딸은 지난달에 태어났다.
참고 답안	
我的儿子一出生，就送到奶奶家了。	나의 아들은 태어나자마자 할머니 집에 보내졌다.
爸爸妈妈们抱着刚出生的孩子，觉得很幸福。	아빠 엄마가 막 태어난 아이를 안고 행복해 한다.

시크릿 是…的 강조 구문, 一…就 활용하기

해설　是 + 시간 + 出生의 강조 구문을 써서 언제 태어났는지를 나타내는 문장을 만들어도 좋고, '出生于 + 태어난 해', '出生
在 + 계절'의 형태를 활용해도 좋다. 사진에 있는 모습을 묘사해서, 抱着孩子(아이를 안고 있다)라고 해도 된다. 이 외에
도 刚出生的婴儿该怎么抱?(막 태어난 아기는 어떻게 안아야 돼?), 去年韩国出生了多少个小孩?(작년에 한국에 몇 명
의 아기가 태어났어?) 등의 의문문으로 작문할 수 있다.

　　　Tip 동사 生은 '아이를 낳다'의 의미로 生孩子라 할 수 있고, 出生은 '태어나다'의 의미이기 때문에 용법이 미묘하게 다르다. 예를
　　　들어 结婚10年才生孩子(결혼한 지 10년만에 아이를 낳았다)는 가능하지만 结婚10年才出生孩子는 문맥상 어색하므로 작문
　　　시 주의해야 한다.

　　　Tip 出生은 최근 쓰기 제2부분뿐만 아니라, 쓰기 제1부분, 독해 제2부분 등 다양하게 출제되고 있으므로, 자세히 알아 두자.

단어　出生 chūshēng 동 출생하다 | 奶奶 nǎinai 명 할머니 | 抱 bào 동 안다, 포옹하다 | 着 zhe 조 ~하고 있다 | 刚 gāng 부 막, 바
로 | 幸福 xìngfú 형 행복하다

---

4 적용

戴

모범 답안	
她很喜欢戴帽子，所以每天都戴着帽子去学校。	그녀는 모자 쓰는 것을 매우 좋아한다. 그래서 매일 모자를 쓰고 학교에 간다.
참고 답안	
你戴着的帽子很漂亮，是在哪儿买的? 我不适合戴帽子，是因为我的头太大了。	네가 쓰고 있는 모자 정말 예쁘다. 어디에서 산 것이니? 내가 모자를 쓰는 것이 어울리지 않는 이유는 머리가 너무 크기 때문이다.

시크릿 특별동사 喜欢 활용하기

해설　동사 戴와 호응하는 명사로는 帽子(모자), 眼镜(안경), 手表(손목시계) 등이 있다. 동사구를 끌고 나올 수 있는 특별동사 喜
欢을 활용하여 喜欢戴帽子(모자 쓰는 것을 좋아한다), 不喜欢戴帽子(모자 쓰는 것을 좋아하지 않는다), 适合戴帽子(모자
쓰는 것이 어울린다) 등의 문장을 만들 수 있다. 帽子很漂亮(모자가 매우 예쁘다), 帽子很便宜(모자가 매우 싸다) 등과 같
이 평가나 가격에 대한 언급을 해 줘도 된다. 平时(평상시), 每天(매일), 天气很冷(날씨가 매우 춥다), 天气很热(날씨가 매
우 덥다), 没有洗头发(머리를 감지 않았다) 등의 모자를 쓰는 상황에 대해서도 작문할 수 있다.

　　　Tip 사진 속에 등장하는 모자를 세는 양사로는 顶을 사용한다.

단어　戴 dài 동 쓰다, 착용하다 | 帽子 màozi 명 모자 | 适合 shìhé 동 어울리다, 적합하다 | 因为 yīnwèi 접 ~때문에 | 头 tóu 명
머리

 DAY **29-30**

[명사 제시어]

3 적용

p. 316

长城

모범 답안	
听说长城又高又长，可是我从来没去过。	듣자 하니 만리장성은 높고 길다던데, 나는 여태껏 가 본 적이 없다.
참고 답안	
他才爬过一次长城。 中国的长城很有名。	그는 만리장성에 겨우 한 번 올라가 봤다. 중국의 만리장성은 매우 유명하다.

해설   만리장성에 가 본 경험이나 횟수, 또는 '만리장성은 중국의 유명한 여행지'라는 내용으로 작문할 수 있다. 만리장성과 같이 경사가 진 계단, 산, 벽 등을 오를 때는 동사 爬를 사용해서 爬长城(만리장성을 오르다)으로 표현한다.

단어   长城 Chángchéng 명 만리장성 | 听说 tīngshuō 동 듣자 하니 | 又…又… yòu…yòu… ~하기도 하고, ~하기도 하다 | 爬 pá 동 오르다 | 有名 yǒumíng 동 유명하다

---

3 적용

p. 316

巧克力

모범 답안	
巧克力让人发胖。	초콜릿은 사람을 살찌게 한다.
참고 답안	
你别经常吃巧克力，吃多了对身体不好。 我的弟弟很喜欢吃巧克力。	너 너무 자주 초콜릿을 먹지 마. 많이 먹으면 건강에 안 좋아. 내 남동생은 초콜릿 먹는 것을 매우 좋아한다.

해설   초콜릿 먹는 것을 좋아하는지 아닌지에 관해 쓰거나, 초콜릿을 먹으라고 권하거나 먹지 말라고 저지하는 표현, 혹은 초콜릿에 대한 자신의 생각을 쓸 수 있다.

⚠️Tip 상자 안에 들어 있는 초콜릿을 셀 때는 양사 盒를 쓴다.

단어   巧克力 qiǎokèlì 명 초콜릿 | 发胖 fāpàng 동 살찌다, 뚱뚱해지다 | 经常 jīngcháng 부 자주, 항상

---

3 적용

p. 316

日记

모범 답안	
我有每天写日记的习惯。	나는 매일 일기를 쓰는 습관이 있다.
참고 답안	
这篇日记里有些他的秘密。	이 일기 속에는 그의 비밀들이 좀 있다.

해설   日记(일기)와 잘 어울리는 동사는 写이며, 수량어는 一篇이 된다. 여기에 시간사 每天(매일), 每天晚上(매일 저녁) 등을 넣어 더 풍성한 문장을 만들 수 있다.

단어   日记 rìjì 명 일기 | 每天 měitiān 명 매일 | 写 xiě 동 쓰다 | 秘密 mìmì 명 비밀

---

3 적용

p. 316

袜子

모범 답안	
他才3岁，不会自己穿袜子。	그는 이제 겨우 3살이어서, 스스로 양말을 신지 못한다.
참고 답안	
这双袜子又好看又舒服。 这双袜子是父亲给我买的。	이 양말은 예쁘고 편안하다. 이 양말은 아버지께서 나에게 사 주신 것이다.

해설 명사 袜子(양말), 鞋(신발), 衣服(옷)는 모두 동사 穿(입다), 买(사다)와 호응하여 쓸 수 있다. 또한 '양말을 신을 줄 모른다', '아이에게 양말을 신겨 주었다', '양말을 사 주었다' 등으로 작문할 수 있다. 양말이 가지고 있는 2가지 특징을 又…又… (~하기도 하고, ~하기도 하다)를 활용하여 又好看又舒服(예쁘고 편안하다)라고도 표현할 수 있다.

단어 袜子 wàzi 몡 양말 | 才 cái 뷔 겨우, 고작 | 自己 zìjǐ 떼 스스로 | 双 shuāng 얭 켤레, 쌍 | 父亲 fùqīn 몡 아버지

---

3 적용

p. 316

味道

문법 답안	
你觉得我做的蛋糕味道怎么样？	너는 내가 만든 케이크 맛이 어떻다고 느끼니?
참고 답안	
这家饭馆的菜味道很不错。	이 음식점 요리 맛이 정말 괜찮다.
吃味道甜甜的东西，让人心情好。	달달한 케이크를 먹으면, 기분을 좋아지게 한다.

🔒 시크릿 맛(味道)과 어울리는 동사 떠올리기

해설 味道(맛)가 나오면, '맛이 어떠한가?', '맛이 좋다', '맛이 그다지 좋지 않다' 등의 맛을 묻거나 평가하는 내용으로 작문할 수 있다. 맛은 酸(시다), 甜(달다), 苦(쓰다), 辣(맵다) 등으로 표현할 수 있다.

단어 味道 wèidao 몡 맛, 냄새 | 觉得 juéde 동 ~라고 느끼다 | 蛋糕 dàngāo 몡 케이크 | 怎么样 zěnmeyàng 떼 어떻다 | 甜 tián 혱 달다 | 心情 xīnqíng 몡 기분, 마음

---

3 적용

p. 316

镜子

모범 답안	
你把镜子挂在墙上，要小心点儿。	너는 거울을 벽에 거는데, 조심해야 한다.
참고 답안	
上课的时候，不要总照镜子。	수업을 할 때, 계속 거울을 보지 말아라.
这件衣服真不错，让我来照照镜子。	이 옷 정말 괜찮네, 거울에 좀 비춰 봐야겠다.

🔒 시크릿 처치문 활용하기

해설 镜子(거울), 地图(지도), 照片(사진), 画儿(그림)의 공통점은 모두 벽에 걸 수 있다는 것이다. 처치문을 활용한 '把 + 사물 + 挂在墙上(사물을 벽에 걸다)' 예문을 꼭 암기해 놓자. 내 모습이 어떤지 거울에 비추어 보는 것은 동사 照를 사용하여 照镜子라고 표현한다.

단어 镜子 jìngzi 몡 거울 | 把 bǎ 젠 ~을(를) | 挂 guà 동 걸다 | 墙 qiáng 몡 벽 | 总是 zǒngshì 뷔 줄곧 | 照 zhào 동 (거울 따위에) 비추다

---

3 적용

p. 316

现金

모범 답안	
我的钱包里没有现金。	나의 지갑 안에는 현금이 없다.
참고 답안	
我不喜欢用现金，用卡多方便啊。	나는 현금 쓰는 것을 좋아하지 않는다. 카드를 쓰는 게 얼마나 편리한가.
我要去银行取一些现金。	나는 은행에 가서 현금을 좀 찾으려고 한다.

시크릿 현금(现金)과 어울리는 동사 떠올리기

해설 명사 现金(현금)은 동사 有(있다), 没有(없다), 用(사용하다), 取(찾다, 출금하다)와 호응하여 쓸 수 있다. 특히 取(찾다)는 없어진 물건을 찾는 找와는 조금 개념이 다르다. 은행에 맡겨 둔 돈, 세탁소에 맡겨 둔 옷, 수리 센터에 맡겨 둔 자전거, 물품 보관소에 맡겨 둔 짐, 경비실에 맡겨 둔 소포 등을 찾아올 때 取를 쓴다는 것을 꼭 기억하자.

단어 现金 xiànjīn 몡 현금 | 钱包 qiánbāo 몡 지갑 | 用 yòng 동 쓰다 | 卡 kǎ 몡 카드 | 方便 fāngbiàn 혱 편리하다 | 取 qǔ 동 찾다

---

3 적용

08
p. 316

沙发

모범 답안 姐姐躺在沙发上看电视。	언니(누나)는 소파에 누워 TV를 본다.
참고 답안 他们坐在沙发上，一边喝茶，一边聊天。	그들은 소파에 앉아, 차를 마시며 이야기를 나눈다.

시크릿 전치사구 만들기

해설 沙发(소파)는 사물명사로 套라는 양사를 사용한다. 만약 소파를 장소명사로 사용하고 싶다면, 전치사 在(~에)와 방위사 上(위), 下(아래), 旁边(옆) 등을 붙여서 在沙发上(소파 위에), 在沙发下(소파 아래에), 在沙发旁边(소파 옆에)처럼 사용하도록 하자. 그 외에도 소파에 앉아 있거나 누워 있다, 소파가 편안하다, 또는 소파에서 TV를 본다, 신문을 본다, 책을 본다, 차를 마신다, 과일을 먹는다 등으로 작문할 수 있다. 만약 여러 가지 동작을 쓰고 싶다면, 동작의 동시 진행을 나타내는 一边…一边…(~하면서 ~하다)을 활용한다.

단어 沙发 shāfā 몡 소파 | 躺 tǎng 동 드러눕다 | 一边…一边… yìbiān… yìbiān… ~하면서 ~하다 | 喝 hē 동 마시다 | 茶 chá 몡 차 | 聊天 liáotiān 동 이야기를 나누다

---

3 적용

09
p. 317

力气

모범 답안 我觉得男的力气比女的更大。	내가 보기에는 남자의 힘이 여자보다 훨씬 세다.
참고 답안 虽然我个子很小，但是力气大极了。 我感冒了，没有力气吃饭。	비록 나는 키가 작지만, 힘은 정말 세다. 나는 감기에 걸려서 밥 먹을 힘이 없다.

시크릿 힘(力气)과 어울리는 술어 떠올리기

해설 추상명사 力气(힘)는 力气很大(힘이 세다), 力气不大(힘이 세지 않다), 有力气(힘이 있다), 没有力气(힘이 없다), 没有什么力气(별 힘이 없다) 등으로 작문할 수 있다. 또한 사진에 두 사람이 등장한다면 비교문 'A 比 B + 형용사'의 형식으로 작문할 수 있으며, 특히 부사로 更를 쓴다는 것을 꼭 기억해 두자.

단어 力气 lìqi 몡 힘, 체력 | 更 gèng 튄 더욱, 훨씬 | 个子 gèzi 몡 키 | 感冒 gǎnmào 동몡 감기(에 걸리다)

3 적용

价格

모범 답안	
这件衣服的价格太贵了。	이 옷의 가격은 너무 비싸다.
참고 답안	
我还是学生，买不起价格这么贵的名牌。	나는 아직 학생이어서, 가격이 이렇게 비싼 명품을 살 수가 없다.
这种商品质量好，但是价格太高了。	이 상품의 품질은 좋지만, 가격이 너무 비싸다.

🔒 **시크릿** 가격(价格)과 어울리는 형용사 떠올리기

해설　추상명사 价格(가격)는 형용사와 결합하여 价格很高(가격이 높다), 价格很贵(가격이 비싸다)라고 표현할 수 있다. 부가적으로 讨价还价(= 讲价 가격을 흥정하다), 打折(할인하다), 便宜点儿(좀 싸게 깎아 달라), 买不起(돈이 없어서 살 수 없다) 등과 같은 상황을 설정하여 작문할 수 있다.

단어　价格 jiàgé 몡 가격 | 还是 háishi 분 아직도, 여전히 | 名牌 míngpái 몡 명품 | 商品 shāngpǐn 몡 상품 | 质量 zhìliàng 몡 품질 | 但是 dànshì 젭 그러나

---

3 적용

护士

모범 답안	
护士又叫白衣天使，所以我想当护士。	간호사는 백의의 천사라고도 불리는데, 그래서 나는 간호사가 되고 싶다.
참고 답안	
她是医院里最亲切的护士。	그녀는 병원에서 가장 친절한 간호사이다.
我去医院的时候，护士先给我量体温。	내가 병원에 갔을 때, 간호사가 먼저 내 체온을 쟀다.

🔒 **시크릿** 간호사(护士)에 어울리는 동사 떠올리기

해설　'~가 되다'라는 동사 当을 사용하여, 我想当护士(나는 간호사가 되고 싶다)처럼 미래의 꿈을 표현할 수 있고, '~이다'라는 동사 是를 사용하여, 她是护士(그녀는 간호사이다), 她的职业是护士(그녀의 직업은 간호사이다)처럼 신분을 나타낼 수도 있다. 간호사의 특징을 살려서 护士很亲切(간호사는 친절하다), 护士很热情(간호사는 친절하다), 护士很善良(간호사는 착하다), 护士很辛苦(간호사는 고생스럽다) 등으로 표현할 수 있다. 又…又…(하기도 하고, ~하기도 하다), 不但(不仅)…而且…(~일 뿐만 아니라 게다가 ~하다)를 활용하여 2가지 특징에 대해 작문할 수도 있다.

단어　护士 hùshi 몡 간호사 | 天使 tiānshǐ 몡 천사 | 当 dāng 동 ~이 되다 | 量 liáng 동 (온도를) 재다 | 体温 tǐwēn 몡 체온

---

3 적용

记者

모범 답안	
他努力学习，是因为想当记者。	그가 열심히 공부하는 것은 기자가 되고 싶어서이다.
참고 답안	
我听说，记者这个工作忙得没有时间吃饭。	듣자 하니, 기자라는 직업은 바빠서 밥 먹을 시간도 없다고 한다.
今天有一个记者来采访我了。	오늘 어떤 기자가 와서 나를 취재했다.

🔒 **시크릿** 기자(记者)와 어울리는 동사 떠올리기

해설 '~이다'라는 동사 是를 사용하여 他是记者(그는 기자다), 他的职业是记者(그의 직업은 기자다)라고 작문할 수 있고, 미래의 꿈을 표현하여 他想当记者(그는 기자가 되고 싶다), 记者很忙(기자는 바쁘다), 记者采访名人(기자가 유명한 사람을 취재했다) 등으로 작문하면 된다.

단어 记者 jìzhě 명 기자 | 努力 nǔlì 동 노력하다 | 因为 yīnwèi 접 ~때문에 | 当 dāng 동 ~가 되다 | 采访 cǎifǎng 동 취재하다, 인터뷰하다

---

3 적용

13
p. 317

方向

모범 답안	
我不知道要往哪个方向走。	나는 어느 방향으로 가야 할 지 모르겠다.
참고 답안	
我昨天晚上在山里迷失了方向，害怕极了。	나는 어제저녁 산에서 방향을 잃어버려서, 너무 무서웠다.
你跟他走一个方向就好了。	너는 그와 같은 방향으로 가면 된다.

🔒 시크릿 방향(方向)과 어울리는 동사 떠올리기

해설 方向(방향)은 추상명사로, 走这个方向(이 방향으로 가다), 走错了方向(방향을 잘못 들었다), 迷失了方向(방향을 잃었다) 등으로 작문할 수 있다. 방향을 나타내는 전치사 往, 向, 朝(~로 향해서) 등을 사용하여 구체적인 방향을 함께 작문하면 좋다.

단어 方向 fāngxiàng 명 방향 | 迷失 míshī 동 (길, 방향을) 잃다 | 害怕 hàipà 동 무서워하다

---

3 적용

14
p. 317

区别

모범 답안	
这两台手机看起来没有什么区别。	이 두 대의 휴대전화는 보기에 별다른 차이가 없다.
참고 답안	
妈妈常常区别对待我和弟弟，我伤心极了。	엄마는 종종 나와 남동생을 차별 대우해 나는 너무 슬프다.
这件衣服和那件区别不怎么大。	이 옷과 저 옷의 차이점은 그다지 크지 않다.

🔒 시크릿 차이(区别)와 어울리는 술어 떠올리기

해설 추상명사 区别(차이)는 有区别(차이가 있다), 没有区别(차이가 없다), 没什么区别(별다른 차이가 없다), 区别很大(차이가 크다), 区别不大(차이가 크지 않다) 등으로 작문할 수 있다. 区别가 동사로 쓰이면 '(어떤 사물의 성질이나 종류 등을) 구별하다, 변별하다'의 의미로 区别开我们两个人(우리 두 사람을 구별하다), 区别两种颜色(두 종류의 색깔을 구별하다)처럼 작문할 수도 있다.

단어 区别 qūbié 명 차이, 구별 동 구별하다, 변별하다 | 台 tái 양 대(기계를 셀 때 씀) | 常常 chángcháng 부 늘, 항상 | 对待 duìdài 동 대하다 | 伤心 shāngxīn 동 상심하다, 슬퍼하다

15
p. 317

胳膊

모범 답안 让我看看你胳膊受伤的地方。	내가 너의 다친 팔을 좀 볼게.
참고 답안 我的女朋友很苗条, 胳膊又长又细。	내 여자 친구는 매우 날씬하다. 팔은 길고 가늘다.
昨天我搬家，抬了很多东西，所以胳膊很疼。	어제 나는 이사를 했는데, 많은 물건을 들었더니 팔이 너무 아프다.

🔒 **시크릿** 팔(胳膊)과 어울리는 술어 떠올리기

해설 胳膊受伤(팔이 다쳤다), 胳膊很长(팔이 길다), 胳膊很疼(팔이 아프다) 등의 상황을 설정하여 작문할 수 있다.

💡 **Tip** 胳膊(팔)라는 단어가 좀 어려워서 당황할 수도 있지만 단어에 쓰인 부수 月(달월)은 원래 肉(고기육)이 변형되어 쓰인 것으로 사람의 신체를 나타낸다. 예를 들어 脸(얼굴), 背(등), 胸(가슴), 肚子(배), 屁股(엉덩이), 腿(다리), 胳膊(팔), 脚(다리) 등 사람의 신체를 나타내는 글자에는 육달월이 肉(=月)쓰인다는 것을 기억하면 시험 볼 때 좋은 팁이 될 수 있다.

단어 胳膊 gēbo 몡 팔 | 受伤 shòushāng 동 상처를 입다, 부상을 당하다 | 苗条 miáotiao 혱 날씬하다 | 细 xì 혱 가늘다 | 搬家 bānjiā 동 이사하다 | 抬 tái 동 들다 | 疼 téng 동 아프다

[동사 제시어]

01
p. 318

批评

모범 답안 孩子被妈妈批评了一顿。	아이는 엄마에게 한바탕 꾸중을 들었다.
참고 답안 我得好好批评批评他。	나는 그를 잘 좀 야단쳐야겠다.
这孩子很不听话，被老师批评了。	이 아이는 말을 듣지 않아서, 선생님한테 야단맞았다.

🔒 **시크릿** 피동문, 동사중첩, 동량보어 활용하기

해설 사진은 아이가 여자 어른에게 야단맞는 장면이므로, 엄마 혹은 선생님에게 야단맞는다고 설정할 수 있다. 작문 형식으로는 '혼내는 주체 + 批评 + 혼나는 대상'처럼 老师批评孩子(선생님이 아이를 꾸짖다)라고 할 수 있다. 횟수를 나타내는 동량보어 顿과 '~에게 ~을 당하다'는 피동문 被를 사용하여 '혼나는 대상 + 被 + 혼나는 주체 + 批评了一顿'의 형식으로 孩子被老师批评了一顿(아이는 선생님에게 한바탕 꾸중을 들었다)이라고 작문할 수도 있다. 기타 문장으로는 他正在被妈妈批评(그는 지금 엄마에게 혼나고 있다), 你再不听话，老师就会批评你(너 또 말을 안들으면, 선생님은 너를 혼내실 거다), 我不想被老师批评(나는 선생님에게 혼나고 싶지 않다) 등으로 작문할 수 있다.

단어 批评 pīpíng 동 비판하다, 꾸짖다 | 顿 dùn 영 번, 바탕 | 得 děi 조동 ~해야 한다 | 好好 hǎohāo 분 잘, 충분히

02
p. 318

猜

모범 답안 我猜不出来她到底画的是什么?	나는 그녀가 무엇을 그리는지 도저히 못 알아맞히겠다.
참고 답안 你猜猜，这幅画是谁画的?	너 이 그림을 누가 그렸는지 알아맞혀 봐.
你猜一猜，我今年多大?	너 내가 올해 몇 살인지 알아맞혀 봐.

해설　猜는 정확히 알지 못하고, 추측으로 알아맞힌다는 뜻이다. 가능보어를 활용하여 猜得出来(알아맞힐 수 있다), 猜不出来(알아맞힐 수 없다)로 작문할 수 있다. 猜는 1음절 동사로 중첩하려면 AA, A一A의 형식으로 猜猜, 猜一猜로 표현할 수 있다. 가장 많이 쓰는 표현으로는 나이, 국적, 사람, 물건, 가격 등을 알아맞혀 보라는 작문을 할 수 있다.

　　　例　你猜猜我今年多大? 내가 몇 살인지 알아맞혀 봐.
　　　　　你猜猜他是哪国人? 그가 어느 나라 사람인지 알아맞혀 봐.
　　　　　你猜猜他是谁? 그가 누구인지 알아맞혀 봐.
　　　　　你猜猜这是什么? 이것이 무엇인지 알아맞혀 봐.
　　　　　你猜猜这个多少钱? 얼마인지 알아맞혀 봐.

단어　猜 cāi 图 추측하다, 알아맞히다 | 到底 dàodǐ 男 도대체 | 今年 jīnnián 图 올해, 금년

---

3 적용

p. 318

放松

모범 답안	
请放松放松，这个针不怎么疼。	긴장 풀어, 이 주사는 그렇게 아프지 않아.
참고 답안	
医生让小孩放松，可是小孩一直在哭。	의사는 아이에게 긴장을 풀라고 하지만, 아이는 계속 운다.

🔒시크릿 동사중첩, 사역동사 활용하기

해설　放松(긴장을 풀다)은 일반적으로 打针的时候(주사를 맞을 때), 做按摩的时候(안마를 받을 때), 参加比赛的时候(경기에 참가할 때), 面试的时候(면접을 볼 때) 등의 상황에 자주 사용된다. 이 외에도 比赛快要开始了，你放松点吧(곧 시합이 시작되니, 긴장을 풀어라), 等一下要去面试，放松放松吧(조금 있다가 면접을 보러 가야 하니, 긴장을 풀어라) 등으로 작문할 수 있다.

단어　放松 fàngsōng 图 긴장을 풀다 | 针 zhēn 图 주사 | 一直 yìzhí 男 계속해서, 끊임없이 | 哭 kū 图 울다

---

3 적용

p. 318

收拾

모범 답안	
我已经把行李收拾好了。	나는 이미 짐을 다 정리하였다.
참고 답안	
妈妈每天都收拾房间。你的房间太乱了，我们一起收拾一下吧。	엄마는 매일 방을 정리한다. 네 방은 너무 지저분하니, 우리 같이 정리 좀 하자.

🔒시크릿 처치문, 결과보어, 동량보어 활용하기

해설　收拾는 '정리하다, 정돈하다'의 의미이다. 房间(방), 东西(물건), 行李(짐), 书(책) 등을 목적어로 가지고 올 수 있다. '동사 + 목적어'의 어순으로 收拾房间(방을 치우다)이라고 해도 되고, 처치문을 활용하여 '把 + 처치 대상 + 동사 + 기타 성분'의 어순으로 把房间收拾一下, 把房间收拾收拾(방을 좀 치우다)라고 표현해도 된다. 방을 치우는 이유는 房间太乱了(방이 너무 지저분하다)가 될 수 있고, 짐을 정리하는 이유로 明天要出差(내일 출장을 간다), 明天要去旅行(내일 여행을 간다)이라고 표현할 수 있다.

단어　收拾 shōushi 图 정리하다, 치우다 | 行李 xíngli 图 여행짐 | 房间 fángjiān 图 방 | 乱 luàn 图 어지럽다, 혼란하다

3 적용

05
p. 318

复印

모범 답안	
请你帮我复印一份资料，好不好？	나 대신 자료 한 부 좀 복사해 줄래?
참고 답안	
这本书复印得很清楚。 这篇文章复印得不清楚。	이 책은 선명하게 복사되었다. 이 문장은 복사가 선명하지 않게 되었다.

🔒 **시크릿** 정도보어 활용하기

해설 复印을 하는 자료가 한 장이라면 复印一张이라고 하고, 한 묶음이라면 复印一份이라고 표현한다. 복사가 선명하게 되었는지, 복사된 글씨는 잘 보이는지를 정도보어를 사용해서 复印得很清楚(선명하게 복사되었다), 复印得不清楚(선명하지 않게 복사되었다)라고 작문해도 되고, 다른 사람에게 복사를 부탁하는 상황을 작문할 수도 있다. 복사 때문에 야근하는 상황이 생겼다면, 今天我得复印很多资料，可能要加班(오늘 많은 자료를 복사해야 해서, 아마도 야근을 해야 할 것 같다)이라고 작문할 수 있다.

단어 复印 fùyìn 통 복사하다 | 资料 zīliào 명 자료 | 书 shū 명 책 | 清楚 qīngchu 형 분명하다, 명백하다 | 文章 wénzhāng 명 글

---

3 적용

06
p. 318

禁止

모범 답안	
公共场所禁止吸烟。	공공장소에서는 흡연을 금지한다.
참고 답안	
这里禁止抽烟，你出去抽吧。 听说那里禁止骑自行车，我们还是坐地铁去吧。	이곳은 금연이니, 당신은 나가서 피우세요. 듣자 하니 그곳은 자전거 타는 것이 금지되어 있다. 우리 아무래도 지하철 타고 가는 것이 좋겠다.

🔒 **시크릿** 어울리는 목적어 떠올리기

해설 禁止는 무언가를 하지 못하도록 제지하는 것이다. 대표적으로는 禁止抽烟, 禁止吸烟(흡연 금지), 禁止拍照(사진 촬영 금지), 禁止游泳(수영 금지), 禁止停车(주차 금지), 禁止骑自行车(자전거 타는 거 금지), 禁止进入(출입 금지)가 있다. 사진에 담배를 피우는 그림이 있으므로, 흡연을 금지한다는 내용의 문장을 만들면 된다.
🔲 **Tip** 흡연 금지와 자전거 타기 금지 관련 사진이 출제된 적이 있다. 모범 답안을 응용해서 작문할 수 있도록 연습하자.

단어 禁止 jìnzhǐ 통 금지하다 | 公共场所 gōnggòng chǎngsuǒ 명 공공장소 | 吸烟 xīyān 통 담배를 피우다 | 抽烟 chōuyān 통 담배를 피우다

---

3 적용

07
p. 318

来不及

모범 답안	
来不及了，还是坐出租车吧。	늦었으니, 그냥 택시 타는 게 좋겠다.
참고 답안	
车还没来，估计来不及了。 快要上课了，来不及做作业。	차가 아직 안 와서, 아마도 늦을 거 같다. 곧 수업할 거야, 숙제할 겨를이 없어.

🔒 **시크릿** 복문, 还是…吧, 부사 활용하기

해설 来不及(어떤 일을 하기에 시간이 부족하다)는 '来不及 + 동작'의 형식으로 쓰며, 来不及上班(출근에 늦는다), 来不及坐
火车(기차를 제때 타지 못하다), 来不及吃饭(밥을 먹을 겨를이 없다), 来不及做作业(숙제할 겨를이 없다), 来不及喝茶
(차를 마실 겨를이 없다) 등의 내용을 작문할 수 있다. 来不及는 단독으로 쓰일 수 있고, 긍정형은 来得及라는 점에 주의
한다. 관용적으로 많이 쓰이는 现在后悔也来不及了(지금 후회해도 늦었어)라는 문장도 암기해 두면 도움이 된다.

단어 **来不及** láibují ⑧ (어떤 일을 하기에) 시간이 부족하다 | **还是** háishi ⑲ ～하는 편이 (더) 좋다 | **出租车** chūzūchē ⑲ 택시 | **估
计** gūjì ⑧ 추측하다 | **上课** shàngkè ⑧ 수업하다 | **作业** zuòyè ⑲ 숙제

---

08 p.318

3 적용

修理

모범 답안	
师傅，请把这个车修理一下。	기사님, 이 차 수리 좀 해 주세요.
참고 답안	
我的车好像有问题，你帮我修理一下吧。	내 차에 문제가 있는 것 같아, 네가 수리 좀 해 줘.
每次自行车坏了，爸爸都会帮我修理。	매번 자전거가 고장이 나면, 아빠가 항상 수리해 주셨다.

🔒 **시크릿** 처치문, 동량보어, 동사중첩 활용하기

해설 修는 '고장 난 물건을 수리한다'는 의미이므로, 어떤 물건이 고장 났을지 먼저 떠올려 본다. 자동차(车), 자전거(自行车)
컴퓨터(电脑), 세탁기(洗衣机), 텔레비전(电视机), 휴대전화(手机) 등이 있을 것이다. 고장 났다는 표현은 坏了, 出毛病,
故障 등이 있다. 차를 고치는 주체는 师傅(기사), 爸爸(아빠) 등을 사용할 수 있으며, 동량보어를 써서 修理一下, 동사
를 중첩하여 修理修理로 표현할 수 있다. 만약 부정적 '수리할 수 없다'는 표현을 쓰려면, 不能修理, 修理不了라고 하면
된다.

⚠️Tip 동사 修도도 출제되었으나, 최근에는 修理로 출제되고 있다. 제시되는 사진은 自行车(자전거), 车(자동차), 洗衣机(세탁기)
등을 수리하는 모습이 등장한다.

단어 **修理** xiūlǐ ⑧ 수리하다 | **师傅** shīfu ⑲ 기사님(기능을 가진 사람에 대한 존칭) | **好像** hǎoxiàng ⑲ 마치 ～와 같다 | **自行车**
zìxíngchē ⑲ 자전거 | **坏** huài ⑧ 고장 나다

---

 p.319

3 적용

吃惊

모범 답안	
听到这个消息，她非常吃惊。	이 소식을 듣고, 그녀는 크게 놀랐다.
참고 답안	
她接了朋友的电话，听到消息后很吃惊。	그녀는 친구의 전화를 받고, 소식을 들은 후 매우 놀랐다.

🔒 **시크릿** 정도부사, 사역동사 활용하기

해설 吃惊은 어떤 놀랄만한 장면을 보거나, 이야기를 들었을 때 쓰는 단어다. 심리동사이므로 정도부사 很, 非常과 함께 쓸 수
있고, 大吃一惊(크게 놀라다), 让我吃惊, 让我感到吃惊(나를 놀라게 하였다)라고 표현하기도 한다.
　　看到这个新闻，他很吃惊。 이 뉴스를 보고, 그는 매우 놀랐다.
　　他的作品让人感到吃惊。 그의 작품은 사람들로 하여금 놀라게 했다.
⚠️Tip HSK 시행 초기에는 신문의 뉴스나, 작품을 보며 놀라는 사진이 제시되었다면, 최근에는 전화를 받거나, 소식을 듣고 놀라는
사진이 제시되고 있다.

단어 **吃惊** chījīng ⑧ 놀라다 | **消息** xiāoxi ⑲ 소식 | **接** jiē ⑧ 받다

10

p. 319

占线

모범 답안	
给你打了好几次电话，你一直占线。	너에게 몇 번이나 전화를 했는데, 너는 계속 통화 중이었다.

참고 답안	
小王的电话一直占线，我真着急。	샤오왕의 전화는 줄곧 통화 중이어서, 나는 정말 조급하다.
不是没人接，而是占线。	아무도 받지 않는 게 아니라 통화 중이야.

🔒 시크릿 부사 활용하기

해설 占线은 동사로 '통화 중이다'라는 의미이다. 어디의 전화가 통화 중인지를 표현하려면, 家里的电话(집 전화), 公司的电话(회사 전화), 你的电话(너의 전화)를 주어로 삼을 수 있다. 지속을 나타내는 부사 一直(줄곧, 계속해서)를 활용하거나, 통화 중이어서 真着急, 急死人了(마음이 조급하다)라는 표현과 함께 쓰면 더 풍성한 문장을 만들 수 있다. 또한 접속사 不是 A 而是 B (A가 아니라 B이다) 구문과 함께 사용해도 좋다.

단어 占线 zhànxiàn 통 통화 중이다 | 一直 yìzhí 분 계속해서, 줄곧 | 着急 zháojí 형 조급해하다 | 不是…而是… búshì… érshì… 접 ~이 아니고 ~이다 | 接 jiē 통 받다

11

p. 319

迷路

모범 답안	
他们拿着地图，可还是迷路了。	그들은 지도를 들고 있음에도 불구하고, 길을 잃었다.

참고 답안	
这个地方挺复杂的，小心迷路！	이곳은 매우 복잡하니 길을 잃지 않게 조심해!
我们迷路了，去哪条路才对呢？	우리 길을 잃었어. 어느 길로 가야 맞는 거지?

🔒 시크릿 복문, 정도부사 挺…的 활용하기

해설 迷路는 동사로 '길을 잃다'의 의미이다. 在森林里迷路了(숲속에서 길을 잃었다)처럼 어디에서 길을 잃었는지, 那个地方很复杂(그 지역이 복잡하다), 有几条路(길이 여러 갈래이다)처럼 왜 길을 잃게 되었는지 원인을 써 주면 좋다.

단어 迷路 mílù 통 길을 잃다 | 拿 ná 통 들다, 쥐다 | 着 zhe 조 ~하고 있다 | 地图 dìtú 명 지도 | 还是 háishi 분 아직도, 여전히 | 复杂 fùzá 형 복잡하다

12

p. 319

躺

모범 답안	
我的儿子一躺下，就不知不觉睡着了。	우리 아들은 눕자마자, 자기도 모르게 잠들어 버렸다.

참고 답안	
他躺在沙发上看报纸。	그는 소파에 누워 신문을 본다.
躺在床上，感觉很舒服。	침대에 누우니, 정말 편하다.

해설 躺는 '드러눕다'의 의미로 방향보어 下와 함께 쓰인다. 눕는 장소를 나타내고 싶다면 전치사구를 이용해 在床上躺着(침대 위에 누워 있다)로 표현하거나, 결과보어를 이용하여 躺在床上(침대에 눕다)으로 표현할 수 있다. 사진에서는 아이가 침대에 누워 자고 있지만, 동사 躺의 장소는 침대뿐만 아니라 소파나 잔디밭, 바닥도 될 수 있다. 자주 함께 쓰일 수 있는 동사나 동사구 休息(쉬다), 睡觉(자다), 看书(책을 보다), 看电视(TV를 보다), 看报纸(신문을 보다) 등을 활용하여 누워서 무엇을 하는지 묘사하는 문장을 작문할 수도 있다.

단어 躺 tǎng 동 눕다 | 床 chuáng 명 침대 | 舒服 shūfu 형 편안하다

---

3 적용

13 p. 319

敲

모범 답안	
他买了一束花，去女朋友家敲门。	그는 꽃 한 다발을 사서, 여자 친구 집에 가서 문을 두드렸다.
참고 답안	
他拿着花，准备敲女朋友家的门。	그는 꽃을 들고, 여자 친구 집 문을 두드리려고 하고 있다.

시크릿 연동문 만들기

해설 敲는 '(사물, 문, 그릇 등을) 두드리다'는 동사이다. 언제 문을 두드리는가? 다른 사람 집에 갔을 때, 화장실에 들어가려고 할 때 敲门(문을 두드리다)이라는 표현을 쓸 수 있다. 꽃을 세는 양사를 활용하여 꽃을 한 송이 샀다면 买了一朵花, 생화를 한 다발 샀다면 买了一束鲜花라고 표현해도 된다.

단어 敲 qiāo 동 두드리다 | 束 shù 양 묶음, 다발 | 拿 ná 동 들다, 쥐다 | 着 zhe 조 ~하고 있다

---

3 적용

14 p. 319

降落

모범 답안	
飞机降落的时候，不能使用手机。	비행기가 착륙할 때, 휴대전화를 사용할 수 없다.
참고 답안	
飞机降落的时候，不允许使用电脑。	비행기가 착륙할 때, 컴퓨터 사용하는 것을 허가하지 않는다.
飞机离降落还要1个多小时。	비행기는 착륙까지 아직 1시간 넘게 남았다.

시크릿 시간 표현, 전치사 离 활용하기

해설 降落(착륙하다)는 학생들이 평상시 자주 사용하는 단어가 아니므로 시간 표현을 활용하여 쉽게 작문해 보자. '동사 + 的 时候'의 형식을 사용하여 降落的时候(착륙할 때), 起飞的时候(이륙할 때), 吃饭的时候(밥 먹을 때), 睡觉的时候(잠잘 때), 上课的时候(수업할 때), 回家的时候(집에 갈 때)처럼 시간 표현을 쉽게 만들 수 있다. 비행기가 이착륙할 때 전자제품(휴대전화, 컴퓨터) 등을 사용할 수 없다는 내용이나 전치사 离를 활용하여 시간의 간격을 나타낸 문장을 작문할 수도 있다.

단어 降落 jiàngluò 동 착륙하다 | 使用 shǐyòng 동 사용하다 | 允许 yǔnxǔ 동 허가하다 | 离 lí 전 ~에서 ~까지

p. 319

15

③ 적용

모범 답안	
他举着照相机，照了周围的风景。	그는 사진기를 들고, 주변의 풍경을 찍었다.
참고 답안	
请帮我照一张照片。	제 사진 한 장만 찍어 주세요.
他的爱好是照相。	그의 취미는 사진 찍기이다.

照

🔒 **시크릿** 적절한 목적어 끌고 나오기

해설 照(찍다)는 목적어와 결합하여 '照 + 照片(사진을 찍다)', '照 + 相(모습을 찍다)', '照 + 风景(풍경을 찍다)'의 조합으로 자주 쓰인다. 这张照片照得很不错(이 사진은 정말 잘 찍었다)처럼 정도보어를 사용하여 정도를 나타낼 수도 있다.

단어 照 zhào 🖲 찍다 | 举 jǔ 🖲 들어 올리다, 쥐다 | 着 zhe 🖾 ~하고 있다 | 照相机 zhàoxiàngjī 🖲 카메라 | 周围 zhōuwéi 🖲 주위 | 风景 fēngjǐng 🖲 풍경 | 照片 zhàopiàn 🖲 사진 | 照相 zhàoxiàng 🖲 사진을 찍다

---

p. 319

16

③ 적용

모범 답안	
她每天都要开车去上班。	그녀는 매일 운전해서 출근한다.
참고 답안	
我开车把你送到学校。	내가 운전해서 너를 학교까지 바래다줄게.
公共汽车太慢了，我们还是开车去吧。	버스는 너무 느리니, 우리 아무래도 운전해서 가는 게 낫겠다.

开车

🔒 **시크릿** 연동문 만들기

해설 开车(차를 운전하다)는 '동사 + 목적어' 구조로 된 이합동사로, 뒤에 다른 목적어를 가지고 올 수 없다. 따라서 开车去学校(운전해 학교에 간다), 开车去上班(운전해 출근한다)처럼 연동문으로 만들 수 있다. 또 公共汽车(버스), 地铁(지하철), 火车(기차) 등과 비교하여 어떤 교통수단을 이용하는 게 좋겠다는 표현을 만들 수 있다. 이때 还是…吧(아무래도 ~하는 게 좋겠다) 표현을 활용하여 还是开车去吧(아무래도 운전해서 가는 게 낫겠다), 还是坐地铁吧(아무래도 지하철을 타는 게 낫겠다)라고 작문할 수도 있다.

단어 开车 kāichē 🖲 운전하다 | 上班 shàngbān 🖲 출근하다 | 公共汽车 gōnggòng qìchē 🖲 버스 | 还是 háishi 🖲 ~하는 편이 (더) 좋다

---

p. 320

17

③ 적용

모범 답안	
师傅，我不知道怎么走，麻烦您给我指指路。	기사님, 어떻게 가는지 모르겠어요. 저에게 길 좀 가리켜 주세요.
참고 답안	
他指的是哪个方向？	그는 어느 방향을 가리키는 건가요?
你指一下路，我就知道了。	당신이 길을 가리켜 주면, 알 수 있어요.

指

🔒 **시크릿** 적절한 목적어 끌고 나오기

해설 指는 '(손가락 끝이나 뾰족한 부분으로) 가리키다'는 뜻으로 '指 + 사람 / 사물 / 장소'의 형식으로 사용된다. 사진에서는 가는 길을 알려 주는 모습이므로, 함께 호응하는 목적어를 결합시켜 指路(길을 가리키다), 指方向(방향을 가리키다) 등으로 작문하면 된다.

단어 指 zhǐ 🖲 가리키다 | 师傅 shīfù 🖲 기사님 | 麻烦 máfan 🖲 번거롭게 하다 | 方向 fāngxiàng 🖲 방향

p. 320

18

3 적용

举

모범 답안	
谁知道这个题的答案？请举手回答一下。	누가 이 문제의 답을 아나요? 손을 들고 대답해 보세요.

참고 답안	
她把手机举起来拍风景。 请大家举起杯子，一起干杯吧。	그녀는 휴대전화를 들어 풍경을 찍었다. 모두들 잔을 들고, 함께 건배합시다.

🔒시크릿 **적절한 목적어 끌고 나오기**

해설 举는 '(위로) 들어 올리다, 들다'의 뜻으로, 가장 많이 쓰이는 것은 举手(손을 들다), 举杯(잔을 들다), 举照相机(사진기를 들다), 举手机(휴대전화를 들다)로 작문할 수 있다.

단어 举 jǔ 통 들어 올리다 | 答案 dá'àn 명 답안, 해답 | 回答 huídá 통 대답하다 | 拍 pāi 통 찍다 | 风景 fēngjǐng 명 풍경 | 干杯 gānbēi 통 건배하다, 잔을 비우다

19

p. 320

3 적용

咳嗽

모범 답안	
我的朋友感冒了，所以上课时不停地咳嗽。	내 친구는 감기에 걸려서, 수업 시간에 계속 기침을 했다.

참고 답안	
他咳嗽得很厉害。 这位老人咳嗽得并不严重。	그는 심하게 기침을 한다. 이 노인은 기침하는 것이 심하지는 않다.

🔒시크릿 **복문, 정도보어 만들기**

해설 감기로 인해 기침을 한다든지, 기침을 계속 한다는 등의 내용으로 작문할 수 있다. 기침의 심한 정도를 표현하려면 정도보어를 만드는 구조조사 得 이하 부분에 厉害나 严重을 쓴다.

단어 咳嗽 késou 통 기침하다 | 停 tíng 통 멈추다 | 厉害 lìhai 형 극심하다, 심하다 | 严重 yánzhòng 형 심각하다

20

p. 320

3 적용

破

모범 답안	
她不小心把袋子弄破了。	그녀는 부주의하여 비닐봉지가 찢어졌다.

참고 답안	
你的袜子好像破了，我给你买一双新的吧。 这个箱子好像破了，换一个吧！	너의 양말은 구멍이 난 거 같으니, 내가 새것으로 한 켤레 사 줄게. 이 상자는 구멍이 난 거 같으니, 다른 것으로 바꿔 주세요!

🔒시크릿 **결과보어 만들기**

해설 破는 '찢어지다, 구멍나다, 망가지다'의 의미를 지니고 있다. 단독으로도 쓰일 수 있지만 구체적인 어떠한 상황 묘사를 대신 표현해 주는 대동사 弄을 쓰고, 그것의 결과로 破를 사용하여 弄破라고 표현할 수도 있다. 그 밖에 打破(깨져서 부셔졌다), 摔破(넘어져 다쳤다), 擦破(긁혀서 다치다) 등의 표현도 쓸 수 있다. 부사어 好像, 不小心 등을 써서 문장을 풍성하게 만들어 줄 수 있다.

> ❗Tip 袜子(양말), 箱子(상자), 鸡蛋(계란), 眼镜(안경) 등 다양한 사물을 적용시켜 작문을 연습해 보자.

단어 破 pò 통 찢어지다, 파손되다 | 不小心 bù xiǎoxīn 조심하지 못하여, 부주의하여 | 弄 nòng 통 하다, 행하다 | 袜子 wàzi 명 양말 | 好像 hǎoxiàng 부 마치 ～인 것 같다 | 双 shuāng 양 켤레

3 적용

试

모범 답안	
你试一下这件衣服，我觉得可能适合你。	너 이 옷 한번 입어 봐. 내 생각에 너한테 어울릴 것 같아.
참고 답안	
这双鞋我试过，不大不小正合适。	나는 이 신발을 신어 봤는데, 크지도 작지도 않고 딱 맞다.

🔒 **시크릿** 동량보어 활용하기

해설 试는 어떤 일을 시험 삼아 해 본다는 뜻으로 '试 + 사물'의 형태로 쓰이며, 목적어로는 옷이나 신발 등을 쓸 수 있다. 동량보어 一下, 一次 등을 쓰거나 중첩형을 사용하여 试试, 试一试, 试一下, 试试看처럼 다양하게 표현할 수 있다.

단어 试 shì 圄 시험 삼아 해 보다 | 适合 shìhé 圄 적합하다 | 合适 héshì 휑 적당하다, 알맞다

---

3 적용

尝

모범 답안	
快尝尝，味道好极了。	어서 맛을 좀 봐. 정말 맛있어.
참고 답안	
你过来尝一下，这是我做的菜。	와서 한번 맛 좀 봐 봐. 이건 내가 만든 음식이야.

🔒 **시크릿** 동사중첩 활용하기

해설 尝은 음식을 맛본다는 뜻이다. 중첩형으로 尝尝, 尝一尝, 尝了尝이라고 표현할 수 있고, 보어를 사용하여 尝一下(한번 맛보다), 尝了一口(한 입 맛보다)처럼 쓸 수 있다. 누가 만든 음식인지, 맛보니 어떻다든지 하는 내용으로 작문해 본다.

단어 尝 cháng 圄 맛보다 | 味道 wèidao 圕 맛 | 菜 cài 圕 요리

---

3 적용

联系

모범 답안	
我们毕业好几年了，还保持联系。	우리는 졸업한 지 몇 년이 됐지만, 아직도 연락을 유지하고 있다.
참고 답안	
你和他再联系联系。	네가 그와 다시 연락 좀 해 봐라.

🔒 **시크릿** 복문 만들기

해설 '연락을 유지하다'라는 표현은 동사 保持(유지하다)를 쓰면 된다. 联系(연락하다)는 두 사람이 하는 것이므로, '和 / 跟…联系(~와 연락하다)'의 형식으로 쓴다. 중첩형은 ABAB의 형식으로 联系联系라고 할 수 있다.

단어 联系 liánxì 圄 연락하다 | 保持 bǎochí 圄 유지하다

抽烟

모범 답안	
别养成抽烟的坏习惯。	담배 피우는 나쁜 습관을 기르지 마라.

참고 답안	
抽烟对身体没有好处，你不要抽那么多烟。	흡연은 몸에 좋은 점이 없으니, 너는 담배를 그렇게 많이 피우지 마라.
抽抽烟，喝喝酒，跟朋友们打打牌。	담배를 피우고, 술을 마시고, 친구들과 마작을 한다.

🔒 시크릿 관형어 만들기

해설 　담배를 피우는 것이 우리 몸에 어떤지, 어떤 장소에서 담배를 피우는지, 담배를 피우는 것이 금지되지는 않는지 등의 내용으로 작문해 본다. 抽烟은 '동사 + 목적어' 구조의 이합동사로 '담배 한 개비를 피우다'는 抽一支烟이라고 써야 한다. 이합동사는 동사 부분만 AAB형식으로 중첩하여 抽抽烟처럼 중첩형을 만든다.

단어 　抽烟 chōuyān 图 흡연하다, 담배를 피우다 | 养成 yǎngchéng 图 습관이 되다, 길러지다 | 坏 huài 톕 나쁘다 | 习惯 xíguàn 톕 습관 | 身体 shēntǐ 톕 건강, 몸 | 打牌 dǎpái 图 마작을 하다

[형용사 제시어]

脏

모범 답안	
这些东西脏得要命，快收拾收拾。	이 물건들은 너무 지저분하니, 어서 정리 좀 해라.

참고 답안	
你的手脏死了，快去洗洗。	네 손이 더러워 죽겠으니, 어서 가서 좀 씻어라.

🔒 시크릿 정도보어 활용하기

해설 　脏은 '더럽다'는 뜻으로 衣服(옷), 房间(방), 手(손), 脸(얼굴) 등을 주어로 삼을 수 있다. 脏은 형용사이므로 정도부사 很(매우), 非常(대단히), 太(너무) 등을 앞에 넣거나, 정도보어 …死了(~해서 죽겠다), …得不得了(대단히 ~하다), …得要命(몹시 ~하다) 등을 활용하여 작문하면 된다. 부연 설명으로 씻다, 빨다(洗), 정리하다(收拾) 등의 동사를 중첩형으로 만들어주면 금상첨화가 될 것이다.

단어 　脏 zāng 톕 더럽다 | 收拾 shōushi 图 치우다, 정리하다 | 洗 xǐ 图 씻다

凉快

모범 답안	
秋天到了，天变凉快了。	가을이 되자, 날씨가 서늘해졌다.

참고 답안	
洗完澡，觉得很凉快。	목욕하고 나니 무척 시원하다.

🔒 시크릿 술어로 만들기

해설　凉快는 '서늘하다, 시원하다'의 뜻으로, 시원한 이유로 '가을(秋天)이 되다', '시원한 음료를 마셨다', '에어컨이 있다', '목욕을 했다' 등을 넣어 작문하면 된다. 또한 凉快는 형용사이므로 정도부사 很을 붙여 정도가 높음을 나타낼 수 있고, 어기조사 了를 붙이면 '시원해졌다'라는 변화의 의미를 나타낼 수 있다.

단어　凉快 liángkuai 혱 서늘하다, 시원하다 | 秋天 qiūtiān 몡 가을 | 变 biàn 동 변화하다, 바뀌다 | 洗澡 xǐzǎo 동 목욕하다

03
p. 321

困

모범 답안 我困得不得了，真想睡觉。	나 졸려 죽겠어. 정말 자고 싶다.
참고 답안 妈妈困得要死，不知不觉睡着了。	엄마는 졸려 죽겠어서, 자기도 모르게 잠이 드셨다.

 시크릿 정도보어 활용하기

해설　困(졸리다)은 형용사로, 정도보어를 활용하여 困死了(졸려 죽겠다), 困得不得了(대단히 졸리다), 困得要死(죽을 정도로 졸리다), 困得要命(몹시 졸리다), 困得不行(졸려서 안 되겠다) 등으로 만들면 멋진 문장이 된다. 부연 설명으로 '자고 싶다, 잠 들었다, 쉬고 싶다' 등을 넣어 주면 좋다.

단어　困 kùn 혱 지치다, 피곤하다 | 睡觉 shuìjiào 동 자다

04
p. 321

轻

모범 답안 这个东西看起来很轻，但拿起来很重。	이 상자는 보기에는 가벼워 보이지만, 들어 보면 무겁다.
참고 답안 她非常瘦，所以看起来很轻。 你的书包比我的轻了很多。	그녀는 매우 말라서, 보기에 매우 가벼워 보인다. 너의 책가방은 내 것보다 훨씬 가볍다.

 시크릿 방향보어, 비교문 활용하기

해설　轻(가볍다)의 반대말은 重(무겁다)으로 看起来…, 拿起来…(보기엔 ~한데, 들어 보니 ~하다)를 사용하여 대조적인 상황을 작문할 수 있다. 비교문을 활용하여 'A 比 B 更 + 형용사'의 형태로도 작문할 수 있다.

단어　轻 qīng 혱 가볍다 | 重 zhòng 혱 무겁다 | 瘦 shòu 혱 마르다 | 书包 shūbāo 몡 책가방

05
p. 321

激动

모범 답안 听到了这个消息，他激动得跳了起来。	이 소식을 듣고, 그는 흥분해서 펄쩍 뛰었다.
참고 답안 看完了这部电影，我激动极了。	이 영화를 보고 나서, 나는 매우 감동했다.

시크릿 정도보어 활용하기

해설　激动은 '흥분하다, 감동하다, 감격하다'의 뜻으로, 기쁠 때나 화가 났을 때도 사용한다. 정도보어 …极了, …得要命, …得不得了 등을 사용해도 되고, 어느 정도로 흥분했는지를 상세하게 표현할 수도 있다. 예를 들어, '흥분해서 펄쩍 뛰었다'는 激动得跳起来, '말을 할 수 없을 정도로 감격했다'는 激动得说不出话来, 激动得一句话也说不出来, '흥분해서 저녁 내내 잠을 이루지 못했다'는 激动得一晚上都没睡好라고 표현한다. 무엇 때문에 흥분, 또는 감격했는지 부연 설명을 써 주면 더욱 멋진 문장이 된다.

단어　激动 jīdòng 图 흥분하다, 감동하다 | 跳 tiào 图 뛰다 | 电影 diànyǐng 圀 영화

---

p. 321

3 적용

详细

모범 답안	
昨天的会议内容她记录得很详细。	어제의 회의 내용을 그녀는 매우 상세하게 기록했다.
참고 답안	
请你详细介绍一下这个文件。 这个说明书不太详细。	이 문서에 대해서 상세하게 소개해 주세요. 이 설명서는 그다지 상세하지 않다.

🔒 **시크릿** 정도보어 활용하기

해설　详细는 '상세하다'는 뜻으로, 무엇이 상세한지 떠올려 보면 报告(보고서), 说明书(설명서), 书的内容(책의 내용) 등을 생각할 수 있고, 이것이 상세하거나 상세하지 않다는 내용으로 작문할 수 있다. 说明得很详细(설명을 상세하게 하다), 讲得很详细(얘기를 상세하게 하다), 记录得很详细(기록을 상세하게 하다) 등으로 어떤 동작을 상세하게 하는지 작문할 수 있다.

단어　详细 xiángxì 圀 상세하다 | 会议 huìyì 圀 회의 | 内容 nèiróng 圀 내용 | 记录 jìlù 图 기록하다 | 文件 wénjiàn 圀 서류 | 说明书 shuōmíngshū 圀 설명서

---

p. 321

3 적용

无聊

모범 답안	
周末一个人呆在家里觉得很无聊。	주말에 혼자 집에 있으려니 정말 무료하다.
참고 답안	
他今天没有约会，所以很无聊。 没有什么事干，也没有朋友陪我玩儿，真无聊。	그는 오늘 약속이 없어서, 매우 심심하다. 할 일도 없고, 같이 놀아 주는 친구도 없고, 정말 심심하다.

🔒 **시크릿** 정도부사 활용하기

해설　无聊는 '심심하다, 무료하다'의 뜻으로, 언제 무료할지 상상해 보면 周末一个人在家里(주말에 혼자 집에 있다), 没有事做(할 일이 없다), 没有约会(약속이 없다), 没有朋友玩儿(놀아 줄 친구가 없다) 등을 떠올릴 수 있다. 他讲的故事(그가 하는 이야기), 那个话题(그 화제), 他的课(그의 수업), 那个电影(그 영화) 등 무엇이 무료한지 상황을 설정하여 작문할 수 있다.

단어　无聊 wúliáo 圀 무료하다 | 周末 zhōumò 圀 주말 | 约会 yuēhuì 圀 약속 | 干 gàn 图 ~을 하다 | 陪 péi 图 동반하다

3 적용

难受

모범 답안	
头疼得厉害，太难受了。	두통이 심해서 너무 괴롭다.
참고 답안	
我身体不舒服，有点儿难受。 我听到这个消息，心里很难受。	나는 몸이 좀 불편해서 조금 괴롭다. 이 소식을 들으니 마음이 정말 괴롭다.

🔒시크릿 정도보어 활용하기

해설　형용사 难受는 '(몸이 아파서) 불편하다, 아프다'는 뜻과 '(마음의 상처를 받아서) 괴롭다, 견디기 힘들다'는 두 가지 뜻으로 쓰인다. 头疼(머리다 아프다), 肚子疼(배가 아프다), 胃疼(위가 아프다)과 같이 몸이 아픈 상황 때문에 힘들다거나, 心里 很难受(마음이 괴롭다)처럼 어떤 소식을 듣고 괴롭다는 내용으로 작문할 수 있다. 정도보어를 활용하여 难受得不想吃饭 (괴로워서 밥도 먹고 싶지 않다), 难受得睡不着觉(괴로워서 잠을 이룰 수 없다)처럼 작문할 수도 있다.

단어　难受 nánshòu 혭 괴롭다 | 头疼 tóuténg 뎽 두통 | 厉害 lìhai 혭 심하다 | 舒服 shūfu 혭 편안하다 | 消息 xiāoxi 뎽 소식 | 心理 xīnlǐ 뎽 기분, 심리

3 적용

满

모범 답안	
这个盒子里书装得很满。	이 상자에는 책이 가득 담겨 있다.
참고 답안	
我的箱子已经满了，装不下别的 东西了。 他给客人满满地倒了一杯茶。	이 박스는 이미 가득 차서, 더 이상 다른 물건을 넣을 수 없다. 그는 손님에게 차를 가득 따라 주었다.

🔒시크릿 정도보어 활용하기

해설　满은 가득 차 있는 모습을 나타내는 단어고, 책이 상자에 가득 들어 있는 사진이므로 동사 装(담다, 싣다)과 정도보어를 활용하여 装得很满(가득 담겨 있다)처럼 표현할 수 있다. 盒子(상자)대신 箱子(상자)를 써도 좋다. 둘 다 모두 상자를 뜻 하는 단어이나 箱子는 비교적 큰 상자를 의미한다.

단어　满 mǎn 혭 가득차다, 가득 차 있다 | 盒子 hézi 뎽 작은 상자 | 装 zhuāng 뎽 담다 | 箱子 xiāngzi 뎽 상자 | 客人 kèrén 뎽 손 님 | 倒 dào 뎽 따르다

3 적용

苦

모범 답안	
这个药虽然苦，但对身体好。	이 약은 비록 쓰지만, 그러나 몸에는 좋다.
참고 답안	
这个药太苦了，你给我准备一块 糖吧！ 这种药的味道没那么苦。	이 약은 너무 써, 너는 나에게 사탕을 준 비해 줘! 이 종류의 약은 그렇게 쓰지 않다.

🔒시크릿 정도부사 활용하기

해설　苦(쓰다)는 일반적으로 药(약)의 맛을 표현할 때 쓰인다. 형용사이므로 정도부사를 활용하여 很苦(매우 쓰다), 太酷了(너 무 쓰다), 没那么苦(그렇게 쓰지 않다), 不怎么苦(별로 안 쓰다)로 작문할 수 있고, 对…很好를 활용하여 약이 쓰지만 몸 에 좋다는 문장도 만들 수 있다.

단어　苦 kǔ 혭 쓰다 | 糖 táng 뎽 사탕 | 种 zhǒng 얭 종, 종류 | 味道 wèidao 뎽 맛

p. 322

3 적용

11

咸

모범 답안	
这个菜太咸了，我吃不下去。	이 음식은 너무 짜서, 나는 먹을 수가 없다.
참고 답안	
咸的东西吃多了，对身体不太好。	짠 음식을 많이 먹으면, 건강에 그다지 좋지 않다.
这个菜咸得要命，你下次少放点儿盐。	이 음식은 너무 짜다. 너는 다음에는 소금을 좀 적게 넣어라.

🔒 시크릿 **정도부사 활용하기**

해설　음식 맛을 나타내는 표현에는 咸(짜다), 甜(달다), 苦(쓰다), 酸(시다)가 있다. 菜太咸了(음식이 너무 짜다), 放了很多盐(소금을 많이 넣었다), 少放点儿盐(소금을 적게 넣어라)와 같이 무엇이 왜 짠지 그렇다면 어떻게 해야 하는지 생각의 흐름에 따라 떠오르는 내용을 작문하면 된다. 对…不好를 활용하여 咸的东西对身体不好(짠 음식은 건강에 좋지 않다)라는 멋진 문장을 만들 수 있다.

단어　咸 xián 웹 짜다 | 要命 yàomìng 웹 심하다 | 放 fàng 웹 넣다 | 盐 yán 웹 소금

---

3 적용

12

p. 322

空

모범 답안	
这个箱子是空的，没有你找的东西。	이 상자는 비어 있어서 당신이 찾는 물건은 없다.
참고 답안	
我把空盒子扔进垃圾桶了。	나는 빈 상자를 쓰레기통에 버렸다.
冰箱里空空的，什么都没有。	냉장고 안은 텅 비어서 아무 것도 없다.

🔒 시크릿 **중첩형 활용하기**

해설　空은 속이 텅 비어 있다는 뜻으로 空着(비어 있다), 空空的, 什么都没有(텅 비어서 아무 것도 없다) 등의 표현을 써서 작문할 수 있다. 箱子(상자) 대신 盒子(작은 박스)를 쓸 수도 있으며, 제시어 空과 함께 冰箱(냉장고), 书包(가방), 钱包(지갑) 등도 사진으로 출제될 수도 있으니 암기해 두면 좋다.

단어　空 kōng 웹 (속이) 텅 비다 | 箱子 xiāngzi 웹 상자 | 盒子 hézi 웹 상자 | 扔 rēng 웹 버리다 | 垃圾桶 lājītǒng 웹 쓰레기통 | 冰箱 bīngxiāng 웹 냉장고

---

3 적용

13

p. 322

耐心

모범 답안	
爸爸耐心地给儿子读书。	아빠는 인내심 있게 아들에게 책을 읽어준다.
참고 답안	
爸爸耐心地教儿子数学。	아버지는 인내심 있게 아들에게 수학을 가르친다.
养孩子的时候，最重要的是耐心。	아이를 키울 때 가장 중요한 것은 인내심이다.

🔒 시크릿 **부사어 만들기**

해설 耐心은 형용사로 쓰일 경우 '참을성이 있다, 인내심이 강하다'라는 뜻이다. '耐心地 + 동작'의 형태로 부사어를 만들어 耐心地读书(인내심 있게 책을 읽는다), 耐心地教汉语(인내심 있게 중국어를 가르친다), 耐心地等待(인내심 있게 기다린다) 등으로 작문할 수 있고, 명사를 꾸며 주는 관형어로 쓰여 耐心的服务(인내심 있는 서비스)라고 작문할 수도 있다. 명사로 쓰일 경우 '인내심'이라는 뜻으로 有耐心(인내심이 있다), 没有耐心(인내심이 없다)처럼 표현하면 된다.

단어 耐心 nàixīn 휑 참을성이 있다 몡 참을성, 인내심 | 读书 dúshū 동 책을 읽다 | 教 jiāo 동 가르치다 | 数学 shùxué 몡 수학 | 养 yǎng 동 기르다 | 重要 zhòngyào 휑 중요하다

---

3 적용

14
p. 322

粗心

모범 답안	
他做事很粗心，一点都不细心。	그는 일을 처리하는 게 너무 덤벙대고, 조금도 꼼꼼하지 않다.

참고 답안	
他做事太粗心了，这次项目不能交给他。 儿子在考试上很粗心，觉得很可惜。	그는 일을 하는 게 너무 덤벙대서, 이번 프로젝트를 그에게 맡길 수 없다. 아들이 시험에서 덤벙대서, 매우 안타깝다.

🔒 시크릿 정도부사 활용하기

해설 粗心은 '두꺼운 마음' 즉, 꼼꼼하지 못하고 덤벙대는 것을 나타낸다. 반대말인 细心(꼼꼼하다)의 부정형을 활용하여 '너무 덤벙대고 꼼꼼하지 않다'라고 작문할 수 있다. 동의어로 粗心大意(덤벙대다)라는 성어도 알아 두자.

단어 粗心 cūxīn 휑 세심하지 못하다 | 细心 xìxīn 휑 세심하다, 주의 깊다 | 项目 xiàngmù 몡 프로젝트 | 交 jiāo 동 맡기다 | 可惜 kěxī 휑 아깝다, 아쉽다

---

3 적용

15
p. 322

标准

모범 답안	
老师经常表扬我女儿的动作很标准。	선생님은 내 딸의 동작이 매우 표준적이라고 자주 칭찬하신다.

참고 답안	
她的普通话非常标准。 他写字写得很标准。	그녀의 보통화는 정말 표준적이다. 그는 글씨를 표준적으로 잘 썼다.

🔒 시크릿 정도부사 활용하기

해설 标准은 '표준적이다'는 뜻의 형용사이고, 명사로도 쓰인다. 무엇이 표준적일지 생각해 보면 他的动作(그의 동작), 他的发音(그의 발음) 등을 떠올릴 수 있다. 형용사이므로 정도부사를 사용하여 很标准(매우 표준적이다), 非常标准(정말 표준적이다), 特别标准(특히 표준적이다)으로 표현할 수 있다.

단어 标准 biāozhǔn 휑 표준적이다 몡 표준 | 表扬 biǎoyáng 동 칭찬하다 | 动作 dòngzuò 동 동작 | 普通话 pǔtōnghuà 몡 보통화

3 적용

厉害

모범 답안	
他的腿受伤了，疼得厉害。	그는 다리를 다쳐서 매우 아프다.
참고 답안	
我们家的狗又厉害又凶。 我们的老师非常厉害。	우리 집 개는 사납고 무섭다. 우리 선생님은 정말 대단하시다.

🔒 시크릿 정도보어 활용하기

해설 厉害는 정도보어에서 정도가 심함을 나타내는 의미로 쓰이며, 칭찬의 의미로 '대단하다, 굉장하다'로도 쓰일 수 있다. 제시된 사진에 따라 疼得很厉害(심하게 아프다), 病得很厉害(심하게 병이 나다), 热得很厉害(심하게 덥다) 등의 상황을 설정하여 작문할 수 있다.

단어 厉害 lìhai 톙 대단하다, 심하다 | 腿 tuǐ 몡 다리 | 受伤 shòushāng 통 다치다, 상처를 입다 | 疼 téng 톙 아프다 | 狗 gǒu 몡 개 | 凶 xiōng 톙 사납다

[기타 품사]

3 적용

p. 323

朵

모범 답안	
这朵花儿很漂亮。	이 꽃은 매우 예쁘다.
참고 답안	
情人节那天，他送给女朋友99朵玫瑰花。	발렌타인데이 당일에, 그는 여자 친구에게 99송이 장미를 선물했다.

🔒 시크릿 양사에 어울리는 명사 떠올리기

해설 朵는 꽃이나 구름을 세는 양사로, 一朵花(꽃 한 송이), 一朵云(구름 한 조각)처럼 쓴다. 사진에 꽃이 있으므로 '수사 + 양사 + 명사'의 어순에 따라 一朵花라고 하고, 꽃을 형용하는 술어 漂亮(예쁘다)을 쓰거나, '선물하다'라는 동사 送을 활용하여 몇 송이를 주었다는 내용으로 작문할 수 있다.

단어 朵 duǒ 양 송이(꽃·구름 따위를 셀 때 쓰임) | 送 sòng 통 주다, 선물하다 | 玫瑰 méigui 몡 장미

3 적용

p. 323

棵

모범 답안	
公园里大约有几百棵树。	공원에 대략 몇백 그루의 나무가 있다.
참고 답안	
奶奶家的院子里有一棵葡萄树。 这棵树又高又粗。	할머니 댁 정원에는 포도나무 한 그루가 있다. 이 나무는 크고 두껍다.

🔒 시크릿 양사에 어울리는 명사 떠올리기

해설 존현문의 어순에 따라서 '장소 + 술어 + 불특정 목적어'를 써서 院子里(정원에), 公园里(공원에), 我家旁边(우리 집 옆에)과 같은 장소를 주어로 만들고, 一棵树(나무 한 그루), 几百棵树(나무 몇백 그루)과 같은 불특정 목적어를 써서 작문하면 좋은 점수를 획득할 수 있다.

단어 棵 kē 양 그루 | 公园 gōngyuán 몡 공원 | 大约 dàyuē 뷔 대략, 얼추 | 树 shù 몡 나무 | 奶奶 nǎinai 몡 할머니 | 院子 yuànzi 몡 뜰, 정원 | 葡萄树 pútaoshù 몡 포도나무 | 粗 cū 톙 두껍다

3 적용

03
p. 323

页

모범 답안	
今天要学的是第五课，请翻到第100页。	오늘 제5과를 배우려고 하니, 100쪽을 펴세요.
참고 답안	
这本小说一共有422页。 这本书每一页的内容都太感人了。	이 소설책은 총 422페이지이다. 이 책의 매 페이지의 내용이 정말 사람을 감동시킨다.

🔒 **시크릿** 양사에 어울리는 명사 떠올리기

해설 页는 페이지를 세는 양사로 '수사 + 양사'의 어순에 따라 100页(100페이지)와 같이 작문하면 된다. '책을 펴다'는 동사 翻을 써서 请翻到100页(100페이지를 펴 세요)라고 표현하지만 만약 翻(펴다)을 모른다면 융통성을 발휘하여 请大家看一下25页(25페이지를 보세요)라고 작문하면 된다.

단어 页 yè 圕 페이지, 면 | 翻 fān 튐 펴다, 펼치다 | 小说 xiǎoshuō 圕 소설 | 一共 yígòng 틛 합계, 모두 | 内容 nèiróng 圕 내용 | 感人 gǎnrén 튐 감동시키다

---

3 적용

04
p. 323

秒

모범 답안	
今天你迟到了1分钟，这次原谅你，下次一秒都不行。	오늘 1분 지각해서, 이번만 너를 용서해 주는 거야. 다음에는 1초도 안 돼.
참고 답안	
我们要珍惜每一秒每一刻。 你要在13秒内跑到终点。	우리는 매시간, 매순간을 소중히 해야 한다. 너는 13초안에 결승선까지 달려가야 한다.

🔒 **시크릿** 양사에 어울리는 명사 떠올리기

해설 시간의 단위를 나타내는 표현으로 秒(초), 分(분), 点(시)가 있다. 초 단위를 표현하려면 달리기 시합에서의 기록, 지각한 시간, 남아 있는 시험 시간 등의 상황을 설정하여 작문할 수 있다.

단어 秒 miǎo 圕 초 | 迟到 chídào 튐 지각하다 | 分钟 fēnzhōng 圕 분 | 原谅 yuánliàng 튐 용서하다 | 珍惜 zhēnxī 튐 소중히 여기다 | 终点 zhōngdiǎn 圕 종점

---

3 적용

05
p. 323

遍

모범 답안	
这本书我看了好几遍，还是觉得很有意思。	이 책을 나는 여러 번 보았는데도 재미있다.
참고 답안	
我都说了几遍了，他还不明白。 我听不懂你说的话，请你再说一遍。	나는 여러 번 말했지만, 그는 아직도 이해하지 못한다. 나는 당신의 말을 못 알아 들었으니, 한 번만 다시 말해 주세요.

🔒 **시크릿** 양사에 어울리는 동사 떠올리기

해설 遍은 '(동작이 시작되어 끝날 때까지의 전 과정) 한 번'을 나타내는 양사이다. 가장 많이 쓰이는 동사의 조합은 看一遍(한 번 보다), 听一遍(한 번 듣다), 说一遍(한 번 말하다)이므로 반드시 암기해 두자.

Tip 遍과 篇은 비슷해 보일 수 있지만 그 뜻과 쓰임이 완전히 다르다. 遍은 동작의 양을 나타내는 동량보어이고, 篇은 부수가 대나무(竹)로, 종이가 없던 시절 대나무에 글을 썼다고 하여, '문장, 글, 논문'등의 명사를 세는 양사이다.

단어　遍 biàn 양 번, 차례, 회 | 明白 míngbai 형 이해하다, 알다

---

③ 적용

	모범 답안	
	他每天读一篇文章。	그는 매일 한 편의 문장을 읽는다.
	참고 답안	
篇	这篇文章让我很感动。 我一个月之内，得写出一篇论文。	이 문장은 사람을 정말 감동시킨다. 나는 한 달 안에, 한 편의 논문을 써 내야 한다.

시크릿 양사에 어울리는 명사 떠올리기

해설　篇은 글, 문장, 논문 등의 명사를 세는 양사이다. '수사 + 양사 = 명사'의 어순에 따라 一篇文章(문장 한 편), 一篇论文(논문 한 편), 一篇报告(보고서 한 편)으로 표현한다. '매일 한 편의 문장을 읽는다', '이 문장은 매우 감동스럽다', '논문 한 편을 써야 한다' 등의 상황을 설정하여 작문할 수 있다.

단어　篇 piān 양 편 | 文章 wénzhāng 명 문장 | 感动 gǎndòng 동 감동하다 | 得 děi 조동 ~해야 한다 | 论文 lùnwén 명 논문

실전 모의고사

제1부분

✓ 정답
1. 他们俩的看法没什么区别。
2. 导游把那份申请寄出去了。
3. 这包饼干有点儿咸。
4. 这篇文章翻译得有点儿奇怪。
5. 他被外面的响声吵醒了。
6. 我已经逐渐适应了这里的气候。
7. 你也许对李护士的行动误会了。
8. 他们两个人的感情很让人羡慕。
9. 海洋污染问题被社会所重视。
10. 这份工作进行得越来越好。

01

p. 324

没　　他们俩的看法　　区别　　什么

他们俩的看法没什么区别。 | 그들 둘의 견해는 아무런 차이가 없다.

🔑 **시크릿** 불특정 사물을 가리키는 지시대사 什么

해설 **1단계 주어를 찾아라!**
- 他们俩的看法(그들 둘의 견해): 구조조사 的를 활용하여 명사구로 만들어져 있으므로 주어가 될 수 있다.
- 区别(차이): 명사 / 什么(아무런): 什么는 의문대사가 아니라 '아무런'이라는 지시대사로 쓰여, 명사와 결합할 수 있다. → 什么区别(아무런 차이)

2단계 술어를 찾아라!
- 没(없다): 동사 没有를 줄인 형태다. 没만 보고 부정부사라고 속단하면 안 된다.

3단계 목적어의 위치를 정하라!
- 什么区别(아무런 차이): 목적어로, 술어 没 이하 부분에 놓으면 된다. → 没什么区别 (아무런 차이도 없다)

→ 他们俩的看法没什么区别。(그들 둘의 견해는 아무런 차이가 없다.)

단어 没 méi 图 없다 | 俩 liǎ ㈜ 두 사람 | 看法 kànfǎ 명 견해 | 区别 qūbié 명 차이

02

p. 324

把　　寄出去　　那份申请　　导游　　了

导游把那份申请寄出去了。 | 가이드는 그 신청서를 부쳤다.

🔑 **시크릿** 전치사(把)의 위치

해설 **1단계 주어를 찾아라!**
- 导游(가이드): 명사로, 사람 주어가 된다.
- 那份申请(그 신청서): '지시대사 + 양사 + 명사'의 형태다.

2단계 술어를 찾아라!
- 寄出去(부쳤다): '동사 + 방향보어'로, 술어부가 된다.

3단계 기타 성분을 삽입하라!
- 把(~을 / 를): 전치사로, 뒤에 명사 那份申请(그 신청서)을 끌고 나올 수 있다. → 把那份申请(그 신청서를)
- 了(~했다): 조사로, 문장 끝에 놓여 완료를 나타낼 수 있다.

→ 导游把那份申请寄出去了。(가이드는 그 신청서를 부쳤다.)

단어 把 bǎ 전 ~을(를) | 寄 jì 图 부치다 | 份 fèn 양 부(신문 · 간행물 · 문서 등을 세는 데 쓰임) | 申请 shēnqǐng 명 신청서 | 导游 dǎoyóu 명 가이드

p. 324

03

包　咸　饼干　有点儿　这

这包饼干有点儿咸。 | 이 비스킷은 조금 짜다.

🔒 **시크릿** 정도부사의 위치

해설 **1단계 주어를 찾아라!**
- 包(봉지): 양사 / 饼干(비스킷): 명사 / 这(이): 지시대사
  '지시대사 + (수사) + 양사 + 명사'의 형태로 주어를 만든다. → 这包饼干(이 비스킷)

2단계 술어를 찾아라!
- 咸(짜다): '짜다'라는 뜻의 형용사로, 문장에서 술어가 될 수 있다. → 这包饼干咸(이 비스킷은 짜다)
  Tip 맛을 나타내는 형용사: 甜(달다), 咸(짜다), 酸(시다), 苦(쓰다), 辣(맵다)

3단계 정도부사를 삽입하라!
- 有点儿(조금): 정도를 나타내는 부사로, 주어 뒤, 술어 앞에 위치시킨다.

→ 这包饼干有点儿咸。(이 비스킷은 조금 짜다.)

단어 包 bāo 양 봉지 | 咸 xián 형 짜다 | 饼干 bǐnggān 명 비스킷 | 有点儿 yǒudiǎnr 부 조금, 약간

---

p. 324

04

奇怪　翻译得　这篇　文章　有点儿

这篇文章翻译得有点儿奇怪。 | 이 문장은 번역된 게 좀 이상하다.

🔒 **시크릿** 정도보어의 어순

해설 **1단계 주어를 찾아라!**
- 这篇(이 한 편): 지시대사 + 양사 / 文章(문장, 글): 명사
  관형어인 这篇(이 한 편)과 명사인 文章(문장, 글)이 결합하여 주어가 된다. → 这篇文章(이 문장)

2단계 술어를 찾아라!
- 翻译得(번역한 것이): 구조조사 得 앞에는 동사 술어, 뒤에는 정도보어가 나온다는 것을 파악할 수 있다.
- 奇怪(이상하다): 형용사로 得 이하 부분에서 정도보어로 쓰인다.

3단계 부사를 삽입하라!
- 有点儿(조금, 약간): 정도부사로, 형용사 앞에 위치한다.

→ 这篇文章翻译得有点儿奇怪。(이 문장은 번역된 게 좀 이상하다.)

단어 奇怪 qíguài 형 이상하다 | 翻译 fānyì 동 번역하다 | 得 de 조 동사나 형용사의 뒤에 쓰여, 결과나 정도를 표시하는 보어를 연결시키는 역할을 함 | 篇 piān 양 편 | 文章 wénzhāng 명 문장 | 有点儿 yǒudiǎnr 부 조금, 약간

05

p. 324

被　　吵醒　　外面的响声　　他　　了

他被外面的响声吵醒了。 | 그는 밖에서 나는 소리 때문에 시끄러워서 깼다.

시크릿 피동의 의미를 나타내는 被

해설　**1단계 주어를 찾아라!**
- 他(그): 인칭대사로, 주어 위치에 둔다.
- 外面的响声(밖에서 나는 소리): '관형어 + 명사'의 형태다.

2단계 술어를 찾아라!
- 吵醒(시끄러워서 잠이 깨다): 吵는 '시끄럽다', 醒은 '깨어나다'라는 뜻으로, 문장에서 술어가 된다.

3단계 기타 성분을 삽입하라!
- 被(~에게 ~를 당하다): 피동의 의미를 나타내는 전치사로, 뒤에 명사가 있어야 하므로, 外面的响声(밖에서 나는 소리)을 결합시켜 전치사구를 만든다. → 被外面的响声(밖에서 나는 소리에 의해)
- 了(~했다): 어기조사로, 상태 변화를 의미하므로 문장 끝에 놓는다.

→ 他被外面的响声吵醒了。(그는 밖에서 나는 소리 때문에 시끄러워서 깼다.)

단어　被 bèi 젠 (~에게) ~을 당하다 | 吵醒 chǎoxǐng 동 시끄러워 (잠이) 깨다 | 外面 wàimian 명 바깥 | 响声 xiǎngshēng 명 소리

06

p. 324

我已经　　这里的　　逐渐　　气候　　适应了

我已经逐渐适应了这里的气候。 | 나는 이미 이곳의 기후에 점점 적응되었다.

시크릿 부사의 위치

해설　**1단계 주어를 찾아라!**
- 我已经(나는 이미): '인칭대사 + 부사'의 형태로, 사람 주어가 포함되어 있다.
- 这里的(여기의): '명사 + 的'의 형태로, 관형어를 만드는 구조조사 的가 있다.
- 气候(기후): 명사로, 这里的와 결합시켜 목적어를 만들어 준다. → 这里的气候(이곳의 기후)

2단계 술어를 찾아라!
- 适应了(적응되었다): 동태조사 了가 붙은 것으로 보아 동사임을 알 수 있다. 따라서 술어 자리에 둔다.

3단계 부사를 삽입하라!
- 逐渐(점점): 부사로, 주어 뒤 술어 앞에 위치시켜야 한다. → 我已经逐渐适应了(나는 이미 점점 적응되었다)

→ 我已经逐渐适应了这里的气候。(나는 이미 이곳의 기후에 점점 적응되었다.)

단어　已经 yǐjing 부 이미 | 逐渐 zhújiàn 부 점점 | 气候 qìhòu 명 기후 | 适应 shìyìng 동 적응하다

07

p. 324

对李护士的　　你　　也许　　误会了　　行动

你也许对李护士的行动误会了。 | 너는 아마도 이 간호사의 행동에 대해서 오해한 것 같다.

🔒 시크릿 부사와 전치사의 위치

해설 **1단계 주어를 찾아라!**
- 你(너): 인칭대사로, 주어가 될 가능성이 매우 높다.
- 对李护士的(이 간호사에 대해): 전치사와 관형어가 결합한 형태로, 구조조사 的 이하 부분에 명사를 결합시켜야 한다.
- 行动(행동): 명사로 관형어와 결합할 수 있다. → 对李护士的行动(이 간호사의 행동에 대해서)
  '对 + 관형어 + 的 + 명사' 형태인 对李护士的行动은 전치사구로 술어 앞에 위치한다.

2단계 술어를 찾아라!
- 误会了(오해했다): 동작의 완료를 나타내는 동태조사 了를 보고 误会가 동사임을 알 수 있다.

3단계 기타 성분을 삽입하라!
- 也许(아마도): 부사로, 주어 뒤 술어 앞에 위치한다. → 你也许误会了(너는 아마도 오해한 것 같다)

→ 你也许对李护士的行动误会了。(너는 아마도 이 간호사의 행동에 대해서 오해한 것 같다.)

단어 护士 hùshi 몡 간호사 | 也许 yěxǔ 凰 어쩌면, 아마도 | 误会 wùhuì 동 오해하다 | 行动 xíngdòng 몡 행동

08

p. 324

羡慕　　很让人　　感情　　他们　　两个人的

他们两个人的感情很让人羡慕。 | 그들 두 사람의 감정은 사람들을 부러워하게 만든다.

🔒 시크릿 겸어문의 어순

해설 **1단계 주어를 찾아라!**
- 他们(그들) / 两个人的(두 사람의): 인칭대사 他们과 수량을 나타내는 两个人은 동격 관계로 함께 나올 수 있다. 的 이하에는 명사가 위치해야 한다. → 他们两个人的(그들 두 사람의)
- 感情(감정): 명사로, 관형어의 수식을 받는다. → 他们两个人的感情(그들 두 사람의 감정)

2단계 술어를 찾아라!
- 很让人(사람을 매우 ~하게 하다): 겸어문에서 사역동사 让은 1번 동사 자리에 위치한다.
- 羡慕(부러워하다): 동사이므로, 나머지 2번 동사 자리에 위치한다. → 很让人羡慕(사람을 부러워하게 한다)

→ 他们两个人的感情很让人羡慕。(그들 두 사람의 감정은 사람을 부러워하게 만든다.)

단어 羡慕 xiànmù 동 부러워하다 | 感情 gǎnqíng 몡 감정

09

p. 324

重视　问题　被社会　所　海洋污染

海洋污染问题被社会所重视。　　　　해양 오염 문제는 사회에 의해 중시되었다.

🔒 시크릿 피동문의 변형 형태 被…所

해설 **1단계 주어를 찾아라!**
- 海洋污染(해양 오염): 명사로, 주어로 쓰일 수 있다.
- 问题(문제): 명사로, 海洋污染과 결합하여 주어로 쓰일 수 있다. → 海洋污染问题(해양 오염 문제)

　　🔒Tip 서로 자주 결합하는 단어는 구조조사 的의 도움을 받지 않아도 긴밀하게 붙여서 사용한다.

2단계 술어를 찾아라!
- 重视(중시하다): 동사로, 술어가 될 수 있다.

3단계 기타 성분을 삽입하라!
- 被社会(사회에 의해): 전치사구로, 주어 뒤 술어 앞에 위치한다. → 海洋污染问题被社会重视(해양 오염 문제는 사회에 의해 중시되었다)
- 所(~한 바): 여기에서는 被…所… 형태의 피동문임을 간파해야 한다. 이때 所는 강조를 나타낼 뿐 의미상의 변화는 없으며, 술어 앞에 위치한다. → 被社会所重视(사회에 의해 중시되었다)

→ 海洋污染问题被社会所重视。(해양 오염 문제는 사회에 의해 중시되었다.)

단어 重视 zhòngshì 图 중요시하다 | 被 bèi 젠 (~에게) ~을 당하다 | 社会 shèhuì 명 사회 | 所 suǒ 区 (~에 의해) ~되다[被와 함께 쓰여 피동을 나타냄] | 海洋 hǎiyáng 명 해양 | 污染 wūrǎn 图 오염되다

10

p. 324

越来越　进行得　好　这份　工作

这份工作进行得越来越好。　　　　이 일은 점점 더 좋게 진행되었다.

🔒 시크릿 정도보어의 어순

해설 **1단계 주어를 찾아라!**
- 这份(이): 지시대사 + 양사 / 工作(일): 명사
  관형어인 这份과 명사인 工作가 결합하여 주어를 만들 수 있다. → 这份工作(이 일)

2단계 술어를 찾아라!
- 进行得(진행되는 게): 구조조사 得를 보고 정도보어 문장임을 파악해야 한다. 得 이하에는 동작의 정도가 어떠한지를 서술하는 정도보어가 나온다.
- 好(좋다): 형용사로, 여기에서는 부사와 결합하여 보어 자리에 놓아야 한다.

3단계 기타 성분을 삽입하라!
- 越来越(점점 더): 부사로, 정도를 서술하는 好(좋다)와 결합해야 적절하다. → 越来越好(점점 더 좋다)

→ 这份工作进行得越来越好。(이 일은 점점 더 좋게 진행되었다)

단어 越来越 yuèláiyuè 뷔 점점 더, 갈수록 | 进行 jìnxíng 图 진행하다

266

11

p. 325

擦

모범 답안	
别哭了，我给你擦眼泪。	울지 마, 내가 눈물 닦아 줄게.
참고 답안	
你出了很多汗，快擦一擦。	너는 땀을 많이 흘렸어, 어서 좀 닦아.

🔑 **시크릿** 동사에 어울리는 목적어 찾기

해설　동사 擦는 '닦다'라는 뜻으로 목적어로는 汗(땀), 眼泪(눈물), 脸(얼굴), 身体(몸), 黑板(칠판), 玻璃(유리) 등이 올 수 있다. 중첩형을 활용하여 擦擦, 擦一擦, 擦了擦라고 표현할 수 있다.

단어　擦 cā 통 닦다 | 哭 kū 통 울다 | 眼泪 yǎnlèi 명 눈물 | 出汗 chūhàn 통 땀을 흘리다

12

p. 325

打扮

모범 답안	
这位小姐很喜欢打扮自己。	이 아가씨는 자신을 꾸미는 것을 무척 좋아한다.
참고 답안	
今天她把自己打扮得漂漂亮亮的。	오늘 그녀는 아주 예쁘게 단장하였다.

🔑 **시크릿** 심리동사 활용하기

해설　동사 打扮은 '꾸미다, 치장하다'의 의미로 화장뿐 아니라, 머리 모양이나 의상까지를 모두 포함한다. 가장 쉽게 떠오르는 작문 내용은 '예쁘게 꾸미다'이고, 이 외에도 '꾸미는 것을 좋아한다', '오늘은 특별한 날이니 예쁘게 꾸민다', '몇 시간 동안 꾸몄나' 등으로 작문할 수 있다.

단어　打扮 dǎban 통 꾸미다, 치장하다 | 小姐 xiǎojie 명 아가씨

13

p. 325

厚

모범 답안	
这本书又厚又沉。	이 책은 두껍고 무겁다.
참고 답안	
这本词典比那本书更厚。天气冷了，我买了几件厚衣服。	이 사전은 그 책보다 훨씬 두껍다. 날씨가 추워져서 나는 두꺼운 옷 몇 벌을 샀다.

🔑 **시크릿** 又…又…, 비교문 활용하기

해설　형용사 厚는 '두껍다'라는 뜻으로 书(책), 词典(사전), 衣服(옷), 脸皮(얼굴 가죽) 등이 두껍다라고 표현할 수 있다. 비교문을 활용하여 'A 比 B 更 + 형용사'의 형식으로 작문하면 쉬우면서도 멋진 문장을 만들 수 있다.

단어　厚 hòu 형 두껍다 | 沉 chén 형 무겁다

p. 325

14

杂志

모범 답안	
奶奶坐在沙发上看杂志。	할머니는 소파에 앉아 잡지를 보신다.
참고 답안	
我每天早上看杂志。	나는 매일 아침 잡지를 본다.
他一边看杂志，一边喝咖啡。	그는 잡지를 보면서 커피를 마신다.

🔒 **시크릿** 명사에 어울리는 동사 찾기

해설   杂志(잡지)는 명사이므로 앞에 수량사를 붙여 一本杂志(잡지 한 권)라고 할 수 있으며, 동사 看(보다)과 연결하여 看杂志(잡지를 보다)라고 표현하면 된다. 어디에 앉아서 보느냐에 따라 坐在椅子上(의자에 앉아서), 坐在床上(침대에 앉아서), 坐在沙发上(소파에 앉아서) 등으로 표현하고, 시간을 나타내고 싶으면 早上(아침), 中午(점심), 晚上(저녁), 吃饭以后(밥 먹은 후) 등을 써 주면 된다.

단어   杂志 zázhì 몡 잡지 | 奶奶 nǎinai 몡 할머니 | 沙发 shāfā 몡 소파 | 每天 měitiān 몡 매일

---

p. 325

15

正式

모범 답안	
今天是我正式上班的第一天。	오늘은 내가 정식으로 출근하는 첫 번째 날이다.
참고 답안	
他平时穿得很随便，上班时穿得很正式。	그는 평상시에 매우 편하게 입지만, 출근할 때는 매우 정식으로 입는다.
他是我们公司的正式职员。	그는 우리 회사의 정식 직원이다.

🔒 **시크릿** 정도보어 활용하기

해설   正式는 형용사로 '정식의, 정식적인'의 뜻이다. 때와 장소를 고려하여 차려입었다면 穿得很正式라고 표현하고, 반대로 편하게 입으면 穿得很随便이라고 표현한다. 正式가 부사어로 쓰여 正式上班(정식으로 출근하다), 正式开始(정식으로 시작하다), 正式介绍(정식으로 소개하다)처럼 동사를 수식할 수 있으므로 다양한 상황을 설정하여 작문할 수 있다.

단어   正式 zhèngshì 혱 정식의 | 随便 suíbiàn 혱 제멋대로이다

MEMO

MEMO

MEMO

외국어 출판 40년의 신뢰
외국어 전문 출판 그룹
동양북스가 만드는 책은 다릅니다.

40년의 쉼 없는 노력과 도전으로 책 만들기에 최선을 다해온 동양북스는
오늘도 미래의 가치에 투자하고 있습니다.
대한민국의 내일을 생각하는 도전 정신과 믿음으로 최선을 다하겠습니다.

📖 동양북스

📖 동양북스 추천 교재

일본어 교재의 최강자, 동양북스 추천 교재

회화 코스북

일본어뱅크 다이스키
STEP 1·2·3·4·5·6·7·8

일본어뱅크
좋아요 일본어 1·2·3·4·5·6

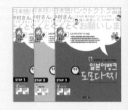

일본어뱅크 도모다찌
STEP 1·2·3

분야서

일본어뱅크
좋아요 일본어 독해 STEP 1·2

일본어뱅크
일본어 작문 초급

일본어뱅크
사진과 함께하는
일본 문화

일본어뱅크
항공 서비스 일본어

가장 쉬운 독학
일본어 현지회화

수험서

일취월장 JPT
독해 · 청해

일취월장 JPT
실전 모의고사 500·700

일단 합격하고 오겠습니다
JLPT 일본어능력시험
N1·N2·N3·N4·N5

일단 합격하고 오겠습니다
JLPT 일본어능력시험
실전모의고사 N1·N2·N3·N4/5

단어·한자

특허받은
일본어 한자 암기박사

일본어 상용한자 2136
이거 하나면 끝!

일본어뱅크
좋아요 일본어 한자

가장 쉬운 독학
일본어 단어장

일단 합격하고 오겠습니다
JLPT 일본어능력시험
단어장 N1·N2·N3

중국어 교재의 최강자, 동양북스 추천 교재

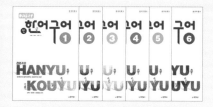

중국어뱅크 북경대학 신한어구어
1 · 2 · 3 · 4 · 5 · 6

중국어뱅크 스마트중국어
STEP 1 · 2 · 3 · 4

중국어뱅크 집중중국어
STEP 1 · 2 · 3 · 4

중국어뱅크
뉴! 버전업 사진으로
보고 배우는 중국문화

중국어뱅크
문화중국어 1 · 2

중국어뱅크
관광 중국어 1 · 2

중국어뱅크
여행실무 중국어

중국어뱅크
호텔 중국어

중국어뱅크
판매 중국어

중국어뱅크
항공 실무 중국어

정반합 新HSK
1급 · 2급 · 3급 · 4급 · 5급 · 6급

일단 합격 新HSK 한 권이면 끝
3급 · 4급 · 5급 · 6급

버전업! 新HSK
VOCA 5급 · 6급

가장 쉬운 독학
중국어 단어장

중국어뱅크
중국어 간체자 1000

특허받은
중국어 한자 암기박사

📖 동양북스 추천 교재

중고급 학습

| 첫걸음 끝내고 보는 프랑스어 중고급의 모든 것 | 첫걸음 끝내고 보는 스페인어 중고급의 모든 것 | 첫걸음 끝내고 보는 독일어 중고급의 모든 것 | 첫걸음 끝내고 보는 태국어 중고급의 모든 것 | 첫걸음 끝내고 보는 베트남어 중고급의 모든 것 |

단어장

버전업! 가장 쉬운 프랑스어 단어장 　 버전업! 가장 쉬운 스페인어 단어장 　 버전업! 가장 쉬운 독일어 단어장 　 가장 쉬운 독학 베트남어 단어장

여행 회화

NEW 후다닥 여행 중국어 　 NEW 후다닥 여행 일본어 　 NEW 후다닥 여행 영어 　 NEW 후다닥 여행 독일어 　 NEW 후다닥 여행 프랑스어 　 NEW 후다닥 여행 스페인어 　 NEW 후다닥 여행 베트남어 　 NEW 후다닥 여행 태국어

수험서 · 교재

한 권으로 끝내는 DELE 어휘 · 쓰기 · 관용구편 (B2~C1) 　 수능 기초 베트남어 한 권이면 끝! 　 버전업! 스마트 프랑스어 　 일단 합격하고 오겠습니다 독일어능력시험 A1 · A2 · B1 · B2